KB069615

현대 노인복지론 7판

SOCIAL SERVICES FOR THE ELDERLY

| 김형수 · 모선희 · 윤경아 · 정윤경 · 김동선 공저 |

학지사

7판 머리말

우리나라의 고령화 속도가 세계에서 유례가 없을 정도로 빠르게 진행되고 있다는 것은 거의 상식적인 수준이 되었다. 2021년 우리나라 인구는 약 5,164만 명이고 이 중 65세 이상의 노인인구는 약 857만 명으로, 전체 인구의 약 16.6% 이상을 차지하여 이미 고령사회에 진입하였다. 이제 머지않아 전체 인구 중 65세 인구가 차지하는 비율이 20%에 해당하는 초고령사회를 맞이하게 될 것이다. 이 같은 압축적 고령화로 인하여 우리 사회는 인구학적 · 경제학적 · 사회문화적 차원에서 다양한 변화를 경험하고 있다. 이러한 사회구조적 변화 속에서 노인들은 빈곤, 질병, 고독, 역할 상실 등 다양한 문제에 직면하고 있다. 노인문제의 원인이 대부분 사회적으로 비롯되고, 다수의 노인이 공통된 문제들로 인하여 어려움을 겪고 있으며, 사회구성원 대부분이 그 문제가 개선되기를 바라고 있다. 노인문제는 이제 개인이나 그 가족의 힘만으로는 해결하기 어렵고 정부나 지역사회 중심의 해결 노력이 수반되어야 한다. 사회문제에 대한 예방과 해결의 주된 목적이 사회복지라면, 노인복지란 노인문제에 대한 원인을 규명하고 그에 대한 대응 방안을 사회적으로 마련함으로써 노후에 보다 안정적인 생활을 영위하게 하는 것이다. 1981년 「노인복지법」이 제정된 이래로 개정 과정을 계속 거치면서 노인복지도 변화를 거듭해 오고 있다. 2000년 이후 노인복지정책의 주요 사항으로는, 2005년 「저출산 · 고령사회기본법」 제정과 저출산 · 고령사회 기본계획 수립, 2008년 노인장기요양보험제도 시행, 2014년 기초연금제도 시행, 2017년 치매 국가책임제도 실시, 2019년 커뮤니티케어 추진, 2020년 노인맞춤돌봄서비스 실시 등이 있다. 지금도 국가 차원에서 저출산·고령사회기본계획(제4차, 2021~2025)을 수립하여 다양한 정책이 시행되고 있다. 여기에는 다층적 소득보장 체계의 구축, 만성질환 관리와 예방적 보건·의료서비스의 확충, 통합형/맞춤형 돌봄시스템의 마련, 고령친화적 주거환경 조성, 고령친화기술 개발 및 고령친화산업 육성 등이 포함된다. 하지만 여전히 OECD 국가 중 우리나라는 노인 빈곤율과 노인자살률이 가장 높은 실정이고, 홀몸노인과 장애노인의 수가 계속 증가하고 있는 가운데 노인 고독사가 사회적 쟁점으로 드러나고 있다. 따라서 현재 시행 중인 노인복지제도를 지속적으로 검토하고 보완하여 다수의 노인이 노인복지를 보다 체감할 수 있는 여건을 조성해야 한다.

『현대 노인복지론』은 대학교재로 2005년에 처음 출간되었고 꾸준히 개정판으로 보완 작업을 해 왔으며, 2018년 6판 개정 이후 5년 만에 7판 개정을 준비하였다. 변화하는 사회 환경과 노인복지정책 및 제도를 새롭게 소개하고, 최근에 발간된 정부 간행물과 학술 연구논문 등을 활용하여 관련 통계현황 등의 내용을 업데이트하였다. 또한 새로운 이슈들을 신설하여 다루고자 하였다. 7판에서는 김동선 교수가 집필자로 합류하여 기존에 다루었던 노인가족이나 노인학대 부분을 확장하여 지역사회 돌봄과 노인인권을 포괄하는 주제로 재구성하여 집필하였고, 노인복지의 시장과 과학기술을 다루는 주제를 신설하여 집필하였다. 인구고령화와 함께 치매, 만성질환, 장애 등으로 일상생활 활동에 도움이 필요한 노인들이 급속히 증가하고 있고, 이로 인해 노인돌봄의 욕구가 증가하고 있다. 이에 노인돌봄이라는 장도 신설하여 정윤경 교수가 추가 집필하였다.

총 15장으로 구성되는 장별 주요 내용과 담당 집필자는 다음과 같다. 제1장 노인에 대한 이해(모선희)에서는 노화와 노인의 개념, 우리나라의 압축적 고령화 현상과 시사점, 노인문제의 양상과 관련 연구의 학술적 동향 등을 다루었다. 제2장 노화 및 노인문제에 관한 이론(김형수)에서는 노화에 관한 생물학적·심리학적 이론을 개괄적으로 소개하고, 특히 노년사회학 이론으로 노화과정이나 노인문제에 대한 분석을 다루었다. 제3장 노인복지정책(정윤경)에서는 정부에서 시행하고 있는 노인복지정책 영역에 따라 소득보장, 건강보장, 주거보장, 사회적 서비스로 분류하여 각 유형에 속하는 다양한 정책과 서비스 전달체계에 대해서 살펴보았다. 제4장 노인상담(윤경아)에서는 노인상담에 필요한 기본적인 지식과 기술뿐만 아니라 우울, 불안, 치매문제가 있는 노인에게 서비스를 제공하는 데 필요한 개입방법에 대해 살펴보았다. 제5장 노인사례관리(윤경아)에서는 노인복지실천현장에서 유용한 노인사례관리의 개념과 목적, 기능, 절차 등을 살펴보았다. 제6장 노인의 경제 및 고용실태(정윤경)에서는 우리나라 노인들의 경제적 상황과 고용 관련 실태 그리고 노인 고용정책에 대하여 살펴보았다. 제7장 노인의 건강문제(윤경아)에서는 노인 사망의 주요 원인이 되는 질병들과 노인의 일상생활을 손상시키는 만성질환 및 기능장애, 동시에 노년기 건강문제에 대한 대책을 살펴보았다. 제8장 노인과 정신건강(김형수)에서는 노인자살과 문제음주를 중심으로 노인의 정신건강문제의 현황과 전망, 이론적 이해, 예방 프로그램과 향후 과제 등에 관하여 검토하였다. 제9장 노인돌봄(정윤경)에서는 노인돌봄과 관련된 이론적 관점과 우리나라의 주요 노인돌봄제도인 노인장기요양보험, 노인맞춤돌봄서비스 그리고 최근 정부가 추진하고 있는 커뮤니티케어의 도입 배경과 내용에 대해 살펴보았다. 제10장 노인과 가족(김동선)에서는 노인의 가족관계 변화로 인해 대두되는 고독감과 돌봄 공백 그리고 이에 따른 지역기반 자원의 구축 필요성에 관한 내용을 다루었다. 제11장 노인과 사회활동(모선희)에서는 여가, 노인교육, 자원봉사 등과 같은 노인의 사회활동의 현황을 파악하고, 정부 차원의 정책 및 관련 법 등을 살펴보았다. 제12장 노인과 인권(김동선)에서는 연령주의와 연령차별 그리고 가족 또는 시설 내 노인학대의 문제를 노인인권 차원에서 인식하고 노인의 인권 증진과 학대 예방을 위한 대응 방안을 다루었다. 제13장 장애노인(정윤경)에서는 비장애노인들과 차별되는 복지욕구를 지닌 장애노인의 생활실태와 이에 따른 복지대책에 대하여 살펴보았다. 제14장 독거노인(김형수)에서는 독거노인의 생활실태를 기초로 공공부문에서의 기초생활보장과 돌봄시스템의 추진방향과 지역공동체, 종교단체, 기업 등 민간 차원에서의 독거노인의 복지 향상 방안을 검토하였다. 제15장 노인과 기술(김동선)에서는 고령친화산업과 4차 산업혁명 과학기술을 개괄하고 노인의 삶에 영향을 미치는 기술의 발전 배경 및 동향, 기술로 인한 장단점에 대해 살펴보았다.

　이 책이 노인복지학도와 노인복지실천가 그리고 일반 독자에게 노인복지를 이해하고 실천하는 데 조금이나마 도움이 될 수 있기를 기대한다. 책 개정 작업을 위하여 저자들은 나름대로 노력을 다했지만 항상 아쉬움이 남는다. 앞으로도 독자분들의 아낌없는 조언과 격려를 부탁드린다. 이 책이 출간된 후 일곱 번째로 개정되기까지 도와주신 학지사 김진환 대표님을 비롯한 직원분들께 깊은 감사를 드리고, 아울러 초판부터 6판까지 저자로 참여하면서 큰 도움을 주신 유성호 교수님에게도 감사드린다.

2023년 3월
저자 대표 김형수

차례

노인에 대한 이해

모선희

노인문제는 더 이상 개인, 가족의 문제가 아니라 국가 차원에서 해결해야 할 과제다. 제1장에서는 노인복지의 기초가 되는 여러 가지를 소개한다. 먼저, 노화와 노인의 개념 및 노인에 대한 잘못된 고정관념을 알아본다. 다음으로 65세이상 노인인구가 7%를 넘어선 세계의 고령화 현상과 이에 대한 국제적 대응, 우리나라의 압축적 고령화 현상과 그 시사점, 베이비붐 세대의 특성 등을 소개하고자 한다. 또한 현대사회에서 노인문제의 등장 과정과 구체적인 노인문제의 양상을 건강 약화, 수입 감소, 역할 상실, 소외 및 고독, 부양 및 보호 문제, 여가활동 문제의 여섯 가지로 나누어 살펴본다. 마지막으로 우리나라에서 노인관련 연구가 출발한 1970년 후반부터 최근까지의 학술 연구동향을 간략히 고찰하고자 한다.

1. 노인이란 누구인가

1) 노화와 노인 개념

노화(aging)란 한순간의 현상이라기보다는 진행되고 있는 과정이다. 즉, 시간에 따라 유기체의 세포, 조직 혹은 유기체 전체에 일어나는 점진적인 변화다(Beaver, 1983). 노화는 인간 발달과정 중 한 부분이며 누구나 경험하게 되는 보편적 과정이다. 그러나 여기에는 개인 간의 차이가 있다. 노화는 성인기를 통해 우리 몸에 대한 신체적 · 생물학적 변화, 지적 능력과 정신 등의 심리학적 변화, 인식, 기대, 지위 등의 사회적 변화를 포함하는 넓은 의미를 가진다(Atchley, 1994; Birren, 1959).

Atchley(1994)는 노화는 하나의 과정이 아니라 다양한 과정이며 양면성을 가지고 있다고 지적하였다. 즉, 노화과정에서 인간은 경험 및 지혜의 축적, 기술 및 활동능력의 향상과 같은 긍정적인 결과를 얻을 수 있는 반면, 신체적 노쇠, 정신능력 감퇴, 퇴직, 친구 혹은 배우자의 죽음 등 부정적인 결과를 초래할 수도 있다. 개인에 따라 긍정적 결과가 많을 수도 있고 또한 부정적 결과가 많을 수도 있으므로 노화를 부정적 혹은 긍정적이라고 단정할 수는 없다고 주장한다.

우리나라에서 나이 든 사람에 대한 호칭으로는 '노인'이 가장 일반적이다. 요즈음은 나이 든 분들에 대한 존칭으로 '어르신'이란 호칭도 자주 쓰이며, 또한 자신의 부모와 같다는 의미에서 어머님, 아버님이라고 표현하기도 하고, 할머님, 할아버님이라고 부르기도 한다. 다른 나라의 노인 호칭을 살펴보면, 미국에서는 '선배시민(senior citizen)' '황금연령층(golden ages)'으로, 프랑스에서는 '제3세대층'으로, 스위스에서는 '빨간 스웨터'로, 일본에서는 '실버' '노년'으로 불린다. 그리고 중국에서는 50대를 숙년(熟年), 60대를 장년(長年), 70대 이상을 존년(尊年)이라고 부르기도 한다(김성순, 1994).

노인은 생물학적 · 심리적 · 사회적 측면에서 노화과정을 겪고 있는 사람이다. 물론 개인이나 문화마다 노인에 대한 개념에는 차이가 있지만 보편적인 지표가 필요하다. 노인의 개념 정의를 위해 Atchley(1994)는 역연령, 기능적 연령, 인생주기를 기준으로 제시하고 있다.

첫째, 역연령(chronological age, 曆年齡)은 출생 후 달력의 시간에 의한 연령으로 일반적으로 65세 이상의 사람을 노인으로 규정한다. 국제적으로 65세는 각종 연금의 혜택이 주어지고 정년퇴직을 하는 시기로 되어 있어, 국가 간 비교를 위해 65세 이상 인구는 사회통계에서 흔히 볼 수 있다. 그러나 2020년에 평균수명이 83.5세로 늘어났고 65세 이상 노인인구도 2022년에 전체 인구의 17.5%에 이르는 등 사회인구학적 변화가 급격히 진행되고 있다. 또한 노인들 사이에도 환갑보다는 고희(古稀), 팔순을 기념하고 있고, 노인들이 스스로를 노인이라고 규정하는 연령은 70~74세가 52.7%로 가장 높고, 74.1%가 노인연령 기준을 70세 이상으로 생각하는 것으로 나타났다(이윤경 외, 2020).

둘째, 기능적 연령이란 개인의 신체적·심리적 기능 정도에 따라 노인으로 규정하는 것이다. 보편적으로 적용되는 기준은 주름진 피부, 회색 머리, 굽은 자세, 시력 및 청력 감퇴 등이나, 실제로 이러한 기능적 쇠퇴는 점진적으로 진행되는 경우가 많아서 판단을 내리기가 용이하지 않다. 그러므로 이러한 지표는 연구, 법적 적용, 사회적 프로그램 등에 드물게 적용된다.

셋째, 인생주기에 의한 노인의 정의다. 흔히 우리는 신체적·심리적·사회적 특성을 종합적으로 고려하여 인생을 사춘기, 청년기, 중년기, 장년기, 노년기로 나눈다. 이때 각 인생주기의 역연령 경계는 불명확하나 단계마다 보편적으로 일어나는 성향들이 있다. 노년기에는 신체적 쇠약, 심리적 위축, 사회적 역할 상실 등을 경험하게 된다.

이 외에도 '개인의 지각에 의한' 연령을 노인의 지표로 지적하기도 한다(장인협, 최성재, 1987; 홍숙자, 1999). 이는 개인적으로 스스로 노인이라고 여기는 나이를 중요시하는 입장이다. 즉, 신체적·심리적·사회적 노화는 개인차가 있으므로 주관적인 종합 판단으로 노인을 정하는 것이다. 이와 같은 지표는 편리를 위해 사용될 뿐 노인 개개인의 특성, 주변적 환경요인, 자신의 자각 등 여러 가지가 복합적으로 작용되는 개념이다.

2) 노인에 대한 잘못된 고정관념

노년기는 신체적·심리적·사회적으로 위축되는 시기이기 때문에 노인이 스스로에 대한 부정적인 자아정체감(ego identity)을 갖기 쉽다. 이때 사회에서 노인에 대해 부정적인 편견으로 낙인찍게 되면 노인은 사회적으로 적응하지 못하게 된다. 과거의 노인은 가족과 사회로부터 연장자로서의 존경을 받으며 그들의 경험과 지혜를 높이 평가받았다. 그러나 현대에는 노인을 아프고, 무능력하며, 고집이 세고, 옛것만을 주장하고 새로운 것을 거부한다고 부정적으로 생각하는 경우가 종종 있다. 노인을 소비자로 보는 실버산업에서 노인 소비계층에 대한 부정적 고정관념으로 ① 노인은 경제적으로 불리하다, ② 노인은 아프다, ③ 노인은 고독하고 외롭고 시설에 수용되어 있다, ④ 노인은 노망들거나 변덕스럽다, ⑤ 노인은 노화현상과 죽음에 대한 두려움이 있다, ⑥ 노년기에는 모험, 낭만, 성적 욕망 등이 줄어든다, ⑦ 노인은 모두 다 똑같다, ⑧ 노인은 새로운 것을 거부한다 등이 지적되었다(모선희, 1994).

물론 노인 개인에 따라 부정적 특성이 있기도 하지만, 다양성을 무시하고 노인을 고정된 시각으로 일관되게 판단하는 것은 잘못된 것이다. 이러한 잘못된 고정관념은 노인에 대한 부정적 선입견을 갖게 하여 직장에서나 사회적으로 차별대우를 하게 되고, 노인 스스로도 자기를 비하하고 무능력한 자로 낙인찍는다.

그럼 과연 사람들은 노인 및 노화에 대하여 어떻게 인식하고 있을까? 흔히 잘못 알고 있는 노인에 대한 대표적 편견으로는 대부분의 노인이 기억장애나 정신장애를 가지고 있고 성생활을 할 능력이 없다고 생각하는 것이다. 또한 고령 근로자는 업무를 효율적으로 수행할 수 없고, 새로운 변화에 적응할 수 없다고 알고 있는 경우도 많다. 그러나 실제로 노인의 극히 일부만이 정신장애를 가지고 있고(2018년 치매노인 10.3%), 상당수의 노인이 성생활을 하고 있으며, 노인을 고용한 대부분의 기업에서는 노인의 성실·근면성에 대하여 만족하고 있다. 또한 노인이 새로운 환경에 적응하는 데 시간은 오래 걸려도 필요하고 중요하다면 적응에 문제가 없다는 것은, 요즈음 노인들의 상당수가 컴퓨터를 배워 인터넷을 이용하여 정보를 활용하고 있는 것으로 충분히 보여 주고 있다.

2004년 전국 노인가구조사의 노인 이미지에 대한 응답을 보면 부정적인 스테레오타입(편견)에 약 절반 정도만이 동의하고 있다. 신체적(정정하다/노쇠하다), 정신적(현명하다/독단적이다), 정서적(낙천적이다/비판적이다), 경제적(독립적이다/의존적이다) 측면 중 경제적 영역에서의 부정적 이미지가 가장 높은(59.3%) 반면에, 정서적 영역에서 가장 낮게(48.6%) 나타났다. 성별로는 여성노인이, 지역별로는 도시지역에 거주하는 노인이 좀 더 부정적인 이미지를 가지고 있었다. 연령별로 보면 정서적 측면에서는 연령이 높은 노인일수록 부정적으로 인식하고 있었으나 경제적 측면에서는 큰 차이가 없었다. 신체적 측면에서 노쇠하다는 인식과 연령은 ∪형의 관계로 45~54세 연령군이 가장 낮게(49.9%) 나타난 반면, 정신적 측면에서 독단적이라는 인식과 연령은 ∩형의 관계로 35~44세 연령군이 가장 높게(60.4%) 나타났다. 이러한 결과는 노인의 이미지가 부정과 긍정으로 양분되고 상황에 따라 다르게 인식될 수 있음을 보여 준다(정경희 외, 2005).

우리는 자기가 살아온 인생의 단계에 대해서는 이해도 높고 상당히 우호적이나, 노인에게는 유독 인색하고 편견을 갖는 경우가 많다. 젊은 세대는 아직 경험하지 못한 노년기의 변화를 이해하고 노인을 올바르게 인식할 수 있어야 할 것이다. 우리 모두 늙어 노인이 되는 것 아닌가! 서로 다른 연령층을 이해할 수 있는 세대 간 교류 프로그램을 마련하거나 노년기의 변화 및 생활실태, 사회적 대비책 등에 관한 내용을 초 · 중 · 고등학생의 교육과정 내에 포함시켜 자라면서 배울 수 있게 해야 할 것이다. 대학생을 대상으로 한 조사(이기선, 이정화, 2020)에서는 동성이며 연령이 낮은 노인집단에게 더 긍정적인 노인 이미지를 가지고 있고, 노인과의 동거 경험, 노인 관련 강의 및 노인대상 봉사활동 경험이 노인 이미지에 긍정적인 영향을 미치는 것으로 나타났다.

또한 노인 스스로가 앞장서서 노인의 긍정적인 이미지 구축을 위하여 노력해야 한다. 노년기를 보람 있게 보내기 위한 노인들의 여가 및 사회활동 참여가 중요하다. 특히 요즈음 사회적 관심이 높아지고 있는 노인 자원봉사활동은 기존의 청소년 선도, 환경정화활동에서 점점 다양해져서 노인을 위한 자원봉사 등 지역사회의 유용한 구성원으로서의 긍정적 활동이다. 이처럼 모두가 소극적 · 수동적 모습뿐 아니라 적극적 모습도 보일 수 있을 때 노인에 대한 올바른 이해가 가능하다.

노인의 이미지를 형성하는 데는 대중매체의 역할도 중요하다. 예를 들면, TV에 등장하는 노인은 긍정적 측면보다는 수다스럽고 고집스러우며 무기력하고 보기 싫은 부정적 모습으로 묘사되는 경우가 많다. 김미혜와 원영희(1999)는 광고가 사회 및 개인 가치를 변화시키는 기능을 강조하면서, 광고가 노인에 대한 긍정적 사회인식에 영향을 미칠 수 있고, 긍정적 이미지 형성을 위한 공익광고가 시도되어야 한다고 주장하였다. 신문, 잡지, TV 등 대중매체에서 올바른 노인상을 확립하고, 노인 및 노화에 관한 교육을 통해 노인에 대한 잘못된 편견을 없애고 노인을 이해하고 더불어 살아가야 할 것이다.

2. 고령사회의 도래

1) 고령화에 대한 국제적 대응

국제연합(UN)의 인구추정에 따르면, 2020년 세계 인구는 77억 9,500만 명이며 2030년에는 83억 1,580만 명으로 예상하고 있다. 인구고령화 현상은 전 세계적인 추세로 1960년 세계의 65세 이상 노인인구 비율은 5.3%였으나, 2000년에 6.9%, 2007년 7.5%로 꾸준히 증가하였다. 2020년 세계의 65세 이상 노인인구는 7억 2,700만 명으로 세계 인구의 9.3%에 달하고, 2050년에는 15억 9,300만 명(16.0%)으로 전망된다(UN, 2020). 이와 같이 전 세계적으로 꾸준히 노인인구가 증가하는 것은 제2차 세계대전 이후 출산율의 감소, 보건의료기술의 발달로 질병퇴치와 영양상태 증진으로 인한 사망률 감소, 건강·의료 관련 서비스 발달, 교육 및 소득수준의 증가로 인한 생활수준의 향상 등에 기인한다.

국제적으로 노인인구 증가에 대한 관심을 살펴보면, 먼저 UN이 1982년을 '세계 노인의 해'로 지정한 것과 같은 해에 오스트리아 빈에서 '제1차 세계고령화회의'를 개최하여 '국제행동계획(Vienna Plan)'을 채택한 것이 있다. UN에서는 1991년부터 10월 1일을 세계 노인의 날로 지정하였고, 우리나라에서는 1997년부터 10월 2일을 노인의 날로 지정하여 왔다. 이후 1991년 UN 총회에서는 '노인을 위한 유엔원칙'을 채택하였다. 이는 노인에게 우선적 관심을 갖는 것을 목표로 하며, 구체적으로 노인의 지위와 관련하여 독립(independent), 참여(participation), 보호(care), 자아실현(self-fulfillment), 존엄(dignity)의 5개 영역 아래 18개 원칙을 구성하였다. 또한 UN은 1999년을 다시 세계 노인의 해로 지정하여 세계 노인인구가 평균 7%를 넘어서는 고령화사회로 접어든 뒤 당면하게 되는 위기상황에 대한 경각심을 불러일으켰다.

2002년 마드리드에서는 세계 158개국과 관련 국제기구 대표가 참석하여 '제2차 세계고령화회의'를 개최하였다. 여기서 빈 국제행동계획을 일부 수정하여 건강과 영양, 소비자보호, 주택과 환경, 가족, 사회복지, 소득보장과 고용, 교육 분야 등의 98개 권고조항으로 구성된 '마드리드 고령화 국제행동계획(Madrid International Plan of Action on Aging)'을 채택하였다. 이 회의에서는 21세기의 고령화를 선진국의 문제를 넘어서서 개발도상국을 포함한 전 세계적인 문제로 인식하여 각 국가들의 노인의 삶의 질 유지와 개선을 위한 다양한 정책적 방안들이 논의되었다.

2002년 마드리드 세계고령화회의 이후 노인들이 자신이 살던 곳에 거주하면서(aging in place) 지역사회가 고령친화적인 물리적·사회적 환경을 조성하는 모델이 논의된 이후, 2006년 밴쿠버에서 세계고령친화도시(Global Age-Friendly Cities) 프로젝트가 시작되어 2021년 현재 전 세계 44개국 1,114개 도시와 커뮤니티(단체 포함)가 가입하여 활발하게 활동하고 있다(국내에서는 서울과 8개 자치구, 부산, 수원, 제주, 세종, 논산, 공주, 정읍, 광주 동구 등 24개 가입). WHO는 고령친화도시의 기준으로 교통, 주거, 사회참여, 존경과 사회통합, 커뮤니케이션과 정보, 지역사회 지원과 건강서비스, 야외 공간 및 건물, 시민참여와 고용이라는 8개 영역을 제시하고 있다. 또한 유럽연합(EU)에서는 마드리드 고령화 국제행동계획 채택 10주년을 기념하여 2012년을 '활기찬 노후와 세대 간 결속(Active Aging and Intergenerational Solidarity)'을 위한 해로 정하고 EU 국가들이 공동으로 고용, 사회참여, 건강 및 독립적 생활, 세대통합과 세대 간 결속 측면에서의 다양한 정책을 개발·확산시키는 계기를 마련하였다.

이 외에 국제협력개발기구(OECD), 국제노동기구(ILO)의 논의에서도 고령화에 따른 사회적 파장에 대한 우려와 예방 차원의 대책들이 언급되고 있다. 이와 같은 국제기구에서의 고령화와 관련된 논의들은 우리나라의 노인복지 관련 정책의 방향 설정에 중요한 영향을 주며 구체적 제도 도입의 근거가 되기도 한다.

2) 우리나라의 인구고령화 현황

우리 사회는 산업화·도시화·현대화되면서 노인인구의 증가로 고령화사회가 되어 가고 있다. 또한 과학의 발달과 보건 및 건강기술이 증진됨에 따라 인간의 평균수명도 연장되었다. 우리나라에서는 1990년대에 들어서면서 노인문제에 대한 사회적 관심이 높아지기 시작하였다. 노인인구가 급격히 증가하고 있고, 특히 전후 베이비붐 세대(1955~1963년생: 712.5만 명, 전체 인구의 약 15%)가 은퇴하여 노인이 되면서 고령화가 가속화되는 압축적 고령화로 생산연령인구의 감소, 노인을 위한 사회복지비용 지출의 증가, 사회적 부양 부담의 증가 등 심각한 사회문제가 예상되어 이에 대한 장기적인 정책 마련과 추진이 절실하다.

(1) 노인인구의 증가 및 평균수명의 연장

한국인의 평균수명은 1970년에 62.3세, 1980년에 66.2세, 1990년에 71.3세, 2000년에 76.0세, 2010년 80.8세로 꾸준히 늘어났고, 2020년에 83.5세, 2030년에는 85.2세로 연장될 것으로 추정되고 있다. 또한 전체 인구 중 65세 이상 노인인구가 차지하는 비율은 1970년에 3.1%, 1980년에 3.8%, 1990년에 5.1%, 2000년에 7.2%, 2010년에 10.8%로 증가하였고, 2020년에는 15.7%, 2030년에는 25.5%로 급증할 것으로 예상된다(〈표 1-1〉 참조).

표 1-1 노인인구 비율과 평균수명 변화추이   (단위: %, 연령)

연도	65세 이상 노인인구 비율	평균수명
1970	3.1	62.3
1980	3.8	66.2
1990	5.1	71.3
2000	7.2	76.0
2010	10.8	80.8
2020	15.7	83.5
2030	25.5	85.2

출처: 통계청(2008, 2013a, 2014, 2017, 2021).

2022년 우리나라 65세 이상 노인인구는 전체 인구의 17.5%(901.8만 명)를 차지한다. 지역별 노인인구 비율을 살펴보면 전남이 24.5%로 가장 높고, 다음으로 경북(22.8%), 전북(22.4%), 강원(22.1%), 부산(21.0%), 충남(19.5%)의 순으로 나타났다. 노인인구 비율이 낮은 지역은 세종(9.9%), 울산(14.2%), 경기(14.3%) 순이었다. 특히 전남, 경북, 전북, 강원, 부산 5개 지역은 노인인구 비율이 20%를 초과하여 초고령

사회로 진입하였다(통계청, 2022). 또한 100세 이상 장수노인(centenarian)의 수도 늘
어나 통계청의 자료에 따르면 2020년 5,581명(남자 850명, 여자 4,731명)으로, 경기
가 1,308명으로 가장 많고 서울(858명), 경북(393명), 전남(354명), 충남(349명), 전북
(323명) 등의 순이다(통계청, 2021).

(2) 급격한 고령화 속도

우리나라는 노인인구의 꾸준한 증가뿐 아니라 노인인구의 증가율인 고령화 속도
가 전 세계적으로 유례없이 빠르게 진행되고 있다. 〈표 1-2〉는 세계 각국의 65세 이
상 노인인구 비율이 7%에서 14%로, 14%에서 20%로 되는 기간을 비교한 자료다.[1]

표 1-2 **주요 국가의 인구고령화 속도**

국가	고령화사회 진입 연도	고령사회 진입 연도	초고령사회 진입 연도	7~14% 소요 연수	14~20% 소요 연수
한국	2000년	2018년	2025년	18년	7년
일본	1970년	1994년	2006년	24년	12년
미국	1948년	2015년	2036년	73년	21년
프랑스	1864년	1979년	2018년	115년	39년
이탈리아	1927년	1988년	2006년	61년	18년
독일	1932년	1972년	2009년	40년	37년

출처: 통계청(2006, 2016).

우리나라는 고령화 속도가 가장 빨랐던 일본의 24년보다 더 단축되어 고령화사
회로 진입한 2000년에서 불과 18년 뒤인 2018년에 고령사회로, 그리고 그로부터
7년 뒤인 2025년에는 초고령사회로 진입할 것으로 전망된다. 노인인구 비율이 높
은 선진국들이 50년, 100년에 걸쳐 노인인구가 완만하게 증가하여 장기적으로 차근
차근 사회적 파장에 대비하였던 것에 비해 우리나라는 아주 단기간에 인구고령화
가 진행됨에 따라 사회 전반에 미치는 영향을 준비해야 하는 어려움이 있다.

---

1) UN은 전체 인구 중 65세 이상 노인인구가 7%면 고령화사회(aging society), 14%면 고령사회(aged society),
   20%면 초고령사회(super-aged society)로 구분하고 있다.

(3) 노년부양비의 증가

노인인구가 증가하면서 인구구조가 변화되어 노인층을 부양해야 할 젊은이들의 부담이 늘어나고 있다. 인구의 성별, 연령별 구성을 나타내는 인구 피라미드를 보면, 우리 사회는 1970년에는 출생률이 높고 사망률도 높은 다산다사(多産多死) 형태인 피라미드형에서 1990년대로 오면서 유소년인구(0~14세)는 줄어들고 노인인구 (65세 이상)는 늘어나는 종형으로 변화되었다. 인구 피라미드의 변화추이에서 특히 주목할 것은 생산연령인구, 즉 15~64세의 인구층이 유소년인구와 노인인구를 부양하는 부담이다. 노년부양비를 유년부양비와 비교해 보면, 2000년의 유년부양비는 29.4%로 노년부양비 10.1%의 약 3배에 해당되며, 유년부양비는 점차 줄어드는 반면, 노년부양비는 점점 증가하고 있다. 2017년 노령화지수(유소년인구 100명당 65세 이상 노인)는 104.8명으로 노인인구가 유소년인구보다 많았다(통계청, 2017). 우리나라의 노년부양비는 1990년에 7.4명, 2000년에 10.1명, 2010년에 14.8명, 2020년에 21.8명(2022년 24.6명)으로 늘어났고, 2030년에 38.6명, 2050년에 78.6명으로 급증할 것으로 예상되고 있다(〈표 1-3〉 참조).

표 1-3 **연도별 노년부양비 및 노령화지수** (단위: 명)

연도	노년부양비[1]	노령화지수[2]
1990	7.4	20.0
2000	10.1	34.3
2010	14.8	67.2
2020	21.8	129.3
2022	24.6	152.0
2030	38.6	301.6
2050	78.6	456.2

주: [1]노년부양비=(65세 이상 인구/15~64세 인구)×100
　　[2]노령화지수=(65세 이상 인구/0~14세 인구)×100
출처: 통계청(2017, 2021).

이러한 노년부양비의 증가는 노인을 위한 의료 및 사회복지비용의 증대, 사회적 부양대책 등 여러 가지 사회문제를 초래하며, 이로 인해 1990년대 후반부터 미국에서 제기되고 있는 세대 간 형평성(generational equity) 문제, 즉 노인을 위한 복지정책과 아이들을 위한 복지정책 중 어디에 투자하여야 하는가에 대한 문제도 대두될 것이다.

(4) 저출산 현상의 심화

우리나라의 합계 출산율은 2005년 1.08명으로 세계 최저를 기록하였다. 우리 사회의 저출산 현상의 심화는 주목을 받았고, 압축적 고령화와 합쳐져 심각한 국가적 위기로 논의되고 있다. 우리나라는 1980년대 중반까지 가족계획, 두 자녀 이하 가정 중심의 사회지원시책 등 정부의 출산억제정책으로 합계 출산율이 인구대체 수준(1983년 2.1명)으로 급격히 낮아졌고, 1998년까지 지속적으로 감소하여 2005년 세계 최저점인 1.08명(출생아 44만 명)을 기록하고 2014년 1.21명으로 높아졌으나 그후 지속적으로 감소하여 2021년 0.81명(출생아 26만 600만 명)이다. 다른 나라도 인구대체 수준에 못 미치는 출산율(2004년 일본 1.29명, 독일 1.36명, 프랑스 1.91명)을 보이고 있고(최은영 외, 2005) 2021년 OECD 평균 출산율도 2.4명이다.

우리 사회에서 결혼과 출산을 연기하거나 하지 않는 현상이 지속되고 있는데, 결혼 연령은 10년마다 2년씩 지속적으로 상승하여 2021년 기준 초혼 연령은 남성 33.2세, 여성 30.8세로 나타났다. 저출산 현상은 출산 연령대 여성의 미혼이 주원인으로, 특히 20대 여성의 출산율 감소가 전체 출산력 저하에 큰 영향을 미친다. 여성의 교육수준의 향상, 자아 욕구의 증대로 여성의 사회참여가 높아졌고, 개인주의 가치관이 확산되면서 결혼과 출산이 필수가 아닌 선택의 문제로 인식되는 경향이 높아지고 있다. 또한 출산 자체에 대한 부담과 더불어 일하는 여성의 증가로 인한 일과 가정 양립의 어려움, 양육의 어려움 및 경제적 부담 등이 저출산의 주요 원인으로 나타나고 있다.

저출산 현상은 사회에서 필요로 하는 노동인력의 공급 감소와 노동력 질 저하를 가져오고 저축, 투자, 소비 등이 위축되어 경제사회 전반의 활력을 저하시키고 성장 잠재력의 약화를 초래한다. 또한 인구고령화와 맞물려 생산인구의 고령화와 노인인구 부양 부담이 증가하여 세대 간 갈등도 높아질 것이다.

(5) 인구고령화의 시사점

지금까지 살펴본 바와 같이 노인인구의 증가, 평균수명의 연장, 노년부양비의 증가 등 인구의 고령화 현상은 전 세계적으로 진행되고 있다. 이러한 인구고령화는 국가경제, 일상생활, 가족, 연금, 의료, 고용정책과 사회보장제도 등 사회 전반에 걸쳐 커다란 파장을 가져올 것으로 여러 학자들은 전망하고 있다(강연희 역, 2002; 유재천 역, 2001). 인구고령화는 생산연령인구의 상대적 감소로 노동력이 고령화되어 노동생산성이 떨어져서 경제성장이 둔화되고, 노인인구를 위한 연금, 의료, 각종 사회적 서비스를 포함한 국가의 사회복지재정 지출의 증가를 초래한다.

　영국의 Paul Wallace는 고령화라는 지진(agequake)이 금융, 부동산, 비즈니스, 사회와 문화, 직업, 연금의 6개 분야에 어떤 영향을 미칠지를 분석하였다. 즉, 베이비붐 세대가 저축과 투자를 활발히 하는 시점에는 세계 금융시장이 활기를 띠지만 이들이 노후생활비 마련을 위해 저축을 현금화하는 시점에는 금융계가 또 다른 변화를 겪을 것으로 전망하고 있다. 부동산 시장도 베이비붐 세대의 연령 변화에 따라 그들의 선호에 맞는 새로운 동향을 띠게 되고, 비즈니스도 인구의 연령구조 변화에 따라 새로운 경향을 보여 제약업, 여가산업 등이 호황일 것으로 예측된다. 인구를 여러 계층으로 구분하는 대신, 세대를 구분하는 새로운 기준이 생겨 일부에서는 베이비붐 세대를 중년 대신 중청년층(mid-youth)이라고 칭하는 등 문화적 혁명이 나타나고 있다. 또한 고령화사회에서는 직장에서의 고령자 차별 현상이 줄어들 가능성도 높고, 젊은 계층의 영입을 위한 기업 간의 경쟁, 고령 근로자의 불안정한 취업 등 직업구조의 다양한 변혁도 예상된다. 무엇보다도 가장 심각한 영향은 재정 압박으로 인한 연금제도의 위기로서 이에 대한 대응이 중요한 과제다(유재천 역, 2001).

　우리나라의 압축적 고령화는 2005년 합계 출산율 1.08명(세계 최저)의 저출산 현상과 함께 21세기 우리 사회의 최대 위기가 될 것이다. 우리나라는 아직까지도 전반적으로 사회복지가 제대로 자리 잡지 못한 상황에서 고령사회에 대비할 수 있는 기간 또한 매우 짧다는 불리한 조건에 처해 있으므로, 고령사회의 충격 여파는 경제·사회 제도 전반에 걸쳐 매우 클 것이다. 이에 정부에서는 2005년 「저출산·고령사회기본법」을 제정하고 제1차 저출산·고령사회 기본계획(2006~2010)을 시작으로 하여, 현재 제4차 저출산·고령사회 기본계획(2021~2025)을 추진하고 있다. 제4차 기본계획에서는 비전을 '모든 세대가 함께 행복한 지속가능 사회 구현'으로, 목표를 '개인의 삶의 질 향상' '성평등하고 공정한 사회'와 '인구변화 대응 사회혁신'으로 설정하고, 저출산·고령화에 대응한 개인의 권리보장과 인구구조 변화에 대한 사회의 대응력 제고 분야에서 다양한 정책과제를 추진하고 있다.

3) 베이비붐 세대 특성

(1) 일반적 특성

우리나라의 베이비붐 세대는 2010년에 약 712.5만 명으로 총인구의 15%에 이른다. 제2차 세계대전이 끝나면서 대부분의 선진사회에서 출산율이 급증하면서 출생아 수가 증가하는 베이비붐을 경험하였는데, 미국의 경우 1946~1964년에 태어난 약 7,585만 명(2008년 기준 전체 인구의 25.4%)을 지칭한다. 일본에서는 1947~1949년에 태어난 약 664만 명(2009년 기준 전체 인구의 5.21%)을 단카이 세대라고 지칭한다. 대체로 베이비부머 현상은 전쟁 이후의 사회적 안정, 미루었던 출산에 대한 욕구, 의료기술 발달 등이 공통적 요인으로 작용하여 나타났다(박시내, 심규호, 2010; 한경혜 외, 2011).

우리나라의 베이비붐 세대는 한국전쟁 이후 1955년부터 1963년 사이에 태어나 5 · 16 군사 쿠데타를 겪고, 경제개발계획의 근대화 과정을 겪은 세대다. 이들은 반공 이데올로기와 유신시대의 경험을 내재화했으며, 수적 다수로 입시와 취업에 있어서 과밀 경쟁을 겪어 왔고, 산업화의 주역으로 활동하다가 이제는 은퇴에 임박한 세대이며, 현재 자식과 부모 부양의 책임을 담당하고 있는 세대라고 볼 수 있다.

베이비붐 세대는 부모세대의 라디오 대신 TV를 통해 소비문화가 소개되고 확산되는 것을 지켜 보았으며, 연애결혼, 핵가족 지향, 남녀 성별분업 등 서구의 가치관을 접하게 되었다. 직업중심적 남성상에 대한 강조도 이러한 변화의 연장선상에 있었으며, 이로 인해 베이비붐 세대의 남성들은 당시 우리 사회의 경제 성장의 주역으로서 직업과 일터에서 매진하였음에도 정작 가정으로부터는 소외되는 결과를 맞게 되었다. 한편, 베이비붐 세대의 여성들은 자아실현이나 성취에 대한 자극을 받은 최초의 세대로, 가정 내 정서적 · 표현적 역할을 담당하여 여성의 역할이 강조되는 동시에 여성 교육기회의 확대, 노동시장 참여 등의 변화를 맞이하였다(한경혜 외, 2011).

베이비붐 세대의 절반 이상이 농촌에서 성장하였지만, 주로 10대와 20대에 학업과 직장문제로 도시로 이주하였기 때문에 이전 세대에 비해 교육수준이 향상되었으나 베이비붐 세대 내의 격차는 심하다고 볼 수 있다. 이들 대부분은 자신들을 중간계층으로 평가하며(중 47.7%, 중하 31.0%), 부모세대보다 계층이 상향 이동되었다고 인식하고 있다. 또한 이들은 50세 전환기에 심리적 부담감을 느끼고 있으나 현재의 삶에 만족하는 편이다.

베이비붐 세대는 1980년대 후반 이후 고도 성장기에 소득이 급격히 증대되었으나, 소비 수준도 같이 높아지면서 부의 축적이 상대적으로 축소되었다. 특히 고도 성장의 주역으로 활약하던 베이비붐 세대는 1997년 IMF 구제금융 위기에 직면했을 때, 가족생활주기상 자녀교육비 부담이 가장 큰 시점에 있었기 때문에 최대의 피해자였던 것으로 지적된다(김영민, 2006). 이들은 전 세대에 비해 풍족하게 소비하던 습성이 남아 있어 IMF 이후 직업의 불안정과 그에 따른 소득의 변화에도 불구하고 기존의 소비 습관이 계속되고 있으며, 지금까지 자녀들의 사교육비에 엄청난 지출을 하고 있는 세대이기도 하다.

(2) 베이비붐 세대의 가족 및 사회관계[2]

대부분(79.8%)의 베이비붐 세대는 부모세대가 생존해 있으며, 손자녀가 있는 경우는 8.1%에 불과하다. 이들의 3/4 이상이 인구학적으로 '끼인 세대'이나, 실제 자녀세대와 부모세대를 모두 부양하는 경우는 전체 베이비부머의 1/4 이하(24.4%)다. 그러나 2~3년 후 부모세대가 80세 이상의 초고령층에 진입하게 되면 다양한 측면의 지원 욕구가 증가할 것이다. 부모가 살아 있는 경우, 13.6%가 간병을 제공하고 있고 한 달 평균 간병 시간은 18.2시간이다.

한편, 평균수명의 연장과 손자녀 출산으로 가족생활주기(family life cycle)가 변화하여, 자녀 출산기는 감소하고 중·노년기 부부만이 생활하는 기간이 크게 늘어 부부 중심적 가족생활로 재편되었다. 부부관계도 이전 세대보다 애정을 기반으로 하여 민주적이고, 약 45%가 결혼에 만족하며 3/4은 부부간 비교적 긍정적인 상호작용을 하고 있는 것으로 나타났다.

베이비붐 세대의 노부모와의 동거 비율은 매우 낮은 편(7.7%)이며, 비동거의 경

---

2) 베이비붐 세대의 가족 및 사회관계, 일과 은퇴, 노후설계 및 가치관 내용은 한경혜 등(2011)의 「한국 베이비 부머 연구」(전국 15개 시·도 베이비부머 4,668명을 대상으로 한 조사) 내용을 중심으로 요약하였다.

우 부모와의 상호작용 빈도도 낮게 나타나 가족부양 기능의 약화 현상을 보이고 있다. 한편, 부모에 대한 경제적 지원은 66.4%, 도구적 지원은 20.4%이며, 기혼자녀에게도 다양한 도움을 제공하고 있다.

베이비붐 세대의 사회활동을 살펴보면, 동창모임(55.8%)의 참여율이 가장 높으며 참여 빈도가 가장 높은 모임은 종교활동이다. 또한 1/5 정도가 자원봉사활동이나 지역사회모임 등의 사회참여 성격의 활동에 참여하고 있다. 베이비붐 세대의 친구 관계는 긴밀하나 친척, 형제자매와의 만남과 연락은 상대적으로 약한 것으로 나타났고, 사회적 관계망은 비취업 남성과 여성, 교육수준과 소득수준이 낮은 경우 취약하다.

(3) 베이비붐 세대의 일과 은퇴

베이비붐 세대 남성의 93%, 여성의 60% 이상이 현재 경제활동을 하고 있으며 노동시장으로부터 완전히 은퇴한 경우는 소수에 불과하다. 이들의 노동 강도는 높은 편으로, 일로 인한 피로와 스트레스의 지각도 높은 편이다. 직업생활에 대한 성별 인식 차이를 살펴보면, 남성은 부정적 측면(위험 부담, 정신적 스트레스)과 긍정적 측면(젊은 날의 꿈을 이루는 것, 삶의 보람이자 기쁨, 일에서의 성취가 삶에서 큰 의미) 모두 높게 인식하는 한편, 여성은 생계수단의 측면은 강하나, 일로부터 얻는 보상이나 긍정적 정서는 약한 것으로 나타났다.

베이비붐 세대의 43%가 경력 단절을 경험하였고 이후 남성은 재취업하는 경우가 많은 반면, 여성은 비취업 상태에 머무는 경우가 많다. 직업 안정성과 경력 단절 후 노동시장 재진입 가능성은 교육수준에 따라 차이를 보이는데, 연속취업은 대졸 이하 50%에 비해 대학원 졸업 이상은 71.4%로 높았고, 경력 단절 이후 비취업 비율도 학력이 낮을수록 높게 나타났다. 실직 상태인 베이비붐 세대의 대다수(77%)는 여성이며, 남녀 모두 건강문제가 주된 실직 사유(28%)였다.

베이비붐 세대의 예측 은퇴 시점은 평균 62.3세인 반면, 희망 은퇴 시점은 64.8세로 약 3년의 차이가 있는 것으로 나타났으며, 과반수(58%)가 65세 이후까지 일하기를 희망하고 있다. 이들은 은퇴 이후의 삶에 대하여 비교적 낙관적으로 전망(80%)하지만 은퇴 후 걱정으로는 생산적이고 의미 있는 삶을 살 수 있을지에 대한 우려(25.9%)가 가장 높았다.

(4) 베이비붐 세대의 노후설계 및 가치관

　베이비붐 세대의 월 평균 소득은 약 386만 원으로 우리나라 전체 가계 평균 소득의 약 1.12배에 해당된다. 지출에서 자녀 양육비가 전체 생활비의 20% 이상으로 가장 큰 비중을 차지하며, 자녀의 결혼 및 교육 비용을 부담스럽게 생각하고 있어 은퇴준비가 어려움을 알 수 있다.

　베이비붐 세대는 위험 회피적이고 안정성을 우선시하나(전체의 3/4), 장기적인 투자설계는 제대로 이루어지지 않고 있다. 베이비붐 세대의 자산은 다른 계층보다 부동산 자산에 치우쳐 있으며 금융자산은 안전자산에 집중되어 있다. 은퇴 이후 생활 전망은 46.2%가 빠듯한 수준을 영위할 것이라 전망하고, 평균 은퇴생활비는 약 211만 원으로 예측하고 있다. 한편, 은퇴준비가 미흡하거나 계획 없다는 응답이 절반을 넘어 은퇴준비 정도가 심각한 수준임을 알 수 있다. 은퇴준비는 보험상품, 국민연금, 예금 및 적금을 활용하는 경우가 많았고, 부족한 은퇴 자금은 주거자산을 이용할 계획이며, 주택연금제도의 활용 의사가 높은 편(4명 중 1명)이다.

　베이비붐 세대의 가치관을 살펴보면, 공정성이나 사회정의 문제, 개인의 권익과 공익 사이의 관계에 대해 다소 소극적인 태도를 보이는 반면, 개인주의적 성향, 성공지향적 태도가 강하게 나타난다.

　지금까지 간략히 요약해 본 베이비붐 세대의 조사 결과에 따르면, 베이비붐 세대 내에서도 다양성이 존재함을 알 수 있다. 중년기에서 노년기로의 전환점을 맞으며, 은퇴와 노화가 시작된 거대한 군단인 베이비붐 세대에 대한 사회적 관심이 집중되고 있으며, 제2차 저출산·고령사회 기본계획에도 베이비붐 세대 고령화 대응체계 구축 과제가 포함되었다. 학문적으로도 베이비붐 세대의 특성 분석, 이들의 삶의 변화에 대한 다각도의 추적과 우리 사회의 변화 및 대응, 국가적 정책 모색 등이 활발하게 연구되어야 할 것이다.

3. 고령사회의 노인문제

1) 노인문제의 등장

노년기는 인생의 황혼기며 완숙기다. 전통사회에서는 풍부한 경험과 삶의 지혜를 지닌 노인들이 사회발전을 위하여 절대적으로 중요한 존재였고 연장자로서 존경을 받아 왔다. 그러나 산업사회로 접어들면서 과학기술의 발전으로 노인에게서 얻던 경험과 지혜가 교육 및 인쇄물 등을 통해 전수되면서 노인의 권위는 위협을 받고 있다. 현대사회에서는 노인인구의 증가뿐 아니라 산업화로 인해 변화된 사회적 환경, 대가족에서 핵가족으로의 가족구조의 변화, 서구 사상과 문명의 유입에 따른 새로운 가치관의 등장 등으로 인해 다양한 노인문제가 나타나고 있다.

노년학이론 중에서 현대사회의 노인문제의 등장을 설명하는 이론으로 많이 알려진 것은 Cowgill과 Holmes(1972)의 현대화이론(modernization theory)이다. 현대화이론은 15개국의 자료를 비교하면서 현대화의 네 가지 측면인 보건기술의 발전, 경제적 생산기술의 발전, 도시화의 촉진 그리고 교육의 대중화가 어떻게 노인의 지위 하락을 야기하는지를 설명하고 있다. 즉, 이러한 현대화의 네 가지 핵심적인 요인이 정년퇴직 제도, 노인과 젊은 세대의 사회적 · 도덕적 · 지리적 분리 및 소외 등의 인과적 과정을 거쳐 결과적으로 노인의 지위를 약화시킨다는 주장이다.

현대화이론은 몇 가지 문제점이 있기는 하지만 현대사회의 광범위한 노인문제의 발생을 이해하는 데 설득력 있는 이론으로 실증적 연구에서 종종 이용되고 있다. 현대화이론은 거시적 맥락인 사회 변화의 큰 틀 안에서 사회구조의 역할과 자원 통제 수단이 노인들의 생활에 미치는 영향을 살펴볼 수 있다는 장점이 있다.

2) 노인문제의 양상

흔히 노인문제는 노인의 4고(苦)라고 표현한다. 즉, 현대사회에서는 퇴직의 제도화로 노인이 되면 사회적 역할이 상실되고 이로 인하여 수입의 감소가 초래된다. 한편, 의료 및 보건 기술의 발달로 평균수명은 연장되었으나 노화에 따른 건강 약화로 유병장수(有病長壽)하고, 노년기의 여러 가지 상황 변화로 인해 소외와 고독에 쉽게 빠지게 된다. 이 외에도 결혼한 자녀와 따로 사는 노부부, 독신의 노인 단독세대가 증가함에 따라 노인의 부양 및 보호 문제, 늘어난 여가시간을 보람 있게 보내는 문제 등도 중요한 이슈로 등장하고 있다(장인협, 최성재, 1987).

이러한 현상은 개개인 혹은 사회에 따라 차이는 있지만 누구나 어느 사회에서든 필연적으로 당면하게 되는 문제들이다. 과거에는 노인 개인의 문제, 가족의 문제로 여겨졌던 것이 노인인구의 증가와 더불어 우리 사회가 공동으로 대처해야 하는 사회문제로 등장하게 되었다. 중요한 것은 이런 문제는 각각의 문제라기보다는 서로 복합적으로 연결되어 있다는 점이다. 예를 들면, 건강의 약화로 인해 부양, 보호의 문제가 제기되고 경제적 부담이 되며, 동시에 노인이 고립감과 소외감을 느끼게 되는 등 노인은 이중, 삼중의 문제를 안고 있는 경우가 많다.

(1) 건강 약화

노인의 걱정거리나 관심사에서 건강문제는 큰 비중을 차지한다. 일반적으로 노년기로 접어들면 노인은 신체적 노화로 인하여 한두 가지 이상의 질병을 지니고 생활하게 된다. 노인은 고령이 되면서 신체적 기능 저하로 다른 연령층에 비해 상병률이 높아지며, 노인병은 만성질환이 대부분이고 합병증인 경우가 많다. 그렇기 때문에 장기적인 치료나 의료적 보호가 필요한 경우가 많으며, 다른 인구집단에 비해 고액의 진료비를 요하게 되는 것이 일반적인 경향이다.

우리나라도 노인인구의 증가와 평균수명의 연장으로 건강문제를 지닌 노인의 수가 늘어나고 있다. 2020년 노인실태조사에 따르면, 65세 이상 노인의 84.0%가 만성질환을 한 가지 이상 앓고 있으며, 만성질환이 한 가지인 경우 29.2%, 두 가지인 경우 27.1%, 세 가지 이상인 경우가 27.8%인 것으로 나타났다. 노인에게 유병률이 높은 질환은 고혈압, 당뇨병, 관절염 등 장기간 치료나 요양을 필요로 하는 만성퇴행성 질환이다. 또한 신체적으로 자립생활이 가능한 65세 이상 노인은 94.4%며, 나머지 노인은 일상생활수행능력(activities of daily living)에 제한적이거나(1개 도움 필요 1.6%, 2개 이상 도움 필요 3.9%) 수단적 일상생활수행능력(instrumental activities of daily living)에 어려움을 느껴서(12.0%) 다른 사람의 도움이 필요한 것으로 나타났다(이윤경 외, 2020). 이러한 노인의 기능적 건강상태는 나이가 많을수록 더욱 악화되어 신체적 자립생활 불가능의 비율이 높아짐을 알 수 있다.

이뿐 아니라 노년기의 신체적 건강 약화로 인한 심리적 부담, 배우자, 친구 등 가까운 사람들의 죽음, 퇴직 및 사회적 역할 상실로 인한 소외 및 고독, 또한 이런 부정적 상황들로 인한 스트레스 등으로 정신건강에 장애를 가진 노인들도 증가하는 추세다. 치매노인은 지속적으로 증가하여 65세 이상 노인의 치매유병률은 2007년 8.3%, 2010년 8.7%, 2018년 10.3%(83만 명)에서, 2030년에 9.6%(100만 명), 2050년에 15.9%(302만 명)로 늘어날 것으로 추정된다.

국민건강보험공단 자료에 따르면, 65세 이상 노인인구의 의료비는 2021년 40조 6,129억 원에 이르러 전체 지출의 43.4%로 2016년 대비 1.6배로 증가하였고, 앞으로도 지속적으로 증가할 것으로 전망된다. 이와 같이 노인의료비 부담은 가중되고 있으며, 장기간 치료가 필요한 노인성 질환으로 소요되는 고액의 진료비를 노인 자신이 부담해야 하는 비율이 높은 현재의 의료보험제도에 대하여 노인의 불만이 많다. 또한 의료 시설이 대부분 도시에 편중되어 있어서 농촌노인들은 의료혜택에서 불이익을 받고 있고, 진료비 외에도 교통이 불편하여 추가비용이 드는 실정이다.

(2) 수입 감소

현대사회에서 퇴직이 제도화되면서 노인들은 평균적으로 퇴직 전에 비하여 줄어든 소득으로 경제적 어려움을 겪고 있다. 물론 퇴직금, 노후를 대비한 자금을 준비하기도 하지만 우리나라 노인세대의 대부분은 자식들의 교육비, 결혼자금 등의 지원으로 인하여 자신을 위한 노후대비는 미흡한 현실이다. 1988년에 국민연금을 시작한 이후 그 대상자가 농어민(1995년)과 도시 자영업자(1999년)까지 확대되어 바야흐로 모든 국민의 기본적인 노후생활이 보장되는 전 국민 연금시대가 오기는 했지만, 2021년 65세 이상 공적연금 수금율은 55.1%다. 한편, 2020년 국민기초생활보장 수급자 중 65세 이상 노인은 35.4%(72.5만 명), 전체 노인의 8.5%로 나타나 노인의 소득수준이 상대적으로 열악함을 알 수 있다.

노년기로 접어들면서 퇴직에 따른 경제적 수입의 감소는 기본적으로는 노후생활비 부족으로 어려움이 있고 이외에도 친구, 친척관계, 여가활동 등의 장애, 정서적·심리적 위축 등 생활 전반에 중요한 영향을 끼칠 수 있다. 퇴직으로 인해 정기적 수입원이 없어지면서 노후생활은 연금, 퇴직금, 저축, 재산수익 등에 의존하게 된다. 사회보장제도가 일찍이 자리 잡은 서구사회에서는 대부분의 노후생활비를 연금에 의존하는 반면, 우리나라에서는 아직까지 노후생활비를 자녀에게 의존하거나 재취업 등으로 직접 일을 하여 마련하고 있는 비율이 높다.

2016년도 OECD 자료에 따르면, 우리나라 65세 이상 노인의 경제활동 참가율은 31.5%로 아이슬란드(40.6%)에 이어 두 번째로 높으며, OECD 평균 14.5%의 2배에 달한다. 그러나 2021년 경제활동인구 자료(통계청, 2022)에 따르면, 65세 이상 고령층의 고용률은 34.9%이며 65세 이상 취업자(299.2만 명)의 직업별 비중을 보면 단순노무자가 36.6%로 가장 높고, 다음으로 농림어업 숙련종사자(24.2%), 서비스 · 판매 종사자(16.8%), 기능 · 기계조작 종사자(14.1%) 순으로 전체 취업자에 비해 단순노무 종사자와 농림어업 숙련종사자의 비중이 매우 높은 반면, 관리자 · 전문가 및 사무 종사자의 비중은 상대적으로 낮은 것으로 나타났다. 노인들의 직업으로는 농림어업, 도 · 소매업, 음식, 숙박업이 많고 가족이 운영하는 곳에서 무급으로 일하고 있는 경우도 많은 것으로 나타났다.

2020년 노인실태조사에 따르면, 조사대상 65세 이상 노인의 36.9%가 수입이 되는 일을 하고 있고, 경제활동 참여 노인 중 단순노무 종사자가 48.7%로 가장 많고, 다음으로 농림어업 숙련종사자가 13.5%로 나타났다. 지역별 취업률은 동부 노인이 33.7%인 데 비해 읍 · 면부 노인은 46.8%로 높았다. 읍 · 면부 노인의 34.7%가 농림어업 숙련종사자이며, 단순노무 종사자는 동부 노인 48.0%, 읍 · 면부 노인 50.1%로 나타났다. 노인이 종사하는 일의 내용을 범주화하여 살펴보면, 경비 · 수위 · 청소 업무가 25.7%로 가장 많으며, 농림어업 20.6%, 운송 · 건설 관련 18.7% 순이다. 지역별로는 읍 · 면부 노인의 과반수 이상(54.4%)이 농림어업인 반면, 동부 노인은 경비 · 수위 · 청소 30.4%, 운송 · 건설 24.4% 순이다(이윤경 외, 2020). 농촌노인의 경우는 농업경영에서 기술의 낙후, 생산성의 저하, 경영의 비효율성 등의 문제가 뒤따르게 되므로 젊은 농가 경영주에 비해 소득이 낮고 노년기의 여러 가지 질병에 의한 치료비가 부과되어 빈곤상태를 벗어나지 못하는 경우가 많다.

노인들은 대부분 경제적 이유(생계비 73.9%, 용돈 7.9%) 때문에 일을 하고 있고, 일자리 만족도는 70.2%로 높으며, 일에 만족하지 않는 이유로는 낮은 급여(47.2%), 일의 내용(24.2%) 등으로 나타났다. 한편, 노인의 앞으로의 경제활동 참여의사는 38.5%이며, 주된 이유는 역시 생계비 마련(61.9%)과 용돈 필요(11.2%)로 경제적 이유가 높고, 건강 유지를 위해(13.6%), 사람들과 사귈 수 있어서(4.6%) 순이다(이윤경 외, 2020). 이와 같이 노인들이 취업을 원하는 비율은 높으나 고령자(55세 이상)의 재취업은 노화에 따른 능력 저하, 생산성의 감퇴, 차별임금, 법적 보호의 미약 등으로 인해 현실적으로 어려운 상황이다.

(3) 역할 상실

산업화사회에서는 생산기술의 기계화, 사무자동화 등으로 전반적으로 생산에 필요한 노동력이 감소하게 되었다. 그러므로 젊은 세대와 노인세대 간에는 불가분 취업 및 직업역할에서 경쟁이 생기게 되었고, 신체적·정신적 기능이 감퇴되는 노인세대는 젊은 세대에 뒤지게 되므로 사회적 역할에서 물러나는 퇴직이 제도화되었다. 이와 같이 현대사회의 산물로 생겨난 퇴직제도로 인해 노인은 사회적으로 직업적 역할을 상실하게 되었다. 또한 퇴직으로 가정의 생활비를 제공하던 가장의 역할도 상실하게 되므로 집안 내에서 노인의 권위도 상대적으로 낮아지게 된다.

현대사회의 평균수명 연장으로 퇴직 후에 지내야 하는 기간은 길어진 반면, 퇴직 후의 적절한 역할과 규범은 확립되어 있지 못한 실정이다. 과거 전통사회에서 노인들은 가정 내에서 중요한 일의 결정자, 전통의 전수자, 손자녀의 교육자, 집안문제의 조정자, 집안 주요 행사의 주관자 등 중요한 역할을 해 왔다. 그러나 현대사회에서는 가족제도가 대가족에서 핵가족으로 바뀌면서 결혼한 자녀는 노부모와 별거하는 경향이 높아졌고, 여성의 지위도 향상되어 가정의 대소사도 부부가 중심이 되어 중요한 결정을 하고 있다. 노인과 동거하거나, 젊은 세대가 맞벌이 부부거나, 나이가 어린 자녀가 있는 때는 아직까지도 노인, 특히 여성노인이 집안일과 손자녀 돌보기 등의 역할을 도맡고 있는 경우가 많다. 그러나 집안일도 전자제품의 보급으로 기계화·간편화되면서 타인의 도움이 덜 필요하게 되어 노인은 가정 내에서도 보조적이고 주변적인 역할만 담당하게 되는 경향이 있다.

(4) 소외 및 고독

고령사회에서는 교육의 대중화로 인하여 자녀세대는 부모세대보다 일반적으로 교육수준이 높다. 교육수준에 따른 지식수준의 차이와 사고방식의 차이는 세대 간의 갈등과 고립의 원인이 된다. 그리하여 자녀와 부모세대 간의 행동양식과 사고의 차이는 대화의 단절, 노인집단의 소외를 초래하게 된다. 또한 현대화의 특징 중 하나인 도시화는 지리적 이동을 유발하여 농촌 젊은이들의 도시로의 유입이 증가함에 따라 세대 간의 공간적 고립을 가져왔다.

　노후생활에서 문제가 되는 것이 무엇인지에 대한 복수응답에서는 건강문제(65.2%), 경제적인 어려움(53.0%)이 높은 비율이었고, 다음으로 외로움 · 소외감(14.1%)이 문제라고 지적되었다(통계청, 2013b). 연령이 높을수록, 여성노인일수록 외로움 · 소외감을 느끼는 비율이 높게 나타났다. 이런 결과는 일반적으로 연령이 높고 여성노인일수록 사회참여의 기회가 적고 역할 상실이 많으며 자식에게 의존하는 경우가 높기 때문에 무위에서 오는 고통과 경제적 빈곤 등이 노인의 고독감을 증대시키고 있다고 볼 수 있다. 2020년 노인실태조사에서도 노인의 13.5%가 우울증상을 지니고 있고, 여성노인(15.5%)이 남성노인(10.9%)보다 우울증상 비율이 높으며, 연령이 높을수록 우울증상이 심해지는 것으로 나타났다(이윤경 외, 2020). 고령화가 가속화되면서 국가적인 복지재정의 위기, 급속한 사회 변화, 다양한 노인계층의 등장으로 인한 상대적 박탈감 등 때문에 앞으로도 노인의 외로움과 고독감은 더욱 가중될 것으로 전망된다.

　또한 노인의 소외 · 고독 문제가 심해지면 우울, 자살까지 연결되어 심각한 사회문제로 대두된다. 자살률은 해당 인구 10만 명당 자살자 수로 표시하는데, 우리나라의 자살률(21.5명)은 OECD 회원국(OECD 평균 11.0명) 중 1위인데, 특히 80세 이상 노인의 자살률(67.4명)은 OECD 평균보다 3.1배 높다. 2020년 65세 이상 노인의 자살률은 41.7명(자살자 수 3,392명)으로 다른 연령층의 자살률보다 높다. 또한 노인의 자살률은 연령이 높을수록 증가하고 남성이 여성보다 높은 것으로 나타났다(보건복지부, 한국생명존중희망재단, 2022). 60세 이후 자살을 생각해 본 노인은 2.1%이며, 자살을 생각하는 주된 이유로는 건강(23.7%), 경제적 어려움(23.0%), 외로움(18.4%), 배우자/가족의 사망(13.8%), 배우자/가족과의 갈등(13.1%), 배우자/가족의 건강 및 돌봄 문제(7.6%)로 나타났다(이윤경 외, 2020).

(5) 부양 및 보호 문제

　과거 농경사회의 노인은 대가족제도하에서 결혼한 장남 혹은 아들 가족과 살면서 부양과 보호를 받아 왔다. 그러나 현대사회에서는 노인의 거주 형태도 변화하여 요즈음은 결혼한 아들 가족과의 동거뿐 아니라 결혼한 딸 가족과의 동거, 노부부 혹은 노인 혼자, 기타 친척과 함께, 양로/요양시설 거주 등 다양한 양상을 보이고 있다. 대체로 기혼자녀와의 동거는 줄어드는 반면, 자녀와 별거하여 노인 혼자 또는 노부부끼리만 사는 노인 단독세대의 비율이 늘어나는 추세다. 2020년 노인실태조사에서도 자녀와의 동거는 20.1%인 반면, 노인 단독세대(노인독거 19.8%, 노인부부 58.4%)는 78.2%에 이르는 것으로 나타났다(이윤경 외, 2020).

전통적으로 우리나라에서 노인부양의 책임은 전적으로 가정에 있었으나 고령사회에서는 여러 가지 사회적 여건들의 변화로 가족의 노인부양 기능이 약화되고 있다. 무엇보다도 현대사회의 핵가족화 현상은 노인이 기혼자녀와 동거할 가능성을 저해하는 요인으로 작용하고 있다. 또한 도시화 진행으로 농촌의 젊은이들이 직장과 교육 등의 이유 때문에 도시로 유입되면서 농촌에는 노인들만 남게 되어 노인 단독세대가 급증하고 있다. 한편, 출산율의 감소로 가족당 평균 자녀수도 1980년 4.6명, 1990년 3.7명, 2000년 3.1명, 2004년 2.88명, 2013년 1.7명으로 급격히 줄어들고 있지만 노인인구는 증가하고 있다. 이에 노인을 부양해야 되는 젊은 세대의 부담이 늘어나 미래의 젊은 세대는 자신의 부모, 조부모를 동시에 부양해야 될 것이다.

반면, 현재의 노인세대는 젊었을 때 자녀의 교육비, 결혼비용 등으로 자신의 노후대책이 미흡하여 자녀에게 경제적으로 의존할 뿐 아니라 정서적 부양, 신체적/서비스 부양도 자녀에게 의존하는 경향이 높다. 그러나 현대사회에서는 여성의 경제활동 참여율이 증가하면서(1980년 42.8%, 2000년 48.8%, 2010년 49.6%, 2020년 59.1%) 집안에서 노인들의 간호와 수발 등을 책임지는 여성인력이 부족하게 되었다.

또한 서구의 개인주의, 자유주의 사상의 영향으로 젊은이들의 노부모 부양의식이 약화되고 있는 현실이다. 통계청의 2020년 사회조사에 따르면, 부모의 노후생계가 가족과 정부·사회의 공동 책임이라는 견해가 61.6%로 2년 전보다 증가하였으나, 가족(22.0%), 부모 스스로 해결(12.9%), 정부·사회(3.5%)는 감소하였다. 노부모의 노후를 가족이 돌보아야 한다는 생각은 2012년 33.2%에서 22.0%로 크게 감소한 것으로 나타났다(통계청, 2020).

노인들 스스로의 의식도 변화되어 경제적 능력만 있으면 자녀들과 서로 불편하게 지내는 것보다 따로 사는 것을 선호하는 경향이 높아지고 있다. 2017년 통계청의 사회조사 결과, 60세 이상 노인 중 69.4%는 자녀와 따로 살고 있는데, 자녀와 동거하지 않는 이유로 독립생활 가능(31.4%)이 가장 높고, 다음으로 따로 사는 것이 편해서(29.4%), 자녀에게 부담될까 봐(18.7%) 순으로 나타났다. 2020년 노인실태조사에서는 노인 단독거주의 이유로 노인의 개인적 욕구나 특성(경제적 능력 12.7%, 건강 11.2%, 개인 및 부부생활 향유 19.9%, 기존 거주지 거주 희망 18.2%)이 약 2/3를 차지하고 자녀와 관련된 요인(자녀의 결혼 28.3%, 자녀 타지역 거주 3.2%, 자녀의 별거 희망 5.9%)은 37.4%로 나타났다(이윤경 외, 2020).

일반적으로 아직까지 노인들은 노부모 부양의 책임을 자식들에게 많이 돌리고 있기는 하지만 예전보다 장남의 책임이라는 의식은 많이 줄어들고 자녀 모두의 책임이라는 의식으로 변화되었다. 또한 자식뿐 아니라 국가나 사회의 책임, 자신 스스로 노후를 준비해야 한다는 의식도 많이 증가된 것을 볼 수 있다. 따라서 이제는 노부모 부양의 책임을 가족부양으로만 돌려서는 안 될 것이며, 국가적 · 사회적 차원에서 부양문제를 함께 해결하는 방안을 모색해야 할 것이다.

(6) 여가활용 문제

고령사회에서 의료 및 보건 기술의 발전으로 인간의 수명은 연장되었으나 퇴직은 제도화되어 있어 은퇴 후 노년기를 보내야 하는 절대 시간이 길어지고 있다. 그리하여 노년기의 여가시간과 여가활용의 문제가 중요하게 대두되고 있다. 여가 (leisure)란 일에서 해방되어 자유, 휴식, 즐거움 등을 누릴 수 있는 여유로운 시간을 의미한다. 그러나 노년기는 퇴직, 자녀의 결혼 등으로 사회적 · 가정적 책임에서 벗어나는 시기라 여가투성이의 생활이므로 다른 연령층의 여가와는 의미가 다르다. 노후의 여가생활은 은퇴 후 사회와 가족으로부터의 소외에서 벗어나 자긍심과 자신감을 주고 자아실현을 이룰 수 있는 계기를 마련해 준다. 또한 노인은 적극적인 여가활동에서 개인적으로는 신체 및 정신건강, 삶의 만족감, 심리적 안녕 등을 얻을 수 있고, 사회적으로는 노인에 대한 긍정적 이미지 확립, 노인의 지역사회 내 통합 등 긍정적인 결과를 기대할 수 있다.

우리나라 노인들은 대체로 집안 내에서 소극적인 여가생활을 하는 경우가 많지만 노인들의 노인복지관, 노인학교 등 가족 외 활동도 점차로 활발해지고 있다(원영희, 1999). 노인들은 전반적으로 여가시간에 대부분(96.6%) TV 시청, 라디오 청취를 많이 하고 있고, 이외 주된 여가문화활동으로는 휴식활동(산책, 음악감상 등)이

52.7%로 가장 많고, 다음으로 취미오락활동 49.8%, 사회 및 기타 활동(종교, 가족 및 친지 방문 등 사회활동, 기타) 44.4%로 나타났다. 세부 활동으로는 산책이 34.1%로 가장 많고, 가족 및 친지 방문 등 사회활동 21.0%, 종교활동 19.0%로 높았다. 연령별로 보면 연령이 높을수록 화투와 고스톱 등 오락활동과 종교활동 참여가 높은 반면, 연령이 낮을수록 문화예술 관람 및 참여활동, 스포츠관람 및 참여활동, 취미오락활동 참여가 높아 활동적인 여가활동을 하고 있음을 알 수 있다(이윤경 외, 2020).

우리나라 노인의 TV, 라디오, 화투, 장기 등의 취미오락활동은 다른 나라에서도 가장 많이 즐기고 있는 여가활동으로 나타나고 있다. 한편, 서구노인들은 운동경기 참여 및 관람, 문화 및 예술활동 참여가 높은 데 비해 우리나라 노인의 참여는 3~10% 정도로 낮으며 상대적으로 여가활동이 다양하지 못한 편이다. 이와 같은 결과는 우리나라 노인들은 '일'을 위주로 살아온 생활 경험 때문에 특별한 취미를 가지고 있지 못하고 경제적 사정, 건강 등으로 자신의 여가시간을 다양하게 즐기고 있는 비율이 낮은 것으로 추측된다. 또한 여가를 즐길 수 있는 복지시설의 부족, 프로그램의 미흡 등도 문제점으로 지적될 수 있다.

4. 노인 관련 연구동향

노인, 노화(aging)와 관련된 근대적 연구는 1835년 세계 최초의 노년학자인 벨기에의 Quetlelt의 논문 「인간의 본질과 그 능력의 발달」 이래 생물학, 심리학, 사회과학 전반으로 확대되어 나갔다. 경제 발전과 더불어 근대화ㆍ도시화되면서 유럽은 19세기 말엽, 미국은 1930년대부터 노인문제가 개인 혹은 가족이 해결할 수 없는 사회문제로 대두되기 시작하였다(장인협, 최성재, 1987). 이후 1945년 미국노년학회, 1950년 국제노년학회가 창립되면서 노인과 관련된 학문적 연구들이 체계적으로 발전하게 되었다. 노년학은 다학제간(multidisciplinary) 학문으로 분야에 따라 노년사회복지학, 노년사회학, 노년심리학, 노년간호학, 노년의학, 노년생물학, 노년가족학, 노년주거학 등 다양한 영역으로 세분되어 있다.

우리나라에서의 노인, 노화에 관한 학문적 연구는 1970년대 후반을 본격적인 출발점으로 본다(윤진, 1985; 장인협, 최성재, 1987). 이 시기는 우리 사회가 산업화되면서 노인의 사회적·가정적 권위가 낮아지고 평균수명의 연장으로 노인인구가 증가하는 시점으로 노인문제에 대한 사회적 관심이 싹트기 시작하였다. 1968년 한국노인병학회, 1975년 한국노인문제연구소, 1978년 한국노년학회가 설립되면서 본격적인 노년학 연구의 기틀을 마련하였다.

1980년대는 노인 관련 연구가 본격적으로 시작되어 성장과 발전을 이룩한 시기다. 1981년 「노인복지법」과 경로헌장이 제정되면서 노인에 대한 사회적 관심과 지원의 법적 근거가 마련되었고, 1982년 UN의 '세계 노인의 해' 선포를 계기로 국내에서도 노인 관련 학술세미나가 대대적으로 개최되었다. UN에서는 세계 노인의 해를 선포한 1982년에 전 세계 124개국과 17개 국제기구 대표들이 모여 노년세계회의(World Assembly on Aging)를 개최하였다. 여기서 노인에 대한 경제적·사회적 보장, 노인의 국가 발전 기여 기회 보장 등 국제활동계획을 마련하여 이에 대한 실천성과를 4년마다 UN 총회에 보고하기로 결정해서 세계적으로 심각해지는 노인문제 해결에 대한 의지를 표명하였다(최순남, 1999).

1980년대 학술활동을 구체적으로 살펴보면, 아산사회복지사업재단이 '현대사회와 노인복지'(1982), '산업사회와 정년'(1984) 심포지엄을 개최하였고, 1982년에는 한국인구보건연구원(현 한국보건사회연구원)이 한국노년학회, 한국인구학회와 함께 '핵가족화와 노년복지' 학술대회를, 1984년에는 유네스코 한국위원회에서 '노인문제와 노인교육' 학술대회를 개최하여 노인과 관련된 다양한 주제가 학문적으로 연구되었다. 또한 1981년 한국갤럽조사연구소에서 전국의 60세 이상 노인 1,400여 명을 대상으로 실시한 조사는 노인의 신체적·심리적·사회적 생활현황을 포함한 최초의 사회조사로, 1984년에 『한국 노인의 생활과 의식구조』가 단행본으로 출간되었고 우리나라와 미국, 영국, 일본, 태국, 프랑스의 노인현황과 비교한 6개국 비교분석을 제공하였다(윤진, 1985).

1960년부터 1988년까지의 노년학 연구를 분석한 바에 따르면(구자순, 1985), 1980년대로 들어서면서 석사·박사 학위논문 편수가 증가되었고 노인복지, 가족 관련, 보건 관련 분야의 연구가 많은 것으로 나타났다. 한편, 한국노인문제연구소에서 1960년 1월부터 1991년 8월까지 국내에서 발표된 노인과 관련된 학위논문, 단행본, 협회지 및 학회지, 연구소 간행물, 대학논문집, 세미나 자료 등을 총망라하여 수록한 『노인문헌목록』(1991)에 따르면, 박사학위논문 54편, 석사학위논문 445편, 단행본

228권, 일반 논문 및 논설 2,388편으로 합계 3,115편이고 집필자는 1,884명에 이른다. 시대별로 연구논문이 분류되어 있지 않아 아쉽지만 두 자료를 참고로 추정해 보면, 1980~1991년에 박사학위논문 52편과 석사학위논문 405편이 나왔다.

1990년대에는 노인인구가 늘어나면서 노인, 노화에 관한 사회적 인식과 관심도 높아지고 「노인복지법」의 개정, 노인복지서비스 및 정책의 확충 등 국가 및 사회 차원의 지원체계가 구축되었으며 노인 및 노화 관련 학문적 연구도 성숙기를 맞이하게 되었다. 대학에서도 1992년 강남대학교(현재는 실버산업학과)를 시작으로 한서대학교, 중부대학교, 백석대학교, 서울사이버대학교, 대구한의대학교, 경희사이버대학교, 건양사이버대학교, 경주대학교, 남서울대학교 등에 노인복지학과가 설립되었으나, 현재는 건양사이버대학교만 노인복지학과일 뿐 다른 대학교는 학과 명칭을 노인복지전공, 노인복지학전공, 노인보건복지전공, 실버건강복지전공 등으로 변경하였다. 최근에는 노인보건복지학과(부산가톨릭대학교), 노인체육복지학과(한국체육대학교), 실버보건학과(배재대학교), 실버케어복지학과(제주대학교), 실버복지학과(경동대학교, 우석대학교), 실버복지상담학과(대구대학교) 등으로 학과 명칭이 다양하다. 대학원 과정으로는 한서대학교 대학원의 노인복지학과, 경희대 동서의학 대학원의 노인학과, 한림대학교 사회복지대학원의 노년학 전공이 설치되어 있다. 또한 전국 대부분의 대학교 사회복지학과에서 노인복지론을 강의하고 있고, 또한 간호학과, 가족복지학과, 가정관리학과, 심리학과, 교육학과 등에서도 노인 관련 강좌가 개설되어 있다.

1991년 노인문헌 목록 이후 노인 관련 연구를 조사·정리한 자료는 없으나, 양적으로 기하급수적 증가를 하고 있는 실정이라 그 양이 방대할 것으로 추측된다. 한정적이기는 하지만 국회도서관 자료검색(키워드: 노인, 노년)에서 나타난 1991년부터 2000년까지의 단행본, 박사 및 석사 학위논문과 한국노년학회에서 발행하는 학술지 『한국노년학』에 수록된 논문 그리고 기타 국내 학술대회, 세미나 등의 노년학 관련 자료를 중심으로 연구동향을 살펴보면, 1991~2000년에는 단행본 113권, 박사학위논문 101편, 석사학위논문 723편, 한국노년학논문 277편이 발표되었다.

주제별로 보면 노년사회학(31.6%, 384편)이 가장 많고, 다음으로 보건·의료·간호(17.4%, 211편), 복지정책/서비스(15.9%, 193편), 노인심리(11.0%, 134편), 주거 관련(9.2%, 112편)의 순이다. 이러한 순위는 연구 분류에 따라 약간의 차이를 보이는 데, 박사학위논문에서는 보건·의료·간호 분야가 1위, 단행본에서는 노년학총류 (노인복지개론서 등 교재로 개발된 것 포함)가 3위, 한국노년학회지에서는 가족 관련 분야가 2위로 나타났다.

1990년대 이전의 연구와 비교해 보면 우선 양적으로 상당히 급증하였고, 연구주제도 기존의 일반적인 노인문제, 가족관계뿐 아니라 노인주거, 노인교육, 체육활동, 노인의 생활, 실버산업 등 다양한 분야로 확산되고 있다. 이와 같이 노인 및 노화 관련 연구가 다양한 학문 분야에서 접근하여 연구된 것을 보면 공히 노년학이 다학제간 학문임을 입증하고 있다. 또한 다양한 분야의 전공자들이 연합하여 공동연구를 수행하는 경향도 나타나고 있다.

한편, 한국노년학회는 2018년 창립 40주년을 맞이하여 40년간의 학술활동을 노인정책의 변화와 국제활동 동향과 연계하여 분석하였다. 또한 최근 10년간 (2008~2018년) 한국노년학회지에 게재된 논문을 중심으로 연구동향을 노년가족학, 교육, 보건·의료·건강, 사회복지, 사회학, 심리학 분야로 나누어 연구주제, 연구방법, 연구대상 및 연구유형 등으로 분석하여 노인 관련 연구의 흐름과 앞으로의 방향성을 제시하였다(한국노년학회지 38권 3호 참조).

1990년대의 노인 관련 학술적 연구동향은 이 시기에 개최되었던 여러 노인 관련 학술대회, 세미나 등을 통해 살펴볼 수 있다. 이러한 접근은 이 시기에 어떤 이슈들이 사회적 관심을 불러일으켰고 법, 제도, 정책상의 어떠한 변화를 야기했는지를 파악할 수 있어 유용하다. 실제로 학술적 발표에서 논의된 문제점과 해결방안이 정책에 직접적으로 반영되는 성과를 이루기도 하였다. 예를 들면, 1993년 「노인복지법」이 개정되어 재가노인복지시설이 규정되고 민간이나 개인이 유료 노인복지시설(일명 노인주거 실버산업)을 운영할 수 있게 되었는데, 실제로 학계에서는 1993년을 전후하여 이러한 사업의 필요성이 활발하게 논의되었다. 즉, 1992년 한국 노년학회가 서울시와 공동으로 '재가노인복지의 발전방향' 세미나를 주최하였고, 한국노인문제연구소에서는 1992년, 1993년, 1995년에 유료시설 관련 세미나를 각각 개최하였다.

또한 1997년 「노인복지법」 개정에서 노인의 보건·의료 부분이 강화되고 경로연금 내용이 추가된 것도 그간 학계의 주장들을 반영한 것이다. 특히 1997년 성공회대학교에서 세계 노인의 날 기념으로 개최된 '경로연금의 도입과 시행방안' 세미나에서 제시한 구체적 사항들은 다음 해 관련 시행령 제정에 중요한 자료를 제공하였다.

1990년대 후반에는 노인의 긍정적 사회참여를 유도하는 자원봉사활동, 노인교육, 노인권익운동뿐 아니라 농촌, 여성, 장애 등 소외된 노인 등 다양한 연구가 새롭게 등장하였다. 또한 21세기 노인복지의 방향, 장기요양보호 문제 등에 대하여도 학술세미나, 발표논문 등을 통해 심도 있게 연구되었다. 1999년 세계 노인의 해에 우리나라에서 제6회 아시아 · 오세아니아 국제 노년학대회가 개최되면서 학계의 관심이 더욱 높아졌고, 노년 관련 연구 및 노인복지 교재들이 쏟아져 나왔다.

2000년 우리나라가 고령화사회로 접어든 후 2005년 「저출산 · 고령사회기본법」이 제정되어 노인 관련 국가정책의 방향성을 제시하였고, 이후 변화된 노인문제에 대응하기 위한 법적 근거 마련을 위하여 「고령친화산업 진흥법」(2006년), 「노인장기요양보험법」(2007년), 「대한노인회 지원에 관한 법률」(2011년), 「치매관리법 (2015년)」, 「노후준비 지원법」(2015년), 「기초연금법」(2016년) 등 다양한 노인 관련 법들이 제정되었다.

2000년 이후 최근까지의 학술연구동향도 압축적 고령화의 위기로 노인인력 활용 및 사회적 일자리, 노인장기요양, 치매, 기초연금, aging in place, 노년공학(gerontechnology) 등이 부각되었고, 노년학에 대한 이론적 성찰, 노인 이미지, 질적 연구방법, 노인 존엄 및 인권 등에 대한 연구도 등장하고 있다. 한국노년학회의 2000년 이후 학술대회도 노인과 테크놀로지, 노인주택서비스, 노인인력 활성화, 노년학 연구방법, 고령친화산업, 노인장기요양보험, 노인상담, 베이비붐 세대, 웰다잉, 고령친화도시, 치매, 안전, 재가복지, 세대공존, 노년교육, 초고령사회 대응 등 다양한 분야를 다루고 있다.

지금까지 살펴본 바와 같이 우리나라의 노인과 관련된 연구는 1970년대 후반을 시점으로 1980년대의 발전기를 거쳐 1990년대 이후 성숙기로 접어들면서 다양한 연구주제를 여러 분야의 학문에서 접근하는 경향을 보이고 있다. 앞으로는 그간의 연구의 양적 증가뿐 아니라 노인 관련 기초 조사의 확립, 우리나라의 노인에 적용될 수 있는 이론적 발전 등을 모색하여야 할 것이다. 우리나라는 1999년 제6회 아시아 · 오세아니아 국제노년학대회를 개최하였고, 2013년 제20차 세계노년학 · 노인의학대회(International Association of Gerontology and Geriatrics: IAGG)를 성공적으로 치르면서 또 한 번 노년학 발전의 새로운 계기를 마련하였다.

참고문헌

강연희 역(2002). 노인들의 사회 그 불안한 미래. Peterson, P. G. 저. 서울: 에코리브르.

구자순(1985). 한국노인문제연구의 현황과 전망. 한국노년학, 8, 192-204.

김미혜, 원영희(1999). 새로운 노인이미지 정립을 위한 노인광고: 신문매체를 중심으로. 한국
　　　노년학, 19(2), 193-214.

김성순(1994). 생활노년학. 서울: 운산문화.

김영민(2006). 베이비 붐 세대의 인구학적 특성. 한국교원대학교 대학원 석사학위논문.

모선희(1994). 노령기 소비성향과 구매능력(pp. 201-253). 유료노인복지시설 편람. 서울: 한국
　　　노인문제연구소.

박시내, 심규호(2010). 베이비붐 세대의 현황 및 은퇴효과 분석. 2010년 상반기 연구보고서, 1권.
　　　서울: 삼성경제연구소.

보건복지부, 한국생명존중희망재단(2022). 2022 자살예방백서.

원영희(1999). 노인과 여가-즐거운 노후, 과연 어려운가? 김익기 외 공저. 한국노인의 삶: 진단
　　　과 전망. 서울: 미래인력연구센터.

유재천 역(2001). 증가하는 고령인구 다시 그리는 경제지도. Wallace, P. 저. 서울: 시유시.

윤진(1985). 성인ㆍ노인심리학. 서울: 중앙적성출판사.

이기선, 이정화(2020). 노인관련 경험이대학생의 노인이미지와 노인차별주의에 미치는 영향:
　　　노인의 성-연령집단별 인식 차이를 중심으로. 한국노년학, 40(6), 1267-1286.

이윤경 외(2020). 2020년도 노인실태조사. 서울: 보건복지부, 한국보건사회연구원.

장인협, 최성재(1987). 노인복지학. 서울: 서울대학교출판부.

정경희 외(2005). 2004년도 전국 노인생활실태 및 복지욕구조사. 서울: 한국보건사회연구원.

최순남(1999). 현대노인복지론. 서울: 법문사.

최은영 외(2005). 한국의 저출산관련 사회경제적 요인과 정책여건. 경제ㆍ인문사회 연구회 협
　　　동연구 총서. 서울: 한국보건사회연구원.

통계청(2006). 장래인구추계.

통계청(2008). 고령자통계.

통계청(2013a). 고령자통계.

통계청(2013b). 사회조사.

통계청(2014). 고령자통계.

통계청(2016). 장래인구추계.

통계청(2017). 고령자통계.

통계청(2020). 사회조사.

통계청(2021). 고령자통계.

통계청(2022). 고령자통계.

한경혜 외(2011). 한국의 베이비 부머 연구. 서울: 서울대학교출판부.

한국노인문제연구소(1991). 노인문헌목록. 서울: 한국노인문제연구소.

홍숙자(1999). 노년학개론. 서울: 도서출판 하우.

Atchley, R. C. (1994). *Social Forces and Aging: An Introduction to Social Gerontology*. Belmont, CA: Wadsworth Publishing Co.

Beaver, M. L. (1983). *Human Service Practice with the Elderly*. Englewood Cliffs, NJ: Prentice-Hall.

Birren, J. E. (Ed.) (1959). *Handbook of Aging and Individual*. Chicago, IL: University of Chicago Press.

Cowgill, D. O., & Holmes, L. D. (Eds.) (1972). *Aging and Modernization*. New York, NY: Meredith Corporation.

UN (2020). *World Population Ageing 2020 Highlights*. Department of Economic and Social Affairs, United Nations.

노화 및 노인문제에 관한 이론

제2장

김형수

노화는 광범위한 개념이다. 이는 단지 생물학적·신체적 변화만 포함하는 것이 아니라 심리학적·사회학적 변화를 수반한다. 제2장에서는 노화에 관한 주요 차원인 생물학적·심리학적·사회학적 이론의 이해를 기본적으로 도모하고자 한다. 사실 이들 세 차원은 상호 배타적인 성격이라기보다는 상호 보완적이라 할 수 있다. 하지만 노화현상 그 자체보다는 그것이 사회적으로 어떤 의미가 있느냐가 중요하고, 또 노인들의 신체적·심리적 특성이 그들을 둘러싸고 있는 사회현상과 무관할 수 없기 때문에 사회학적 노화가 가장 포괄적이다. 아울러 사회적 개입을 기초로 하는 노인복지 학문에서 사회학적 조망은 실로 중요하다. 제2장에서는 노화에 관한 생물학적·심리학적 이론을 개괄적으로 간략히 소개하고, 노년사회학적 이론에 관하여 체계적으로 분석하고자 한다.

1. 생물학적 노화와 이론적 이해

사람은 나이가 듦에 따라 흰머리, 주름살, 생식능력의 감소, 면역체계 능력과 심장기능의 감소, 감각기능의 감소 등과 같은 신체적인 변화를 겪는다. 하지만 이러한 변화는 불가피한 것이 아니라, 수정되고 예방될 수 있는 부분도 적지 않다. 이는 신체적 변화가 노인 개인마다 다양한 차이가 있는 것을 통해 알 수 있다. 신체적 노화과정의 수정 가능성과 다양성에 관한 지식이 증가하면서 최적의 노화(optimal aging), 병리적 노화(pathological aging), 일반적 노화(usual aging) 간의 구분이 이루어지고 있다. 최적의 노화는 신체적 기능의 최소한의 상실을 의미하고, 병리적 노화는 복합적인 만성질환과 부정적인 환경적 요인에 의해 수반된 노화를 의미하며, 일반적 노화는 병리적 노화와 최적의 노화 양극단 사이에 위치하는 전형적인 혹은 평균적인 노화의 경험을 지칭한다(Morgan & Kunkel, 2001; Rowe & Kahn, 1988).

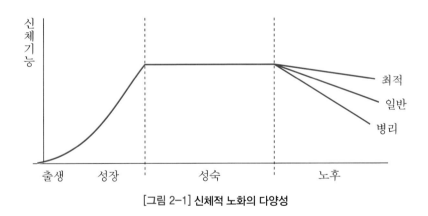

[그림 2-1] 신체적 노화의 다양성

생물학적 노화이론은 여러 가지가 있으나 여기서는 마모이론, 유해산소이론, 프로그램이론 및 면역이론을 중심으로 살펴보기로 한다.

1) 마모이론

마모이론은 인간의 몸은 기계처럼 일정 기간 사용하게 되면 특정 부위가 손상되어 신체기능이 저하된다고 본다. 즉, 노화는 신체기관이 시간이 지남에 따라 마모되기 때문에 일어난다고 가정한다. 하지만 이 이론으로는 성장과정이나 운동 프로그램 등으로 근육의 성장과 발달이 어떻게 가능한지를 적절히 설명할 수 없다는 한계점이 있다.

2) 유해산소이론

노화의 유해산소이론은 Harman이 처음으로 제안하였다. 프리래디컬(free-radical)이란 유기체(세포)가 산소를 신진대사시킬 때 발생된 유해한 산소분자들이다. 이러한 분자들은 체내 단백질에 부착되어 건강한 세포의 기능을 손상시킨다. 체내에서의 손상은 유해산소가 축적되어 세포 조직에 손상을 끼칠 때 비로소 일어난다. 암과 싸울 수 있고 피부세포의 손상을 회복시키며, 아울러 저밀도 지방세포가 동맥에 부착되는 것을 방지할 수 있는 체내의 능력을 유해한 산소분자들이 손상시킨다고 믿는다(McInnis-Dittrich, 2005).

3) 프로그램이론(헤이플릭현상이론)

프로그램이론은 유기체마다 어떻게 변화되고 얼마나 오래 살 것인가를 결정하는 유전부호를 지니고 있다는 입장이다. 구체적으로 유기체가 나이가 들수록 세포분열 횟수가 증가하여 특정한 형태로 변화되며 이러한 변화는 예측이 가능하다는 점에서 노화과정이 사전에 유전적으로 프로그램되어 있다는 주장이다. Hayflick과 그의 동료는 세균배양 접시에서 배양된 피부세포들이 계속해서 50번까지 분열되는 것을 발견하였다.

분열 횟수가 50번에 가까워질수록 세포복제 비율은 완화되다가 결국 정지된다. 즉, 세포분열의 횟수는 애초에 정해져 있는데, 세포가 생명이 정지할 때까지 약 50번 정도 복제될 수 있다는 것이다(Hayflick, 1994). 결국 이 이론은 노화는 사전에 프로그램화(예정)된 세포의 사멸로 발생한다는 것이다.

4) 면역이론

체내의 면역체계는 질병과 싸우고 이물질을 제거하는 데 책임이 있다. 이러한 기능을 수행하기 위하여 면역체계는 바이러스, 박테리아, 비정상 세포들을 공격하는 항체를 만든다. 노화에 관한 면역이론은 질병을 인지하고 싸우는 면역체계의 능력이 나이가 증가함에 따라 감소된다고 전제한다(Miller, 1990). 그리하여 비정상 세포는 저지되지 않을 가능성이 크고 결국에는 주요 생리체계 기능의 손상으로 유도하여 만성질환 상태를 초래하게 된다.

2. 심리학적 노화와 이론적 이해

심리학이란 일종의 마음과 행동에 관한 과학적 학문으로 개인들이 환경적 요구에 어떻게 기능하는가에 초점을 두고 있다. 가령, 적응행동(지능, 학습능력, 기억력 등)과 주관적 차원(동기, 감정, 태도 등)이 어떻게 변화되는가에 관심이 있다. 이러한 학문적 지향에 기초하여 심리학적 노화과정은 성격, 정신적 기능, 자아정체감의 변화와 동시에 병리학적 정신건강 등을 포함한다. 심리학적 노화이론의 주요 영역은 자아개념, 생활만족, 성공적 노화 등에 관한 것이다.

1) 자아개념이론

자아개념이론(self-concept theory)이란 다른 사람들과의 상호작용으로부터 나는 어떠한 사람인가에 대한 자아개념을 갖게 되고, 그러한 자아개념이 개인의 행동에 영향을 미친다는 이론인데, Kinch(1963)는 이러한 과정이 순환적 과정임을 밝힌 바 있다. 즉, 자신에 대한 다른 사람들의 반응(A)을 지각(P)하고 그러한 지각에 기초하여 자아개념(S)이 형성되며, 그러한 자신에 대한 규정방식이 자신의 행동(B)에 영향을 미치게 되는데, 이러한 행동은 다른 사람들의 반응(A)양식에 다시 영향을 미친다고 본다. 이러한 자아개념이론을 일반 노인층의 현실에 적용시켜 보면, 어떤 사회에서 노인에 대한 사회적 인식이 부정적으로 묘사될 때 노인은 긍정적 자아개념을 갖

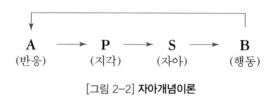

[그림 2-2] **자아개념이론**

기 어렵고, 그렇게 될 경우 'A → P → S → B 모형'에 의거하여 악순환 과정을 반복하게 된다(고영복 편, 1991). 이 이론은 노인에 대한 차별의 경험은 자아존중감과 통제력에 유해한 영향을 끼쳐서 미래에 대한 부정적 기대감을 유발하며, 또한 지각된 차별은 무시된 집단구성원의 심리적 안녕에 부정적 영향을 미친다고 가정하는 정체이론(identity theory)과 일맥상통한다.

2) 발달과업이론

Erikson(1964)은 그의 인생발달이론에서 노년기의 발달단계를 자아통합(ego integrity) 대 절망(despair)으로 설명한다. 자아통합의 특성은 지금까지의 인생을 긍정적으로 받아들이고, 자신의 한계성을 인정하고 다가올 죽음까지도 수용하는 태도를 지닌다. 이와 반대로 절망의 특성은 지나온 인생을 후회하며, 인생의 짧음을 한탄하고 다시 기회가 주어진다면 다른 인생을 살아 보고 싶다는 비현실적인 생각으로 절망에 빠지게 되는 것이다. 결론적으로 노인들이 자아통합의 특성을 유지할 때 만족스러운 노후생활을 영위할 수 있다는 것이 이 이론의 핵심이다. Havighurst(1973)는 보다 구체적으로 노후에 직면해야 할 발달과제들을 가정하고 있다. 여기에는 감소된 신체적 강도와 건강에 대한 적응, 퇴직과 감소된 소득에 대한 적응, 친지의 죽음에 대한 적응, 동년배집단(age cohort)과의 관계 정립, 사회적 역할에 대한 유연한 적응 등이 포함된다. 이러한 과제들에 어떻게 대처하는가에 따라 노인의 노후생활 만족도가 달라진다는 것이 그의 이론의 주요 전제다.

3) 성공적 노화이론

성공적 노화(successful aging)란 노화와 관련된 각종 상실의 영향을 최소화하는 반면에 노후의 긍정적인 요소를 극대화하는 것을 의미한다. 이를 적절히 설명하는 이론 중의 하나가 보상과 선택적 최적이론(selective optimization with compensation theory)이다(Baltes & Baltes, 1990). 일반적으로 나이가 들수록 상실은 증가하고 획득은 줄어든다. 이러한 맥락에서 노화과정은 고갈되는 생물학적 · 정신적 · 사회적 자원에 적응하는 과정이다. 그리하여 상대적으로 보다 중요한 과업에 초점을 두고 다른 여타의 활동과 취미를 포기함으로써 일상생활에서 수행할 수 있는 과업의 수를 제한한다(선택과정). 또한 상실로 인하여 필요한 과업을 성공적으로 수행하기 어려울 때 대안으로서 기술, 보조기구, 사회연계망 등을 활용한다(보상과정). 결과적으로 주어진 상실을 극소화하고 획득을 극대화함으로써 주어진 상황하에 가장 좋은 결과를 얻을 수 있도록 한다(최적과정)는 이론이다.

3. 사회학적 노화와 이론적 이해

노화의 경험은 사회적으로 구성된다. 사회학적 노화는 보다 다차원적이고 역동적인 측면을 고려해야 한다. 이에 대한 연구 분야는 역할의 변화, 사회화와 기대행동(규범), 자원과 기회의 사회적 할당, 연령에 대한 사회적 의미 등에 관한 주제를 포함한다. 고령화현상이 가속화됨에 따라 노년사회학 연구가 지속적으로 증가하였고, 이와 동시에 노화와 노인문제에 대한 이론적 조망도 점차 주요한 관심사로 대두되었다. 인간의 노화와 그에 따른 노인문제는 사회적 관계와 상황 속에서 이루어지므로 노화가 사회적 요소에 어떤 영향을 주는지, 혹은 그 반대로 사회적 요소가 노화에 어떤 영향을 미치는지를 중심으로 여러 노년사회학이론이 형성 · 발전되었다. 대부분의 이론은 사회구조와 노인 개인, 노인의 역할과 사회 적응 및 생활만족, 노인집단과 사회와의 역학관계 등에 관한 것들이다(구자순, 1988). 초기 노년사회학이론은 노후생활에 노인 개개인이 어떻게 적응할 것인가에 일차적인 관심을 두었으나, 그 이후 노화의 사회적 측면과 관련된 광범위한 현상을 이해하기 위하여 다양한 이론적 시각이 개발되었다. 각각의 이론적 시각이 노인생활의 경험을 어떻게 설명하는지를 분석해 보아야 할 것이다. 그러나 우리가 염두에 두어야 할 사항은 어느 하나의 이론적 시각이 노화와 노인문제라는 사회현상의 모든 것을 설명할 수 없다는 사실이다. 각각의 노년사회학이론이 노인과 관련된 사회현상의 특정한 측면에 초점을 맞추어 집중적으로 분석하는 반면에 여타의 측면에 대해서는 최소한의 설명만을 시도하고 있기 때문이다. 따라서 주요 노년사회학이론을 소개하고 각각의 이론이 노화와 노인문제라는 사회현상을 어느 정도 설명할 수 있는가를 평가해 보는 것도 의미 있는 작업이라 판단된다.

노년사회학이론의 도식적인 분류기준으로 크게 두 가지가 있다. 하나는 시대적인 변화에 따른 노년학이론의 전개과정에 관심을 표명하는 것이다. 초반의 노년학이론은 구조적 측면을 무시하고 개인적 요소들에 초점을 맞추는 경향이 있었다(Hendricks, 1992). 개개인의 노인들이 어떻게 그들의 생활환경에 가장 적절하게 적응할 수 있을까라는 질문을 한 것이다. 이 이론군에는 분리이론, 활동이론 그리고 그 후의 하위문화이론들이 포함된다. 2세대 이론은 사회구조의 보편성과 구속성을 강조하는 방향으로 이동하는 대신에 노인 개개인이 사회 변화에 기여할 수 있는 능력을 중요시하지 않았다. 2세대 이론은 사회는 부분들의 총체 이상의 것이며 고령화는 구조적 장치의 결과로서 검토되어야 한다고 주장한다. 그런 과정에서 2세대 이론가들은 개인적 의도성을 약화시키고 있다. 3세대 이론들은 1세대(개인)와 2세대(사회구조)를 통합하는 종합 이론으로서 개인과 사회구조의 역동적 상호작용을 탐구하고자 하였다. 3세대 이론은 노인의 상황이 사회와의 지속적인 관계 속에서 발전된다는 점을 강조하고 있다(문인숙 편역, 1992).

표 2-1 　노년학이론의 세대별 분류

1세대	2세대	3세대
분리이론 활동이론 하위문화이론	현대화이론 연령계층화이론	사회와해이론 교환이론 정치경제학적 이론 세계체제이론

출처: Hendricks(1992)의 이론적 분류에 근거하여 작성하였다.

노년사회학이론의 또 다른 도식적인 분류는 사회학이론적 전통과 관련한 분류체계다. 노년학이론은 직간접적으로 관점을 달리하는 네 가지의 사회학이론(구조기능주의, 갈등론, 상징적 상호작용론, 교환이론)에 기반하여 발전하였다(Passutb & Bengtson, 1988). 노년학이론 중 분리이론, 현대화이론, 연령계층화이론 능은 구조

기능주의적 시각에 기초를 두고 있고, 정치경제학적 이론과 세계체제이론은 갈등
이론적 특성을 지니고 있으며, 상징적 상호작용론은 활동이론, 사회와해이론, 하위
문화이론 등의 노년학 분야에 이론적 기초를 제공하였다. 그리고 교환이론도 다양
한 노인문제의 양상을 이해하기 위해서 적용되었다.

1세대에 속한 노년사회학이론들은 구조기능주의(개인 적응 중심)와 상징적 상호
작용론에 기초하고 있고, 2세대 이론들은 구조기능주의(사회 존속과 유지 중심) 이론
적 틀 속에서 조망할 수 있으며, 3세대 이론들은 상징적 상호작용론과 교환이론 및
갈등이론의 요소가 복합적으로 존재한다고 볼 수 있다. 따라서 여기서는 노년사회
학의 제 이론들을 네 가지의 사회학이론적 전통으로 나누어 중점적으로 검토 · 평
가해 보기로 한다.

표 2-2 | **사회학이론과 노년사회학이론의 관계**

사회학이론	노년사회학이론
구조기능주의이론	분리이론 현대화이론 연령계층화이론
갈등이론	정치경제학적 이론 세계체제이론
상징적 상호작용론	활동이론 사회와해이론 하위문화이론
교환이론	교환이론

출처: Passutb & Bengtson (1988), p. 335의 표를 수정 · 보완하였다.

1) 구조기능주의와 노년학이론

구조기능주의(structural functionalism) 시각에 따르면, 생물유기체와 마찬가지로
전체 사회는 상호 의존적 관계를 갖는 다양한 부분체계 혹은 요소들로 구성되는데,
이러한 요소들은 전반적으로 볼 때 전체 사회의 유지와 존속에 기여하는 기능을 한
다고 본다. 결국 사회는 성원 간의 가치 합의를 바탕으로 잘 짜인 안정되고 균형 잡
힌 질서 있는 체계로 묘사된다(고영복 편, 1991). 구조기능주의이론에서 주요한 개념

은 규범, 역할 그리고 사회화 등이다. 규범은 어떤 행동이 주어진 사회에서 적절한 지에 대한 구성원 간에 공유된 규칙이다. 역할은 어느 특정 지위에 부여된 행동기대 의 총체이고, 사회화는 개인이 사회의 규범과 가치를 배우고 내면화하는 과정이다. 개인은 사회질서의 한 부분이 되고 사회구조의 요구에 부응하는 역할을 수행한다. 사회질서의 규범적인 측면을 강조하는 기능주의적 관점에서는 사회질서의 주요 특 징을 갈등보다는 합의와 동조로 보고 있다.

　구조기능주의이론은 노년학의 발전에도 적지 않은 영향을 끼쳤다. 이 이론이 갖 는 중요한 전제 중의 하나는 개인이 완전히 사회화됨으로써 사회의 요구를 무조건 수용하여 그에게 요구되는 역할을 수행한다는 것이다. 이는 노후의 역할 변화에 대 한 개인적 적응을 강조함으로써 노인문제를 구조적 문제라기보다는 개인적 적응의 문제로 환원시켜서 이해하는 경향을 보여 주었다(Dowd, 1980). 구조기능주의이론 이 갖는 또 하나의 중요한 전제는 부분은 전체를 위해 존재하며, 따라서 개인에 대 한 물질적 · 정신적 보상은 사회에 대한 기여도에 비례한다는 점에 있다. 이러한 전 제에 입각해 보면, 현대 산업사회에 있어서 노인 대부분의 사회적 지위가 현저히 약 화된 것은 산업화 이후 초래된 사회 변동의 필연적 결과이자 지극히 정상적인 현상 이라고 간주된다. 무엇보다도 이 이론이 갖는 문제점은 개인적 욕구 충족보다는 사 회의 유지와 존속을 위한 기능적 요건 충족에 일차적 관심을 보이고, 기존의 규범과 제도를 순기능적인 것으로 정당화시킴으로써 사회 갈등으로 인한 사회 변동에 대 한 전망을 제공하지 못한다는 점에 있다. 가령, 노인문제를 사회구조적 모순과 사회 변동의 문제로 이해하지 않고 개인적 적응의 문제나 사회의 역기능 현상으로 환원 시켜 정년퇴직제의 개선방향을 모색하기보다는 당연한 것으로 여기고, 그 제도가 어떠한 기능을 갖는가에 주로 주목한다(고영복 편, 1991).

(1) 분리이론

　분리/은퇴라는 용어는 중년기 역할체계로부터의 보편적인, 상호적인, 불가피한 철회 혹은 이탈을 의미한다. 이 이론은 사회적 욕구의 충족이라는 차원에서 노화과 정을 설명하고 있다. 노인 개개인은 사회구조(사회체계)의 수동적인 존재로 간주된 다(Gouldner, 1970). 결과적으로 노인은 완전히 사회화된 구성원으로서 사회 욕구 충족 차원에서 언제든지 분리 또는 이탈할 준비가 되어 있다고 보고 있다. 분리이론(disengagement theory)은 이러한 이탈과정이 사회와 개인 모두에게 순기능적이라고 주장한다. 즉, 분리를 통하여 사회적으로 보다 유능한 젊은이들에게 일할 수 있는 기회를 제공할 여지를 마련할 수 있고 이와 동시에 개인적으로도 사회생활로부터의 궁극적인 분리(죽음)를 준비할 기회를 제공할 수 있다는 것이다. 분리(은퇴)의 결정은 개인이 먼저 선택할 수도 있고 또한 사회제도에 의해서 취해질 수도 있다. 이와 같이 분리가 개인의 의사에 의해 행해지는 경우를 개인적 분리(individual disengagement)라 하고, 사회적 제도에 의해서 행해지는 경우를 사회적 분리(social disengagement)라고 한다(Cumming & Henry, 1961).

개인적 분리의 가정은 노령화와 더불어 건강 약화와 죽음에 임하게 되는 확률이 높으므로 사회적 활동을 감소시킬수록 높은 생활만족감을 갖게 된다고 한다. 사회적 분리는 노인의 지식과 기술이 낡아서 노인을 재훈련시키는 것보다는 새로운 지식을 소유한 젊은이들로 교체하는 것이 사회의 기능과 안정을 위해 보다 효율적이라는 가정이다. 이러한 맥락에서 볼 때, 사회적 분리는 기능주의적 관점에 서 있다. 그러므로 사회가 사회적 기능 수행에 필요한 사람들의 자격요건을 제한하는 것은 당연하며, 이렇게 기능적인 면에서 사회적 참여를 제한하는 것이 바로 개인이 일정 연령에 도달하면 사회로부터 분리시키는 퇴직제도인 것이다(장인협, 최성재, 1987).

분리이론이 주창된 이후 계속해서 비판이 제기되었다. 분리이론에 대한 가장 결정적인 비판은 역사적·문화적 영향을 과소평가하고 분리과정의 보편성과 불가피성에 대해 과대평가한 점이다. 또한 분리이론은 사회로부터 벗어나고 싶어 하는 경향이 노년기의 특징일 뿐만 아니라 개인적인 차원이라는 점을 증명하지 못했기 때문에 비난을 받았다. 더구나 우리의 기대와는 반대로 대부분의 노인은 일자리와 활동을 더 원하는 경향이 있으며, 일을 통해서 성취감을 얻고 행복과 만족스러운 삶이 뒤따르는 것으로 믿고 있다. 따라서 모든 사람에게 은퇴를 일률적으로 적용해야 한다는 주장에는 설득력이 없다는 것이다(최순남, 1995). 이러한 이론적 제약점에도 불구하고 분리이론은 노년학 분야에 일정 부분 기여하였다. 이 이론은 노화과정을 설명하는 최초의 공식적인 이론체계로서 다른 이론적 시각의 개발에 자극이 되었다. 특히 분리이론과 극히 상반되는 활동이론과의 논쟁을 통하여 노인의 역할과 생활만족도에 관한 연구를 활발하게 할 수 있는 계기를 마련하였다.

(2) 현대화이론

　노인연구의 현대화이론(modernization theory)은 노인의 지위는 특정 사회의 현대화(산업화) 정도와 반비례하여, 현대화의 정도가 높을수록 노인의 지위는 낮아지게 된다고 가정한다. 전통적인 사회에서 노인은 희소자원의 통제와 전통적인 지식을 수단으로 높은 지위를 점하였으나, 산업화된 사회에서는 노인이 낮은 지위에 속하게 된다는 것이다. Cowgill(1974)은 현대화의 네 가지 요인인 보건의료기술의 발전,

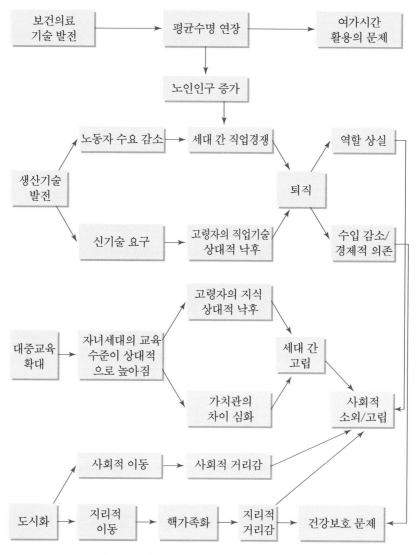

[그림 2-3] 현대화 요인과 노인문제의 인과관계

출처: 최일섭, 최성재(1995), p. 327의 그림을 일부 수정하였다.

생산기술의 발전, 교육의 대중화 그리고 도시화가 노인의 지위를 하락시키는 요인으로 작용한다고 보고 있다. 노인의 지위를 낮아지게 만드는 것은 결국 노인문제의 직간접적 요인이 된다. 급속한 현대화 과정 속에 있는 우리 사회에서도 앞서 제시한 네 가지의 현대화 요인이 [그림 2-3]에서 나타난 바와 같이 인과적 과정을 통하여 ① 역할 상실 및 여가시간 문제, ② 수입 감소 및 경제적 의존 문제, ③ 건강보호의 문제, ④ 사회적 고립과 소외의 문제라는 네 가지 유형의 노인문제를 유발한다고 볼 수 있다(최일섭, 최성재, 1995).

보건의료기술의 발전은 사망률을 감소시키고, 이는 출생률의 감소와 더불어 노인인구를 상대적으로 증가시켰다. 이로 인해 직업상의 경쟁에서 고령자가 젊은이에게 뒤지게 되고 결국은 퇴직을 감수하게 된다. 퇴직은 할 일을 없어지게 하여 역할 상실의 문제를 초래하게 된다. 또한 평균수명이 연장되어 노령기의 여가시간이 증가하였고, 이렇게 연장된 여가시간은 역할이 없거나 모호하게 되어 여가활동도 뚜렷하게 없는 노년기의 역할 상실과 여가시간의 문제를 발생시킨다. 생산기술의 발전은 노동력의 수요를 감소시키고 고령자는 젊은이에 비하여 직업기술이 뒤처짐으로써 경쟁에서 불리하게 되어 생산현장에서 밀려나는 퇴직을 감수하게 된다. 퇴직으로 수입이 감소하면 신체적 노화로 촉진되는 건강 약화와 질병을 의료 진료를 통하여 충분히 해결할 수 없게 되고, 또한 핵가족화와 가족원 수의 감소로 인하여 노인이 가족으로부터 간호 및 보호를 받는 것도 어렵게 되는 건강 보호의 문제가 발생한다. 대중교육의 확대로 인하여 자녀세대가 교육을 많이 받게 되어 노부모세대는 자녀세대보다 교육수준에서 뒤처지고, 노부모세대가 이미 습득한 지식은 상대적으로 무가치해진다. 이로 인하여 세대 간에 가치관의 차이가 생기고 대화도 어려워져 결국 노인은 가족과 사회로부터 소외되고 고립되는 감정을 느끼게 되거나, 실제적으로 사회적 소외와 고립의 문제로 이어진다. 마지막으로 도시화는 지역 간의 이동과 핵가족화를 촉진시켜 세대 간에 지리적으로 거리를 멀어지게 하는 한편, 계층 간의 이동도 촉진시켜 심리사회적으로 거리감이 생기게 하여 결국은 노인이 자녀세대로부터 소외되고 고립되는 문제를 초래하게 된다.

현대화이론은 현대사회에서 노인문제의 발생 원인을 사회 변화의 맥락으로 조망하였다는 점에서 노년학연구에 기여한 바가 적지 않지만, 이 이론은 전통사회에서 노인의 지위가 모두 높았다는 사실이 경험적으로 입증되지 않았고, 또한 산업화와

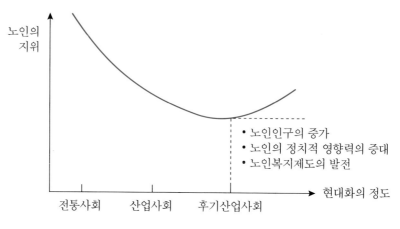

[그림 2-4] **수정된 현대화이론**(J-curve theory)

노인 지위의 단순한 관계 설정도 문제시되었다. 현대화이론은 현대화 이전에는 노인의 지위가 높았다는 가정에 근거하지만, 사회역사가들은 산업화 전 사회에서 노인들이 높은 대접을 받았다는 논의를 일축하고 과거에 노령기가 황금시대였다는 신화를 비판하고 있다(Laslett, 1985). 또한 현대화이론은 특정 사회의 노인집단 간에도 문화, 인종, 민족, 성, 사회계층에 따라 노인들의 지위는 동일하지 않으며, 이로 인하여 노인생활의 경험이 상이할 수 있다는 측면을 간과하고 있다는 비판이 제기되었다(Stearns, 1982). 그리고 산업사회에서는 노인의 지위가 낮지만 후기산업사회에서는 오히려 노인의 세력이 증가되어 지위도 높아질 것이므로 현대화에 따른 계속적인 하락이라는 견해도 문제시되었다. 그리하여 Cowgill(1974)은 산업사회에서 노인의 지위는 낮아지다가 후기산업사회로 전환되면서 노인인구의 증가, 노인의 정치적 영향력의 증대, 노인복지제도의 발전 등으로 노인의 지위는 오히려 향상될 것이라고 현대화이론을 부분적으로 수정하였다([그림 2-4] 참조).

(3) 연령계층화이론

연령계층화이론(age stratification theory)은 연령계층(age strata)과 사회구조 간의 혹은 연령계층들 간의 관계 및 특성을 다루고 있다(Riely & Foner, 1972). 사회는 기본적으로 연령등급에 의하여 연령계층으로 구성되어 있으며 서열화되어 있다고 가정한다. 이것은 세대 차이나 동년배집단 간의 차이를 설명해 주는 이론이다. 인생주기에 있어서 같은 단계에 있는 사람들은 공유성·공통성이 있으며, 더 나아가 역사적으로 같은 시기를 산 사람들은 같은 삶의 경험을 하기 때문에 연령층들 간의 혹은 세대 간의 차이를 가져온다고 본다. 따라서 각 연령집단의 구성원들은 사회적 역할 수행의 능력이나 의지도 다르고, 기대되는 사회적 역할도 다르며 또한 사회에서 부여하는 권리와 권위도 다르기 때문에 노인층의 고유한 특성을 형성하게 된다. 산업화·도시화에 의한 사회구조의 변화는 권력, 수입, 지위, 교육 등에 있어서 세대 간의 차이를 확대시켰으며 마침내 노인계층을 탄생시켰다(구자순, 1988). 연령계층이론은 종래의 고령화 자체를 본질적 발달과정으로 보는 견해에 대해서 연령집단에 따라 지속적인 경험의 차이가 있다는 견해로 변화시켰다. 그러나 연령계층을 인종과 성 등과 더불어 동일한 사회계층 요소로 보는 것이 적절하냐는 질문이 제기되고 있다. 또한 이 이론은 사회적 역할을 강조함으로써 개인의 자율성을 무의미하게 보며 구조결정론의 형태를 암시한다는 지적도 받고 있다(문인숙 편역, 1992).

2) 갈등이론과 노년학이론

갈등론적 시각은 구조기능주의의 대안이 되는 시각의 하나로 평가받고 있다. 구조기능주의가 안정, 통합, 가치 합의를 강조함에 비해 갈등이론(conflict theory)은 사회가 상호 대립적 이해관계를 갖는 구성원들 간의 끊임없는 갈등과 투쟁으로 점철되어 있으며, 이에 따라 사회구조적 변동이 발생한다고 주장한다. 이해관계의 상충은 희소자원의 소유와 배분을 둘러싸고 발생하는데, 고전적 갈등론자인 K. Marx는 생산수단의 불평등 배분을, 현대의 대표적 갈등론자인 R. Dahrendorf는 권위의 불평등 배분을 갈등의 원천으로 파악했다(고영복 편, 1991). 갈등이론에 따르면, 사회는 희소자원인 부나 권력, 권위 등을 소유하려는 개인과 집단 간의 상호 경쟁과 투쟁의 결과로 형성된 부와 권력의 소유에 따른 조직이라 할 수 있다. 희소자원이 불평등하게 분배되어 보다 많은 희소자원을 소유하고 있는 집단에게 위협이 되고, 그리하여 희소자원을 많이 소유한 집단이 무언가의 조치를 취해야겠다는 판단을 하거나 그렇지 못한 집단이 사회구조의 변화를 요구하게 되는 것이 갈등상황이 된다. 따라서 사회문제란 자원 분배의 불평등한 상태라는 것이 갈등론적 시각이다(Sullivan et al., 1988).

갈등이론을 노인문제에 적용시켜 보면, 사회는 상이한 연령집단 간의 갈등과 투쟁의 장으로 묘사된다. 현대 산업사회의 제도적 장치하에서 기득권을 누리는 연령집단은 물론 중년층이며, 노인들은 대부분의 경우 권력과 부의 배분과정에서 소외된다. 이는 산업사회가 될수록 노인은 희소자원을 소유하거나 희소자원에 접근할 수 있는 기회를 상실하게 되기 때문이다. 즉, 노인들은 재산을 통제할 수 없게 되고, 가족을 지배할 수 없게 되고, 사회에서의 주요 지위를 차지할 수도 없게 된다. 그리하여 젊음은 아름다우며 무한한 가능성을 지닌 것으로 예찬되는 반면에 늙었다는 것은 무능하고 쓸모없는 것으로 비하된다. 중년층 중심의 사회는 때로는 강제적 수단(예: 좌천, 주요 업무로부터의 배제, 정년퇴직제)을 동원하여 노인에게 무능하고 쓸모없는 존재라는 허위의식(false consciousness)을 심어 줌으로써 기존 질서를 유지하려 든다. 이러한 중년층 중심의 사회질서는 노인들이 노년인구집단의 공통적 이해관계에 대한 각성(의식화)을 하게 되고 희소자원에 대한 기존 배분방식의 변경을 집합적으로 추구할 때 변동의 계기를 맞는다(고영복 편, 1991). 결과적으로 갈등주의 시각에 따르면, 노인문제의 원인은 노인이 사회와 가족생활에서 희소자원을 소유할 수 없거나 많이 소유하지 못함으로 인하여 발생한다고 할 수 있다. 갈등주의 시각에 따르면, 노인문제의 원인은 개인의 결함이나 무능력에 있는 것이 아니라 현행 사회의 구조와 조직에 있다는 것이다(최일섭, 최성재, 1995).

그러나 갈등이론이 가정하고 있는 연령집단 간 갈등 혹은 세대 간 갈등이 첨예화되는 데는 현실 사회에서 명백한 제약이 따를 것으로 보인다. 그 제약이란 사회가 연령에 의해 등급지어지긴 했으나, 다른 한편으로는 서로 다른 연령층이 가족관계망으로 연결되어 있기 때문에 세대 간 갈등이 매우 심각한 양상으로까지 전개되지는 않을 것이라는 점이다(고영복 편, 1991).

(1) 정치경제이론

노인연구의 정치경제학적(political economy) 관점은 자본주의 사회에서 노인의 문제를 설명하기 위하여 국가의 정책, 경제 그리고 사회와의 관계에 초점을 두고 있다. 즉, 노인문제를 야기하고 있는 정치경제적 조건을 탐구한다(최순남, 1995). 노령화의 정치경제학적 접근방법에는 두 가지 주요한 측면이 있다. 하나는 사회적 지위가 노령화 패턴에 미치는 영향에 대한 검토이고, 다른 하나는 여러 다양한 집단이 힘을 취득하고 유지하려는 과정에서 변화하는 세력의 분배와 경제조직 형태 간의 역학관계를 분석하는 측면이다. 노인들의 경험은 국내외의 경제적 여건, 정부, 근로

시장의 여건, 계층, 인종, 성 그리고 연령 등의 맥락에서 고려되어야 한다. 노인집단 간에 존재하는 지위와 자원 소유의 차이는 그들의 사회적 권력의 차이에서 비롯되는 것이다(Hendricks & Leedham, 1991). 결국 이 이론의 기본적 쟁점은 노령화와 노인문제가 고립적으로 생겨나지 않는다는 것이다. 사회의 가치, 공공정책, 노동시장의 구조와 물질적 여건들이 개인의 경제적 자원과 사회심리적 자원에 영향을 미친다는 주장이다. 가령, 노동시장은 저축과 연금의 취득에 있어서 차등적 기회를 제공함으로써 개인의 적응 패턴에 영향을 미치게 된다. 그리고 노동시장에서의 지위와 그에 따르는 이익과 불이익은 성, 인종, 계층과 같은 여러 요소들의 영향을 받게 된다(문인숙 편역, 1992).

Hardy(1988)의 은퇴정책 연구는 은퇴정책이 소득기회를 박탈함으로써 의존성을 창출하고, 계층과 노동시장에 따라 은퇴의 성격과 시기가 조정되는 점과 그 영향에 초점을 맞추고 있는데, 이는 정치경제학적 시각의 하나의 사례로 들 수 있겠다. Minkler와 Stone(1985)은 노동시장의 성차별과 그 외의 요인들이 여성에게 경제적 피해를 심화시킴으로써 노령기에 빈곤의 여성화를 초래하게 된다고 지적하고 있는데, 이 또한 정치경제학적 시각의 적용 사례다. 결과적으로 노인들의 노령화 양상의 차이는 부분적으로는 각자가 접하게 되는 물질과 사회자원의 공급양식의 차이에 따라 생긴다. 따라서 사회자원 분배의 폐단을 건설적인 방향으로 변화시킨다면 지금과는 다른 미래를 창조할 수 있다는 것이다(문인숙 편역, 1992).

정치경제학적 시각이 노인문제의 배경이 되는 보다 큰 사회적 맥락에 초점을 맞춤으로써 노인연구의 지평을 확장시켰다. 그러나 이 이론은 일반적으로 노인이 당면한 궁핍함, 무력함, 권리박탈의 정도를 과장하는 경향이 있다. 사실 선진사회에서 대부분의 노인은 보다 건강하고 상대적으로 경제적인 부유 속에서 살고 있는 새로운 사회계층을 구성하고 있다. 또한 이 이론적 시각은 사회구조 자체(특히 경제적 요인)에 지나친 강조점을 두고 있어서 일상생활 경험에 대한 노인 개개인의 의미와 해석의 주체적인 역할을 간과하고 있다.

(2) 세계체제이론

세계체제이론(world system theory)은 정치경제학적 접근방법을 활용하여 선진국과 개발도상국 사이에 존재하는 정치적 불평등이 제3세계 노인들 생활의 질에 미치는 영향을 검토하고 있다. 또한 국내의 식민정책을 검토함으로써 특정한 나라들 내에서의 개발의 불평등, 지역성 그리고 문화적 지배의 영향을 분석한다(Hendricks, 1982). 세계체제이론은 현대화이론의 대안적 접근으로 노인들의 지위를 이해하기 위하여 비교문화적·역사적으로 검토해 보는 관점이다. 이 이론은 모든 사회가 보편적인 진화과정을 거치게 된다는 현대화의 개념에 대한 그릇된 정의를 비판하고 있다. 세계체제상의 각기 사회 내에 있어서 구성원들의 삶을 재조명해 보자는 것으로, 비교문화적·사회적 측면에서 노인들의 지위를 이해하기 위한 이론적 틀이다(구자순, 1988).

세계체제이론은 선진국과 후진국의 노인생활상의 수준 차이를 국가 간의 경제적인 지배와 착취(중심국가 대 주변국가)라는 관점으로 조망하였다는 점에서 노년학연구에 새로운 차원을 추가하였으나, 이 이론적 시각은 세계경제체제상의 중심국가와 주변국가의 종속적인 발전관계를 너무 강조한 나머지 제3세계 국가의 노인복지정책의 결정과 시행의 독자적인 자율성을 과소평가한다는 비판이 제기되었다.

3) 상징적 상호작용론과 노년학이론

상징적 상호작용론(symbolic interactionism)은 사회적 상호작용의 역동적이고 의미 있는 과정을 강조하고 있다(Blumer, 1969). 이 이론에 따르면, 개인은 그들의 행위에 대한 타자의 반응을 해석함으로써 자아개념을 형성한다는 것이다. 사회질서는 구성원 간의 지속적인 상호작용으로부터 형성되는 공유된 의미에 기초하고 있다. 노년학이론 중 활동이론, 사회와해이론, 하위문화이론 등이 이 이론적 시각에 영향을 받았다. 상징적 상호작용론은 사회는 어떤 집단이 어떤 시기의 상황이나 조건에 대하여 동의하는 공통적인 의미를 형성하여 임시적으로 유지하는 조직으로 본다. 사회라는 조직은 일정 기간 동안 안정적인 상태를 유지하겠지만, 구성원들이 사회현상에 대하여 새로운 의미를 부여하게 되면 그 사회는 새롭게 변화되고 창조된다. 따라서 상징적 상호작용주의 시각에서는 구성원들이 어떤 현상을 문제라고 공통적인 의미를 부여하면 비로소 사회문제가 된다는 것이다.

노인과 노화라는 상징에 대하여 부여하는 의미는 시대와 장소에 따라 다르다. 전통사회에서는 노인에 지혜롭고 권력과 권위를 갖추고 존경의 대상이라는 의미를 부여하였다고 할 수 있으나, 현대의 산업화사회에서는 늙고 병들고 가난하고 외롭고 의존적이고 쓸모없는 사람 또는 문제가 많은 사람으로 의미를 부여하는 경우가 많다. 이처럼 현대사회에서는 일반적으로 노인에 대한 의미와 이미지가 부정적으로 변해 가고 있다. 상징적 상호작용주의 시각에 따르면, 사회의 주요 집단이 노인을 늙고 병들고 가난하고 외롭고 의존적이고 쓸모없는 사람으로 보게 될 때 노인문제가 있다고 판단하며, 이러한 부정적인 의미부여로 노인은 문제가 많은 사람으로 인정된다. 이렇게 노인을 부정적인 면으로 이해함으로써 노인 스스로도 가정과 사회에서 고립되고 쓸모없는 존재로 낙인찍고, 이러한 스스로의 낙인은 노인을 더욱 무능하고 수동적이고 소극적인 존재로 만들게 된다. 따라서 이 이론적 시각에서는 노인문제의 원인은 사회적 낙인에 따라 행동하는 노인 개인에게도 있지만, 일차적인 원인은 노인을 낙인찍는 사회의 일반적 인식이 잘못된 데 있다고 할 수 있다(최일섭, 최성재, 1995).

상징적 상호작용론은 기능주의적 접근에서 가정하는 노인 개인에 대한 정적이고 수동적인 이미지를 수정하였기 때문에 노인연구에 새로운 차원을 추가하였다. 이 이론에서는 개인을 사회적 상호작용에 보다 적극적으로 참여하는 주체로 간주한다. 개인은 기능주의이론이 가정하듯이 단지 사회에서 규정하는 역할을 수행하는 존재가 아니라, 타자의 반응에 의거해서 자신의 행동을 조정하는, 과정에 적극적으로 참여하는 존재로 인정된다. 하지만 상징적 상호작용론적 시각의 결정적인 제약점은 연구 방향이 미시적 분석수준(micro level of analysis)에 집중되고 있어 노인들의 사회적 행동에 부과된 사회구조적인 구속성을 충분히 인지하고 못하고 있다는 점이다(Dannefer, 1984).

(1) 활동이론

분리이론과 정반대로 활동이론(activity theory)은 보다 적극적으로 사회활동에 참여하는 노인일수록 생활만족도가 더 높다는 입장이다. 이 이론에서는 개인의 자아개념은 자신이 소유하고 있는 역할과 밀접하게 관련되어 있다고 전제한다. 노인기에 접어듦에 따라 노인들은 각종 역할 상실(예: 퇴직과 배우자 상실)을 경험하게 된다. 자아의 긍정적인 개념을 유지하기 위하여 노인들은 노후에 상실한 역할을 새로운 역할로 대치하여야 한다. 노후의 생활만족감은 새로이 성취한 역할에 적극적으로 활동하는 데서 기인하기 때문이다. 성공적인 노년기를 맞이하기 위해서는 새로운 역할을 찾아 활발히 수행해야 한다는 것이다. 즉, 성공적 노후를 보내는 노인이란 될 수 있으면 중년기의 활동을 그대로 유지하며, 축소하도록 강요받을 때를 위하여 새로운 대안책을 강구함으로써 자신의 사회세계를 축소시키지 않고 여전히 활동적인 사람이다(구자순, 1988).

Lemon 등(1972)은 상징적 상호작용론에 입각하여 활동은 개인의 자아개념(self-concept)을 재확인하는 데 필요한 역할지지를 제공한다고 주장하였다. 활동이 친밀하고 빈번할수록 역할지지는 더욱 구체적으로 확실해지게 된다. 역할지지는 긍정적인 자아상을 유지하는 데 필요하고, 긍정적인 자아상은 생활만족도를 높게 유지시키는 것과 관련되어 있다. 이처럼 활동이론은 활동 참여 → 역할지지 → 긍정적 자아 유지 → 높은 생활만족도라는 인과적인 심리적 메커니즘을 가정하고 있다.

이 이론은 모든 노인이 높은 수준의 사회활동 참여를 필요로 한다고 가정하고 있으나, 현실적으로 활동 유형과 활동에 내포된 의미는 개개인마다 상이할 수 있다는 점을 간과하고 있다. 달리 말해서, 생활만족도와 노후활동 참여와의 상관관계는 활동 유형(공식적, 비공식적 혹은 혼자 하는 활동)에 따라, 그리고 노인 개인이 처한 상황(건강과 경제적 상황 등)에 따라 다른 결과를 초래할 수 있다는 점을 충분히 인식하지 못하고 있다.

(2) 사회와해이론

Kuypers와 Bengtson(1973)이 제안한 사회와해이론(social breakdown theory)은 문제시되는 노화의 측면을 설명하려는 상징적 상호작용론의 또 다른 응용이론이다. 이 이론에서 가장 중요한 개념인 사회와해증후군(social breakdown syndrome)이란 심리적으로 허약한 개인이 주변 환경으로부터 부정적인 반응을 받게 되고 그다음으로 자아개념에 영향을 받게 되면서 부정적인 피드백의 악순환을 거치게 된다는 것을 의미한다. Kuypers와 Bengtson은 이 개념을 토대로 사회와해이론을 발전적으로 제시하고 있다. 그들은 구체적으로 다음과 같은 단계를 거쳐 부정적인 피드백의 악순환과정이 발생한다고 주장한다. ① 역할 상실 혹은 노화에 대한 스테레오타입(편견) 때문에 기왕에 자아개념이 손상되어 있을 수 있는 노인 개인이 건강 관련 위기를 경험하게 된다. ② 사회환경(보건의료진 혹은 가족)에 의해 노인들이 의존적인 존재로 낙인찍힌다. ③ 이전에 소유하고 있던 기술 자체가 위축된다. ④ 개인들은 병들고 부족하고 혹은 무능한 자아를 수용하게 된다. 이 같은 부정적인 악순환 과정이 계속 발생할수록 노인들의 사회심리적 능력은 점차 감퇴되어 간다고 본다. Kuypers와 Bengtson은 노인 개인의 무능력의 악순환과정은 사회재건증후군(social reconstruction syndrome)을 통해서 역전될 수 있다고 주장한다. 노인들이 처한 환경적 지지망을 확충하고 또 노인 개인의 장점을 발견하게 하고 계속 그 장점을 유지할 수 있는 기회를 제공하여 노인의 유능감을 증가시킬 수 있다는 것이다.

사회와해이론은 노인에 대한 사회의 부정적인 인식이 어떻게 노인 개개인의 사회적 관계와 활동에 지장을 초래하는지를 이해하는 데 유용하다고 판단된다. 그러나 이 이론의 제한점은 사회와해와 사회재건증후군 등의 추상적 개념과 부정적인 피드백에 의한 순환과정을 경험적으로 검증하는 데 한계가 있다는 것이다.

(3) 하위문화이론

하위문화이론(subculture theory)은 사회규범에 대한 기능주의적 관점을 내포하지만 그것의 주요 논점은 타자와의 상호작용으로부터 규범이 형성된다는 것이다. 이 이론은 노인기의 공통적 특성으로 노인들끼리만의 상호작용이 일어나서 노인 특유의 하위문화를 형성한다고 주장한다(Rose, 1965). 이 같은 현상은 ① 타 연령층과의 상호작용으로부터 배제된 노인층의 증가, ② 연령분리정책(예: 퇴직과 노인주거공동체)의 결과로서 노인들끼리의 상호작용 증가, ③ 노인들의 공통된 신념과 관심사(예: 건강 보호) 증가 등의 요인으로 더욱 조장되고 있다. 그리하여 노인들은 하위문화로서 그들 집단의 고유한 규범과 가치를 창조한다. 노인 하위문화는 다른 지위의 특성(예: 성, 인종, 사회계층)을 초월하여 노인들만의 집단 정체감(group identity)을 형성하게 하여 노인들의 공동문제를 논하고, 부당한 대우에 분노하여 이를 없애려고 사회적 행동을 취하며, 젊은이와 거리감을 두려는 욕구를 가지게 된다. 이러한 격리가 결국은 청년문화, 중년문화, 노년문화라는 연령에 의한 하위문화를 형성한다. 세대 상호 간에는 갈등과 분화에 대응하여 결속력을 높이며 권력을 얻으려 노력한다(구자순, 1988).

하위문화이론은 노인들을 활동적으로 보고 그들의 조직력을 인정하며 노인들이 사회정책에 영향력을 행사할 수 있다고 보는 장점을 가지고 있다. 노인 하위문화가 형성·유지되고 있다는 이 이론의 주장은 퇴직자협회와 노인유권자연맹과 같은 노인권익집단의 창설 등에서 지지되고 있다. 하지만 이와는 상반되게 아직까지 노인들은 강력한 집단의식을 공유하지 못하고 있음이 투표행위 혹은 가치와 태도의 측정연구 등을 통하여 제시되었다(Streib, 1985). 그리고 하위문화이론은 노인들이 일생 동안 살아오면서 그들이 처한 계층, 인종 그리고 성별에 따라서 노인집단 간에 다양성이 존재한다는 사실을 충분히 인식하지 못하고 있다.

4) 교환이론과 노년학이론

교환이론(exchange theory)에 따르면, 사회라는 것은 지속적인 사회적 교환관계를 맺고 상호작용하는 개인구성원들의 총합으로 조직되어 있다(Blau, 1964). 개인이 타자와 상호작용하는 근본적인 이유는 그들이 지속적인 사회적 상호작용으로부터 파생되는 비용과 보상의 손익계산에 근거하고 있기 때문이다. 즉, 개인은 그들에게 보상이 되는 상호작용에 참여하고 역으로 비용이 되는 상호작용으로부터 철회하는 경향이 있다는 것이다. 이처럼 사회질서는 이윤 혹은 보상을 극대화하려는 개인들의 부산물로서 존재한다고 본다. 이 이론적 시각에서는 개인 간, 집단 간 및 개인과 집단 간에 이루어지는 상호작용을 당사자 간에 자원을 주고받는 관계로 보고, 사회는 이러한 교환관계가 어떤 일정한 형태로 유형화된 것으로 본다. 또한 당사자들의 권력이 대등하게 유지될수록 교환관계도 계속되는 경향이 있고, 당자자 간의 권력관계가 대등하지 못하면 대등한 관계를 이루는 방향으로 움직이려는 경향이 있다(최일섭, 최성재, 1995). 여기에서 자원(resources)이란 어떤 시대, 어떤 사회에서 객관적·규범적으로 가치 있다고 여겨지는 특성(예: 재산, 수입, 지식, 권위, 사회적 유대 등)을 의미하는데, 이러한 자원의 소유 혹은 활용은 보다 나은 생활기회를 제공하고 다른 종류의 자원에 대한 통제역량을 강화시키며 타인에 대한 보상제공능력을 고양시킨다는 점에서 교환과정에 당사자에게 유리한 결과를 초래하게 한다고 볼 수 있다(고영복 편, 1991).

(1) 교환이론

산업사회 이전의 농경사회에서 노인문제가 없었다고 단정할 수는 없으나, 일반적

으로 산업화와 공업화를 수반하는 현대화가 노인의 지위를 약화시켜서 결국은 노인
문제가 야기되었다는 주장이 받아들여지고 있다. Rosow(1974)는 전통사회에서 산
업사회로 변천됨에 따라 노인의 재산소유 및 통제권의 약화, 노인 지식의 낙후, 노인
의 생산성 약화, 도시화와 핵가족화로 인한 가족공동체적 유대성의 약화 등으로 노
인의 교환자원은 점차 약화된다고 주장한다. 이러한 노인의 교환자원 부족, 가치성
의 저하 및 고갈 등은 노인이 집단으로서 또는 개인으로서 교환관계를 형성하는 데
열세를 면치 못하는 지위로 하락시켰다고 할 수 있다. 따라서 노인 지위의 약화는 일
반적으로 산업사회에서 여러 가지 면으로 노인에게 문제를 안겨 주고 있다. 즉, 교
환자원의 가치 저하는 의존성을 증가시키고 이는 권력의 약화를 초래하고, 권력의
상대적 약화는 또한 교환관계에서의 교환 조건의 약세를 초래하여 결국 노인은 개
인 및 사회와의 관계에서 문제를 경험하게 된다는 것이다(최일섭, 최성재, 1995).

　Dowd(1975)는 교환이론적 전통에 근거하여 노인생활의 경험을 이해하려 하였
다. 노인들은 적은 자원(예: 낮은 소득, 낮은 교육수준, 건강 약화)을 소유하고 있기 때
문에 젊은 층과 상호작용할 때 상대적으로 권력의 열세에 처하게 마련이다. 젊은이
들의 입장에서는 노인과의 지속적인 상호작용은 그들에게 비용이 되는 셈이다. 그
결과로 의도하든 의도하지 않든 노인들은 사회참여 횟수가 줄어들게 된다. 단지 타
연령과 상호관계를 유지할 만큼의 필요한 자원을 소유하고 있는 노인들만 지속적
으로 사회생활에 적극 참여하게 된다. 이처럼 개인적 노화의 문제를 자원의 지속적
감축의 문제로 보는 Dowd는 노년기의 사회적 상호작용 감소를 노년층과 사회 간
의 교환과정의 산물로 파악하고 있다. 그러나 Dowd는 이와 같은 노년기의 문제를
모든 노인이 동일한 정도로 경험한다고 생각하지는 않는다. 그에 따르면, 어느 한
개인에 있어서 나이와 자원의 소유 정도 간의 관계는 곡선형(curvilinear) 관계임이
분명하지만, 특정 연령층에서는 사회경제적 지위가 높은 사람일수록 많은 자원을
소유한다(고영복 편, 1991).

　교환이론은 노인과 타 연령층과의 직접적인 상호작용에 대한 이해를 높임으로써
노인연구에 새로운 차원을 추가하였다. 그러나 이 이론의 제약점은 지속적인 상호
작용이 동등한 주고받음(give and take)에 의해 가능하다고 보고 있고, 또한 모든 상
호작용을 경제적이고 합리적인 엄격한 관점에서 조망하고 있다는 점이다. 예를 들
어, 비합리적인 실재인 사랑(love)의 경우도 경제적·합리적인 입장으로 재정의하

려 한다는 것이다. 더군다나 이 이론은 사회적 상호작용을 오로지 상호작용의 양(빈
도)의 견지에서만 정의함으로써 교환관계의 질적인 측면을 간과하고 있다. 이처럼
교환이론은 교환의 양적인 요인을 지나치게 강조함으로써 지속되는 교환관계에 있
어서 비용과 보상의 의미를 다양하게 정의 또는 재정의할 수 있는 개인의 능력을 과
소평가하고 있다.

(2) 교환이론의 사례 적용

교환이론적 시각으로 모든 노인문제를 적절히 설명할 수 없더라도 현대사회에서
노인이 당면한 문제를 상당 부분 설명할 수 있다. 특히 그중에서도 퇴직과 사회적 고
립 그리고 가족관계(자녀와 노부모세대 간의 관계) 등의 연구에 많이 적용되고 있다.

퇴직제도와 이에 따른 사회적 고립현상은 교환이론으로 가장 설득력 있게 설명
될 수 있는 현상 중의 하나다. 노인의 경험, 지식, 기술의 낙후와 신체적·정신적 능
력의 약화는 노인과 경영주와의 교환관계에서 교환자원의 부족, 고갈 또는 가치의
저하를 가져온다. 이러한 노인 자원의 가치 저하는 권력의 열세를 가져와 노인은 한
직으로 밀려나거나 또는 봉급의 절감을 감수하게 된다. 급기야는 경영주 측의 퇴직
요청에 복종하지 않을 수 없게 된다. 이러한 현상들이 노인에게 되풀이되면서 유형
화되고 결국은 제도화된다(Dowd, 1975). 또한 비자발적인 퇴직 이후에 교환자원의
열세인 노인은 타자들과의 교환관계 형성에서 제외되거나 또는 참여한다고 해도
상대적인 무력감 때문에 의사결정과정에 영향을 미치지 못하게 됨으로써 사회와의
관계에서 소외와 고립감을 느끼게 된다. 달리 말하면, 노인이 퇴직하는 것은 노인의
상대적 무력감의 표시이고 퇴직 후에는 사회와의 관계에서 노인이 가진 교환자원
의 가치성이 인정되지 못하여 사회는 일반적으로 노인을 사회 속에 다시 참여시키
는 것을 원하지 않게 되며 사회적으로 고립되게 된다. 또 다른 교환이론의 유용성과
적합성은 노부모와 자녀 간의 가족관계의 적용 사례에서도 알 수 있다. 재산의 축적
이 없는 노인은 퇴직으로 인해 가족에 경제적 기여를 할 수 없게 되면 경제적 자원
면에서의 노인의 가치가 저하된다. 또한 가사 운영, 육아 등에서도 노인의 경험과
전통적인 지혜는 자녀들이 습득한 과학적 지식에 비하여 상대적으로 가치가 저하
되어 자녀들과의 교환관계에서 상대적 열세에 놓이게 되고 의존적이 되거나 또는
의사결정과정에서 제외되는 상황을 초래하게 된다. 더욱이 자녀들과의 교환관계에

서 노인 자신이 가지고 있는 자원의 빈약성을 노인 스스로 전혀 인식하지 못하거나, 윤리적 책임감에 근거하여 자녀들로부터 교환보상물의 기대와 획득을 강조하게 될 때 가정 내에서 노인과 자녀 간의 갈등은 심화되고, 결국은 자녀들로부터 소외당하거나 고립되는 사회심리적 문제를 경험하게 된다(최일섭, 최성재, 1995).

5) 노년사회학이론의 전망

사회과학이 기본적으로 복합 패러다임(multiple paradigm)이라는 입장에서 보면, 어느 단일 시각에 얽매이기보다는 필요한 경우 노인문제의 이해에 유용한 개념과 분석틀을 다양한 이론으로부터 폭넓게 도입하는 방식이 바람직하다고 판단된다. 특정 이론만으로는 노인문제 현상을 총체적으로 이해할 수 없을 뿐만 아니라 특정 이론 속에는 다른 이론적 요소가 포함되어 있다. 예를 들어, 교환이론은 현대화이론과 관련하여 노인 지위 하락의 인과과정을 상세히 묘사하고 있으며, 상이한 이론적 전통으로 분류되는 연령계층이론, 하위문화이론, 교환이론 등은 공히 갈등이론적 특성을 부분적으로 내포하고 있다. 노인문제에 대한 복합적 접근을 취할 경우에도 특정한 이론적 시각을 근간으로 삼되, 여타의 이론으로부터 유용한 부분을 선택적으로 도입하는 전략이 필요하다. 그 이유는 이론적 시각에 있어서의 일관성이 유지되어야 하기 때문이다. 가령, 교환이론은 미시적 현상과 거시적 현상을 모두 설명할 수 있고 갈등이론과 상징적 상호작용론적 시각을 일부 수용하고 있으면서도 교환자원의 상호 호혜성의 원칙으로 노인문제를 시종일관 체계적으로 분석하고 있다(고영복 편, 1991).

끝으로, 우리 사회에서 노인문제 현상에 대하여 노년사회학이론을 적용한 연구들이 그다지 많지 않다. 주로 소개된 이론은 은퇴이론, 활동이론, 현대화이론, 하위문화이론, 교환이론 등이다. 이러한 이론들은 물론이고 정치경제학적 이론, 세계체제이론, 사회와해이론 등을 포함하는 노년사회학 제 이론은 외국에서 발전된 이론이므로 사회문화적 맥락을 넘어서 적용될 수 있는지 경험적 연구를 통한 우리 사회에의 적용 가능성을 타진해 보아야 할 것이다. 나아가 우리 사회의 전형적인 노인생활의 경험을 포괄할 수 있는 통합된 노년사회학이론의 개발이 필요하다.

📖 참고문헌

고영복 편(1991). 현대사회문제. 서울: 사회문화연구소출판.

구자순(1988). 한국노인문제연구의 현황과 전망. 한국노년학, 8권.

문인숙 편역(1992). 노인복지의 이해: 이론과 기법. Paul, K. H. 저. 서울: 홍익제.

장인협, 최성재(1987). 노인복지학. 서울: 서울대학교출판부.

최순남(1995). 현대 노인복지론. 경기: 한신대학교출판부.

최일섭, 최성재(1995). 사회문제와 사회복지. 경기: 나남출판.

Baltes, P. B., & Baltes, M. (1990). *Successful Aging: Perspectives from the Behavioral Science*. New York, NY: Cambridge University Press.

Blau, P. M. (1964). *Exchange and Power in Social Life*. New York, NY: Wiley.

Blumer, H. (1969). *Symbolic Interactionism*. Englewood Cliffs, NJ: Prentice-Hall.

Cowgill, D. O. (1974). Aging and modernization: A revision of the theory. In J. F. Gubrium (Ed.), *Late Life*. Springfield, IL: Charles C Thomas.

Cumming, E., & Henry, W. E. (1961). *Growing Old: The Process of Disengagement*. New York, NY: Basic Books.

Dannefer, D. (1984). Adult development and social theory: A paradigmatic reappraisal. *American Sociological Review, 49*.

Dowd, J. J. (1975). Aging as exchange: A preface to theory. *Journal of Gerontology, 30*.

Dowd, J. J. (1980). *Stratification among the Aged*. Monterey, CA: Brooks/Cole.

Erikson, E. H. (1964). *Childhood and Society* (2nd ed.). New York, NY: Norton.

Gouldner, A. (1970). *The Coming Crisis in Western Sociology*. New York, NY: Basic Books.

Hardy, M. (1988). Vulnerability in old age: The issue of dependency in American society. *Journal of Aging Studies, 2*.

Havighurst, R. J. (1973). *Developmental Tasks and Education* (3rd ed.). New York, NY: D. McKay Co.

Hayflick, L. (1994). *How and Why We Age*. New York, NY: Ballantine.

Hendricks, J. (1982). The elderly in society: Beyond modernization. *Social Science History, 6*.

Hendricks, J. (1992). Generation and generation of theory in social gerontology. *International Journal of Aging and Human Development, 35*(1).

Hendricks, J., & Leedham, C. A. (1991). Dependency or empowerment: Toward amoral and political economy of aging. In M. Minkler & C. L. Estes (Eds.), *Critical Perspectives on Aging*. New York, NY: Baywood Publishing Co.

Kinch, J. W. (1963). A formalized theory of the self-concept. *American Journal of Sociology, 68*.

Kuypers, J. A., & Bengtson, V. L. (1973). Social breakdown and competence: A model of normal aging. *International Journal of Aging and Human Development, 26*.

Laslett, P. (1985). Societal development and aging. In R. H. Binstock & E. Shanas (Eds.), *Handbook of Aging and Social Sciences*. New York, NY: Van Nostrand Reinhold.

Lemon, B. W. et al. (1972). An exploration of the activity theory of aging. *Journal of Gerontology, 27*.

McInnis-Dittrich, K. (2005). *Social Work with Elders: A Biopsychosocial Approach to Assessment and Intervention* (2nd ed.). London, UK: Pearson Education, Inc.

Miller, R. A. (1990). Aging and the immune response. In E. L. Schneider & J. W. Rowe (Eds.), *Handbook of the Biology of Aging* (3rd ed.). San Diego, CA: Academic Press.

Minkler, M., & Stone, R. (1985). The feminization of poverty and older women. *The Gerontologist, 25*.

Morgan, L., & Kunkel, S. (2001). *Aging: The Social Context* (2nd ed.). Newbury Park, CA: Pine Forge Press.

Passutb, P. M., & Bengtson, V. L. (1988). Sociological theories of aging. In J. E. Birren & V. L. Bengtson (Ed.), *Emergent Theories of Aging*. New York, NY: Springer Publishing Company.

Riely, M., & Foner, A. (1972). *Aging and Society: A Sociology of Age Stratification, 3*. New York, NY: Russel Sage Foundation.

Rose, A. M. (1965). The subculture of aging. In A. M. Rose & W. A. Peterson (Eds.), *Older People and Social World*. Philadelphia, PA: F. A. Davis.

Rosow, I. (1974). *Socialization to Old Age*. Berkeley, CA: University of California.

Rowe, J. W., & Kahn, R. L. (1988). *Successful Aging*. New York, NY: Pantheon Books.

Stearns, P. N. (1982). *Old Age in Preindustrial Society*. New York, NY: Holmes and Meier.

Streib, G. F. (1985). Social stratification and aging. In R. H. Binstock & E. Shanas (Eds.), *Handbook of Aging and Social Sciences*. New York, NY: Van Nostrand Reinhold.

Sullivan, T. et al. (1988). *Social Problems: Divergenterspective*. New York, NY: John Wiley & Sons.

노인복지정책

제3장

정윤경

우리나라 노인복지의 기반이 되는 「노인복지법」에 의하면 노인은 후손의 양육과 국가 및 사회의 발전에 기여하여 온 사람으로서 존경받으며 건전하고 안정된 생활을 보장받고, 그 능력에 따라 적당한 일에 종사하고 사회적 활동에 참여할 기회를 보장받아야 한다. 노인복지정책은 노년기 복지증진, 노인과 관련된 사회적 문제를 해결하고 사회적 권리의 보장을 위해 국가가 수립하고 운영하는 사업과 제도들이다(최혜지 외, 2020). 인구고령화라는 인구구조의 근본적 변화는 소득과 경제활동, 의료, 돌봄, 주거 등 복지정책 전반에 걸쳐 노인집단에 대한 정부와 사회의 광범위한 대응을 요구한다. 이 장에서는 정부에서 시행하고 있는 노인복지정책에 대해서 살펴보았다. 먼저 노인복지정책의 법적 기반에 대해 「노인복지법」과 「저출산·고령사회기본법」을 중심으로 다루었고 노인복지 전달체계에 대해서도 간략히 소개하였다. 이후 노인복지정책의 영역에 따라 소득보장, 건강보장, 주거보장, 사회적 서비스로 분류하여 각 유형에 속하는 정부의 다양한 정책과 서비스 전달체계에 대해서 살펴보았다. 각 정책 영역에 대한 단락은 현행 노인복지제도들의 한계와 개선점에 대해 논의하면서 마무리하였다. 사회적 서비스를 다룬 마지막 단락은 다양한 서비스를 개괄적으로 소개하였다.

1. 노인복지정책 법적 기반과 전달체계

1) 「노인복지법」

우리나라 노인복지제도의 핵심적인 법적 근거는 1981년 개정된 「노인복지법」이다. 1960년대 이후 산업화와 도시화가 급속히 진행되면서 사회와 가족 내에서의 노인의 지위가 하락하고 노인에 대한 가족의 전통적인 부양의식이 약화되었다. 「노인복지법」 이전에도 1961년에 제정된 「생활보호법」에 따라 생활보호 대상자로 선정된 노인들은 생계보호 등을 포함한 보호를 받았다. 그러나 이는 매우 제한적이었으며 증가하는 노인들의 복지욕구에 적절히 대응하기 어려웠다. 이러한 상황에서 노후에 대한 전반적인 복지제도와 이를 위한 법 제도 구축에 대한 필요성이 높아졌다 (박수경, 2018; 정순둘 외, 2020).

「노인복지법」은 총칙, 보건·복지조치, 노인복지시설의 설치·운영, 비용, 보칙, 벌칙의 총 7개 장으로 구성되어 있다. 제1장은 총칙으로 「노인복지법」의 목적과 법에서 사용되는 용어의 정의, 기본이념 등의 내용을 포함하고 있으며, 제2장은 원래 저소득층 노인에 대한 공적부조 성격의 현금 지원인 경로연금과 관련된 조항이었으나, 경로연금이 기초노령연금으로 명칭이 변경되면서 조항이 폐지되었다. 제3장은 건강진단, 홀로 사는 노인에 대한 지원, 노인성 질환에 대한 의료지원, 노인재활요양사업, 노인사회참여 지원, 노인일자리전담기관 및 경로우대 등 노인들의 보건과 복지에 관련된 내용을 포함하고 있다. 제4장은 노인복지시설을 노인주거복지시설, 노인의료복지시설, 노인여가복지시설, 재가노인복지시설, 노인보호전문기관, 학대 피해노인전용쉼터로 분류하고, 각 시설에 대한 세부적 분류, 설치 및 입소자격과 시설에 종사하는 요양보호사와의 직무, 자격증 교부, 요양보호사 교육기관의 지정과 관련된 내용을 포함하고 있다. 이 외에도 노인학대 관련 긴급전화의 설치, 노인학대 신고의무와 절차, 노인학대 범죄자의 취업제한, 노인학대 신고에 대한 응급조치의무, 노인학대 금지행위 등 노인의 인권보호와 관련된 내용을 포함하고 있다. 또한 경로당에 대한 양곡구입비 등의 보조와 경로당에 대한 공과금 감면에 대한 조항을 포함하고 있다. 제5장은 노인들의 보건, 복지 및 시설의 운영과 관련된 운영주체 및 이용자의 비용에 대한 조항을 포함하고 있다. 제6장은 「노인복지법」의 규정을 보충하기 위하여 만들어진 보칙으로 「노인복지법」에 따른 복지조치에 대한 이의신청, 노인복지 명예지도원, 법에서 정한 국가 권한의 위임 및 위탁 등에 관하여 다루고 있다. 제7장은 「노인복지법」에서 규정한 법조항을 위반한 경우에 가해지는 벌칙에 대한 내용이다.

1981년 제정된 이후 그동안 수차례에 걸쳐 「노인복지법」 개정이 이루어지면서 노인복지의 기본 정책은 생활보호 대상 노인 중심에서 노인 전체의 노후생활에 필요한 소득, 건강, 여가 및 인권보호 등 다양한 영역으로 확대·발전되었다. 주요한 법 개정 내용을 살펴보면 1980년대에는 국무총리의 자문에 응하기 위하여 노인복지대책위원회(1999년 폐지)가 1989년에 설치되고, 공적연금의 도입시기가 늦어 대부분의 노인이 공적연금의 혜택을 보지 못하는 상황을 고려하여 70세 이상 노인 중 「생활보호법」 대상노인에게 노령수당을 지급하는 등 경제적 지원에 대한 내용이 추가되었다. 1990년대 이루어진 개정 내용으로는 1993년 개정에 의해 민간기업체나 개인이 영리를 목적으로 유료노인복지시설을 운영할 수 있게 되었고, 재가 노인복지사업을 가정봉사원파견사업, 주간보호사업과 단기보호사업으로 분류하여 서비스를 제공할 수 있도록 하였다. 1997년 개정에 의해 10월 2일이 '노인의 날'로 제정되었고, 노령수당제도가 폐지되며, 1998년부터 65세 이상 저소득 노인까지 확대하여 실시하는 경로연금제도가 도입되었다.

2000년대 이루어진 「노인복지법」의 개정은 노인의 인권보장과 장기요양보험 도입에 발맞춘 조치를 포함하여 이루어졌다. 2004년 개정에 의해 노인학대를 예방하고 노인학대를 신고할 수 있는 전국공통 긴급전화(1389번)가 설치되었고, 노인학대의 예방과 학대노인의 보호를 전담하는 노인보호전문기관이 설치되었다. 그리고 직무상 노인학대를 목격하였을 때는 노인전문보호기관 또는 수사기관에 의무적으로 신고하도록 하였다. 2007년에는 2008년 「노인장기요양보험법」 시행에 필요한 조치를 위해 기존에 존재하던 노인복지시설의 무료, 실비 및 유료의 구분을 폐지하였고, 노인복지시설에서 노인의 신체활동과 가사활동 지원 등의 업무를 전문적으로 수행하는 요양보호사의 의무적 고용과 요양보호사 자격증과 관련된 내용이 포함되었으며, 이후에도 장기요양보험제도의 변화에 발맞추어 「노인복지법」 개정이 이루어지고 있다. 〈표 3-1〉에 「노인복지법」의 내용을 정리하였다.

| 표 3-1 | 「노인복지법」의 내용(2022. 10. 1.) |

	내용	
제1장(총칙)	제1조: 목적 제2조: 기본이념 제4조: 보건복지증진의 책임 제6조: 노인의 날 등 제6조의3: 인권교육 제8조: 노인전용주거시설	제1조의2: 정의 제3조: 가족제도의 유지 · 발전 제5조: 노인실태조사 제6조의2: 홍보영상의 제작 · 배포 · 송출 제7조: 노인복지상담원
제2장(삭제)	2007. 4. 25.(제9~22조)	
제3장 (보건 · 복지 조치)	제23조: 노인사회참여 지원 제24조: 지역봉사지도원 위촉 및 업무 제26조: 경로우대 제27조의2: 홀로 사는 노인에 대한 지원 제27조의4: 노인성 질환에 대한 의료지원 제29조: 삭제 제30조: 노인재활요양사업	제23조의2: 노인일자리전담기관의 설치 · 운영 　등 제25조: 생업지원 제27조: 건강진단 등 제27조의3: 독거노인종합지원센터 제28조: 상담 · 입소 등의 조치 제29조의2: 삭제
제4장 (노인복지시설의 설치 · 운영)	제31조: 노인복지시설의 종류 제32조: 노인주거복지시설 제33조의2: 노인복지주택의 입소자격 등 제34조: 노인의료복지시설 제36조: 노인여가복지시설 제37조의2: 경로당에 대한 양곡구입비 등의 보조 제38조: 재가노인복지시설 제39조의2: 요양보호사의 직무 · 자격증의 교부 　등 제39조의4: 긴급전화의 설치 등 제39조의6: 노인학대 신고의무와 절차 등 제39조의8: 보조인의 선임 등 제39조의10: 실종노인에 관한 신고의무 등 제39조의12: 비밀누설의 금지 제39조의14: 요양보호사 자격의 취소 제39조의16: 노인학대행위자에 대한 상담 · 교 　육 등의 권고 제39조의18: 위반사실의 공표 제40조: 변경 · 폐지 등 제42조: 감독 제44조: 청문	제31조의2: 「사회복지사업법」에 따른 신고와의 　관계 제33조: 노인주거복지시설의 설치 제33조의3: 삭제 제35조: 노인의료복지시설의 설치 제37조: 노인여가복지시설의 설치 제37조의3: 경로당에 대한 공과금 감면 제39조: 재가노인복지시설의 설치 제39조의3: 요양보호사교육기관의 지정 등 제39조의5: 노인보호전문기관의 설치 등 제39조의7: 응급조치의무 등 제39조의9: 금지행위 제39조의11: 조사 등 제39조의13: 요양보호사의 결격사유 제39조의15: 노인학대 등의 통보 제39조의17: 노인관련기관의 취업제한 등 제39조의19: 학대피해노인 전용쉼터의 설치 제41조: 수탁의무 제43조: 사업의 정지 등

제5장(비용)	제45조: 비용의 부담	제46조: 비용의 수납 및 청구
	제47조: 비용의 보조	제48조: 상속인 없는 재산의 처리
	제49조: 조세감면	
제6장(보칙)	제50조: 이의신청 등	제51조: 노인복지명예지도원
	제52조: 삭제	제53조: 권한의 위임 · 위탁
	제54조: 국 · 공유재산의 대부 등	제55조: 건축법에 대한 특례
제7장(벌칙)	제55조의2: 벌칙	제55조의3: 벌칙
	제55조의4: 벌칙	제56조: 벌칙
	제56조의2: 삭제	제57조: 벌칙
	제58조: 벌칙 적용에서 공무원 의제	제59조: 벌칙
	제59조의2: 가중처벌	제60조: 양벌규정
	제61조: 삭제	제61조의2: 과태료
	제62조: 삭제	

자료: 법제처 국가법령정보센터(http://www.law.go.kr).

2) 「저출산 · 고령사회기본법」

우리나라는 2000년에 65세 인구의 비율이 전체 인구의 7%에 해당하는 고령화사회에 진입한 이후 급속하게 노인인구 증가와 함께 합계 출산율의 감소가 진행되었다. 이러한 인구구조의 변화는 경제성장 동력의 감소나 복지재정 고갈 등의 심각한 위기를 야기할 수 있다는 인식이 확대되면서 이에 대응하는 다양한 제도가 추진되었고, 범정부적 차원에서 이를 총괄하거나 조정하는 법적인 기반이 필요하다는 인식 또한 대두되었다. 이에 2005년 「저출산 · 고령사회기본법」이 제정되었고 저출산 · 고령화 관련 정책을 총괄하는 대통령 직속 기관인 저출산고령사회위원회가 발족되었다.

「저출산 · 고령사회기본법」은 총칙, 저출산 · 고령사회정책의 기본방향, 저출산 · 고령사회정책의 수립 및 추진체계, 보칙의 4개 장으로 구성되어 있다. 제1장은 총칙으로 법의 목적과 기본이념, 법에서 사용되는 용어에 대한 정의, 국가 및 지방자치단체의 책무, 다른 법률과의 관계 등의 내용을 포함하고 있다. 제2장은 저출산 · 고령사회정책의 기본방향에 대해 저출산 대책과 고령사회정책으로 구분하여 관련 내용을 규정하고 있는데, 이 중 고령사회정책으로 고용과 소득보장, 건강증진과 의료제공, 여가 · 문화 및 사회활동의 장려, 취약계층 노인에 대한 배려, 고령친화산업의 육성 등에 대한 내용을 포함하고 있다. 제3장은 저출산·고령사회정책의 수립 및 추진체계에 대한 내용이며 정부의 저출산·고령사회 기본계획의 수립과 저출산·고령사회위원회 활동에 대하여 명시하고 있다. 마지막으로 제4장은 보칙이며 저출산 및 인구의 고령화에 따른 변화에 대응하기 위하여 필요한 분야의 전문인력 양성과 연구지원, 이 법에 따른 저출산·고령사회정책의 시행을 위하여 관계 법률이 정하는 바에 따라 조세의 감면 등 필요한 지원 등에 대한 국가와 지방자치단체의 의무에 대해 다루고 있다.

저출산·고령사회 기본계획은 「저출산·고령사회기본법」의 제3장 저출산·고령사회정책의 수립 및 추진체계와 관련된 내용 중 제20조를 기반으로 한다. 저출산·고령사회 기본계획은 5년마다 수립하며 제1차 기본계획(2006~2010년), 제2차 기본계획(2011~2015년), 제3차 기본계획(2016~2020년)이 수립되었으며 현재 제4차 기본계획(2021~2025년) 시행 중에 있다. 계획의 내용으로는 저출산·고령사회로의 변화에 대응하기 위한 정부의 목표와 추진방향, 추진 과제 및 방법, 재원 규모 등을 포함한다. 범정부적인 저출산·고령사회 기본계획을 토대로 중앙의 각 부처와 지방자치단체는 연도별 시행계획을 수립·시행되어야 함을 명시하고 있다(변수정, 황남희, 2018. 4.).

2005년 제1차 저출산·고령사회 기본계획이 시행된 후 약 15여 년간 이 계획에 근거하여 기초연금, 노인장기요양보험, 노인 일자리 및 사회참여 지원사업, 고령자 맞춤형 공공임대주택 공급, 지역사회 통합돌봄의 추진 등 다양한 영역에 걸쳐 노인의 삶의 질 향상을 위한 제도들이 시행되어 왔다. 2022년 기준 시행되고 있는 제4차 기본계획은 개인의 삶의 질 향상, 성평등하고 공정한 사회, 인구변화 대응 사회혁신이라는 세 가지 목표 아래 '함께 일하고 함께 돌보는 사회 조성' '건강하고 능동적인 고령사회 구축' '모두의 역량이 고루 발휘되는 사회' 그리고 '인구구조 변화에 대한 적응'이라는 네 가지 추진전략을 가지고 있다. 이 중 노인과 직접적으로 관련되는 '건강하고 능동적인 고령사회 구축' 추진전략을 기반으로 노후생활보장 체계와 지역사회 통합돌봄, 고령친화적 주거환경 개선 등의 정책들이 추진되고 있다(관계부처 합동, 2020. 12.)

3) 노인복지정책 전달체계[1]

노인복지서비스는 성격이나 재원조달 방법 등에 따라 중앙정부의 보건복지부 및 지방자치단체, 국민건강보험공단, 국민연금공단, 한국노인인력개발원 등의 보건복지부 산하의 공공기관 그리고 정부에 의해 위탁운영권을 맡은 조직들에 의해서 대상자에게 전달된다. 노인복지와 관련된 중심적인 역할을 하는 중앙정부 부처는 보건복지부다. 1981년 보건사회부(현 보건복지부)의 가정복지과에 노인복지계가 처음으로 신설된 이후 정부의 노인복지 관련 주요 업무부서는 더욱 확대·개편되어 왔다. 광역자치단체의 경우 노인복지업무를 담당하는 조직은 노인복지과, 사회복지과, 노인정책과, 노인복지정책과 등 다양한 명칭으로 운영되고 있다. 기초자치단체(시·군·구)에서의 노인복지업무는 과 단위의 노인복지 관련과 또는 과 단위 아래의 노인복지팀 등 다양한 명칭의 부서에서 담당한다.

노인 소득보장정책 중 현금급여가 제공되는 기초연금과 국민기초생활보장제도는 보건복지부가 주관하는 정책들이다. 그러나 이들 급여의 상담과 신청은 행정안전부의 최일선 조직인 읍·면·동주민센터에서 담당하며, 신청 결과에 대한 소득재산조사, 수급 여부 결정, 연금 지급과 사후 수급자 관리 업무는 기초자치단체(시·군·구)가 수행한다. 사회보험으로 운영되는 국민연금의 경우 보건복지부 산하 기구인 국민연금공단이 연금의 신청에서부터 지급 및 사후관리에 이르기까지 총괄업무를 담당한다. 소득이 낮은 독거 노인들을 위한 노인맞춤돌봄서비스는 읍·면·동주민센터에서 신청하며 대상자에 대한 선정조사 및 서비스 제공은 지역사회 수행기관에서 이루어진다.

건강보험공단은 국민건강보험제도와 노인장기요양보험제도의 핵심 추진체계다. 국민건강보험제도의 관리운영, 노인장기요양보험제도의 관리운영, 사회보험료 통합 징수 그리고 의료급여제도의 급여와 관리 업무 위탁 등의 주요 업무를 수행한다.

한국노인인력개발원은 보건복지부 산하 조직으로 노인 일자리 및 사회활동 지원사업의 전담기관이다. 노인일자리사업에 대한 신청은 노인복지시설에서 제공되는

---

1) 노인복지정책 전달체계에 대한 내용은 『현대 노인복지론 6판』 제3장의 '노인복지의 행정조직체계'의 내용을 일부 활용하여 작성되었다.

사회적 서비스의 경우에 일부는 국가가 직접 운영하기도 하지만, 서비스 대부분은 광역 또는 기초자치단체와 계약으로 위탁운영권을 맡는 사회복지법인을 포함한 비영리법인들이 운영한다.

[그림 3-1]에서 노인복지서비스의 영역별 전달체계를 간략하게 도식화하였다.

[그림 3-1] 노인복지서비스 전달체계

출처: 정홍원 외(2014), p. 30의 [그림 2-3-1]에서 발췌하여 일부 수정하였다.

2. 노인복지정책

1) 소득보장정책

우리나라에서 실시되고 있는 노인의 소득보장정책에는 공적연금, 기초연금 그리고 국민기초생활보장제도가 있다. 이 중 국민기초생활보장은 저소득 국민을 대상으로 하므로 노인만을 위한 소득보장정책은 아니지만, 현재 우리나라 노후 소득보장에서 중요한 역할을 하는 제도로 이 장에서 다루었다.

(1) 다층 노후 소득보장 체계

우리나라의 노년기 소득보장은 다층 노후 소득보장 체계에 기반하고 있다. 다층 노후 소득보장 체계는 세계은행이나 국제노동기구 등에서 권고되는 노후 소득보장 방법으로 공적영역과 사적영역의 제도들을 다층적으로 구축하여 다양한 노인 집단에 대해 노년기 소득감소와 빈곤의 위험에 대처하는 체계를 뜻한다(석재은 외, 2011). [그림 3-2]는 우리나라의 다층 노후 소득보장 체계의 모형을 보여 준다. 우선 가장 아래층에는 국가가 정한 빈곤 기준 이하의 저소득층을 대상으로 하는 기초생활보장제도가 있다. 그 위 0층에는 소득 하위 70% 노인을 대상으로 하는 기초연금 제도가 있다. 1층에는 공적연금으로 일반 국민을 대상으로 하는 국민연금제도와 특수직역 종사자를 대상으로 하는 공무원연금, 사학연금, 군인연금 등의 특수직역연금 제도가 있다. 그 위로는 경제활동을 했던 민간기업의 근로자와 자영자에게 해당하는 사적 소득보장 영역의 퇴직연금이 있다. 끝으로, 개인연금과 주택연금 등이 있으나 이는 개인의 선택으로 가입하여 다른 층위의 노후 소득보장제도를 보완할 수 있지만 아직 우리나라에서는 활성화되지 않았다(정경희 외, 2016).

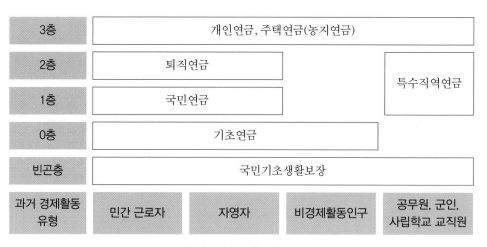

[그림 3-2] 우리나라의 다층 노후 소득보장 체계

출처: 정경희 외(2016), p. 45의 [그림 3-1]에서 발췌 및 일부 수정하였다.

(2) 국민연금

질병이나 노화과정에서 발생하는 신체적·인지적 기능의 저하로 노인들은 경제활동 참여에 어려움을 겪게 되지만 가족에 의한 노인부양은 축소되고 있다. 노인의 기능 상태와 상관없이 이루어지는 강제적인 퇴직제도 또한 노년기 소득이 감소하는 원인이 될 수 있다. 공적연금은 사회구성원들이 퇴직이나 사고 및 질병으로 인한 장애로 소득을 확보하는 능력이 감소하는 위험에 대해 개인과 가족이 대비할 수 있도록 국가가 사회보험의 형태로 연금제도를 운용하는 것을 말한다. 사회보험은 국가가 사회정책을 시행하기 위하여 보험의 원리와 방식을 도입하여 만든 제도이기 때문에 보험료의 강제적 징수와 정형화된 보험금의 지급이 특징이다. 따라서 사회보험으로 운영되는 공적연금인 우리나라의 국민연금은 일정한 자격조건을 갖춘 국민을 대상으로 강제적으로 시행된다. 제도를 관장하는 정부 기관은 보건복지부이며 연금업무는 국민연금공단에서 담당하고 있다.

우리나라는 급속한 산업화의 진전으로 국민소득이 높아짐과 함께 핵가족화의 진전으로 노인들의 소득보장에 대한 논의가 시작되었으며 1979년 「국민복지연금법」이 제정되었다. 이후 석유파동 등 경제적 위기로 법의 시행이 보류되었다가 1986년 기존의 「국민복지연금법」이 「국민연금법」으로 전면 개정되었다. 이 법을 근거로 1987년 국민연금관리공단[2]이 설립되었고 1988년 1월부터 국민연금제도가 시행되었다.

① 적용 대상과 가입 유형

국민연금의 가입 대상은 국내에 거주하는 만 18세 이상 60세 미만의 국민 및 국내 거주 외국인이다. 특수직역연금(공무원연금, 군인연금, 사립학교교직원연금)의 적용을 받는 공무원, 군인, 사립학교교직원 그리고 그 밖에 대통령령으로 정하는 자는 제외된다. 1988년 제도가 도입되던 당시에는 10인 이상 사업장의 근로자만이 국민연금 가입자가 될 수 있었으나 1992년부터는 5인 이상 근로자를 고용하는 사업장으로 당연적용 대상이 확대되었고 1995년 7월부터는 농어민 또는 군 지역의 자영자도 당연적용되었으며, 1999년 4월부터는 이전까지 국민연금 가입 대상에서 제외되었던 도시지역 자영자가 당연적용 대상에 포함되었다. 이후에도 지속적으로 사업장 당연가입 범위가 확대되었는데 2003년 사업장 당연적용 범위가 1인 미만 사업장 중 전문직종 사업장과 비정규직 근로자로 확대되었고, 2004년에는 건강보험과 고용보험 가

---

2) 현 국민연금공단으로 2007년 7월 명칭이 변경되었다.

입 사업장으로, 2006년에는 근로자 1인 이상 사업장으로 당연 가입 대상이 확대되었다. 2009년 8월부터 국민연금과 4대 직역연금의 최소 가입기간을 채우지 못하고 이동하는 경우 각각 일시금으로만 받아야 했던 것을 연금 간 가입기간을 연계하여 이를 합한 기간이 20년 이상일 때 연금으로 받을 수 있게 되었다(국민연금공단, 2021).

국민연금의 최소 가입기간인 10년을 채우지 못해 연금을 수급하지 못하거나 국민연금을 납부한 기간이 짧아서 노후 소득을 확보하는 데 어려움이 생길 때 특정 대상자들에게는 국민연금 가입기간을 추가로 인정해 주는 크레딧 제도가 있다. 크레딧 제도란 사회적으로 가치 있는 행위에 대한 보상으로 국민연금 가입기간을 추가 인정해 주는 제도를 의미하며 현재 출산 크레딧, 군복무 크레딧, 실업 크레딧이 있다. 2008년부터 시행된 출산 크레딧을 통해 아이를 둘 이상 출산하거나 입양한 사람에게는 국민연금 가입기간을 추가로 인정하게 되었으며, 같은 해 시행된 군복무 크레딧을 통해 6개월 이상 군복무를 한 사람을 대상으로 가입기간이 추가로 인정되고, 마지막으로 2016년부터 시행된 실업 크레딧 제도는 구직급여를 받고 있는 사람(18세 이상~60세 미만)이 그 기간만큼을 국민연금 가입기간으로 인정받기를 원하면 일부 보험료가 지원된다(국민연금공단, https://www.npsonair.kr/expert_institution/1154). 〈표 3-2〉에 시간에 따른 국민연금 적용 대상의 주요 변화를 정리하였다.

표 3-2 연도별 국민연금 가입자 확대

연도	내용
1979년	• 「국민복지연금법」 제정
1986년	• 「국민연금법」 공표
1988년	• 국민연금제도 시행(10인 이상 사업장)
1992년	• 당연적용 대상 사업장 확대(10인 → 5인)
1995년	• 농어업인 및 군 지역 자영자에 대한 당연적용 확대 • 외국인에 대한 당연적용 확대
1999년	• 도시지역 자영자 등에 대한 당연적용 확대
2003년	• 사업장가입자 당연적용 범위 확대(5인 미만 사업장 중 법인 또는 전문 직종 사업장, 비정규직 근로자)
2004년	• 사업장 당연적용 범위 확대(건강보험, 고용보험 가입 사업장)
2006년	• 사업장 당연적용 범위 확대(근로자 1인 이상 사업장)

2008년	• 출산 크레딧 시행 • 군복무 크레딧 시행
2009년	• 국민연금과 4개 직역연금 가입기간 연계사업 시행
2016년	• 실업 크레딧 시행

출처: 국민연금공단(2021).

국민연금의 가입 유형은 크게 사업장가입자와 지역가입자로 나뉜다. 이 외에도 임의가입자와 임의계속가입자가 있으며 이 유형에 속하는 경우에는 의무가입 대상에서 제외된다. 각 유형별 가입 대상은 〈표 3-3〉과 같다. 앞에서 소개한 바와 같이 1인 이상의 근로자를 사용하는 사업장은 국민연금에 가입해야 하며, 해당 사업장에서 근무하는 만 18세 이상 만 60세 미만의 사용자와 근로자는 사업장가입자로 분류된다. 국민연금의 의무가입 대상은 아니지만 본인이 희망하여 가입하는 경우 임의가입자로 분류되며, 가입자의 무소득배우자와 27세 미만 학생 등이 해당된다. 만 60세에 도달하였으나 국민연금 최소 가입기간을 채우지 못했거나 최소 가입기간은 채웠으나 더 많은 연금을 받고자 하는 경우는 임의계속가입자로 분류된다.

표 3-3 **국민연금 가입자 유형**

가입 유형	대상
사업장가입자	• 국민연금 적용 사업장에 종사하는 60세 미만의 근로자와 사용자
지역가입자	• 국내에 거주하는 18세 이상 60세 미만의 국민으로서 사업장가입자가 아닌 자 • 적용제외자: 공적연금(국민연금, 공무원연금, 군인연금, 사립학교교직원연금, 별정우체국연금) 가입자 및 수급자의 무소득배우자, 18세 이상 27세 미만의 학생과 군인, 기초생활수급자, 1년 이상 행방불명자 등
임의가입자	• 적용제외자 중 공단에 가입신청을 하여 가입한 자
임의계속가입자	• 국민연금 가입자 또는 가입자였던 자로서 60세에 달한 자가 65세에 달할 때까지 공단에 가입신청을 하여 가입된 자

출처: 국민연금공단(2021).

② **연금보험료**

연금보험료는 가입자들에게 연금 급여를 지급하기 위한 재정 마련을 목적으로 법률에 근거하여 납부되며 국민연금의 주된 재원이다. 연금보험료는 가입자의 기준소득월액에 연금보험료율을 곱하여 산정된다. 기준소득월액이란 국민연금의 보험료 및 급여 산정을 위하여 가입자가 신고한 소득월액에서 천 원 미만을 절사한 금액을 말하며, 2022년 기준 최저 35만 원에서 최고 553만 원까지의 범위로 결정된다.

사업장가입자의 경우 보험료율은 9%이며 본인과 사업장의 사용자가 각각 4.5%씩 부담하여 매월 납부한다. 지역가입자, 임의가입자 그리고 임의계속가입자는 9%의 보험료율에 해당하는 보험료를 본인이 전액 납부한다. 농어업인의 경우는 일정한 소득 조건에 해당하면 보험료의 일부를 국고에서 지원받을 수 있다.

③ 급여

국민연금의 노령연금은 국민연금의 기초가 되는 급여로 가입자가 나이가 들어 소득활동에 종사하지 못할 때 소득보장을 위해 지급되는 급여다. 최소 10년 이상 국민연금에 가입한 후 60세에 달한 사람에게 매달 지급된다. 그 외 국민연금 급여의 종류에는 질병이나 부상과 관련하여 지급되는 장애연금, 가입자 사망 시 유족에게 지급되는 유족연금이 있다. 또한 노령연금 수급요건을 갖추지 못했을 때 지급되는 반환일시금과 가입자가 사망하였으나 유족연금 또는 반환일시금을 지급 받을 유족이 없을 때 지급되는 사망일시금이 있다.

노령연금은 2012년까지는 60세가 수급 연령이었으나 2013년부터 출생 연도와 연계하여 수급 연령이 5년마다 1세씩 연장되어 2022년 현재 수급 연령은 62세다. 1969년 출생자부터는 국민연금 수급 연령이 65세로 조정된다.

표 3-4 | **출생연도에 따른 노령연금 수령 연령**

출생연도	노령연금 수급 연령
1952년생 이전	60세
1953~1956년생	61세
1957~1960년생	62세
1961~1964년생	63세
1965~1968년생	64세
1969년생 이후	65세

출처: 국민연금공단(2021).

표 3-5 | **국민연금 급여 유형**

구분	설명
노령연금	가입기간 10년 이상이고 60세에 달한 자(65세 이전까지는 소득 있는 업무에 종사하지 않을 경우)에게 지급되는 급여
장애연금	가입자나 가입자였던 자가 질병이나 부상으로 신체적 또는 정신적 장애가 남았을 때 이에 따른 소득감소 부분을 보전함으로써 본인과 가족의 안정된 생활을 보장하기 위해 장애 정도(1~4급)에 따라 지급되는 급여
유족연금	일정한 연금보험료 납부이력이 있는 자 또는 노령연금 및 장애연금(2급 이상)을 받던 자가 사망한 경우 그에 의하여 생계를 유지하던 배우자, 자녀, 부모, 손자녀, 조부모 중 선순위 자에게 지급되는 급여
분할연금	가입기간 중 혼인기간이 5년 이상 되는 자가 이혼을 하고 타방 배우자가 노령연금수급권을 취득하게 되면, 그 타방 배우자와의 혼인기간에 해당하는 연금액을 균분하여 수급 연령에 도달한 전 배우자에게 지급하는 급여
반환일시금	60세 도달 · 사망 · 국외이주 등으로 국민연금에 더 이상 가입할 수 없게 되었거나 연금 수급요건을 채우지 못한 경우에 지급
사망일시금	가입자 또는 가입자이었던 자가 사망하였으나, 유족연금 또는 반환일시금의 수급 대상자가 없는 경우, 배우자, 자녀, 부모, 손자녀, 조부모, 형제자매 또는 4촌 이내의 방계혈족 중 생계유지를 하고 있던 자 중 선순위자에게 지급되는 급여

출처: 국민연금공단(2021).

④ 지급현황

65세 이상 노인인구 중 국민연금 급여를 받는 사람은 꾸준히 증가하고 있다. 2015년 65세 이상 인구 중 수급자의 비율은 35.8%였으나 2020년에 44.4%로 증가하였다(〈표 3-6〉 참조). 〈표 3-7〉은 노령연금을 기준으로 연도별 월 연금액이다. 2020년 월 수급액을 보면 월 50만 원 미만을 받는 수급자가 전체의 약 71%로 가장 많다. 월 연금액이 50만 원 이상~100만 원 미만인 수급자의 비율은 전체의 21%였고 월 100만 원 미만의 연금액을 받는 수급자들이 전체 수급자의 92%를 차지했다. 이와 같은 지급현황을 통해 국민연금 수령액만으로는 노후 소득보장이 어려움을 알 수 있다.

구분	2015년	2016년	2017년	2018년	2019년	2020년
65세 이상 인구	6,775,101	6,995,652	7,356,106	7,650,408	8,026,915	8,496,077
연금 수급자 수	2,427,810	2,614,269	2,882,470	3,118,722	3,414,256	3,771,278
비율	35.8	37.4	39.2	40.8	42.5	44.4

표 3-6 65세 이상 인구 대비 연금 수급자 비율 (단위: 명, %)

출처: 국민연금공단 보도자료(2021. 3. 16.), p. 10.

표 3-7 연도별 노령연금 월 연금액 (단위: 명, %)

월 연금액	2015년	2016년	2017년	2018년	2019년	2020년	전년 대비 증가율
계	3,151,349	3,412,350	3,706,516	3,778,824	4,090,497	4,468,126	9.2
50만 원 미만	2,529,628	2,681,618	2,846,801	2,859,109	2,991,936	3,163,448	5.7
50만 원 이상~100만 원 미만	525,669	601,230	687,497	718,123	831,995	964,309	15.9
100만 원 이상~150만 원 미만	95,806	128,527	168,173	194,105	244,506	294,009	20.2
150만 원 이상~200만 원 미만	246	975	4,045	7,477	21,962	45,923	109.1
200만 원 이상	-	-	-	10	98	437	345.9

주: 해당 연도 12월 기준이다.
출처: 국민연금공단 보도자료(2021. 3. 16.), p. 3.

(3) 직역연금

국민연금 외 공적연금에는 특수직역연금이 있다. 이에 해당하는 공무원연금, 군인연금, 사립학교교직원연금을 간략히 소개하면 다음과 같다. 공무원연금은 1960년부터 시행되고 있으며 공무원과 그 유족을 위한 소득보장제도로 국가 및 지방 공무원, 법관, 경찰관이 가입 대상이다. 공무원과 국가 또는 지방자치단체가 공동으로 비용을 부담하며 매월 기준소득월액의 8~9%를 납부한다. 10년 이상 재직한 공무원이 연금액 수령의 대상이 된다(공무원연금공단, https://www.geps.or.kr).

군인연금은 하사관 이상 직업군인을 대상으로 1963년부터 시행되고 있다. 본인 기여금은 공무원연금과 마찬가지로 매월 기준소득월액의 7%이며 국가가 또한 7%의 부담금을 책임진다. 1960년 이전 전역 간부에 대하여 기여금 납부를 면제해 주고 한국전쟁 등 전투참가자의 복무기간을 전투 기간에 대해 가산한다(국방부 군인연금, https://www.mps.mil.kr).

사립학교교직원연금은 사립학교교직원이 가입 대상으로 1975년부터 시행되고 있다. 본인 기여금은 기준소득월액의 7%이며 교원의 경우는 국가와 학교법인이 각각 개인 기여금의 일부를 부담하고, 직원의 경우는 학교법인이 개인 기여금 전액을 부담한다(사립학교교직원연금공단, https://www.tp.or.kr).

(4) 기초연금

기초연금은 생활이 어려운 노인에게 생활 안정을 지원하고 복지를 증진하기 위해 급여를 제공하는 제도로 「기초연금법」이 법적 근거다. 가입자의 보험료 납부가 연금 급여 지급의 조건이 되는 사회보험인 국민연금과는 달리 기초연금은 무 갹출 연금(non-contributory pension)을 지급하는 제도다. 또한 기초연금은 특정한 인구집단에 일정한 현금을 제공하는 제도인 사회수당(social allowance)의 성격을 가진다.

우리나라는 경제적 성장에도 불구하고 수년 동안 노인 빈곤율이 OECD 국가 중 가장 높은 수준이다.[3] 노인 빈곤 문제에 대응하고 노후 소득보장을 강화하기 위해 2014년 7월부터 65세 이상 노인 중 소득 하위 70% 이하 노인에게 기초연금을 지급하고 있다. 기초연금 도입 이전에도 빈곤한 노인들에게 현금을 지급하는 제도가 존재했다. 1991년부터 실시된 노령수당제도에 의해 70세 이상 생활보호 대상 노인에게 현금급여가 제공되었고, 1998년 경로연금으로 변경되어 급여대상이 확대되었다. 2008년부터 대상자와 급여 수준을 확대한 기초노령연금이 65세 이상 노인 중 소득 하위 70% 이하 노인에게 지급되었으나 낮은 지급액으로 노인 빈곤의 문제를 해결하기에는 한계가 있었다(원종욱 외, 2014). 이에 2014년 「기초연금법」의 제정을 기반으로 대상자와 급여액을 확대한 기초연금이 기존의 기초노령연금을 대체하게 되었다.

① 수급 대상

65세 이상 노인 중 소득인정액이 선정기준액 이하인 노인에게 기초연금이 지급된다. 특수직역연금의 수급권자와 배우자는 대상에서 제외된다. 선정기준액은 기초연금 지급 대상자의 선정기준이 되는 금액으로서 노인가구의 소득 · 재산 수준과

---

3) 우리나라 노인들의 경제적 상황은 제6장에서 논의하였다.

생활실태 및 물가상승률 등을 고려하여 65세 이상 노인의 소득인정액이 하위 70%에 해당하도록 설정하여 매년 보건복지부 장관이 고시한다. 부부가구의 선정기준액은 단독가구의 선정기준액에 1.6배를 곱한 금액이다. 소득인정액은 소득평가액과 재산의 소득환산액을 합산하여 산정되는데, 소득평가액은 근로소득, 사업소득, 재산소득, 공적 이전소득, 무료 임차 소득 등으로 구성된다. 자녀로부터 받는 용돈과 같은 사적 이전소득이나 자녀의 소득과 재산은 수급자 선정기준에 포함되지 않는다. 노인 단독인 경우는 본인의 소득과 재산이 소득인정액으로 계산되지만 노인 부부인 경우는 본인과 배우자의 소득과 재산이 소득인정액으로 계산된다. 2019년부터 2020년까지는 소득인정액 기준 하위 70% 노인들을 다시 저소득수급자와 일반수급자로 구분하였으나 2021년부터는 다시 저소득수급자와 일반수급자를 구분하지 않고 하위 70%를 수급 대상으로 하고 있다.

표 3-8 **기초연금 연도별 선정기준액**

구분	2017년	2018년	2019년	2020년	2021년
단독가구	119만 원	131만 원	137만 원	148만 원	169만 원
부부가구	190.4만 원	209.6만 원	219.2만 원	236.8만 원	270.4만 원

출처: 보건복지부(2021a).

② 재원

국민연금 재원의 대부분이 보험료에 기반하는 것과 달리 기초연금의 비용은 조세에서 충당되며 국가와 기초지방자치단체가 함께 부담한다. 이때 국가는 지방자치단체의 노인인구 비율과 재정 여건을 고려하여 40~90% 범위 안에서 차등으로 보조하며 나머지는 광역지방자치단체와 기초지방자치단체가 공동으로 부담한다.

표 3-9 **지방자치단체의 여건에 따른 정부 지원 비율**

구분		지방자치단체의 노인인구 비율		
		14% 미만	14% 이상 20% 미만	20% 이상
지방자치단체 재정자주도	90% 이상	100분의 40	100분의 50	100분의 60
	80% 이상 90% 미만	100분의 50	100분의 60	100분의 70
	80% 미만	100분의 70	100분의 80	100분의 90

출처: 보건복지부(2021b).

③ 기초연금액

기초연금액은 기준연금액과 국민연금 급여액 등을 고려하여 산정된다. 즉, 기준연금액에서 국민연금 급여액 등을 차감하여 기초연금액이 결정되므로 기준연금액은 기초연금 수급권자에게 지급되는 기준금액이자 최대금액으로 볼 수 있다. 기초연금액은 국민연금 급여액과 가입기간 등의 수준, 기초연금 수급 대상에서 제외되는 직역연금 수급자 중 일부 조건을 충족하는 경우 등에 따라 달라진다.

산정된 기초연금액은 기초연금 수급자 간 그리고 수급자와 비수급자 간의 형평성을 위해 감액될 수 있다. 현행 두 가지 감액유형이 있는데, 부부 감액과 소득 역전 방지 감액이다. 부부 감액은 본인과 그 배우자가 모두 기초연금 수급권자였으면 각각의 기초연금액에서 기초연금액의 20%를 감액하는 것이다. 소득 역전 방지 감액은 기초연금 수급으로 인해 수급자와 비수급자 간에 소득 역전이 발생하지 않도록 소득인정액과 기초연금 산정액을 합한 금액이 선정기준액 이상이면 기초연금액 일부를 감액하는 것이다.

〈표 3-10〉은 2018년에서 2020년까지 기초연금 수급 현황을 보여 준다. 2020년 기준 기초연금의 수급자는 5,659,751명으로 이는 65세 이상 인구의 66.7%에 해당한다. 이 중 단독가구 수급자는 2,785,665명으로, 전체 수급자의 49.2%였고 부부가구 수급자는 2,874,086명으로 전체 수급자의 50.8%였다.

표 3-10 | 가구 유형별 기초연금 수급자 현황　(단위: 명, %)

구분	65세 이상 노인인구	수급자 수					수급률
		계	단독가구	부부가구			
				소계	1인 수급	2인 수급	
2018년	7,638,574	5,125,731	2,554,409	2,571,322	441,480	2,129,842	67.1
		(100)	(49.8)	(50.2)	(8.6)	(41.6)	
2019년	8,013,661	5,345,728	2,653,291	2,692,437	454,926	2,237,511	66.7
		(100)	(49.6)	(50.4)	(8.5)	(41.9)	
2020년	8,481,654	5,659,751	2,785,665	2,874,086	473,626	2,400,460	66.7
		(100)	(49.2)	(50.8)	(8.4)	(42.4)	

출처: 보건복지부(2021a).

(5) 국민기초생활보장제도

국민기초생활보장제도는 조세를 재원으로 자산조사를 통하여 요건을 충족시키
는 저소득층에게 급여를 제공하는 공적부조제도다. 「국민기초생활 보장법」에 의
하면 국민기초생활보장제도는 생활이 어려운 사람에게 필요한 급여를 제공하여 이
들의 최저생활을 보장하고 자활을 돕는 것을 목적으로 한다고 명시되어 있다. 국민
기초생활보장제도는 근로 능력이나 나이 등과 관계없이 급여 종류별 최저 보장 수
준 이하의 저소득 가구를 대상으로 급여를 제공하지만 수급자의 비율이 노인집단
내에서 높게 나타나기 때문에 빈곤한 노인들에게 중요한 소득보장정책으로 작용한
다. 수급 자격을 충족하면 기초연금과 국민기초생활보장 급여를 동시에 받을 수 있
으나 기초연금 연금액이 소득으로 산정되어 기초생활보장 급여액에 영향을 미칠
수 있다.

표 3-11 2022년 가구 규모별 기준 중위소득   (단위: 원)

1인 가구	2인 가구	3인 가구	4인 가구	5인 가구	6인 가구	7인 가구
1,944,812	3,260,085	4,194,701	5,121,080	6,024,515	6,907,004	7,780,592

출처: 보건복지부(2022a).

국민기초생활보장 급여의 수급자는 소득인정액 기준과 부양의무자 기준을 충족
할 때에 선정된다. 소득인정액 기준은 수급권자 가구의 소득인정액이 급여 종류별
수급자 선정기준 이하인 경우를 뜻한다. 소득인정액이 최저생계비 기준을 조금만
초과해도 기초생활보장제도에서 제공되는 모든 급여가 일시에 중단되는 통합급여
의 문제점을 고려하여 기초생활수급자 선정기준으로 사용했던 최저생계비의 적용
을 폐지하고 2015년부터 7월부터 사회 전체의 여건을 반영할 수 있는 중위소득을
선정기준으로 도입한 새로운 '맞춤형 급여체계'로 개편되었다. 수급자로 선정된 가
구 또는 개인에 대하여는 가구의 소득인정액 수준에 따라 생계급여, 의료급여, 주거
급여, 교육급여 등 유형별 급여가 지급된다.

| 표 3-12 | 급여 종류별 선정기준 |

급여 종류	선정기준
생계급여	기준 중위소득 30% 이하
의료급여	기준 중위소득 40% 이하
주거급여	기준 중위소득 46% 이하
교육급여	기준 중위소득 50% 이하

출처: 보건복지부(2022a).

기초생활보장 급여의 부양의무자 기준은 부양의무자가 없는 경우, 부양의무자가 있어도 부양 능력이 없는 경우, 부양의무자가 부양 능력이 미약한 경우, 그리고 부양의무자가 있어도 부양을 받을 수 없는 경우에 충족된다. 「국민기초생활 보장법」 제2조에 의하면 부양의무자란 수급권자를 부양할 책임이 있는 사람으로서 수급권자의 1촌 직계혈족 및 그 배우자를 뜻한다.

그러나 부양의무자 선정기준이 현실성을 반영하지 못하는 문제점을 안고 있었기 때문에 부양의무자에 대한 정의와 부양의무자 기준 적용 범위는 지속해서 축소되었다. 수급 신청 가구에 65세 이상 노인이 포함되어 있고 부양의무자 가구에도 노인이 포함된 가구, 즉 이른바 '노-노 부양'의 경우 2017년 11월부터 부양의무자(부양의무자 가구의 경우 소득·재산 하위 70%로 제한) 기준이 폐지되었다. 2022년 기준으로 주거급여, 교육급여, 생계급여[4] 수급자의 경우 부양의무자 기준이 적용되지 않으나 의료급여의 경우 부양의무자 기준이 적용된다.

〈표 3-13〉은 2020년 생애주기별 국민기초생활보장 수급자 중 시설에 거주하지 않는 수급자인 일반수급자 현황을 보여 준다. 전체 인구 대비 국민기초생활보장 급여 일반수급자의 비율은 3.9%였으며 전체 수급자(2,046,213명) 중 중년기와 노년기 인구의 비율이 각 35.5%와 35.4%로 가장 높았다. 생애주기별 총 인구수 대비 수급자 비율을 비교하면 다른 집단보다 노인인구 중 국민기초생활 급여를 받는 노인이 8.5%로 가장 높아 노인인구가 빈곤에 취약할 가능성이 훨씬 큰 것을 알 수 있다.

---

4) 부양의무자의 소득이 연 1억 원 또는 일반재산 9억 원을 초과하는 경우 생계급여 대상에서 제외된다.

| 표 3-13 | 생애주기[1]별 국민기초생활 급여 수급자 비율 | | | | | | (단위: 명, %) |

구분	합계	영유아기	학령기	청소년기	청년기	중년기	노년기
수급자 수	2,046,213	36,557	110,660	229,742	218,671	727,069	723,514
수급자 비율	100%	1.8%	5.4%	11.2%	10.7%	35.5%	35.4%
총 인구수[2]	51,829,023	2,121,390	2,771,049	3,870,967	13,679,270	20,890,270	8,496,077
총 인구수 대비 수급자 비율	3.9%	1.7%	4.0%	5.9%	1.6%	3.5%	8.5%

주: [1] 생애주기는 영유아기(0~5세), 학령기(6~11세), 청소년기(12~19세), 청년기(20~39세), 중년기(40~64세), 노년기(65세 이상)로 분류하였다.
[2] 통계청(주민등록인구현황), 주민등록인구(51,829,023명)를 말한다.
출처: 보건복지부(2021c), p. 22.

(6) 노인 소득보장제도의 개선점

우리나라는 표면적으로는 다층 노후 소득보장 체계를 갖추고 있다. 그러나 노인 빈곤율은 OECD 국가들 중 가장 높은 수준이며 이는 현재 노인 소득보장제도의 한계를 보여 주는 것이라고 할 수 있다. 우리나라 현행 노후 소득보장과 관련하여 첫 번째로 생각할 수 있는 개선점은 공적연금인 국민연금의 사각지대 문제다. 국민연금제도가 도입된 지 30년 이상 경과하였고 그동안 가입률과 수급률이 지속적으로 증가하고 있다. 하지만 여전히 국민연금은 전 국민을 포괄하는 기본적 노후 소득보장 체계로서 역할을 못하고 있다. 국민연금은 사회보험이라는 제도의 특성상 경제활동을 하는 사회구성원들을 대상으로 제도가 마련되었다. 2019년 기준 18~59세 총 인구 중 54.1%만이 국민연금을 납부하고 있으며 국민연금의 적용을 받지 않는 대규모의 비경제활동인구가 존재한다(원시연, 2020). 또한 수급 개시 연령까지 최소 가입기간 10년을 채우지 못한 사람들은 급여를 받을 수 없게 되어 2020년 기준 65세 이상 인구 중 국민연금(노령연금)을 수급하는 비율은 약 44%에 불과하다(〈표 3-6〉 참조). 따라서 국민연금이 전 국민을 포괄하는 노후 소득보장제도로서 기능을 하기 위해서는 비경제활동인구를 공적연금 체계 안으로 포함시키고 사각지대를 최소화하는 방안이 모색되어야 한다.

두 번째는 국민연금 급여의 적절성이다. 앞서 살펴보았듯이 국민연금을 받고 있는 노인들 중 월 50만 원 미만의 급여를 받는 노인들의 수가 매우 많다(〈표 3-7〉 참조). 이는 국민연금이 충분한 노후 소득보장원이 되고 있지 않음을 보여 주는 것이다. 국민연금의 급여수준이나 소득대체율을 높이는 방안이 지속적으로 논의되고 있으나, 이는 국민연금의 재정고갈 위험을 높일 수 있다. 또한 보험요율을 인상하여 급여수준을 높이는 방안도 고려될 수 있겠으나 국민연금을 납부하는 인구의 부담이 증가하는 것이므로 전반적인 사회적 동의가 수반되어야 할 것이다.

세 번째는 국민연금과 기초연금제도 간의 연계문제다. 소득 70% 이하 노인들에게 지급되는 기초연금은 노인들의 빈곤을 예방하고 국민연금을 통해 노후 소득을 확보하기 어려운 노인들의 소득보장을 위한 제도로 볼 수 있다. 그러나 기초연금은 국민연금 급여나 국민기초생활보장 급여를 받는 경우 감액된다. 이와 같은 감액조치는 기초연금의 급여수준을 고려할 때 공적 이전을 통한 노후 소득보장의 불충분을 야기할 수 있다. 따라서 공적 소득보장제도들의 연계 및 감액을 조정하고 각각의 역할을 재정립할 필요가 있을 것이다.

2) 고용보장정책

고용은 노인들에게 근로소득을 확보하는 것과 직접적으로 연결되어 있을 뿐 아니라 사회참여의 통로가 된다는 점에서 중요한 노인복지정책의 영역이다. 정부는 노인의 취업 기회의 확대나 사회참여를 위한 사업들을 직접 수행하거나 비영리 민간단체에 위탁하고 재정을 지원하고 있으며, 노인을 고용하는 기업에 장려금을 지급하는 등 다양한 노인 고용정책을 시행하고 있다. 여기서는 현행 고용보장정책들을 「노인복지법」에 근거한 우리나라의 대표적인 노인 고용정책인 노인 일자리 및 사회활동 지원사업(이하 노인 일자리사업)과 취업지원센터 그리고 「고용상 연령차별금지 및 고령자고용촉진에 관한 법률」에 의거한 정책들로 나누어 살펴보았다(권중돈, 2016).

(1) 노인 일자리 및 사회활동 지원사업

노인 일자리사업은 노인들이 활기차고 건강한 노후생활을 영위할 수 있도록 다양한 일자리 · 사회활동을 지원하여 노인복지 향상에 기여를 목적으로 한다. 노인의 사회참여와 고용 및 소득보장을 위한 국가의 노력에 대해 명시하고 있는 「노인

복지법」제23조와「저출산·고령사회기본법」제11조와 제14조에 법적 근거를 두
고 있다.

　　노인 일자리사업은 정부가 최종 고용주로서 민간부문에 고용되지 않는 근로자
를 직접 고용하는 공공서비스 고용 프로그램이다. 공공서비스 고용 프로그램을 통
해 정부는 일자리를 원하지만 노동의 기회를 얻지 못하는 개인에게 재원을 투입하
여 우선적·직접적으로 공공부문에서 일자리를 창출하거나, 민간부문에서 고용주
에게 보조금을 지원하는 방식으로 일자리를 창출한다(박경하 외, 2021). 공공서비스
고용 프로그램은 목적에 따라 경기 부양형, 강제 근로형 그리고 대상 집중형이 있
는데, 노인 일자리사업은 대상 집중형으로 볼 수 있다. 대상 집중형은 특정 하위 노
동계층이 처한 문제를 해결하기 위해 대상 집단에 공공 분야 일자리를 통해 소득지
원, 향후 고용 가능성을 높이는 경험과 기술을 제공하는 목적을 가진다(박경하 외,
2021).

① 사업 유형과 대상

　　노인 일자리사업은 공공형, 사회서비스형 그리고 민간형으로 구분된다. 이 중 공
공형은 노인 사회활동 사업으로, 사회서비스형과 민간형은 일자리(근로)사업으로
분류되기도 한다. 노인 사회활동 사업은 노인들에 의해 수행되는 공익을 위한 지역
사회 봉사활동의 성격이 강하다. 반면, 노인 일자리사업은 노인에게 적합한 업종 중
소규모 매장 및 사업단 등을 운영하도록 하여 일자리를 창출하거나, 수요처의 요구
에 의해 일정한 교육을 수료하거나 관련된 업무능력이 있는 노인들을 수요처로 연
계하여 임금을 지급받을 수 있도록 하는 인력 파견형 사업들이 포함된다.

- 공공형 사업: 공익활동, 재능나눔 활동 그리고 사회서비스형으로 구분된다. 공
  익활동형 사업은 노인이 자기만족과 성취감 향상 및 지역사회 공익증진을 위
  해 참여하는 봉사형 활동의 성격이며 대상은 만 65세 이상 기초연금 수급노인
  이다. 사업내용으로는 〈표 3-14〉에 제시되어 있는 바와 같이 노노 케어, 노인
  에 의한 지역사회 취약계층 지원, 공공시설 봉사, 경륜전수활동이 있다.
- 사회서비스형 사업: 노인의 경력과 활동역량을 활용하여 사회적 도움이 필요
  한 영역(지역사회 돌봄, 안전 등)에 서비스를 제공하는 사업 유형이다. 만 65세

이상 노인이 참여할 수 있으나, 2021년 시범사업으로 운영되고 있는 사회서비스형 선도모델 사업의 경우 만 60세 이상도 참여할 수 있다. 사회서비스형 사업의 세부사업으로는 아동시설지원, 장애인시설 지원, 노인맞춤돌봄서비스 업무보조 등이 있다.

- 민간형 사업: 시장형사업단, 취업알선형, 시니어 인턴십, 고령자친화기업으로 구분되며 각 사업 특성에 적합한 만 60세 이상이 대상이다. 우선 시장형사업단은 소규모 매장 및 전문직종 사업단 등을 운영하여 일자리를 창출하는 사업으로 노인복지관이나 시니어클럽 등 수행기관이 매장이나 사업단을 운영하면서 노인을 채용한다.

취업알선형 사업은 수요처의 요구에 의해서 일정 교육을 수료하거나 관련된 업무능력이 있는 참여자를 해당 수요처로 연계하여 근무기간에 대한 일정 임금을 지급받을 수 있도록 하는 사업이다. 관리사무 종사자, 서비스 종사자, 생산·제조·단순노무직 종사자 등 세부 유형이 있으며 일반적으로 식품가공, 배달, 주차관리 사업 등에 참여한다. 수행기관(수요처)은 매년 한국노인인력개발원에 의해 공모로 선정된다.

시니어 인턴십 사업은 기업이나 비영리 민간단체에서 만 60세 이상의 고용촉진을 위해 수행기관에 인건비를 지원하여 계속고용을 유지하는 사업이다. 노인인력개발원이나 수행기관에서 제공하는 교육을 이수한 60세 이상 참여자를 대상으로 한다. 취업알선형과 마찬가지로 시니어 인턴십도 여러 세부사업이 있는데, 급여의 일부를 지원하는 일반형, 숙련기술 보유 퇴직자를 청년 멘토로 최소 6개월 이상 고용한 기업에 일시적으로 지원금을 지원하는 세대통합형, 일반형 사업으로 18개월 이상 고용한 뒤, 6개월 이상 계속고용계약을 체결한 경우 일시적으로 추가지원금을 제공하는 장기취업 유지형 등이 있다.

고령자친화기업은 고령자가 경쟁력을 가질 수 있는 적합한 직종에서 다수의 고령자를 고용하여 운영할 기업을 지원하는 사업이다. 고령자가 경쟁력을 가질 수 있는 직종에서 기업을 설립하거나 다수의 고령자를 고용하는 경우 최대 3억 원의 사업비가 지원된다.

표 3-14 시장형사업단 세부 유형

유형	세부 사업내용
식품 제조 및 판매	• 식재료를 활용하여 식품 등을 제조하여 판매
공산품 제작 및 판매	• 일정한 시설을 갖추고 규격에 맞춘 공산품을 제작하여 판매
매장운영	• 소규모 매장 및 점포를 운영
지역영농	• 유 · 휴경지를 활용하여 농산물 등을 공동으로 경작하고 판매
운송	• 아파트단지 내 택배물품을 배송 · 집하 • 지하철 이용 각종 수하물 및 서류 등 배달
기타	• 사업 수익을 통해 향후 발전 가능성이 있는 재화 · 서비스 제공

출처: 보건복지부(2022b).

② 노인 일자리사업 추진체계

노인 일자리사업은 다양한 공공과 민간의 운영주체들이 참여하여 이루어진다. 보건복지부는 노인 일자리사업 기본계획을 수립하고 및 시도별 예산을 배분한다. 한국노인인력개발원은 노인 일자리사업을 상시 관리하는 보건복지부 산하 기관으로 보건복지부로부터 예산을 지원받아 지방자치단체와 사업수행기관에 대한 지원, 수요조사, 참여자 교육 그리고 공익활동사업에 대한 종합평가와 시장형사업단에 대한 성과진단을 실시한다. 광역시, 도는 보건복지부의 사업 기본방향에 근거하여 시 · 도별 기본계획을 수립한다. 시 · 군 · 구의 기초자치단체는 자체계획을 수립하고 노인 일자리 및 사회활동 지원사업 위원회를 구성하여 수행기관을 선정한다.

노인 일자리사업을 실질적으로 수행하는 사업수행기관으로는 시니어클럽, 대한노인회, 노인복지관 등이 있으며, 지방자치단체도 사업을 수행할 수 있다. 사업수행기관은 참여자를 선발 · 관리하고 자격 관련 변동사항을 확인한다. 사업수행기관은 노인 일자리사업의 실적을 지방자치단체에 보고하는 역할도 수행한다.

사업수행기관 중 시니어클럽은 지역사회 내에서 일정한 시설과 전문 인력을 갖추고 지역의 자원을 활용하여 노인 일자리를 창출하여 노인에게 제공하는 노인 일자리 전담기관이며 노인 일자리 시장형 사업의 수행기관이다. 보건복지부는 시니어클럽의 정책방향과 운영지침을 수립하고, 지방자치단체는 시니어클럽의 신청을 받아 지정하고 예산 및 행정 지원, 지도 및 평가 업무를 담당한다(한국시니어클럽협회, http://www.silverpower.or.kr).

| 표 3-15 | **노인 일자리사업 추진체계** |

기관	사업
보건복지부	• 노인 일자리정책 결정 및 종합계획 수립 • 노인 일자리사업에 대한 법령 및 제도 운영
한국노인인력개발원	• 전국 노인 일자리사업 추진 총괄 및 지원 • 수행기관 간 연계 · 조정프로그램 개발 · 보급 및 심사 · 평가 • 노인 일자리 관계자 교육 · 훈련 및 정책포럼 개최 • 노인 일자리 경진대회 지원 및 실적관리 • 노인인력에 대한 수급동향 분석 및 정책개발 • 노인인력 D/B 및 업무지원전산시스템 구축 • 노인 일자리사업에 관한 조사 · 연구
지방자치단체	• 노인 일자리 및 사회활동 지원사업 지역 내 사업 총괄 • 수행기관별 사업 추진실적 확인 • 예산지원
사업수행기관(지방자치단체, 시니어클럽, 대한노인회, 노인복지관 등)	• 참여자 관리 • 참여자 자격변동 등 부적격 · 부정수급 관리 • 사업 추진실적 보고

출처: 보건복지부(2021d).

(2) 취업지원센터

노인취업지원센터는 「노인복지법」 제23조의 노인 일자리 전담기관의 설치와 운영에 대한 조항을 바탕으로 노인에게 취업 관련 상담과 취업알선, 노인인력 수요 업체 발굴 및 관리 그리고 노인에 대한 취업교육과 훈련을 통하여 소득보장 및 사회참여 기회를 확대하는 목적으로 운영되는 기관이다. 대한노인회가 보건복지부의 재정지원을 받아 취업을 원하는 60세 이상을 대상으로 운영한다.

(3) 「고용상 연령차별금지 및 고령자고용촉진에 관한 법률」에 의거한 정책
① 고령자인재은행

고령자인재은행은 고용노동부가 50세 이상자의 고용촉진과 취업 기회의 확대를 위해 운영하고 있는 제도다. 고용노동부는 비영리법인이나 공익단체 중 고령자의 직업지도와 취업알선 등에 필요한 전문 인력과 시설을 갖춘 단체를 고령자인재은행으로 지정하여 운영하고 있다. 2021년 기준 고용노동부에 의해 고령자인재은행으로 지정된 기관은 YWCA, 여성인력개발센터, 사회복지관, 노인복지관 등 전국

42개 기관을 고령자인재은행으로 지정하여 운영하고 있다.

② 고령자 기준 고용률

「고용상 연령차별금지 및 고령자고용촉진에 관한 법률」제12조에 의해 상시 300인 이상의 근로자를 고용하는 사업주는 사업장의 업종에 따른 기준 고용률 이상의 고령자(55세 이상)를 고용하도록 노력하여야 한다. '기준 고용률'이란 사업장에서 상시 사용하는 근로자를 기준으로 하여 사업주가 고령자의 고용촉진을 위해 고용해야 할 고령자의 비율로서 업종별로 다르게 정해져 있다. 현행 고령자 기준 고용률은 제조업 2%, 운수업, 부동산 및 임대업 6%, 그 외 업종은 3%로 규정되어 있다.

2020년 말 기준 상시 근로자 300인 이상 사업장 3,628개소를 대상으로 기준 고용률 이행 현황을 조사한 결과, 조사대상 사업장 중 80.2% 2,852개소가 기준 고용률을 준수하고 있는 것으로 나타났으며, 업종별 기준 고용률 미달 사업장 비율은 도매 및 소매업 66.96%, 출판·영상·방송통신 및 정보서비스업 57.97%, 숙박 및 음식점업 39.06%, 금융 및 보험 36.46% 순이었다(고용노동부, 2022).

③ 준고령자·고령자 우선고용직종

「고용상 연령차별금지 및 고령자고용촉진에 관한 법률」제16조에 의하여 국가 및 지방자치단체,「공공기관의 운영에 관한 법률」제4조에 따라 공공기관으로 지정된 기관의 장은 고령자와 준고령자를 우선적으로 고용하여야 한다. 이에 고용노동부는 준고령자와 고령자의 고용을 촉진시키기 위하여 1992년부터 고령자 우선 고용직종을 선정하고 있다. 준고령자와 고령자 적합 직종의 종류(직종)와 개수는 지속적으로 새로 선정되고 있다. 2018년에 2009년의 준고령자·고령자 우선고용직종을 폐지하고 준고령자와 고령자를 우선적으로 고용해야 할 직종 40개를 새롭게 선정하였다(〈표 3-16〉 참조).

표 3-16 **2018년 준고령자·고령자 우선고용직종**

연번	직업명	주요 업무 및 예시 직업
1	기타 사무원	사무내용이 특정되지 않은 사무업무 수행

2	기타 의료복지 관련 서비스 종사원	수의사, 치료사 등의 업무를 보조하거나 기타 의료기관에서 의료복지서비스를 수행
3	직업상담사 및 취업 알선원	구직자나 이·전직 희망자를 대상으로 일자리 소개 및 상담 등의 업무를 수행
4	육아시설 도우미 (보육교사 포함)	아동보육시설에서 보육교사의 업무 또는 업무를 지원하거나 아이돌봄서비스 수행 또는 그 지원
5	큐레이터 및 문화재 보존원	도서관, 박물관 등에서 소장품과 관련된 학술적인 연구를 하거나, 소장품을 체계적으로 정리하고 보존
6	내선전공	주택·공장·빌딩 등에 전기를 공급하기 위하여 옥내 전선관, 배선 또는 등기구류 설비를 건물 내부에 시공하거나 보수(전기제어장치나 전기기기 설치·정비 포함)
7	배관세정원 및 방역원	가스관 등의 배관을 소독·청소하거나, 지역 위생관리를 위한 방역업무
8	재활용 처리 및 소각로 조작원	재활용 관련 장치 및 쓰레기와 기타 폐기물을 소각하는 소각로를 조작
9	조림·영림 및 벌목원	영림, 산림보존 및 개발에 필요한 업무 수행
10	간병인	병원, 요양소, 관련 기관 등에서 환자를 돌봄
11	여행 및 관광통역 안내원	여행안내 및 관광통역 안내 서비스로 각종 여행상의 편의를 제공 및 외국인(개인 또는 단체)에게 외국어를 사용하여 관광지 및 관광 대상물을 설명하거나 여행을 안내
12	자재관리 사무원 (창고관리원 등)	경영에 필요한 각종 자재를 구입하거나, 창고 등의 자재 관리시설의 재고를 유지
13	안내·접수사무원 및 전화 교환원	고객이나 방문객을 안내하고 각종 정보를 제공, 사내 수신 전화를 연결하거나 전화번호 등을 안내
14	고객 상담 및 모니터 요원	방문 및 전화상 고객의 각종 민원 업무를 처리
15	통계 관련 사무원	통계적 기록을 작성하고, 조사계획에 의거한 설문지로 응답자 면접 및 설문조사를 실시
16	전산 자료 입력원 및 사무 보조원	데이터를 전산에 입력하거나, 문서 및 자료를 단순 입력하고 업로드. 기관 및 부서 내의 관련 사무를 보조
17	직업훈련 및 문화·사회교육 강사	특정 전문 분야의 교과이론 및 실기를 교육
18	사회복지사	사회복지학 전문지식을 이용해 복지문제 진단 평가 및 지원
19	상담 전문가 및 청소년 지도사	사람들의 정서적·행동적 증상을 상담하고 문제 해결을 지원 수행
20	기타 사회복지 관련 종사원	기타 사회복지시설에서 성인, 아동 등을 대상으로 생활지도 및 사회복지 서비스 제공

21	사서 및 기록물관리사	도서관에서 도서를 분류, 정리, 보관하거나 기록보관소의 자료 수집 및 보관 등의 업무를 수행
22	버스 및 관용차 운전원	기관 등의 버스, 업무차량, 임원차량 등을 운전
23	상점판매원 및 상품대여원	상점에서 상품을 판매하거나 상품의 대여 업무를 수행
24	매장계산원 및 요금정산원	제품 및 서비스 판매장소에서 금액을 계산하고 수령
25	매표원 및 복권 판매원	입장표 및 복권을 발행하고 금액을 계산
26	청소원	건물, 다중이용시설 등에서 청소 및 청결 유지
27	경비원	건물을 관리하며 불법침입과 도난 방지를 위해 가옥 및 기타 재산 등을 감시ㆍ경비
28	환경 미화원 및 재활용품 수거원	건물, 야적장, 거리 및 기타 공공장소에서 쓰레기를 수거하거나 청결하게 유지하며 재활용품을 수거
29	계기검침원 및 가스점검원	계량기의 상태를 확인하고 기록
30	주차 관리원 및 안내원	공공 주차시설의 운용, 관리, 안내 업무를 수행
31	검표원	공원, 공연장, 운동 경기장, 유원지, 전시장 등에서 입장객의 표를 확인하고 입장시키는 업무를 수행
32	조리사 및 주방보조원	음식 조리 및 조리사 감독ㆍ교육, 각종 조리 보조
33	건축수리 및 보수원 (건물영선원)	기타 건축마감 관련 기능 종사원으로, 건물을 보수하는 작업을 수행
34	냉ㆍ난방 관련 설비 조작원	보일러를 조작하거나 건물 냉방 관련 기기를 조작
35	전기 및 전자 설비조작원	건물, 공장 및 기타 전기ㆍ전자 설비를 조작, 유지, 보수
36	보건위생 및 환경 검사원	위생 및 환경 관련 불만 조사, 음식점 등의 위생 및 공해관리, 위험물처리 등 검사
37	상ㆍ하수도 처리장치 조작원	물 정화장치, 공기 및 가스압축기, 펌프장치, 환기장치와 같은 여러 가지 형태의 장비를 조작
38	제조 관련 단순종사원	건설을 제외한 기계, 재료, 화학, 섬유, 전기, 전자, 식품제품 생산 업무에 단순 반복작업을 담당하거나 보조업무를 수행. 또한 제품을 분류하고 구성품을 간단히 수동으로 조립
39	조경원	가로나 공원, 건물 주변 정원을 관리
40	농림어업 관련 종사원	여러 가지 농사일을 수행하거나, 임업 및 어업 관련 단순 업무를 수행

출처: 고용노동부(2018).

(4) 노인 고용보장제도의 개선점

노인 고용보장제도의 개선점에 대해서는 노인에게 직접적으로 일자리를 제공하는 고용지원 정책인 노인 일자리사업을 중심으로 살펴보았다. 2004년 정책이 처음 실시된 이후 노인 일자리사업은 참여노인 수와 재정적 규모 면에서 지속적으로 성장해 왔으나 여전히 여러 가지 한계와 개선점을 안고 있는 것으로 평가된다. 첫 번째는 정책의 목표와 관련된 혼란이다. 노인 일자리 및 사회활동 지원사업이라는 정책의 명칭에서 알 수 있듯이 노인 일자리사업은 일자리를 제공하여 궁극적으로 노후 경제적 안정이라는 목표와 함께 사회참여를 지원한다는 목표를 동시에 가지고 있다. 그러나 빈곤 해결과 의미 있는 사회참여를 지원해야 한다는 이중적 목표는 일자리사업 추진방향에 대한 혼선을 가져올 수 있다(박경하 외, 2021). 두 번째는 사업을 통해 제공되는 일자리 수의 부족이다. 노인 일자리사업은 노인들에게 직접적으로 고용의 기회를 제공하는 사업이라는 점에서 중요한 고용보장정책이다. 2020년 노인 일자리사업을 통해 제공되는 일자리의 개수는 80만 개 이상이었다(노인인력개발원, 2021). 그러나 2021 노인실태조사(이윤경 외, 2021)에 의하면 조사대상 노인들의 22% 이상이 노인 일자리사업에 참여를 희망하는 것으로 나타나 일자리사업 참여를 희망하는 노인들의 욕구에 비하여 일자리 수가 부족한 상황이다. 세 번째는 사업을 통해 제공되는 일자리의 다양화다. 노인 일자리사업의 대부분은 공익형 일자리이며 노인의 실질적인 소득보장이 이루어질 수 있는 시장형 일자리는 상대적으로 부족하다. 2021년 기준 전체 노인 일자리사업을 통해 제공된 일자리는 82만 개로, 이는 전체 65세 이상 노인인구(약 854만 명)의 9%에 해당하는 노인이 노인 일자리사업에 참여하고 있음을 나타낸다. 이 중에 민간형 사업은 16만 개로, 전체 노인 일자리사업의 약 19%에 해당한다(김문정 외, 2022). 시장형 일자리 중에서도 한정적인 인력파견형 일자리가 많다(지은정, 2019). 다양한 일자리 제공을 위해서는 민간기업의 참여를 확대야 할 뿐 아니라 노인에게 적합한 직종을 개발하고 이에 대한 창업지원 등이 필요할 것이다.

3) 건강보장정책

건강보장은 국민들이 질병, 부상, 분만, 사망으로 발생할 수 있는 생활상의 불안을 예방하거나, 이미 발생한 질병을 치료하여 신체 및 정신적으로 건강한 생활을 유지할 수 있도록 국가가 보장하는 것을 말한다(최해경, 2016). 의료보장은 국민의 건강권을 보호하기 위하여 요구되는 필요한 보건·의료서비스를 국가나 사회가 제도적으로 제공하는 것을 말하며, 건강보험이나 의료급여 등을 통해 제공된다. 우리나라는 전통적으로 이와 같은 의료보장적 관점에서 질병으로 인한 소득중단이나 치료비 지출에 대비하는 사후개입적인 노인건강정책이 이루어졌으나 점차 질병을 사전에 예방하고 건강을 증진하는 건강보장이라는 개념이 강조되었다. 노인들에게 건강은 삶의 질과 밀접하게 연결된 중요한 자원이다. 노화와 관련된 신체적·인지적 기능 저하와 만성질환으로 인해 노인들은 다른 연령집단에 비해 더 많은 의료비를 지출하게 된다. 그뿐만 아니라, 건강상의 문제로 독립적인 생활이 어려운 노인이 증가하는 것은 이들에 대한 가족의 부양부담을 증가시키게 된다. 따라서 노인의 의료서비스 이용과 건강증진사업에 대한 정책적 보장은 소득보장과 함께 고령사회의 중요한 정책 영역이다. 이 절에서는 우리나라의 건강보장정책 중 노인의 건강과 관련하여 정부에서 시행하고 있는 국민건강보험, 의료급여, 장기요양보험과 「노인복지법」에 근거하여 실시되고 있는 건강사업들에 대하여 살펴보았다.

(1) 국민건강보험

국민건강보험제도는 생활상의 질병·부상에 대한 예방·진단·치료·재활과 출산·사망 및 건강증진에 대하여 보험급여를 실시함으로써 국민보건을 향상시키고 사회보장을 증진하는 것을 목적으로 한다. 이를 위해 우리나라 건강보험은 사회보험의 방식으로 운영된다. 사회보험 방식은 의료비의 지출부담을 국민건강보험 가입자 모두에게 분산시켜 국민생활의 안정을 도모하는 것을 목적으로 하며 강제가입과 강제징수 등 사적 의료보험과는 차별되는 특징을 가진다. 사회보험으로서 국민건강보험은 국민 상호 간 의료비 지불에 대한 위험분담 및 공동해결이라는 목적을 위해 일정한 가입요건이 충족되면 강제로 가입되며 보험료 납부의 의무가 부여된다. 소득수준 등 보험료 부담능력에 따라서 차등적으로 부담하는 반면, 보험료 부담수준과 상관없이 의료적 필요에 따라 균등하게 의료서비스가 제공된다. 〈표 3-17〉은 사적보험과 사회보험의 차이를 비교하였다.

표 3-17　사적(민간)보험과 사회보험 비교

구분	사적보험	사회보험
가입방법	임의가입	강제가입
보험료	위험의 정도, 급여수준에 따른 부과	소득수준에 따른 부과
보험급여	보험료 부담수준에 따른 차등급여	보험재정 조달규모를 감안한 균등급여
보험료 징수	사적계약에 의한 징수	법률에 의한 강제징수

출처: 보건복지부(n.d.)에서 발췌하였다.

　우리나라는 1963년 「의료보험법」이 제정된 이후 1977년 7월에 500인 이상 사업장근로자를 대상으로 처음 건강보험이 실시되었다. 1979년에는 공무원 및 사립학교교직원으로 확대되었고, 1988년에는 5인 이상 사업장과 농어촌 지역 주민까지 당연적용되었으며, 1989년 7월부터는 전 국민 의료보험 시대를 맞이하게 되었다. 1999년 「국민건강보험법」이 제정되어 2000년부터 시행되었고 2003년 7월부터 직장과 지역재정을 통합하여 운영하고 있다. 국민건강보험은 보건복지부, 국민건강보험공단, 건강보험심사평가원에 의하여 관리ㆍ운영되고 있다. 보건복지부는 건강보험 관련 정책을 결정하고 건강보험 업무 전반에 대한 국민건강보험공단은 건강보험의 보험자로서 가입자에 대한 자격관리, 보험료의 부과ㆍ징수 및 보험급여 비용 지급 등의 업무를 담당한다. 그리고 건강보험심사평가원은 요양기관으로부터 청구된 요양급여 비용을 심사하고 급여의 적정성을 평가한다.

① 적용 대상과 보험료

　건강보험의 가입 대상은 직장가입자와 지역가입자로 구분한다. 직장가입자는 사업장의 근로자 및 사용자와 공무원 및 교직원 그리고 그 피부양자로 구성되고, 지역가입자는 직장가입자를 제외한 자를 뜻한다. 이때 피부양자는 직장가입자에 의하여 주로 생계를 유지하는 사람으로 소득이 없는 직장가입자의 배우자, 직계존속(배우자의 직계존속 포함), 직계비속(배우자의 직계비속 포함) 및 그 배우자, 형제자매를 포함한다.

　직장가입자의 경우 보험료는 보수월액에 건강보험요율을 곱하여 산정되며 근로자와 사업자가 절반씩 부담한다. 보수월액은 동일사업장에서 당해 연도에 지급받은 보수총액을 근무월수로 나눈 금액을 의미한다. 보험요율은 「국민건강보험법」에 의해 명시된 비율로 해마다 달라진다. 2022년 현재 건강보험요율은 6.99%다. 지역 가입자의 건강보험료는 가입자의 소득, 재산, 자동차 등을 기준으로 정한 부과요소별 점수를 합산한 보험료 부과점수에 점수당 금액(2022년 205.3원)을 곱하여 보험료를 산정한 후 세대 단위로 부과된다.

② 재원

건강보험의 재원은 이러한 보험료와 함께 보험 가입자가 의료서비스를 받을 때 지불한 본인부담금 그리고 정부지원금으로 충당된다. 정부지원원금은 국고지원금과 건강증진기금을 포함하는데 국가는 당해 연도 보험료 예상수입액의 100분의 14에 상당하는 금액을 국고에서 국민건강보험공단에 지원한다.

〈표 3-18〉은 연도별 건강보험 전체 적용인구에 대한 65세 이상 노인의 비율을 보여 준다. 2021년 의료보장 적용인구는 5,293만 명이고 건강보험 적용인구는 약 5,141만 명으로 전체 의료보장 적용인구의 97.1%에 달했다. 건강보험 적용인구 중 65세 이상 집단의 비중은 15.4%였지만 건강보험의 이용에 대한 비중은 전체 건강보험 인구에 비해 빠르게 증가하고 있다. 〈표 3-18〉에 나타나는 바와 같이 전체 인구의 진료비에서 노인의 진료비가 차지하는 비율은 2015년 37.6%에서 2021년 43.4%로 증가하였다. 또한 1인당 월 평균 진료비도 지속적으로 증가하여 2015년 노인의 월 평균 진료비는 약 29만 6천 원이었으나 2021년 약 41만 6천 원으로 나타

표 3-18 | **65세 이상 집단의 건강보험 진료비 비중과 1인당 월 평균 진료비**

구분		2015년	2016년	2017년	2018년	2019년	2020년	2021년	전년 대비 증감률(%)
진료비 (억 원)	전체	579,546	645,768	693,352	776,583	864,775	869,545	935,011	7.5
	65세 이상	218,023	250,187	276,533	316,527	358,247	374,737	406,129	8.4
	비중(%)	(37.6)	(38.7)	(39.9)	(40.8)	(41.4)	(43.1)	(43.4)	
1인당 월 평균 진료비(원)	전체	95,759	106,286	113,612	126,891	140,663	141,086	151,613	7.5
	65세 이상	295,759	328,599	346,161	378,657	409,536	404,331	415,887	2.9

주: [1]지급기준, 적용인구는 연도 말 기준이다.
　　[2]1인당 월 평균 진료비=진료비÷평균 적용인구÷12
출처: 국민건강보험공단(2021).

나 전체 인구집단에 비해 노인들이 사용하는 의료서비스 비용이 훨씬 더 컸다(국민
건강보험공단, 2021).

(2) 의료급여

의료급여는 저소득 국민의 의료비 부담을 국가가 보장하는 제도로서 건강보험
과 함께 국민 의료보장의 중요한 수단이 되는 사회보장제도다. 의료급여의 수급권
자는 1종과 2종으로 분류되며, 1종 수급권자에는 근로능력이 없는 국민기초생활보
장 수급자, 행려환자, 이재민, 국내에 입양된 18세 미만의 입양아동 등이 포함된다.
2종 수급권자는 국민기초생활 수급권자 가운데 1종 수급권자 기준에 해당하지 않
은 자가 포함된다.

표 3-19 **의료급여 수급권자의 구분**

1종 수급권자	2종 수급권자
• 국민기초생활보장 수급자: 근로무능력 가구, 희귀난치성질환 중증질환(암환자, 중증화상환자만 해당) 등록자, 시설수급자 • 행려환자 • 타법적용자: 이재민, 의상자 및 의사자, 18세 미만 입양아동, 국가유공자, 국가무형문화재보유자, 북한이탈주민, 5 18 민주화운동 관련자, 노숙인	• 국민기초생활보장 대상자 중 1급 수급 대상이 아닌 가구

출처: 보건복지부(2022c).

국민건강보험과 마찬가지로 의료급여제도는 연령과 관계없이 소득이 낮은 국민
들의 의료서비스 이용을 보장하기 위한 제도이지만, 건강문제에 취약한 노인들의
이용이 많다. 〈표 3-20〉은 의료급여의 65세 이상 노인과 관련된 현황을 보여 준다.
2018년 전체 의료급여 수급권자는 1,493,613명이었고, 이 중 65세 이상 의료급여
수급권자는 약 523,790명으로 전체 수급권자의 35.1%였다. 전체 인구에서 65세 이
상 인구의 비율을 고려하면 의료급여 수급권자 중 노인이 차지하는 비중이 상대적
으로 크다는 것을 알 수 있다. 또한 전체 의료급여 급여비 지출에서 노인인구에 의
해 지출된 급여비는 48% 이상이었다(건강보험심사평가원, 국민건강보험, 2018).

표 3-20	65세 이상 인구 의료급여 수급 현황				(단위: 명, 천 일, 백만 원, %)	
구분		2014년	2015년	2016년	2017년	2018년
수급권자 수	전체	1,451,954	1,470,287	1,529,288	1,498,431	1,493,613
	65세 미만	986,203	992,411	1,025,456	986,573	969,823
	65세 이상 (비율)	465,751(32.1)	477,876(32.5)	503,832(32.9)	511,858(34.2)	523,790(35.1)
입·내원 일수	전체	110,735	111,731	119,323	119,299	121,033
	65세 미만	63,001	63,354	67,001	66,031	66,349
	65세 이상 (비율)	47,734(43.1)	48,377(43.3)	52,322(43.8)	53,268(44.7)	54,684(45.2)
총진료비	전체	5,640,354	5,982,270	6,737,496	7,115,740	7,807,037
	65세 미만	3,098,958	3,260,133	3,598,255	3,708,241	4,012,856
	65세 이상 (비율)	2,541,396(45.1)	2,722,137(45.5)	3,139,241(46.6)	3,407,499(47.9)	3,794,181(48.6)
급여비	전체	5,556,117	5,893,563	6,631,869	6,974,944	7,635,486
	65세 미만	3,048,718	3,208,867	3,541,017	3,639,511	3,925,397
	65세 이상 (비율)	2,507,399(45.1)	2,684,696(45.6)	3,090,852(46.6)	3,335,434(47.8)	3,710,089(48.6)

출처: 건강보험심사평가원, 국민건강보험(2018).

(3) 노인건강진단

「노인복지법」 제27조에 의해 65세 이상의 의료급여 수급권자는 노인건강진단을 2년에 1회 이상 국·공립병원, 보건소 또는 노인전문병원, 요양기관 및 의료급여기관에서 받을 수 있다. 건강진단은 1차와 2차 진단으로 구분하여 실시되는데, 전년도 진단 결과 유질환 판정자는 1, 2차를 동시에 실시하며, 1차 진단 결과 유소견자를 대상으로 2차 건강진단을 실시한다. 1차 건강진단은 13개 항목(혈액검사, 요검사, 안검사, 흉부 X선, 치과검사 등), 2차 건강진단은 29개 항목(흉부질환, 순환계질환, 간질환, 신장질환, 빈혈, 당뇨질환, 안질환, 치매, 골다공증검사 등)으로 구성된다.

또한 국민건강보험의 일반검진 대상자(지역 세대주, 직장가입자 및 만 40세 이상 세대원과 피부양자, 의료급여 수급권자) 중 만 66세가 되면 생애전환기 건강검진의 대상자가 되어 노인신체기능검사 등을 포함한 검사를 받을 수 있다.

(4) 노인실명예방사업

노인실명예방사업은 저소득층 노인 등에 대한 정밀 안검진의 실시로 안질환을 조기 발견, 적기 치료함으로써 노인의 실명 예방 및 일상생활이 가능한 시력 유지, 노인 개안수술비 지원을 통한 노인 및 가족의 의료비 부담 경감, 안검진 및 수술대상을 확대하여 노인건강을 체계적으로 보장하기 위한 목적으로 실시되고 있다. 사업 유형은 안검진 사업과 개안수술비 지원사업이 있다. 보건복지부가 예산지원, 추진계획 등 사업을 총괄하고 한국실명예방재단이 주관하고 있다. 안검진 사업은 안과 전문의가 없는 읍·면·동 지역과 안과 병·의원의 접근성이 떨어지는 지역을 선정하여 그곳에 거주하는 60세 이상 국민기초생활 수급노인과 저소득층 노인을 대상으로 무료로 정밀 안검진을 실시한다. 노인 개안수술비 지원사업은 백내장, 망막질환, 녹내장 진단을 받고 수술이 필요하다고 인정된 60세 이상 노인 가운데 기준 중위소득 60% 이하인 노인이 대상이다.

(5) 치매관리 사업(치매안심센터)

2021년 제정된 「치매관리법」을 법적 근거로 치매관리 사업이 시행되고 있다. 치매관리 사업은 보건복지부, 광역자치단체, 기초자치단체 그리고 보건복지부가 운영하는 중앙치매센터 및 광역치매센터, 기초지방자치단체가 운영하는 치매안심센터를 추진체계로 하여 수행된다. 이 단락에서는 지역사회 치매노인들과 가족에게 직접적으로 서비스를 제공하는 치매안심센터의 사업을 중심으로 살펴본다. 치매안심센터는 치매 관련 상담과 조기검진을 제공하고 치매환자를 등록하여 관리할 뿐 아니라, 치매환자의 가족에 대한 지원을 제공한다. 또한 노인의 인지건강상태에 따라 필요한 다양한 서비스를 맞춤형으로 제공하거나 서비스가 필요한 대상자가 가족이 외부 서비스와 연계될 수 있도록 지원한다. 만 60세 이상 중위소득 120% 미만 치매환자를 대상으로 치매치료 관리비 지원사업이 실시되고 있다. 대상자로 선정되면 치매치료 관리비 보험급여분의 본인부담금에 대해 지원이 이루어진다(보건복지부, 2022d). 〈표 3-21〉은 치매안심센터의 주요 사업을 정리하였다. [그림 3-3]은 치매안심센터에서 발급 가능한 치매노인 배회방지 인식표의 예다.

표 3-21 치매안심센터의 주요사업

사업		대상
상담 및 등록관리 사업	치매안심센터 이용자에 대한 등록과 상담	• 치매안심센터를 이용하려는 자
치매조기검진 사업	검진사업	• 선별검사: 만 60세 이상 치매 미진단자 • 진단검사: 선별검사 결과가 '인지 저하'인 자 • 감별검사: 진단검사 결과가 치매인 자
	검사비 지원	• 만 60세 이상 기준 중위소득 120% 이하인 자
치매예방관리 사업	치매예방교실	• 치매로 진단받거나 치매 고위험군을 제외한 지역 주민
	인지강화 교실	• 치매 고위험군(치매선별검사상 인지 저하자, 경도인지장애로 최종 진단받은 자)
치매환자 쉼터	건강지원이나 치료 프로그램 등	• 치매안심센터에 등록된 경증치매환자
치매지원서비스 관리 사업	배회가능 어르신 인식표 보급 사업	• 실종 위험이 있는 치매환자 및 만 60세 이상 어르신
	치매치료 관리비 지원	• 연령기준(만 60세 이상), 진단기준(의료기관에서 치매[참고 1]의 상병코드 중 하나 이상 포함)으로 진단을 받은 치매환자, 치료기준(치매치료제 성분이 포함된 약을 처방받음), 소득기준(기준 중위소득 120% 이하)을 모두 충족하는 자
	조호물품 제공	• 치매안심센터에 등록된 치매환자
	치매환자 맞춤형사례관리사업	• 돌봄 사각지대에 있는 치매환자(예: 독거 치매환자, 부부치매환자, 치매환자를 포함한 만 75세 이상 부부)
치매가족 및 보호자 지원사업	가족교실, 자조모임 등	• 치매환자 가족 및 보호자 • 경도인지장애 진단받은 자의 가족 및 보호자
치매인식개선 사업	치매인식개선 홍보 및 캠페인 등	• 지역사회

출처: 보건복지부(2022d).

[그림 3-3] 치매노인 배회방지 인시표

출처: 찾기 쉬운 생활법령정보-치매노인의 실종이 염려되세요?(https://www.easylaw.go.kr/CSP/CnpClsMain.laf?csmSeq=854&ccfNo=3&cciNo=1&cnpClsNo=1)에서 발췌하였다.

(6) 노인장기요양보험

노인장기요양보험제도는 고령이나 노인성 질병 등으로 일상생활 활동을 독립적으로 수행하기 어려운 노인을 시설에 입소시켜 요양서비스를 받도록 지원하거나 재가상태에서 신체활동 또는 가사지원 등의 서비스를 제공하는 사회보험제도다. 국민건강보험 가입자는 장기요양보험에도 자동적으로 가입된다. 국민건강보험공단의 인정조사를 통해 고령이나 노인성 질병 등의 사유로 6개월 이상 동안 혼자서 일상생활을 수행하기 어렵다고 판정되면 노인장기요양보험에 의한 서비스가 제공된다. 노인의 신체적·인지적 기능상태에 따라 장기요양 등급(1~5등급, 인지지원 등급)으로 구분되고 등급에 따라 서비스 유형(시설급여, 재가급여, 현금급여)과 제공시간이 달라진다. 장기요양보험에 대해서는 돌봄과 관련된 욕구와 제도를 설명하는 제13장에서 보다 자세히 다루었다.

(7) 노인 의료보장제도의 개선점

다른 연령집단에 비해 의료서비스 이용이 많은 노인층에게 의료서비스의 접근성과 충분한 제공은 건강과 삶의 질을 유지하기 위해 매우 중요하다. 우리나라의 건강보험은 짧은 기간 내 빠르게 발전하였다고 평가되지만 인구고령화와 노인들의 의료서비스 욕구에 대응하기 위한 과제가 존재한다. 첫 번째는 노인 의료비 부담 경감에 대한 과제다. 앞서 살펴본 바와 같이 65세 이상 노인들의 1인당 본인 부담 진료비는 65세 미만 집단에 비해 3배 이상 높다. 노인들의 높은 의료비 지출은 경제적 상황을 악화시킬 수 있으며 의료서비스에 대한 접근성을 낮추는 요인이 될 수 있다.

두 번째는 만성질환 관리와 예방적 건강관리 지원의 확대다. 우리나라 노인들의 만성질환 유병률은 개선이 되지 않고 있는 상황이며(임정미, 2021) 이는 만성질환으로 인한 사망률, 의료비 지출, 건강 관련 삶의 질에도 부정적인 영향을 미칠 수 있다. 노인의 만성질환 유병률을 관리하고 건강한 노후를 위해서는 노인건강에 대한 사후 치료적 접근과 함께 건강검진 확대, 운동이나 건강 관련 생활습관 개선과 같은 예방적 접근을 강화하는 방향으로 건강보장정책의 목표가 강화되어야 할 것이다.

세 번째는 치매관리 정책의 확대다. 앞서 논의한 대로 우리나라는 치매안심센터 설치, 노인장기요양보험의 치매 등급 및 인지 지원 등급의 설치 등 제도적 기반을 확대하고 치매노인과 그 가족에 대한 서비스를 강화하고 있다. 그러나 빠르게 증가하는 우리나라 노인들의 치매환자의 숫자를 고려하였을 때 보다 적극적인 치매 관련 의료보장 체계가 필요하다. 이를 위해서는 치매에 전문성을 가진 의료 인력과 의료시설을 지역단위에 확충하고 접근성을 높여야 할 것이다. 뿐만 아니라 치매노인과 그 가족이 필요한 돌봄과 복지서비스가 의료서비스와 연계되어 제공되는 것이 중요할 것이다.

4) 주거보장정책

주거보장이란 국가가 모든 국민이 인간의 존엄성을 유지하는 데 적합한 주택 조건과 주거환경을 누릴 수 있도록 보장하는 것을 의미한다. 주거보장에 있어서 주택의 안정적인 제공에 대한 중요성은 매우 큰 반면, 주택의 높은 가격과 주택생산에 필요한 토지문제 등으로 개인의 노력만으로는 주택문제를 해결할 수 없으므로 국가가 개입하는 사회보장의 영역이 될 수 있다(석재은 외, 2005). 주거보장의 핵심적 개념인 주거권은 '모든 사람이 적절한 주거를 향유할 권리' 또는 '인간의 존엄성에 적합한 주택 조건을 향유할 권리'로 이해될 수 있다(김영태, 2006). 이는 물리적 거처로서의 주택에 대한 권리와 개인이 사회적·문화적·경제적 환경을 누리는 것과 관련된 주거에 대한 권리를 포함하는 개념으로 볼 수 있다(박정연, 2016).

노인들은 만성질환과 노화로 인한 인지적·신체적 기능 저하를 겪게 된다. 따라서 어떠한 주거환경에서 살아가는가 하는 것은 노인의 건강과 지역사회에 대한 접근성 및 사회 통합에 큰 영향을 미치게 된다. 특히 우리나라 노인들은 빈곤문제로 인해 주택을 구매, 임대, 수리할 수 있는 경제력이 낮아 정부에 의한 주택지원과 주거환경에 대한 지원이 필요하다(최혜경, 2016). 다른 노후보장 영역에 비해 주거보장에 대한 정부의 개입은 최근까지도 제한적으로 이루어졌으며 앞서 다룬 건강보장이나 소득보장과 같이 노인인구 전체를 대상으로 하는 구체적인 제도는 미비하다. 이 장에서는 노인을 주거보장의 대상으로 제시한 정책들과 현재 저소득 노인들을 대상으로 제한적으로 이루어지고 있는 지원제도에 대해 다루었다.

(1) 노인 주거지원정책

공적연금이나 의료보장제도의 발전과 비교하여 정부는 노년기 주거 안정에 대해서는 비교적 소극적인 자세를 취해 왔다고 볼 수 있다. 국가 차원에서 노인이 주요 정책 대상자로서 명시된 것은 국토교통부의 제1차(2003~2012), 제2차(2013~2022) 장기주택종합계획이다(이상림 외, 2016). 제1차 계획에서는 주택관리인과 건강 보호인이 상주하고 노인가구가 자립적으로 생활할 수 있는 노인공동생활주택의 공급, 노인주택에 대한 배리어 프리(barrier free) 설계 추진, 복지ㆍ의료시설과 노인용 주거시설의 연계 강화 등을 제시하였다. 2차 계획에는 생애주기별 맞춤형 주거지원 강화를 목표로 하고 있으며 이를 위해 1차 계획과 유사한 정책이 계획되었다. 구체적으로, 노인의 신체적 특성을 배려한 배리어 프리 설계, 재가복지서비스와 주택이 결합된 '서포티브 하우징' 등을 도입, 국민주택기금을 통한 노후주택 개보수 재정지원, 주택담보연금제도, 노인공동생활주택의 건설, 노인공공주택의 민간시장의 참여를 통한 공급 확대, 주거급여의 확대를 주요 내용으로 한다.

2012년 제정된 「장애인ㆍ고령자 등 주거약자 지원에 관한 법률」은 65세 이상의 노인 및 장애인 그리고 대통령령으로 정한 자 등을 주거약자로 규정하고 있으며, 주거약자의 주거 안정과 주거수준 향상을 위한 국가 및 지방자치단체의 의무를 명시하였다. 구체적으로, 국토교통부 장관 및 시ㆍ도지사는 각각 주거약자에 대한 주거지원계획을 수립하고, 주거약자에 대한 주거실태조사를 실시, 주거약자용 주택에 대한 최저주거기준 및 편의시설 설치기준의 설정, 주거약자용 주택의 의무건설 및 건설기준, 주거약자용 주택 임대 조건 및 개조비용 지원, 저소득 주거약자가 주택개조를 할 경우 융자지원, 주거지원센터의 설치 등이 있다.

2015년에 제정된 「주거기본법」은 주거복지 등 주거정책의 수립ㆍ추진 등에 관한 사항을 정하고 주거권을 보장함으로써 국민의 주거안정과 주거수준의 향상을 목적으로 한다. 이 법은 〈표 3-22〉와 같이 주거복지의 아홉 가지 원칙을 명시하고 있다. 이 법은 생애주기에 따라 주거에 대한 욕구가 달라짐을 인식하고 노인을 주거약자로 명시하였다는 점에서 의미가 있다. 인구고령화를 주거정책에 영향을 미치는 사회경제적 변화로 인식하였다는 점도 향후 이 법에 근거한 노인 주거지원에 대한 기대를 가능하게 한다.

노인 주거지원과 관련된 법적 기반 중 2006년에 제정된 「고령친화산업 진흥법」이 있다. 「고령친화산업 진흥법」은 고령친화산업을 고령친화 제품 등을 연구, 개발, 제조, 건축, 제공, 유통 또는 판매하는 산업으로 규정하고 있다. 이 법에 의해 구분되는 9개 고령친화산업(요양, 의약품, 식품, 화장품, 의료기기, 금융, 주거, 여가) 중 요양산업 부분의 요양시설과 금융산업 부문의 역모기지제도(주택연금), 주택산업 부문의 고령자용 주택개조와 실비고령자용 임대주택 및 농업 부문의 은퇴농장은 노인 주거보장과 관계가 있다.

「노인복지법」은 이 법이 규정하고 있는 노인복지시설 중 노인주거복지시설이 포함된다는 점에서 주거보장과 관련된 법적 근거로 볼 수 있다. 「노인복지법」상 주거복지시설은 양로시설, 노인공동생활가정, 노인복지주택으로 구분된다. 이러한 노인

표 3-22 「주거기본법」에 의한 주거복지의 원칙

① 소득수준·생애주기 등에 따른 주택공급 및 주거비 지원을 통해 부담 가능한 주거비 유지
② 임대주택의 우선공급 및 주거비 우선지원 등을 통해 주거취약계층의 주거수준 향상
③ 양질의 주택 건설 촉진 및 임대주택 공급 확대
④ 주택의 체계적·효율적 공급
⑤ 쾌적하고 안전한 주택
⑥ 주거환경 정비, 노후주택 개량 등을 통한 주거수준 향상
⑦ 장애인·고령자 등 주거약자의 안전하고 편리한 주거생활 영위
⑧ 저출산·고령화, 생활양식 다양화 등 장기적인 사회적·경제적 변화에의 선제적 대응
⑨ 주택시장의 정상적 기능, 주택산업의 건전한 발전 유도

표 3-23 노인주거복지시설 유형과 입소대상

구분	양로시설	노인공동생활가정	노인복지주택
입소대상자	무료: 일상생활에 지장이 없는 65세 이상의 자로서 다음에 해당하는 자(배우자는 65세 미만의 경우 동반입소 가능) ① 「국민기초생활 보장법」 제7조 제1항 제1호에 따른 생계급여 수급자 또는 같은 항 제3호에 따른 의료급여 수급자 ② 「국민기초생활 보장법」 제7조 제1항 제1호에 따른 생계급여 수급자 또는 같은 항 제3호에 따른 의료급여 수급자가 아닌 자 중 생계를 같이하는 부양의무자로부터 적절한 부양을 받지 못하는 자 실비: 일상생활에 지장이 없는 65세 이상의 자로서 다음에 해당하는 자 ① 당해 연도 월 평균 소득액이 도시근로자 1인당 월 평균 소득액 이하인 자 유료: 입소자로부터 입소비용의 전부를 수납하여 운영하는 양로시설 또는 노인공동생활가정의 경우는 60세 이상의 자. 입소대상자의 배우자는 60세 미만인 경우에도 입소대상자		단독취사 등 독립된 주거생활을 하는 데 지장이 없는 60세 이상의 자(유료)

주거복지시설은 노인에게 주거 공간을 무상 혹은 유상으로 제공하고 일상생활에 필요한 편의 등을 제공하는 시설로서 소득수준과 시설 유형에 따라 입소조건과 비용에 차이가 있다. 양로시설과 노인공동생활가정은 무료와 실비, 유료 입소대상자로 구분되며, 노인복지주택은 민간 사업자가 전액 자부담으로 시설을 설치하고, 입소 노인의 본인부담으로 운영하는 형태다. 입소 대상은 노인주거복지시설 유형에 관계없이 일상생활에 지장이 없는 노인을 대상으로 하며, 일상생활에 지장이 있는 경우에는 시설 상황, 입소 노인이나 보호자의 의견 등에 따라 요양시설이나 요양병원 등으로 이동하도록 하고 있다. 노인주거복지시설의 유형별 특징과 입소조건 등에 대해서는 이후 노인에게 제공되는 사회적 서비스를 다루는 절에서 보다 자세하게 다루었다.

(2) 고령자특화주택

정부는 2017년 '주거복지 로드맵 2.0'을 통해 공공임대주택 공급 확대, 생애 단계에 따른 맞춤형 주거지원 프로그램 실시 등을 발표하였다(국토교통부, 2020. 3. 20.). 이 중 고령자에 대한 주거지원은 무주택 고령자를 대상으로 하는 공공임대주택에 무장애 설계를 적용한 고령자 맞춤형 임대주택의 공급이 있다. 정부는 이러한 임대

[그림 3-4] 고령자 복지주택 개념도

출처: 국토교통부(2021. 12. 30.), p. 10.

주택과 사회복지관이 결합한 복합적 주택 형태를 '고령자 복지주택'[5]으로 명명하였다. 65세 이상이며 기초생활보장제도의 생계 및 의료급여 수급자, 월 평균 소득 50% 이하 등 저소득층 노인 중 국가유공자나 독거노인에게 우선권이 주어진다. 지방자치단체로부터 사업제안서를 제출받아 선정하는 공모사업으로 진행이 되고 있으며 2021년 기준 2,269호가 공급되었다(국토교통부, 2021. 12. 30.)

(3) 노인 주거보장정책의 개선점

앞서 논의하였듯이 비교적 빠르게 성장한 다른 노후보장제도들에 비해 노인 주거지원과 관련된 제도는 매우 부족하다. 노인 주거보장정책이 해결해야 하는 과제 중 첫 번째는 다양한 주거 유형을 제공하는 것이다. 현재 우리나라 노인들은 노인의 집 또는 요양시설로 양분된 주거 선택지에서 벗어나지 못하고 있다. 또한 일부 저소득 노인에게 한정적으로 주택을 공급하여 중간 수준의 경제적 상황이나 비교적 건강한 노인들을 위한 지원은 매우 부족하다. 인구의 초고령화를 앞두고 노인인구의 다양한 신체 및 인지적 기능 상태, 가구 구성, 경제적 상황, 개인적 선호에 대응할 수 있는 주거환경의 조성과 주택공급이 시급하다.

두 번째는 복합적 기능을 수행할 수 있는 주거환경 개선 지원이다. 앞서 논의하였듯이, 노인에게 주거란 안전하고 편안한 일상생활을 영위할 수 있는 생활공간이자 적절한 돌봄을 받을 수 있는 공간으로 기능해야 한다. 따라서 구조와 설비의 측면에서 쾌적하고 안전하며 질병이나 낙상 등의 사고로부터 노인을 보호할 수 있어야 한다. 이를 위해 시설적인 측면에서 최저한의 주거기준을 넘어서는 적정 돌봄 주거환경(최소면적, 시설 설비 등)에 대한 기준이 마련될 필요가 있을 것이다(강은나 외, 2019). 노인이 살아가는 주택은 그 자체로 돌봄을 위한 물리적 기반이 될 수 있어야 한다. 따라서 독립적으로 일상생활을 영위하기 어려운 노인들을 위해 돌봄 기능이 용이하게 수행될 수 있도록 물리적인 환경에 대한 개선이 필요하다. 이와 함께 돌봄이 필요한 경우 외부로부터 도움을 받을 수 있고 노인이 고립되지 않도록 접근성이 확보되어야 할 것이다.

---

5) 2015년부터 2017년까지는 '공공실버주택'으로 명명되었다.

3. 사회적 서비스

　노인에 대한 사회적 서비스란 노인의 사회적 역기능을 감소시키거나 문제를 예방하기 위하여 사회복지 관련 시설에서 제공되는 신체적 · 심리적 · 사회적 측면에서의 서비스를 의미한다. 이 절에서는 노인과 그 가족에게 사회적 서비스를 제공하는 기능을 수행하는 「노인복지법」상의 다양한 시설에 대해 다룬다. 구체적으로, 노인주거복지시설, 노인의료복지시설, 노인여가복지시설, 재가노인복지시설 그리고 노인보호전문기관이 있다. 노인복지시설의 종류와 각 시설의 설치목적, 입소대상자는 〈표 3-24〉에 제시하였다.

표 3-24 **노인복지시설 유형**

종류	시설	설치 목적	입소(이용) 대상자	설치
노인 주거 복지 시설	양로 시설	노인을 입소시켜 급식과 그 밖에 일상생활에 필요한 편의를 제공	• 다음 각 호의 어느 하나에 해당하는 자로서 일상생활에 지장이 없는 자 가. 「국민기초생활 보장법」 제2조에 따른 수급권자(이하 "기초수급권자"라 한다)로서 65세 이상의 자 나. 부양의무자로부터 적절한 부양을 받지 못하는 65세 이상의 자 다. 본인 및 본인과 생계를 같이하고 있는 부양의무자의 월소득을 합산한 금액을 가구원 수로 나누어 얻은 1인당 월 평균 소득액이 통계청장이 「통계법」 제17조 제3항에 따라 고시하는 전년도의 도시근로자가구 월평균 소득을 전년도의 평균 가구원 수로 나누어 얻은 1인당 월 평균 소득액 이하인 자(이하 "실비보호대상자"라 한다)로서 65세 이상의 자 라. 입소자로부터 입소비용의 전부를 수납하여 운영하는 양로시설 또는 노인공동생활가정의 경우는 60세 이상의 자	시장 · 군수 · 구청장에 신고
	노인 공동 생활 가정	노인들에게 가정과 같은 주거여건과 급식, 그 밖에 일상생활에 필요한 편의를 제공		
	노인 복지 주택	노인에게 주거시설을 분양 또는 임대하여 주거의 편의 · 생활지도 · 상담 및 안전관리 등 일상생활에 필요한 편의를 제공	단독취사 등 독립된 주거생활을 하는 데 지장이 없는 60세 이상의 자	〃

노인 의료 복지 시설	노인 요양 시설	치매 · 중풍 등 노인성 질환 등으로 심신에 상당한 장애가 발생하여 도움을 필요로 하는 노인을 입소시켜 급식 · 요양과 그 밖에 일상생활에 필요한 편의를 제공	• 노인성 질환 등으로 다음 각 호의 어느 하나에 해당하는 자 가. 「노인장기요양보험법」 제15조에 따른 장기요양급여수급자 나. 기초수급권자로서 65세 이상의 자 다. 부양의무자로부터 적절한 부양을 받지 못하는 65세 이상의 자 라. 입소자로부터 입소비용의 전부를 수납하여 운영하는 노인요양시설 또는 노인요양공동생활가정의 경우는 60세 이상의 자	시장 · 군수 · 구청장에 신고
	노인 요양 공동 생활 가정	치매 · 중풍 등 노인성 질환 등으로 심신에 상당한 장애가 발생하여 도움을 필요로 하는 노인에게 가정과 같은 주거여건과 급식 · 요양, 그 밖에 일상생활에 필요한 편의를 제공		
노인 여가 복지 시설	노인 복지관	노인의 교양 · 취미생활 및 사회참여활동 등에 대한 각종 정보와 서비스를 제공하고, 건강증진 및 질병예방과 소득보장 · 재가복지, 그 밖에 노인의 복지증진에 필요한 서비스를 제공	60세 이상의 자	"
	경로당	지역노인들이 자율적으로 친목도모 · 취미활동 · 공동작업장 운영 및 각종 정보교환과 기타 여가활동을 할 수 있도록 하는 장소를 제공	65세 이상의 자	"
	노인 교실	노인들에 대하여 사회활동 참여욕구를 충족시키기 위하여 건전한 취미생활, 노인건강 유지, 소득보장, 기타 일상생활과 관련한 학습 프로그램을 제공	60세 이상의 자	"
재가 노인 복지 시설	방문 요양 서비스	가정에서 일상생활을 영위하고 있는 노인으로서 신체적 · 정신적 장애로 어려움을 겪고 있는 노인에게 필요한 각종 편의를 제공하여 지역사회 안에서 건전하고 안정된 노후를 영위하도록 하는 서비스	• 장기요양수급자나 심신이 허약하거나 장애가 있는 65세 이상의 자(이용자로부터 이용비용의 전부를 수납받아 운영하는 시설의 경우에는 60세 이상의 자로 한다)로서 다음 각 호에 해당하는 자 가. 방문요양서비스: 가정에서 보호가 필요한 자 나. 주 · 야간보호서비스: 주간 또는 야간 동안의 보호가 필요한 자 다. 단기보호서비스: 단기간의 보호가 필요한 자 라. 방문목욕서비스: 가정에서의 목욕이 필요한 자 마. 방문간호서비스: 가정에서 간호가 필요한 자 바. 재가노인지원서비스: 가목부터 라목까지의 서비스 이외의 서비스로서 상담 · 교육 및 각종 서비스가 필요한 자	"
	주 · 야간 보호 서비스	부득이한 사유로 가족의 보호를 받을 수 없는 심신이 허약한 노인과 장애노인을 주간 또는 야간 동안 보호시설에 입소시켜 필요한 각종 편의를 제공하여 이들의 생활 안정과 심신기능의 유지 · 향상을 도모하고, 그 가족의 신체적 · 정신적 부담을 덜어 주기 위한 서비스		

	단기 보호 서비스	부득이한 사유로 가족의 보호를 받을 수 없어 일시적으로 보호가 필요한, 심신이 허약한 노인과 장애노인을 보호시설에 단기간 입소시켜 보호함으로써 노인 및 노인가정의 복지증진을 도모하기 위한 서비스		
	방문 목욕 서비스	목욕장비를 갖추고 재가노인을 방문하여 목욕을 제공하는 서비스		
	방문 간호 서비스	간호사 등이 의사, 한의사 또는 치과의사의 지시서(이하 "방문간호지시서"라 한다)에 따라 수급자의 가정 등을 방문하여 간호, 진료의 보조, 요양에 관한 상담 또는 구강위생 등을 제공하는 서비스		
	재가 노인 지원 서비스	그 밖에 재가노인에게 제공하는 서비스로서 상담 · 교육 및 각종 서비스		
노인 보호 전문 기관	노인 보호 전문 기관	시 · 도지사가 노인보호전문기관을 지정 · 운영, 노인학대 신고, 상담, 보호, 예방 및 홍보, 24시간 신고 · 상담용 긴급전화(1577-1389) 운영	노인학대행위자에 대한 상담 및 교육, 학대받은 노인의 발견 · 상담 · 보호 등 노인학대 예방 및 방지를 위한 홍보	시 · 도지사 지정
노인 일자리 지원 기관	노인 일자리 지원 기관	지역사회 등에서 노인일자리의 개발 · 지원, 창업 · 육성 및 노인에 의한 재화의 생산 · 판매 등을 직접 담당하는 노인일자리전담기관 운영	60세 이상	시 · 도 및 시 · 군 · 구 신고

출처: 보건복지부(2021e).

1) 노인주거복지시설

　앞 단락에서 노인 주거보장에 대해 논의하면서 「노인복지법」상 규정된 노인주거복지시설의 유형을 소개하였고, 여기에서는 노인주거복지시설의 입소 조건을 중심으로 설명하였다.

　「노인복지법」에 의해 양로시설과 노인공동생활가정은 일상생활에 지장이 없는 65세 이상 노인 중 기초수급권자이거나, 부양의무자로부터 적절한 부양을 받지 못하거나, 본인과 그 배우자 및 생계를 같이하는 부양의무자의 월소득 합산액을 가구원 수로 나눈 월 평균 소득액이 '도시근로자 가구 월 평균 소득'을 당해 연도 평균 가구원 수로 나눈 1인당 월 평균 소득액 이하인 자(실비보호 대상자)가 입소자에 해당된다. 입소자로부터 입소 비용 전부를 수납하여 운영하는 양로시설 또는 노인공동생활가정의 경우는 60세 이상도 입소가 가능하다. 또한 무료나 실비보호 대상자의 65세 미만인 배우자도 입소 노인과 함께 양로시설과 노인공동생활가정에 입소할 수 있다. 노인복지주택은 단독취사 등 독립된 주거생활을 하는 데 지장이 없는 60세 이상의 자가 입소 대상이다. 60세 미만의 배우자, 입소 대상자가 부양을 책임지고 있는 19세 미만의 자녀, 손자녀는 대상자와 함께 노인복지주택에 입소할 수 있다.

시설규정을 보면, 양로시설은 입소정원 10명 이상(입소정원 1명당 연면적 15.9m² 이상의 공간), 노인공동생활가정은 입소정원 5명 이상 9명 이하(입소정원 1명당 연면적 15.9m² 이상의 공간), 노인복지주택은 30세대 이상의 인원이 입소할 수 있는 시설을 갖추어야 한다. 무료 및 실비로 운영되는 양로시설과 노인공동생활가정에 대하여 정부(국고와 지방비)는 종사자 인건비와 관리운영비를 지원하고, 실비로 운영되는 양로시설과 노인공동생활가정의 경우는 무료시설 운영비의 50%를 지원하고 있다. 노인복지주택은 민간사업자가 전액 자부담으로 시설을 설치하고, 운영비는 입소노인 본인 부담으로 운영되기 때문에 정부의 재정지원은 없다.

2) 노인의료복지시설

노인의료복지시설은 치매, 중풍, 기타 노인성 질환 등으로 심신의 장애가 있어 다른 사람의 보호를 필요로 하는 노인을 입소시켜 급식·요양 및 일상생활에 필요한 편의를 제공하는 시설을 말한다. 노인요양시설과 노인요양공동생활가정이 포함되며 요인요양시설의 입소정원은 10명 이상이고 노인요양공동생활가정의 입소정원은 5명 이상 9명 이하다.

장기요양급여 수급자의 입소비용은 시설에서 직접 입소자의 등급에 따라 정해진 입소비용(수가)을 국민건강보험공단으로 청구한다. 장기요양급여 수급자가 아닌 기초생활수급권자나 부양의무자로부터 적절한 부양을 받지 못하는 자에 대한 입소비용은 지방자치단체에 청구하며, 이외에 해당하지 않는 자는 보호 비용 전액을 본인이 부담한다.

3) 노인여가복지시설

노인여가복지시설은 비교적 건강한 노인을 대상으로 노후생활을 보람 있게 보낼 수 있도록 각종 여가와 취미활동 서비스를 제공하는 이용시설이다. 「노인복지법」 제36조는 노인여가복지시설로 노인복지관, 경로당, 노인교실을 규정하고 있다.

(1) 노인복지관

노인복지관은 '노인의 교양 · 취미생활 및 사회참여활동 등에 대한 각종 정보와 서비스를 제공하고, 건강증진 및 질병 예방과 소득보장 · 재가복지, 그 밖에 노인의 복지증진에 필요한 서비스를 제공함을 목적으로 하는 시설'로 정의된다. 60세 이상 지역사회에 거주하는 노인들에게 오락 및 여가 프로그램을 포함하여 의료, 보건, 생활상담, 식사 제공, 교양강좌, 취업상담 및 알선, 재가노인복지사업에 이르기까지 다양하고 전문적인 서비스를 제공하고 있어서 노인복지관은 노인여가복지시설 가운데 노인들의 종합복지센터로서의 역할을 수행하고 있다.

노인복지관은 시 · 군 · 구별 노인인구의 수, 지역 면적 등을 고려하여 최소 1개소 이상이 건립되는 것을 원칙으로 하고 있다. 노인복지관이 도시지역에 편중되어 있어서 농어촌 지역 거주 노인들이 노인복지관을 이용하기 어려운 접근성의 문제를 해결하기 위하여 정부는 2006년부터 이동복지관을 운영하여 농어촌에 거주하거나 거동이 불편한 노인을 방문하여 목욕서비스, 긴급생계, 의료지원 등을 제공하고 있다. 또한 시 · 군 · 구에 노인복지관이 운영되고 있으나 접근성이 좋지 않은 지역에 거주하는 노인을 위하여 노인복지관 분관을 설치하여 운영할 수 있다.

노인복지관에서 제공되는 사업은 종합복지센터로서의 기능과 역할을 수행하기 위하여 기본적으로 제공하여야 하는 기본사업[평생교육 지원사업, 취미 · 여가 지원사업, 건강생활 지원사업(치매예방 인지활동서비스 포함 건강증진 지원), 상담 및 정보제공사업, 사회참여 지원사업, 위기 및 독거노인 지원사업, 정서 및 사회생활 지원사업, 지역자원 개발 및 연계 사업, 노인권익증진사업]과 기본사업 이외의 사업으로 지역 또는 노인복지관의 특성을 반영하여 개발 · 추진이 가능한 선택사업[건강생활 지원사업(기능회복 지원, 급식 지원), 고용 및 소득 지원사업, 가족기능 지원사업, 가족통합 지원사업, 돌봄서비스] 등으로 이루어진다.

(2) 경로당

경로당은 지역노인들이 자율적으로 친목도모, 취미활동, 공동작업장 운영 및 각종 정보교환과 기타 여가활동을 할 수 있도록 하는 장소를 제공함을 목적으로 하는 시설이다. 즉, 경로당은 65세 이상 지역사회 노인들의 참여를 통한 소득증진과 친목 및 여가활동의 제공을 주요 목적으로 한다. 「주택건설기준 등에 관한 규정」 제55조에 의하여 100세대 이상의 주택을 건설하는 주택단지에는 150세대를 넘는 매 세대당 경로당을 설치하여야 한다. 이와 같이 경로당은 전국 읍·면 지역까지 골고루 분산되어 운영되고 있기 때문에 시설의 접근성이 뛰어나 노인들의 여가활동을 포함한 각종 서비스의 전달과 관련하여 중요한 지역사회자원으로 볼 수 있다.

높은 접근성에도 불구하고 협소한 장소나 자체 운영능력의 부족으로 노인여가복지시설의 기능을 제대로 수행하지 못하고 있었던 경로당의 노인복지시설의 역할을 강화하기 위해 정부는 경로당활성화사업을 시행하고 있다. 이 사업은 노인복지관과 5개 이상의 인근 경로당을 연계하여 노인복지관이 경로당 성격에 적합한 프로그램을 개발·제공하는 것이다. 또한 정부는 지역사회 노인들의 복지를 위한 경로당의 공공적 역할을 강화하기 위해 2008년부터 경로당의 운영을 지원하는 체계를 구축하여 사업을 추진하고 있는데, 경로당 활성화 협의체를 구성·운영하고, 경로당에서 시행되고 있는 다양한 프로그램 및 서비스를 연계·조정·지원할 수 있는 경로당 순회 프로그램 지도자를 배치하는 등의 내용을 포함한다.

(3) 노인교실

노인교실은 60세 이상 노인들의 여가 및 취미활동과 더불어 학습 프로그램을 제공하고 있는 노인여가복지시설이다. 「노인복지법」상 노인교실은 여가·취미활동과 학습 프로그램 외에 노인건강 유지, 소득보장과 관련된 프로그램을 제공하는 시설로 정의되어 있다.

4) 재가노인복지시설

재가노인복지시설은 1980년대 이후 노인의 서비스 제공과 관련된 정책의 방향이 시설보호 중심에서 지역사회 보호로 전환됨에 따라 등장한 시설이다. 노인장기요양보험제도의 시행에 따라서 재가노인복지시설은 제공되는 서비스를 기준으로 방문요양서비스, 방문목욕서비스, 주·야간보호서비스, 단기보호서비스로 분류된다. 그리고 2010년부터 재가노인지원 서비스가 재가노인복지시설에 추가로 신설되어 재가노인복지시설은 방문요양서비스, 방문목욕서비스, 주·야간보호서비스, 단기보호서비스, 재가노인지원서비스로 분류된다.

재가노인복지시설의 이용 대상자 가운데 장기요양급여 수급자는 국민건강보험공단의 재가급여 규정에 의한 서비스 비용을 납부하고, 등급외자 가운데 기초생활수급권자와 의료급여 수급자는 장기요양 인정서를 해당 시·군·구에 제출하여 정부가 운영비를 지원하는 시설을 이용하며, 이용비용은 운영비 지원비용으로 지급한다. 그 외 일반노인은 본인이 전액 부담한다.

5) 노인보호전문기관

노인보호전문기관은 노인에 대한 인권보호사업과 학대 예방사업을 주요 업무로 수행하는 기관이다. 구체적으로, 노인학대의 예방 및 방지를 위한 홍보, 학대받은 노인의 발견·상담·보호와 의료기관에의 치료 의뢰 및 노인복지시설에의 입소 의뢰, 학대 행위자, 학대 행위자로 신고된 자 및 그 가정 또는 업무·고용 등의 관계로 사실상 노인을 보호·감독하는 기관이나 시설 등에 대한 조사 그리고 학대 행위자에 대한 상담 및 교육 등을 수행한다.

6) 학대 피해노인전용쉼터

학대 피해노인전용쉼터는 2017년 「노인복지법」 개정에 의해 노인복지시설로 추가되었다. 「노인복지법」에 의해 국가와 지방자치단체가 노인학대로 인하여 피해를 입은 노인을 일정 기간 보호하고 심신 치유 프로그램을 제공하기 위하여 학대 피해노인전용쉼터를 설치·운영할 수 있다. 학대 피해노인전용쉼터의 업무는 학대 피해노인의 보호와 숙식 제공 등의 쉼터 생활지원, 학대 피해노인의 심리적 안정을 위한 전문심리상담 등 치유 프로그램 제공, 학대 피해노인에게 학대로 인한 신체적·정신적 치료를 위한 기본적인 의료비 지원, 학대 재발 방지와 원가정 회복을 위하여 노인학대 행위자 등에게 전문 상담서비스 제공 등을 포함한다.

학대 피해노인전용쉼터의 입소 대상자는 입소를 희망하거나 입소에 동의하는 학대 피해노인으로서 지역노인보호전문기관의 장이 학대 피해노인전용쉼터 입소가 필요하다고 인정하는 사람이다. 기본적으로 보호기간은 4일이며 학대 재발의 우려 등으로 지역노인보호전문기관의 장이 학대 피해노인의 재입소가 필요하다고 인정할 때는 학대 피해노인의 동의 및 시·도지사의 승인을 받아 해당 학대 피해노인을 재입소시킬 수 있다. 재입소를 포함한 연간 총입소 기간은 6개월 이내다.

7) 노인복지시설 현황

〈표 3-25〉는 2014년부터 2020까지 우리나라 노인복지시설의 개소 현황을 보여준다. 2020년을 기준으로 노인복지시설 수는 8만 2,544개소로 나타났다. 시설 유형별로 살펴보면 노인여가복지지설(69,005개)이 가장 많고, 그다음으로 재가노인복지지설(7,212개) 그리고 노인의료복지시설(5,725개)이 많다. 시설 유형별로 살펴보면, 노인주거복지시설 중에는 양로시설이 209개로 가장 많고, 노인의료복지시설 중에는 노인요양시설(3,844개)이 더 많다. 노인여가복지지설 중에는 경로당이 67,316개로 가장 많고, 재가노인복지시설 중에는 방문요양서비스(2,656개)와 주·야간보호서비스(2,321개)가 가장 많다. 노인보호전문기관은 35개, 노인 일자리지원기관은 196개 그리고 학대 피해노인쉼터는 19개 운영되고 있는 것으로 나타났다.

연도별 현황을 보면 노인의료복지시설과 재가노인복지시설의 증가가 두드러진다. 특히 2021년 기준 재가노인복지시설은 2020년에 비해 2,391개소(49.6%) 증가하였다. 이는 노인장기요양보험 이용 증가와 함께 시설 및 재가급여 제공기관이 많아지게 된 것으로 볼 수 있다. 반면, 노인주거복지시설은 전반적으로 감소하는 추세다.

표 3-25	노인복지시설 수						(단위: 개소)	
		2014	2015	2016	2017	2018	2019	2020
총계		73,774	75,029	75,708	76,371	77,395	79,382	82,544
노인주거 복지시설	소계	443	427	425	404	390	382	352
	양로시설	272	265	265	252	238	232	209
	노인공동생활가정	142	131	128	119	117	115	107
	노인복지주택	29	31	32	33	35	35	36
노인의료 복지시설	소계	4,841	5,063	5,163	5,242	5,287	5,529	5,725
	노인요양시설	2,707	2,933	3,136	3,261	3,390	3,595	3,844
	노인요양공동생활가정	2,134	2,130	2,027	1,981	1,897	1,934	1,881
노인여가 복지시설	소계	65,665	66,292	66,787	67,324	68,013	68,413	69,005
	노인복지관	344	347	350	364	385	391	398
	경로당	63,960	64,568	65,044	65,604	66,286	66,737	67,316
	노인교실	1,361	1,377	1,393	1,356	1,342	1,285	1,291
재가노인 복지시설	소계	2,797	3,089	3,168	3,216	3,494	4,821	7,212
	방문요양서비스	992	1,021	1,009	1,001	1,051	1,513	2,656
	주·야간보호서비스	913	1,007	1,086	1,174	1,312	1,816	2,321
	단기보호서비스	96	112	95	80	73	78	73
	방문목욕서비스	588	617	588	609	650	942	1,596
	방문간호서비스	–	–	–	10	21	60	95
	복지용구지원서비스	–	–	–	–	–	0	86
	재가노인지원서비스	208	332	390	342	387	412	385
노인보호전문기관		28	29	29	32	33	34	35
노인 일자리지원기관		0	129	136	153	160	184	196
학대 피해노인전용쉼터		–	–	–	–	18	19	19

출처: 보건복지부(2021e).

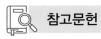 참고문헌

강은나, 주보혜, 이재춘, 배혜원(2019). 초고령사회 대응을 위한 노인주거정책 개편 방안. 세종: 한국보건사회연구원.

건강보험심사평가원, 국민건강보험(2018). 2018년 의료급여 통계.

고용노동부(2018). 고용노동부 고시 제2018-12호. 준고령자·고령자 우선고용직종.

고용노동부(2022). 2022 고용노동백서.

관계부처 합동(2020. 12.). 제4차 저출산·고령사회 기본계획.

국민건강보험공단(2021). 2021 건강보험 주요 통계.

국민연금공단 보도자료(2021. 3. 16.). 국민연금 월 최고액은 227만 원, 최고령 107세.

국민연금공단(2021). 2021 국민연금 통계연보.

국민연금공단(n.d.). 국민연금, '크레딧제도'를 알아보자. https://www.npsonair.kr/expert_
    institution/1154

국토교통부(2020. 3. 20.). 주거복지 지난 2년의 성과와 더 나은 미래를 위한 발전 방안-주거
    복지 로드맵 2.0.

권중돈(2016). 노인복지론(제5판). 서울: 학지사.

김문정, 박경하, 전병유, 오단이, 유선치, 성경하(2022). 민간형 노인일자리 지속가능성 강화
    방안 연구. 서울: 한국노인인력개발원.

김영태(2006). 주거복지에 대한 이론적 개관 및 향후 정책과제. 한국주거학회논문집, 17(1).

노인인력개발원(2021). 2020 노인 일자리 및 사회활동 지원사업 통계동향.

박경하, 손병돈, 김경휘, 한창근, 황남희, 박병현, 맹성준, 박혜린(2021). 노인 일자리사업 보수
    체계의 적정성 분석 및 개선방안 수립연구. 경기: 한국노인인력개발원.

박수경(2018). 노인복지법과 입법평가-노인복지법상의 노인학대예방사업 관련 조항을 중심
    으로. 입법평가연구, 13, 137-200.

박정연(2016). 노인의 주거권에 대한 규범적 의미의 재탐색. 법학논총, 29(2), 127-167.

변수정, 황남희(2018. 4.). 저출산·고령사회 기본계획의 주요 내용과 향후 과제. 보건복지포
    럼. 세종: 한국보건사회연구원.

보건복지부(2021a). 통계로 본 2020년 기초연금.

보건복지부(2021b). 2021 기초연금사업안내.

보건복지부(2021c). 2020년 국민기초생활보장 수급자 현황.

보건복지부(2021d). 2021년 노인 일자리 및 사회활동 지원사업 운영안내.

보건복지부(2021e). 2021 노인복지시설안내.

보건복지부(2022a). 2022 국민기초생활보장 사업안내.

보건복지부(2022b). 2022 노인보건복지 사업안내(II).

보건복지부(2022c). 2022년 의료급여 사업안내.

보건복지부(2022d). 2022 치매정책 사업안내.

보건복지부(n.d.). 보험정책. http://www.mohw.go.kr/react/policy/index.jsp?PAR_
    MENU_ID=06&MENU_ID=06320101&PAGE=1&topTitle=%EC%9D%98%EC%9D%98

석재은, 지은정, 이은아(2011). 다층노후소득보장체계에 관한 국제 동향과 시사점 연구. 한림

　　대학교, 보건복지부.

석재은, 최병호, 김용하, 박병현, 이상은, 홍경준, 임정기, 최옥금(2005). 삶의 실 향상을 위한
　　국민의 기본생활보장 방안. 세종: 한국보건사회연구원.

원시연(2020). 국민연금제도의 사각지대 현황과 대응방안. 국민연금공단 국민연금연구원.

원종욱, 백혜연, 김태은, 최요한(2014). 기초연금 도입과 노후생활 안정 효과 분석. 세종: 한국
　　보건사회연구원.

이상림, 강은나, 오신휘, 전홍규, 이한나, 박소정, 류승규(2016). 초고령사회 대응 지역친화적
　　노인주거모델 개발 연구. 세종: 한국보건사회연구원.

이윤경, 김세진, 황남희, 임정미, 주보혜, 남궁은하, 이선희, 정경희, 강은나, 김경래(2021).
　　2020년도 노인실태조사. 세종: 보건복지부, 한국보건사회연구원.

임정미(2021). 노인의 건강 및 기능 상태 실태와 과제. **보건복지포럼**, 10, 35-45.

정경희 외(2016). 노인복지정책 진단과 발전전략. 세종: 한국보건사회연구원.

정순둘, 김혜경, 박화옥, 김범중, 곽민영, 양옥남(2020). **노인복지학**. 경기: 공동체.

정홍원, 심창학, 한은희, 황규성, 류진아(2014). 노인복지정책 추진체계 현황 분석과 향후 발
　　전 방안. 세종: 한국보건사회연구원.

조은주(2019). 인구구조의 변화와 새로운 법규범의 요청: 저출산 고령사회기본법 비판. 법과
　　사회, 61, 1-28.

지은정(2019). 고령자 적합직종은 경비 · 청소직 외에는 없을까: 시니어인턴십사업과 인력파
　　견형사업을 중심으로. 국정관리연구, 14(2), 63-93.

최해경(2016). **노인복지론**. 서울: 학지사.

최혜지, 이미진, 전용호, 이민홍, 이은주(2020). **노인복지론**. 서울: 사회평론아카데미.

통계청(2021). 2021 고령자통계.

공무원연금공단　http://www.geps.or.kr

국방부 군인연금　https://www.mps.mil.kr

법제처 국가법령정보센터　https://www.law.go.kr

사립학교교직원연금공단　http://www.tp.or.kr

찾기 쉬운 생활법령정보-치매노인의 실종이 염려되세요?　https://www.easylaw.go.kr/
　　CSP/CnpClsMain.laf?csmSeq=854&ccfNo=3&cciNo=1&cnpClsNo=1

한국시니어클럽협회　http://www.silverpower.or.kr

노인상담

윤경아

제**4**장

노인인구가 증가하고 노인복지현장이 확대되면서, 노인이나 노인의 가족이 일상생활에서 경험할 수 있는 문제를 보다 효과적으로 해결하는 데 도움이 되는 노인상담의 중요성이 강조되고 있다. 요양원과 같은 전통적인 노인복지실천현장뿐만 아니라 노인복지관이나 노인보호전문기관 등이 확대되면서 노인복지실천현장에서 필요한 노인상담의 내용이나 기술 수준이 다양해지고 있다. 또한 최근에는 정부의 정책으로 치매 국가책임제가 실시되면서 인지능력 저하 문제가 있는 노인을 대상으로 한 서비스들이 증가하고 있다. 이러한 노인들을 대상으로 한 서비스 수요는 더욱 확대될 가능성이 있다. 따라서 제4장에서는 노인상담에 필요한 기본적인 지식과 기술뿐만 아니라 우울, 불안, 초기단계의 치매 문제가 있는 노인에게 서비스를 제공하는 데 필요한 개입방법에 대해 구체적으로 살펴보고자 한다.

1. 노인상담의 정의

상담은 다양한 상황에서 여러 가지 의미로 사용되기 때문에 그 개념을 한마디로 정의하기는 어렵다. 하지만 상담이 기본적으로 긴장되지 않은 상호작용에 기초한 '협력관계'이고, 클라이언트의 문제나 관심사를 해결하기 위한 '목적 지향적 과정'이며, 클라이언트의 욕구와 관점이 존중되는 '클라이언트 중심'의 활동이라는 데는 합의가 이루어질 수 있을 것이다. 이 장에서는 이러한 기본적인 원칙에 기초하여 노인상담을 '도움을 필요로 하는 노인(가족)이 전문적인 훈련을 받은 사회복지사와의 관계에서 일상생활에서 경험할 수 있는 문제를 보다 효과적으로 해결하는 과정'으로 정의한다.

사회복지실천현장에서 사회복지사에 의해 이루어지는 노인상담에서는 일반적인 상담의 원리와 지침[1]이 적용되지만, 상담의 대상이 노인이나 그 가족 혹은 노인 집단이기 때문에 상담의 목적이나 기술적인 측면에서 강조점이 달라질 수 있다. 즉, Burlingame(1995)에 따르면, 노인상담에서는 노인의 삶에 대한 지지와 상담과정에서 이루어진 성과를 실생활에 적용하는 것을 더 강조하고, 노인의 체면을 손상시키지 않기 위해 방어기제와 전이를 더 관대하게 다룬다. 또한 노인이 돌아가시거나 살던 집을 떠나 요양원과 같은 시설로 들어가면서 상담관계가 끝나는 경우가 다른 연령층에 비해 높기 때문에 종결과정에서 에너지가 더 투입된다는 점도 일반상담과 차이가 있다.

---

1) 논쟁, 과도한 관여, 편들기, 다른 사람을 대신해서 말하기, 침묵 깨기 등의 행동을 하지 말고 모든 클라이언트를 존중해야 한다는 것이 여기에 포함된다. 또한 Biestek이 처음으로 정리해서 발표한 다음과 같은 원칙 혹은 지침들이 포함된다. ① 개별화(모든 클라이언트 체계는 독특하며 배려와 존중을 받을 만한 가치가 있다는 것을 인식할 것), ② 의도적인 감정표현(자신의 감정을 표현하고자 하는 인간의 욕구와 성장을 촉진시키는 수단으로서의 표현을 이해할 것), ③ 통제된 정서적 관여(타인에게 서비스할 때는 자신의 감정과 정서를 적절하게 사용할 것), ④ 수용(인간은 현재 그대로의 모습으로 받아들여질 권리를 갖고 있다는 것을 확실하게 보여 줄 것), ⑤ 비심판적 태도(클라이언트에 대한 즉각적인 판단을 피할 것), ⑥ 자기결정(가능한 스스로 선택하려는 클라이언트의 권리를 존중할 것), ⑦ 비밀보장(클라이언트에게서 얻은 정보 또는 클라이언트에 관한 정보에 대해 비밀을 지킬 것) 등이다.

2. 노인상담의 목적

노인상담이 요구되는 상황과 그에 따른 노인상담의 목적은 노년기 발달과업과의 관계 속에서 살펴볼 수 있다. 노년기에 이루어야 할 과업을 해결하지 못할 경우 노인(가족)에 따라서는 문제가 될 수 있고 노인상담이 요구되는 상황에 이를 수 있다. 노년기에 이루어야 할 발달과업이 무엇인가에 대해서는 학자마다 의견이 다양하다. Burlingame(1995)은 여러 학자가 주장하는 노년기 발달과업을 정리하여 노인상담의 목적을 다음과 같이 여덟 가지로 제시하고 있다.

첫째, 노인상담의 중요한 목적 중 하나는 필요한 의료적 · 사회적 · 정서적 지원을 효과적으로 동원하고 이용하도록 원조하는 것이다. 노인상담과정에서 사회복지사는 필요한 경우 노인이 의료적 검사나 치료, 필요한 서비스를 받을 수 있도록 도와야 하며, 가족이나 친척, 친구, 이웃에게 정서적인 지원을 받을 수 있도록 원조해야 한다. 이러한 목적을 달성하기 위해 사회복지사는 대개 교육, 재보증, 의뢰, 정보제공, 옹호의 기술을 활용한다.

둘째, 신체적 강점을 강화하고 건강 약화에 적응하도록 원조하는 것이다. 노인마다 개인차가 있지만 노년기에는 청 · 장년기에 비해 신체적인 기능이나 건강이 약화되고 이러한 변화로 인해 그동안 가능했던 활동이 어려워질 수도 있다. 따라서 이러한 변화 가운데서도 노인이 정신적으로 건강하고 적절한 자기보호를 유지하도록 하기 위해서 사회복지사는 노인이 변화나 그로 인한 상실에 적응하거나 필요한 권리를 주장하도록 도와야 한다.

셋째, 보호 및 주거에 대한 욕구가 충족되도록 돕는 것이다. 노년기의 신체적 · 재정적 변화와 관련하여 노인의 보호 및 주거 시설에 대한 욕구가 충족되도록 원조하는 것도 노인상담의 중요한 목적 중 하나다. 노인이 자신이 살던 정든 집을 떠나 요양원이나 병원 같은 시설에 들어가야 할 경우, 사회복지사는 시설생활에 대한 정보를 제공하거나 정서적으로 지원하여 노인이 심리적으로 위축되지 않도록 해야 한다.

넷째, 지역사회에서 새로운 역할을 갖도록 돕는 것이다. 노년기에는 지역사회에 모범이 되는 어른의 역할이나 직업인의 역할을 대체할 수 있는 새로운 역할이 요구된다. 이를 위해 사회복지사는 노인이 외부세계와 교류하며 지역사회에 기여할 수 있는 새로운 방법을 찾도록 원조해야 한다.

다섯째, 손자녀, 친척 및 지역사회와의 관계를 수정하도록 돕는 것이다. 이 목적을 달성하기 위해서는 성인자녀와 노부모의 역할에 위계가 필요하다. 즉, 성인자녀에게 그들의 부모역할이 주어져서도 안 되고 조부모가 성인자녀의 부모역할을 침범하는 것도 바람직하지 않다. 이런 경우 사회복지사는 매개자로서의 역할을 하게 된다. 하지만 노인이 신체적으로 허약한 경우에는 가족이나 다른 사람들에게 보다 의존적이 되도록 노인의 태도를 변화시키는 것이 중요하다.

여섯째, 배우자나 친구 등 중요한 사람들의 상실에 적응하도록 돕는 것이다. 노년기에는 가족이나 주변 사람들과 사별할 가능성이 커지는데, 친밀한 사람의 죽음으로 인한 슬픔은 남아 있는 사람의 나머지 인생에 지속적으로 영향을 미칠 수 있다. 이런 경우 사회복지사는 노인이 친밀한 사람과의 사별을 현실로 받아들이고 슬픔에서 오는 고통을 경험하고 극복하도록 원조해야 한다.

일곱째, 은퇴와 재정적인 변화에 대처하도록 돕는 것이다. 이를 위해 여가를 의미있게 보낼 수 있는 방법, 부부관계에서의 적응, 새롭게 찾아오는 소외감을 극복하는 문제가 중요하게 다루어진다. 또한 사회복지사는 수입 감소와 관련하여 필요한 경우 노인의 일자리를 마련하는 데 관심을 가져야 한다.

여덟째, 삶의 통제력을 유지하도록 돕는 것이다. 삶의 통제력 유지는 노인이 자신의 삶에서 중요한 결정들을 주도적으로 하게 하기 위해서 필요하다. 이는 앞의 모든 목적들을 달성하는 것과 관계된다. 이를 위해 사회복지사는 노인에게 필요한 정보와 중요한 의사결정에 필요한 대안을 제공해야 한다. 또한 노인에게 자기주장기술을 교육하고 자신의 관심사를 주도적으로 개진하도록 돕거나 노인을 대신해 노인의 권리를 주장하는 것도 중요하다.

3. 노인상담의 종류

노인상담은 노인과 사회복지사가 만나는 형태에 따라 개인상담, 가족상담 및 집단상담으로 분류할 수 있다. 개인상담이란 한 명의 노인과 한 명의 사회복지사가 일대일로 만나는 형태로 노인이 가족에게 자신의 문제를 알리기를 꺼리거나 가족구성원이 상담과정에 참여하기 어려울 때 활용된다. 개인상담은 문제가 위급하거나 원인과 해결이 복잡할 때, 노인과 관련된 사람들의 신상을 보호할 필요가 있을 때, 그리고 집단에서 노인이 공개적으로 발언하는 것을 두려워할 때 적당하다(이장호, 김정희, 1998).

　가족상담이란 노인가족을 대상으로 한 상담으로 '지금-여기'의 관점에서 즉각적인 해결책 계획에 초점을 둔 교육적이고 지지적인 활동이다. 그동안 우리나라에서는 노인의 문제와 관련하여 가족상담이 적극적으로 도입되지 못했지만 향후 가족상담의 필요성은 크다고 볼 수 있다. 현대 우리 사회는 핵가족화되었음에도 부모-자녀 간 경제적·심리적 상호 의존도는 여전히 높고, 또 가족상담을 통해 노인에 대한 가족구성원의 고정관념을 재검토하여 가족이 노인을 돌보는 방법을 발견하고 가족적 결합을 굳히는 계기가 될 수 있기 때문이다(이장호, 1996).

　집단상담은 15명 내외의 노인을 대상으로 각 노인의 관심사나 대인관계 혹은 행동양식의 변화를 초래하기 위한 활동이다. 집단상담의 목적은 기본적으로 개별 구성원의 능력과 자존감을 유지 또는 증가시키는 것이다. Garland에 따르면, 집단은 다음의 네 가지 형태를 취한다(Lowy, 1985). 첫 번째 유형은 전통적인 정신분석에 근거한 통찰집단이다. 이 집단은 클라이언트의 성격 변화에 초점을 두는 회복집단이다. 클라이언트가 충동조절능력이나 현실검증에 문제가 있거나 정신병적 성격구조를 가졌을 때, 그리고 변화에 대한 동기가 약할 때 유용하다. 두 번째는 클라이언트의 자아 및 적응능력에 초점을 두는 지지 및 안정화 집단이다. 이 집단은 이혼, 사별, 경제적 무능력과 같은 삶의 위기를 경험했거나 생활환경이 스트레스를 유발할 때 효과적이다. 세 번째는 성장 및 교육 집단이다. 이 집단은 정신병원 같은 시설에 장기간 입소해 있어 생활에 필요한 역할과 기능을 익히지 못해 훈련받을 필요가 있을 때 적절하다. 끝으로, 과제 및 활동 집단이다. 여기서는 집단의 생산에 일차적인 목적과 초점이 있기 때문에 총체적인 인간보다는 개별 구성원의 역할을 강조한다.

4. 노인상담의 기술

여기서는 상담이 효과적으로 진행되는 데 필요한 의사소통기술에 대해 검토한다. 의사소통은 말을 통해 이루어지기도 하고 비언어적인 행동을 통해서 이루어지기도 한다. 상담관계에서는 두 요소 모두 중요하게 고려되어야 한다.

1) 비언어적 의사소통기술

노인의 목소리 톤이나 얼굴표정 같은 비언어적인 행동은 노인이 전달하는 메시지를 파악하는 데 중요한 힌트가 될 수 있다. 목소리 톤은 노인의 감정 파악에 중요하다. 크고 힘 있는 목소리 톤은 공격성, 통제, 힘을 나타내고, 약하고 잘 들리지 않는 목소리 톤은 철회나 두려움, 약함을 나타낸다(Sheafor, Horejsi, & Horejsi, 1997). 얼굴표정을 통해서는 노인의 주의집중 정도와 감정을 파악할 수 있다. 슬픔, 행복, 불안, 걱정, 혼동과 같은 감정도 얼굴표정을 통해 쉽게 나타난다(Kirst-Ashman & Hull, 1993).

2) 언어적 의사소통기술

언어적 의사소통기술에는 '적극적인 질문'과 '경청'의 두 차원이 중요하다. 〈표 4-1〉은 해결중심 단기치료의 다양한 질문 기법(초점질문, 해결중심 질문, 순환질문, 기적질문, 대처질문)을 노인상담에 적용한 것이다. 이러한 질문을 통해 노인의 문제와 감정 및 자원에 대해 파악할 수 있다.

상담과정에서 노인과 효과적으로 의사소통하기 위해서 사회복지사는 적극적으로 질문할 뿐만 아니라 노인이 전달하고자 하는 메시지를 적극적으로 들어야 한다. 즉, 경청해야 한다. 경청의 기술에는 지지적 언어반응, 언어의 재구성, 지지적 반응, 명료화, 비언어적 단서 탐색, 도전, 자기노출 등이 있다(Kirst-Ashman & Hull, 1993). 지지적 언어반응이란 "아, 예." "알겠어요." 등과 같은 단순한 말 한마디로 노인의 말에 동의하거나 노인의 말을 이해하고 있다는 것을 전달하여 노인이 계속 이

표 4-1	**해결중심 단기치료 질문 기법**	
	내용/기능	노인상담 적용 예
초점 질문	구체적 사항을 묻는 것으로 클라이언트를 특정 사항에 집중하게 한다.	"문제가 무엇입니까?" "문제가 생긴 지 얼마나 오래되었습니까?"
해결 중심 질문	해결에 초점을 두어 묻는 질문으로 클라이언트의 생각이 문제보다는 해결방안 쪽으로 가게 한다.	"문제가 다소 좋아지는 때는 언제입니까?" "이러한 예외적인 일이 좀 더 일어나기 위해 어르신께 필요한 것은 무엇입니까?"
순환 질문	클라이언트에게 문제/문제 해결과 관련된 부분들의 상호 연관성을 파악하게 한다.	"친구분이 그렇게 할 때, 어르신께서는 무얼 하셨습니까?" → "어르신께서 그렇게 하실 때 친구분은 어떤 행동이나 말씀을 하셨습니까?" → "어르신께서는 어떻게 느끼셨습니까?"
기적 질문	일단 기적질문을 한 후에는 기적이 일어나면 달라질 점에 초점을 맞춰 클라이언트에게 미래 지향적 사고를 갖게 한다.	"기적처럼 어르신의 문제가 해결되었다면 무엇이 달라지겠습니까?" "어떻게 이러한 일이 좀 더 자주 생길 수 있겠습니까?"
대처 질문	고통스러운 상황에서 생존하기 위해 클라이언트가 하고 있는 일이 무엇인지에 초점을 맞추게 한다.	"지금까지 도움이 된 것은 무엇입니까?" "상황이 나빠지지 않았는데, 그렇게 하기 위해 어떻게 하셨습니까?"

출처: Burlingame (1995), pp. 38-39에서 재인용하였다.

야기하도록 격려하는 것이다. 언어의 재구성이란 노인이 말한 것을 다른 단어를 사용하여 재구성하는 기법이다. 노인의 의도를 파악하고 노인에게 자신이 한 말에 대해 잠시 생각해 볼 수 있는 시간을 주며 노인이 말하는 것을 경청하고 있다는 것을 보여 주기 위해 사용한다. 지지적 반응은 "~는 정상적인 것입니다."와 같은 반응을 통해 수용과 격려를 보여 주기 위해 사용한다. 명료화란 노인의 말 중에서 모호한 점에 대해 좀 더 자세히 설명해 달라고 요구하는 것으로 노인에게 자신이 말한 것을 좀 더 분명하게 인식시키고 동시에 사회복지사 자신의 이해를 분명하게 하기 위해 사용된다. 비언어적 단서 탐색이란 비언어적인 단서의 의미에 대해 묻는 것으로 "제가 보기에는~" 혹은 "제가 듣기에는~"과 같이 표현한다. 도전이란 노인이 한 ① 말들 간의 불일치, ② 말과 행동 간의 불일치, ③ 언어적 행동과 비언어적 행동 간의 불일치, ④ 둘 이상의 사람들 간의 불일치에 대해 직접적으로 지적하는 것이다 (Whittaker & Tracy, 1989). 따라서 도전은 상대방에게 부정적이거나 적대적인 반응을 일으킬 수 있다. 하지만 도전을 통해 주요 문제와 노인의 욕구 및 강점 그리고 현재의 감정에 대해 탐색하고 명확히 할 수 있다. 끝으로, 사회복지사의 자기노출이란 사회복지사 자신의 개인적인 관찰, 경험, 생각을 노인과 함께 이야기하는 것으로 노인의 상황에 적합하고 짧고 간결하며 노인에게 도움이 되어야 한다.

5. 노인상담의 과정

노인복지실천현장에서 이루어지는 상담은 대개 노인의 신체적 · 심리적 · 사회적 기능 수행능력을 고려하여 노인의 강점과 문제를 분석하고 해결책을 제안하며, 제안된 해결책을 행동으로 옮기는 문제 해결과정을 따르게 된다. 일반적으로 문제 해결과정은 사정, 개입, 종결 단계로 구성된다.

1) 사정단계

사정이란 노인이 처한 상황에서 노인의 강점과 취약점을 평가하여 적절한 서비스를 제공하는 데 필요한 계획을 세우는 과정이다. 사정을 통해 사회복지사는 노인이 독립적이고 만족스러운 생활을 하는 데 필요한 서비스가 무엇인지를 파악할 수 있다. 또한 노인이나 가족에게 노인의 안녕을 위협하는 위험 영역을 경고하는 교육적인 효과도 볼 수 있다(McInnis-Dittrich, 2002).

(1) 사정단계에서 고려할 사항

사정단계에서 중요하게 고려할 사항은 다음과 같다.

첫째, 사정단계의 문제정의과정에서는 문제가 무엇인지 충분히 파악한 후에 문제를 정의하는 것이 중요하다. 문제로 인해 야기되는 결과나 상황들을 하나하나 꼼꼼하게 짚어 보는 것도 중요하다. 파악된 문제의 특성과 정도 그리고 관련된 결과나 상황들에 초점을 맞추지 못한다면 제안된 해결책이 부정확하거나 부적절할 수 있기 때문이다.

둘째, 사정과정에서 노인의 취약점과 강점을 균형 있게 조사하는 것이 중요하다. 문제가 있어 사회복지사에게 상담을 하러 온 경우 문제 해결이 일차적인 관심사이기 때문에 사정과정에서 상황의 부정적인 측면에 초점을 맞추다 보면 긍정적인 측면이 간과될 가능성이 크다. 따라서 사회복지사는 의도적으로 노인의 행동, 개인적 특성, 자원의 측면에서 노인의 강점을 파악하고 격려해야 한다. 이러한 강점 강조는 사회복지사와 클라이언트가 긍정적인 관계를 맺는 데 도움이 될 뿐만 아니라 클라이언트의 자신감과 자존감을 높여 주고 어둠의 터널에서 희망의 빛을 보게 하여 문제 해결방법을 찾는 데 도움이 되기 때문이다(Kirst-Ashman & Hull, 1993).

(2) 사정의 요소

사정에서는 노인의 신체적 · 심리적 · 사회적 기능을 포괄적으로 고려해야 한다. 노인의 신체적 기능을 사정할 때는 전반적인 건강상태와 일상생활수행능력에 초점을 두며, 심리적 기능 사정에서는 성격 · 인지 · 정서 기능에 초점을 둔다. 사회적 기능 사정에서는 노인이 주고받는 사회적 지원, 재정상태, 사회활동 참여 정도 등을 사정한다.

또한 사정에서는 이러한 요소들 간의 상호 연관성과 한 기능의 저하가 다른 기능에 미치는 영향도 고려해야 한다. 물론 사정이 노인의 기능과 욕구를 광범위하게 평가하는 작업이기는 하지만 노인이 가진 문제에 따라 어떤 영역에 더 초점을 두어 사정하느냐가 달라지게 된다. 예를 들어, 신체적인 건강에는 문제가 없지만 심각한 우울증세를 보이는 경우라면 노인의 정신건강을 평가하는 데 초점을 둔다. 또한 정서적인 문제는 없지만 일상생활수행능력에 어려움이 있다면 이러한 영역에 초점을 두어 사정해야 한다(McInnis-Dittrich, 2002).

① 신체적 기능

사정과정에서 사회복지사는 서비스 욕구에 영향을 미치는 노인의 건강상태와 일상생활수행능력을 평가하게 된다. 전반적인 건강상태에 대해서는 노인의 주관적인 생각을 평가하는 동시에 노년기의 신체적 변화를 고려하여 노화과정에서 나타나는 전반적인 기능 저하에 대해서도 살펴보아야 한다.

신체적 기능 사정과 관련하여 일상생활수행능력에 대해서도 사정해야 하는데, 이 경우에는 대개 일상생활수행능력(Activities of Daily Living: ADL)과 수단적 일상생활수행능력(Instrumental Activities fo Daily Living: IADL)을 체크하게 된다. ADL은 Katz 등(1963)에 의해 개발되어 스스로를 관리할 수 있는 능력을 평가하는 방법으로 폭넓게 사용되고 있다. 이 척도에서는 용모단장, 식사, 옷 갈아입기, 화장실 이용, 목욕, 집안에서의 이동 등을 측정한다. 이 척도를 통해 비교적 정확하게 노인의 일상생활능력을 측정할 수는 있지만 노인이 다른 사람의 도움 없이 독립적인 생활을 유지하는 데 필요한 활동능력을 측정하기는 어렵기 때문에 대부분 IADL을 함께 조사한다(Wan, Odell, & Lewis, 1982). IADL에서는 전화 사용, 걸어서 집 밖으로 외출, 교통편을 이용한 외출, 쇼핑/장보기, 식사 준비, 집안일, 약 복용 등을 평가한다. IADL은 신체기능을 측정하는 척도지만 IADL에서 측정하는 활동은 노인이 사회활동을 하는 데 필수적인 기능이기 때문에 노인의 사회적 안녕상태를 반영하는 지표가 되기도 한다(Wan et al., 1982). 또한 사정과정에서는 노인의 만성질환이나 장애 여부 및 영양상태에 대해서도 파악해야 한다.

② 심리적 기능

심리적 기능과 관련하여서는 노인의 성격 · 인지 · 정서의 정상적인 측면과 비정상적인 측면을 사정하게 된다. 심리적 기능 사정의 목적은 노인의 성격 · 인지 · 정서상의 장애를 진단하는 데 있는 것이 아니라 그 장애에 대하여 좀 더 면밀히 검토하거나 다른 전문가와 함께 필요한 서비스를 제공하는 데 있다.

먼저, 심리적 기능 사정에서는 성격을 통해 노인이 세상을 보는 방식이나 스트레스 대처방식에 관하여 파악할 수 있다. 융통성이 없고 부적응적인 특성 때문에 노인이 사회적 역할을 하거나 직업을 갖는 데 심각한 어려움을 겪을 수 있는 성격장애는 미네소타 다면적 인성검사(Minnesota Multiphasic Personality Inventory: MMPI)나 『정신질환의 진단 및 통계 편람(Diagnostic Statistical Manual of Mental Disorders-5: DSM-5)』을 통해 파악할 수 있다(Burlingame, 1995).

노인의 심리적 기능 사정에서는 인지기능과 더불어 인지장애 여부도 사정하게 된다. 구체적으로 노인의 지능이나 기억력과 치매 여부를 사정하게 된다. DSM-5에 따르면, 치매는 정신박약이 아닌 사람이 의식이 맑은 상태에서 일상생활이나 대인관계에 장애를 초래할 정도로 기억을 비롯한 여러 인지기능에 장애가 있는 상태다. 중요한 증상들로는 기억, 추상적 사고, 판단 및 고등 대뇌피질 기능상의 장애가 있다. 여기에 성격 변화, 불면, 망상, 행동장애 등도 흔히 동반된다.

또한 노인의 정서적 안녕상태는 정서적으로 안정적인 정도와 상황별 감정표현의 적절성을 통해 평가할 수 있다. 정서적 기능상태는 우울증을 통해 평가할 수 있다. 우울증이란 정상적인 기분 변화에서 병적인 기분상태까지의 연속선상에 있으며 근심, 침울함, 무력감 및 무가치함을 나타내는 기분장애를 말한다. 우울증 진단에는 노인 우울 척도(Geriatric Depression Scale: GDS), 단축형 GDS(SGDS), 역학연구센터 우울증척도(Center for Epidemiologic Studies Depression Scale: CES-D) 등이 다양하게 사용되고 있다. 최근에는 국내에서 정인과, 곽동일, 조숙행, 이현수(1997)가 개발한 한국형 노인우울검사도구(Korean Geriatirc Depression Scale: K-GDS)도 활용되고 있다.

③ 사회적 기능

사회적 기능 사정 시 중요하게 고려해야 할 요소 중의 하나는 사회적 지원이다. 사회적 지원을 제공하는 사회적 지원체계는 가족, 친척, 친구, 이웃 등과 같은 사적 체계와 정부기관이나 사회복지기관 혹은 사회복지사와 같은 공적 체계로 구성된다. 여기서 노인이 이들과 어떠한 사회적 지원을 주고받는가를 사정하는 것이 중요하다. 노인이 사회적 지원을 주고받는 사람들과 어떠한 관계에 있는가를 평가하는 것도 중요하다. 이러한 사회적 지원에 대한 정보는 사회적 관계망 지도(social network map)나 사회적 관계망 표(social network grid)를 통해 수집할 수 있다.

이 외에도 노인의 재정상태와 사회활동 참여 정도, 주거환경에 대해 사정해야 한다. 이때 노인에게 자신의 재정상태에 대해 묻는 것은 민감한 문제이므로 간접적인 방법으로 질문하는 것이 좋으며, 지출에서 노인의 기호를 존중하는 것이 필요하다.

2) 개입단계

초기단계에서 문제의 본질, 개입의 목적, 활용 가능한 자원 등이 명확해졌다면 상담은 계획한 활동을 실제 행동으로 옮기는 개입단계로 접어들게 된다.

(1) 개입방법 선택 시의 지침

Burlingame(1995)은 개입방법을 선택하는 데 고려해야 할 지침을 다음과 같이 제안하였다. 첫째, 노인의 능력보다 가정이나 이웃 등과 같은 환경의 사회적 · 물리적 요구가 다소 높도록 한다. 환경의 요구가 노인의 신체적·인지적·사회적 기능에 비해 지나치게 크다면 노인은 그 요구에 압도되어 실패하거나 포기할 수 있다. 또한 환경의 압력이 지나치게 적은 경우에도 노인은 지루해하거나 학습된 무기력을 나타낼 수 있기 때문이다. 둘째, 개입을 최소한도로 한다. 의료적인 처치에서와 마찬가지로 개입은 낮은 수준에서 천천히 이루어져야 한다. 셋째, 개입방법을 선택할 때 노인의 가치를 고려해야 한다. 노인의 도덕, 종교, 문화, 계층규범, 전반적인 태도 등에 기초하여 개입방법을 선택해야 한다. 넷째, 노인의 상황에 따라 방어기제를 다룬다. 노인의 정서적인 고통이 클 경우에는 방어기제를 사용하더라도 정면으로 도전하지 않는 것이 중요하다. 다섯째, 체계적 관점(순환적·전체적·상호작용적 접근)에서 노인과 그 가족에게 개입한다. 한 가족구성원의 변화는 가족 전체에 영향을 미치기 때문에 가족 전체에 접근할 때는 한 사람에게 먼저 개입할 수 있다. 이때는 다른 사람에 비해 문제를 해결하려는 동기가 강하거나 강점이 있는 사람에게 먼저 개입하는 것이 유리하다.

(2) 개입기술

노인복지실천현장에서 활용되는 개입기술은 광범위하고 다양하다. 여기서는 이러한 개입기술 중에서 노인의 인지문제와 사회정서적인 문제에 효과적인 인지행동치료, 인정요법 및 회상에 대해 살펴본다. 인지행동치료는 인지능력에 손상이 없는 노인의 정서문제에 도움이 되며, 인정요법은 인지장애가 있는 치매노인에게 적합하다. 회상은 과거를 돌이켜 보는 과정을 통해 노인에게 긍정적인 사건과 감정을 다시 떠올리게 함으로써 노인의 발달과업인 자아통합에 도움이 되는 방법이다. 그리고 최근 삶과 죽음의 기로에 있는 사람들을 대상으로 자신의 인생이 본인을 포함한 누군가에게 중요한 의미가 있다는 사실을 깨닫도록 도와주는 존엄치료에 대해서도 알아본다.

① 인지행동치료

노인의 문제나 관심사에 따라 상담과정에서 정서적인 지지나 이해만으로도 상담의 목적이 달성되는 경우가 있다. 하지만 문제 해결을 위해 노인의 바람직하지 않은 사고나 감정 혹은 행동을 수정해야 한다면 인지행동치료를 활용할 수 있다. 심리치료의 한 형태인 인지행동치료는 우울증이나 불안을 포함한 다양한 정서문제를 다루는 데 일반적으로 사용되는 방법이다. 인지행동치료는 우리가 느끼고 행동하는 데 사고가 중요하다는 것을 강조한다. 즉, 인지행동치료자들은 뇌에 이상이 없다면 우리가 어떻게 느끼고 어떻게 행동하느냐가 우리의 생각에 달려 있다고 교육한다. 따라서 우리가 원치 않는 느낌과 행동을 경험한다면 그러한 느낌이나 행동을 일으킨 생각이 무엇인지 알아내서 그것을 보다 바람직한 반응을 이끌어 낼 수 있는 생각으로 바꾸는 방법을 학습하는 것이 중요하다고 강조한다.

인지행동치료의 과정에서 치료자는 기본적으로 노인이 불안해하거나 우울해하는 상황을 면밀히 검토해서 노인이 그러한 상황을 경험한 후에 어떤 느낌이 드는가를 파악하도록 돕는다. 이를 통해 노인이 상황과 감정상태와 사고 간의 관계를 인식

표 4-2 | **인지행동치료의 예**

상황/사건	사고	정서/감정상태	수정행동
여성노인 A는 자신의 생일에 한 자녀에게서는 연락을 받지 못했다.	'나는 생일날에도 기억되지 못할 만큼 하찮은 존재구나. 아들이 나에게 관심이 없는 것이 확실해.'	슬프고, 나 혼자인 것 같고, 사랑받지 못하는	이 예는 한 상황을 보고 상황 전체를 비극적으로 보는 예로 다음과 같이 수정되어야 한다. "아들이 그날 따라 매우 바빴던 것이 틀림없어. 전화해서 내가 아들을 얼마나 사랑하는지 말해 줘야지."
남성노인 B는 골반수술 후에 보행 보조구를 사용하게 될 수도 있다.	'나는 도움 없이는 걸을 수조차 없어. 친구들에게 이런 나를 보러 오도록 할 수 없어. 나는 어떠한 사람일까?'	바보 같은, 핸디캡 있는, 쓸모없는, 의존적인, 당황스러운	이는 자기에 대해 비현실적인 기대를 갖는 예로 다음과 같이 수정되어야 한다. "보행 보조구를 사용하면 주변을 돌아다닐 수 있어. 친구들은 다소 시간이 걸려도 내가 뒤따라가는 것을 좋아할 거야."
여성노인 C는 일요일에 자신의 가족을 위해 더 이상 요리를 할 수가 없다.	'가족을 돌보는 것이 내 일이야. 이제 나는 그 일을 할 수 없어.'	쓸모없는, 가족으로서 책임을 다하는 것에 실패한, 더 이상 생산적인 가족이 아닌	이는 비현실적인 자기기대의 다른 예로 다음과 같이 수정되어야 한다. "나는 계속 요리를 훌륭히 해냈어. 이제는 그 일을 딸에게 넘겨 줘야 할 때야. 가족들도 이해할 거야."

출처: McInnis-Dittrich (2002).

하도록 한다. 또한 체계적 둔감법, 사고중단, 이완기법 등을 활용하여 노인이 보다 긍정적인 감정상태에 이를 수 있도록 왜곡된 인지과정(일반화, 자기비하, 타인에 대한 비현실적인 요구, 자신에 대한 비현실적인 기대, 자신의 중요성에 대한 과장 등)을 수정하도록 지원한다(McInnis-Dittrich, 2002). 〈표 4-2〉는 이러한 일련의 과정을 보여 준다.

② 인정요법

인정요법은 인지장애나 치매가 있는 노인의 욕구와 감정을 존중하고 인정함으로써 그들과 의사소통하는 방법으로 Feil이 개발한 것이다. 인정요법은 모든 행동에는 이유가 있다는 믿음에 기초하여 치매노인의 현실 인식 개선보다 행동의 의미를 이해하는 데 초점을 둔다(Dietch, Hewett, & Jones, 1989). 분별력이 저하된 노인에게 인정요법을 적용함으로써 신체적 · 심리적 · 대인관계적인 긍정적 효과를 볼 수 있다. 즉, 인정요법을 통해 노인이 심리적으로 덜 움츠러들고 울거나 배회하는 행동을 줄이며 말이나 얼굴표정을 좋게 하고 다른 사람과의 상호작용을 증가시킬 수 있도록 도울 수 있다(Feil, 2002).

인정요법의 주요 기술에는 감정 조절(centering), 반복(rephrasing), 동작 따라 하기(mirroring), 극단의 사용(using polarity), 회상(reminiscing), 접촉(touching) 등이 있다. 감정 조절은 치매노인을 포함하여 분별력이 저하된 노인을 돌보는 사람이 케어 과정에서 생긴 분노와 좌절감을 밀어내기 위해 호흡에 초점을 맞추는 기술이다. 이러한 분노와 좌절감을 방출함으로써 분별력이 저하된 노인을 돕는 사람은 그들의 감정에 닿을 수 있다. 다른 사람에 공감하기 위해서는 자신의 감정을 방출하는 것이 중요하기 때문에 인정요법 회기에서는 이러한 방법을 사용한다. 감정 조절은 3분 정도가 소요되는 상쾌하고 이완되는 과정이며, 다음과 같이 수행한다. ① 허리 아래 5cm가량 되는 지점에 집중한다. ② 몸에 공기를 채우면서 코로 깊게 숨을 들이마시고 입으로 숨을 내쉰다. ③ 내면의 대화를 중단하고 심호흡에만 집중한다. ④ 이러한 과정을 천천히 8회 반복한다.

반복이란 분별력이 저하된 노인의 말을 반복하는 것으로 핵심단어뿐만 아니라 목소리 톤이나 말의 속도도 똑같이 흉내를 내는 방법이다. 동작 따라 하기란 분별력이 저하된 노인의 반복적인 동작을 따라 하는 것으로 치매 말기에 노인이 특정 행동이나 동작을 반복할 경우 이를 따라 하여 신뢰를 구축할 수 있다. 극단의 사용이란 노인의 불평 중에서 가장 극단적인 것을 생각해 보도록 하는 방법으로 최악의 상황을 생각해 보게 함으로써 자신의 감정을 보다 충분하게 경험하게 하여 다소간 안정을 찾도록 하는 것이다. 인정요법에서 회상이란 분별력이 저하된 노인의 익숙한 대처방법을 재설정할 수 있도록 돕는 방법으로 노인이 과거에 사용했던 익숙한 적응기제를 탐색하도록 함으로써 현재의 상실에서 살아남을 수 있게 한다. 접촉은 대개는 지남력이 손상된 사람에게는 적절치 않은 방법이지만 시간에 대한 지남력이 손상된 사람에게는 효과적일 수 있다. 시간에 대한 지남력이 손상된 사람은 자신을 방어하기 어렵고 시력이나 청력이 약해 외부의 시청각 자극을 받아들이기 어려울 수 있으므로 다른 사람의 존재를 인식하는 데 신체접촉이 도움이 될 수 있다.

인정요법은 시간, 공간, 관계 등의 분별력을 상실한 고령노인이 평화롭게 죽음을 맞이하기 위해서는 묻혀 있는 감정이 표현될 필요가 있다는 발달이론에 기초하며, 이 이론에서 중요하게 생각하는 신념과 가치는 다음과 같다(Feil, 2002).

- 모든 사람은 독특하기 때문에 개인으로 대우받아야 한다.
- 분별력을 잃은 정도와 상관없이 모든 사람은 가치가 있다.
- 분별력이 떨어진 고령노인의 행동에는 그 이유가 있다.
- 고령노인의 행동은 단순히 뇌의 해부학적 변화뿐만 아니라 전 생애를 통해 이루어지는 신체적 · 사회적 · 심리학적 변화의 영향을 종합적으로 받는다.
- 고령노인의 행동은 강제로 변화될 수 없다. 행동은 노인이 스스로 변화를 원할 때만 이루어질 수 있다.
- 고령노인은 비심판적인 방법으로 수용되어야 한다.
- 특정 생애과제는 인생의 각 단계와 연관이 있다. 생애과제를 완수하는 데 실패하면 심리적인 문제를 초래한다.
- 감정 이입은 신뢰를 쌓고, 불안을 감소시키며, 존엄성을 회복시킨다.

또한 인정요법의 이론과 실행은 다음과 같은 원리에 기초하고 있다(Feil, 2002).

- 신뢰할 만한 사람이 고통스러운 감정을 들어 주고 인정해 준다면 그러한 감정

은 줄어들 것이다.
- 고통스러운 감정이 무시되거나 억압되면 이러한 감정은 강해져서 '독'이 될 것이다.
- 생애 초기의 잘 만들어진 정서적 기억은 고령노인에게도 일정 부분 존재한다.
- 보다 최근의 기억들을 회상하는 데 실패했을 때 노인들은 초기의 기억들을 상기함으로써 자신의 삶의 균형을 회복시키고자 한다.
- 시력을 잃으면 마음의 눈을 통해 본다. 청력을 잃으면 과거의 소리를 듣게 된다.
- 인간은 다양한 수준의 인식단계를 가지고 있다.
- 현실이 고통스러울 때, 고령노인들은 과거의 기억을 상기시키거나 자극함으로써 살아가기도 한다.
- 현재 느끼는 감정은 과거에 느꼈던 비슷한 감정에 방아쇠를 당길 수 있다.

이와 같이 인정요법의 기술은 간단하지만 이를 잘 적용하기 위해서는 인정요법의 신념과 가치, 원리에 유념해야 하며, 치매노인을 포함하여 분별력이 저하된 노인들을 인정하고 그들에게 공감하는 능력이 필요하다.

③ 회상

회상은 과거의 사건이나 경험을 기억해 내는 과정으로 과거를 돌아보고 지나온 생을 정리하는 특성을 가진 노인들에게 적합한 개입방법이다. 관련 문헌을 요약해 회상의 결과를 제시한 전시자(1989)에 따르면, 회상은 다음과 같은 효과가 있다. 회상을 통해 노인들은, 첫째, 과거 자신의 긍정적인 자아상과 현재를 동일시함으로써 자아성취감, 충족감, 생의 의미를 발견하게 된다. 둘째, 심리적 상실감을 극복하고 자아통합을 성취하며 우울이 감소한다. 셋째, 자신의 과거를 미화하거나 합리화함으로써 죄의식과 갈등을 극복할 수 있다. 넷째, 자신의 생애를 완전한 실패로 회고할 경우에는 외로움, 우울, 죄의식이 심화될 수도 있다. 회상은 대개 이러한 긍정적 · 부정적 효과가 있지만 그 효과는 대상에 따라 다양하다. 예를 들어, 무료하고 일상적인 시설에서 생활하는 노인의 경우에는 회상이 강한 즐거움인 데 비해 지역사회에서 활발하게 활동하는 노인의 경우에는 그 효과가 덜할 수 있다(Burnside, 1996).

회상은 개별 노인이나 노인집단 모두를 대상으로 행해질 수 있지만 대개 집단과정을 통해 이루어진다. 집단에서의 회상이 개별 노인에 대한 회상보다 비용이 적고, 기억공유과정을 통해 소속감이 증진되며, 다른 노인의 경험과 자신의 경험을 비교함으로써 개인적 정체성과 인간적인 가치감이 강화되고 외로움과 소외감을 줄일 수 있기 때문이다.

회상집단의 일반적인 진행양식은 다음과 같다(엄명용, 2000). ① 집단을 시작하면서 간단한 인사말을 주고받은 후 그날의 주제나 화제를 소개한다. ② 참가자들이 주제와 관련된 자신의 경험 및 쟁점을 자유롭게 이야기하도록 한다. ③ 집단지도자는 노인들이 이야기한 내용이나 경험을 스스로 정리·통합할 수 있도록 적절한 도움을 제공한다. ④ 구성원의 이야기 내용과 경험을 다른 참여자가 공유할 수 있도록 유도한다. ⑤ 모든 사람이 어느 정도 경험을 이야기하고 나눈 후 전체적인 정리를 한다. ⑥ 다음 모임에서 이야기할 주제를 소개하고 끝맺는다.

이때 회상의 주제는 집단지도자가 정할 수도 있고 집단에 참여하는 노인들이 상의하여 정할 수도 있다. 노인의 회상작업을 촉진하기 위해 기념일, 명절, 제사, 좋아하는 음식, 기억에 남는 선생님, 어린 시절 살던 동네, 군대생활, 첫 직장, 결혼, 첫 자녀 출산, 즐겨 부르던 노래와 같은 주제가 사용될 수 있다.

④ 존엄치료

캐나다의 Chochinov 박사가 개발한 존엄치료는 죽음을 앞둔 사람의 존엄을 이해하고 이를 유지할 수 있도록 원조하는 완화치료의 한 방법이다. 존엄치료는 임종을 앞둔 사람에게 아홉 가지 질문을 통해 '환자 자신이 죽어도 자신의 메시지가 살아서 계속되기 때문에 남겨진 사람들은 마음의 평안을 얻고, 자신도 문장을 만들면서 편안한 안정감을 얻을 수 있는 것'이라는 논리에서 만들어졌다(김유숙 역, 2011). 존엄치료의 질문과 과정은 다음과 같다(〈표 4-3〉〈표 4-4〉 참조).

| 표 4-3 | 존엄치료 질문 |

- 당신의 인생에서 특히 기억에 남는 것이나 가장 소중하다고 생각하는 것은 어떤 것입니까? 당신이 가장 생기 있었던 때는 언제입니까?
- 당신 자신에 대해 소중한 사람이 알고 있어 주길 바라는 것이나 기억해 주었으면 하는 것이 특별히 있습니까?

- (가족, 직업, 지역활동 등과 관련해) 당신이 인생에서 이룬 역할 중 가장 중요한 것은 무엇입니까? 왜 그것은 당신에게 중요합니까? 당신은 그것을 어떻게 달성했다고 생각합니까?
- 당신이 이룬 가장 중요한 성취는 무엇입니까? 무엇을 가장 자랑스러워합니까?
- 소중한 사람에게 말해 두어야 한다고 지금까지도 느끼고 있는 것이나 다시 한번 이야기해 두고 싶은 것이 있습니까?
- 소중한 사람에 대한 당신의 희망과 바람은 무엇입니까?
- 당신이 인생으로부터 배운 것 중 다른 사람들에게 전하고 싶은 것은 무엇입니까? 남기고 싶은 조언이나 지침은 무엇입니까?
- 장래에 소중한 사람에게 도움이 되도록 남기고 싶은 말 혹은 지시 등이 있습니까?
- 이 영구적 기록을 남기면서 포함시키고 싶은 다른 것이 있습니까?

| 표 4-4 | 존엄치료과정 |

① 존엄치료 대상 환자에게 〈표 4-3〉의 아홉 가지 질문을 미리 전달한다.
② 2~3일 후 상담자와 환자가 만나 질문과 존엄치료의 과정에 대해 이야기하고 내용을 녹음한다.
③ 상담자는 녹음한 내용을 문서화한다.
④ 문서작업이 끝나면 환자와 만나 문서를 낭독한다.
⑤ 환자가 수정할 부분이나 삭제할 부분을 이야기하면 상담자가 이를 반영해 최종 문서를 만든다.
⑥ 환자의 뜻에 따라 원하는 시기에 그가 직접 지정한 사람들에게 최종 문서를 공개한다. 공개대상은 배우자나 자녀에 한정될 수도 있고, 환자와 비슷한 상황에 놓인 불특정 다수가 될 수도 있다.

3) 종결단계

종결단계에서 중요한 활동은 평가와 종결이다. 평가란 개입과정 동안에 이루어진 활동의 결과를 연구하고 측정하는 것이다. 이러한 활동의 핵심은 특정 지표를 이용하여 목적성취 정도를 분석하는 것이다. 종결이란 사회복지사와 클라이언트 간의 상담관계가 끝나는 것을 의미한다. 이 단계에서는 종결의 이유를 명확히 하고 종결에 대한 계획을 세우며 진전상황을 평가하게 된다(McMahon, 1996).

상담관계를 종결하는 과정에서는 종결의 시기, 이별의 슬픔, 의뢰, 종결 후의 방문, 추후지도의 문제 등에 대해 생각해 보아야 한다. 이와 관련하여 McDonald와 Haney(1997)는 각 문제에 대해 다음과 같이 유용한 지침을 제시하였다.

첫째, 종결의 시기와 관련하여 클라이언트와 사회복지사가 상호 합의된 상태에서 관계를 종결하기로 결정했더라도 클라이언트에게 추가회기를 권유하는 것이 필요하다. 문제가 해결됐을 때 관계를 종결하는 것이 사회복지사의 입장에서는 합리적이지만 클라이언트의 입장에서는 차갑고 무관심하다고 느낄 수 있기 때문이다.

둘째, 사회복지사는 종결과 관련된 클라이언트의 슬픔을 다루기 위해 클라이언트의 분노, 슬픔, 죄의식, 버려졌다는 두려움, 새로운 과정을 시작하는 데서 오는 흥분 등의 감정을 탐색해 볼 필요가 있다. 이러한 감정을 드러내 놓고 논의하는 과정에서 클라이언트가 사회복지사만큼 친근하게 이야기할 대상이 없다고 느낀다면 클라이언트가 적어도 한 명의 친한 사람과 지원망을 개발할 수 있도록 추가회기를 갖는다.

셋째, 클라이언트를 다른 기관이나 전문가에게 의뢰할 경우에는 다음과 같은 활동이 필요하다(Weissman, 1976). ① 필요한 기관이나 서비스에 대한 정보를 글로 써서 클라이언트에게 전달한다. ② 의뢰할 기관에 클라이언트의 욕구에 대해 개괄적으로 정리한 글을 보낸다. ③ 클라이언트가 떠나기 전에 의뢰기관에 연락하여 클라이언트와 만날 약속시간을 정한다. ④ 클라이언트가 의뢰기관에 가기를 꺼리거나 스트레스 상황에 있을 때, 혹은 거동이 불편할 때는 클라이언트와 함께 의뢰기관에 동행한다. ⑤ 의뢰기관에 대해 객관적인 정보를 제공하여 비현실적인 기대를 갖지 않도록 한다.

넷째, 상담이 효과적으로 진행되고 적절하게 종결되었다면 새로운 문제가 발생해도 클라이언트는 문제를 다룰 자원과 자신감을 가질 수 있다. 하지만 클라이언트가 여전히 사회복지사나 기관이 자신을 지지해 주기 바란다면 향후 상담할 일이 있을 때 방문하도록 권유한다.

다섯째, 추후지도를 실시하는 것이 중요하다. 추후지도란 클라이언트와의 상담을 종결하고 어느 정도 시간이 흐른 후 클라이언트가 잘 지내고 있는가를 알아보기 위해 접촉하는 것이다. 신중한 추후지도를 통해 사회복지사는 자신이 클라이언트에게 관심을 갖고 있다는 것을 보여 줄 수 있다.

참고문헌

김경애, 하양숙(1998). 치매노인에 대한 인정요법의 효과. 정신간호학회지, 7(2), 384-397.

김유숙 역(2011). 존엄치료: 소중한 사람에게 편지를 쓰자. Yasunaga, K., & Chochinov, H. M. 저. 서울: 학지사.

엄명용(2000). 뇌졸중 노인을 위한 회상 그룹 운영과 평가: 노인복지관을 중심으로. 한국노년학, 29(1), 21-35.

이장호(1996). 상담심리학(3판). 서울: 박영사.

이장호, 김정희(1998). 집단상담의 원리와 실제. 서울: 법문사.

전시자(1989). 회상(reminiscence)에 관한 개념 분석. 대한간호학회지, 19(1), 92-98.

정인과, 곽동일, 조숙행, 이현수(1997). 한국형 노인우울검사 표준화 연구. 노인정신의학, 1(1), 61-72.

Burlingame, V. S. (1995). *Gerocounseling Elders and Their Families*. New York, NY: Springer.

Burlingame, V. S. (1999). *Ethnogerocounseling: Counseling Ethnic Elders and Their Families*. New York, NY: Springer.

Burnside, I. M. (1996). Reminiscence. In J. E. Birren et al. (Eds.), *Encyclopedia of Gerontology: Age, Aging, and the Aged*. Cambridge, MA: Academic Press.

Day, C. R. (1997). Validation therapy: A review of the literature. *Journal of Gerontological Nursing, 23*(4), 29-34.

Dietch, J. T., Hewett, L. J., & Jones, S. (1989). Adverse effects of reality orientation. *Journal of the American Geriatrics Society, 37*(10), 974-976.

Feil, N. (2002). *The Validation Breakthrough*. Baltimore, MD: Health Professional Press.

Katz, S. et al. (1963). Studies of illness in the aged: The index of ADL: A standardized measure of biological and psychosocial function. *The Journal of the American Medical Association, 185*, 914-919.

Kirst-Ashman, K. K., & Hull, G. H. Jr. (1993). *Understanding Generalist Practice*. Chicago, IL: Nelson-Hall Publishers.

Lowy, L. (1985). *Social Work with the Aging: The Challenge and Promise of the Later Years* (2nd ed.). New York, NY: Longman.

McDonald, P. A., & Haney, M. (1997). *Counseling the Older Adult: A Training Manual in Clinical Gerontology*. San Francisco, CA: Jossey-Bass.

McInnis–Dittrich, K. (2002). *Social Work with Elders: A Biopsychosocial Approach to Assessment and Intervention*. Boston, MA: Allyn & Bacon.

McMahon, M. O. (1996). *The General Method of Social Work Practice: A Generalist Perspective* (3rd ed.). Boston, MA: Allyn & Bacon.

Mehrabian, A. (1971). *Silent Message*. Delmont, CA: Wadsworth.

Sheafor, B. W., Horejsi, C. R., & Horejsi, G. A. (1997). *Techniques and Guidelines for Social Work Practice* (4th ed.). Boston, MA: Allyn & Bacon.

Wan, T. H., Odell, B. G., & Lewis, D. T. (1982). *Promoting the Well-being of the Elderly: A Community Diagnosis*. New York, NY: Haworth Press.

Weissman, A. (1976). Industrial social services: Linkage technology. *Social Casework*, *57*(1), 50–54.

Whittaker, J. K., & Tracy, E. M. (1989). *Social Treatment: An Introduction to Social Work Practice*. New York, NY: Aldine de Gruyter.

노인사례관리

윤경아

면밀한 욕구사정과 사례계획을 바탕으로 지역사회의 공적·사적 자원을 활용하여 서비스를 전달하고 이를 종합적으로 점검·관리하는 사례관리도 노인복지실천현장에서 유용하다. 노인을 대상으로 하는 노인사례관리란 노인의 욕구에 대한 종합적인 평가에 기초하여, 노인의 의료적·신체적·정서적·사회적 욕구 등을 충족시키기 위한 통합적 접근이다. 노인사례관리는 사례관리 과정에서 선택과 임파워먼트를 촉진하고, 노인의 자기존중과 자아존중감을 높이며, 파트너십을 증진하고, 노인차별을 반대하는 방향으로 진행되어야 한다는 점에서 다른 대상의 사례관리와 다소 차이가 있다. 제5장에서는 노인사례관리의 개념과 목적, 기능, 절차 등을 살펴봄으로써 노인사례관리에 대해 포괄적으로 이해하고자 한다.

제**5**장

1. 노인사례관리의 개념과 목적

서구, 특히 미국에서 사례관리의 시작은 19세기 후반의 공중보건 영역으로까지 거슬러 올라가지만, 1960~1970년대 '휴먼서비스 프로그램의 확대'(Kersbergen, 1996; Intagliata, 1982: Sandberg, 2013에서 재인용)와 '탈시설화'의 영향으로 중요성이 다시 부각되었다. 휴먼서비스 프로그램의 확대로 클라이언트가 이용할 수 있는 서비스의 규모가 상당히 확대되었다. 그런데 재정지원 방식의 문제로 서비스 네트워크가 복잡하게 형성되고, 중복이나 조정의 문제가 초래되었으며(Intagliata, 1982), 한편으로는 탈시설화의 영향으로 지역에 흩어져 있는 클라이언트와 사회복지서비스를 연계, 조정할 필요성이 높아졌기 때문이다.

우리나라에서는 1990년대 중반 사례관리의 한국적 적용에 대한 황성철의 논의 이후 사례관리에 대한 관심이 시작되었다. 노인복지분야에서는 1990년대 후반부터 서비스를 효과적이고 효율적으로 관리하기 위해 사례관리를 도입하였다(정순둘, 이선희, 2010).

사례관리라는 용어는 1990년대에 들어서 사회복지사, 간호사, 의사 및 다른 전문직들에 의해 애용되고 있지만, 다양한 용어로 사용되고 있으며, 실천분야에 따라 강조점이 다르다. 특정한 사람을 지칭하는 사례(case)라는 용어보다 제공되는 서비스를 강조하고, 전반적인 관리(management)보다는 서비스나 자원의 연계와 조정을 강조하는 차원에서 서비스 조정(service coordination)이나 자원 조정(resource coordination)이라는 용어를 사용하기도 한다. 또한 실천분야에 따라 사례관리의 강조점이 다르다. 예를 들어, 정신건강분야에서는 사례관리과정 및 사례관리자와 클라이언트의 관계 양쪽 모두에서 치료적 특성이 강조된다(Johnson & Rubin, 1983). 노인복지분야에서 일하는 사례관리자들에게는 특정 클라이언트의 욕구를 충족시킬 수 있는 보건 및 사회서비스의 패키지를 계획하고 조정하는 역할이 강조된다 (Goodman, 1987).

이에 따라 사례관리에 대한 정의가 다양한데, 이러한 정의는 크게 세 가지로 구분하여 볼 수 있다(Moore, 1990). 첫째는 표적집단에 대한 개입과 환경에 대한 개입 간 균형에 초점을 두는 것이다. 둘째는 사례관리의 핵심 과업에 따라 사례관리를 정의하는 것이다. 셋째는 사례관리의 기능을 설명함으로써 사례관리를 정의하는 것이다. 〈표 5-1〉에서 보면 O'Connor(1988)의 정의가 첫 번째 유형에 속하고, Moxley(1989)부터 전미사회복지사협회의 정의가 두 번째 유형에 속한다. 사례관리의 전반적인 기능을 정의한 Austin(1983)의 정의가 세 번째 유형에 속한다. 이상의 정의를 종합해 볼 때, 사례관리의 정의에는 포괄적인 사정, 지속성, 조정, 핵심 과제의 수행 그리고 장기적인 보호가 필요한 대상의 욕구 충족 및 이러한 욕구 충족을 위한 서비스 제공이 포함된다. 사례관리는 사회복지실천의 한 방법으로 복합적 욕구를 가진 대상에 대한 통합적 접근으로 정의할 수 있으며, 노인을 대상으로 한 사례관리도 이상의 정의가 적용된다. 즉, 노인사례관리는 노인의 욕구에 대한 종합적인 평가에 기초하여, 노인의 의료적 · 신체적 · 정서적 · 사회적 욕구 등을 충족시키기 위한 통합적 접근으로 볼 수 있다.

앞에서 살펴본 바와 같이, 사례관리가 의료, 보건, 복지 등 여러 분야에서 광범위하게 활용되고 있고 사례관리의 정의도 다양하다. 하지만 사례관리의 핵심은 '개별적이고, 클라이언트 중심적인 활동(case management)'과 '제공서비스와 수행과정을 효과적이고 효율적으로 관리(system management)'하는 것이다(Fachhochschule des Mittelstands, 2014). 즉, 사례관리자는 사례수준에서 서비스와 자원의 필요성을 결정

표 5-1 **사례관리의 다양한 정의**

출처	사례관리의 정의
O'Connor(1988)	지역사회자원을 효과적으로 조직, 조정하는 행정적 · 관리적 차원과 전문적 관계 속에서 지속적 보호와 상담 및 치료를 제공하는 직접적 개입을 통해 클라이언트의 욕구를 충족시키는 활동
Moxley(1989)	복합적인 욕구를 가진 사람들의 복지와 기능을 최대화하기 위해 공적 · 사적 지원과 활동의 망을 조직하고 조정하고 유지하는 것
Rothman(1991)	노인, 아동, 장애인을 포함한 다양한 클라이언트에게 지역사회에서 지속적이고 폭넓은 서비스를 제공하는 하나의 전략이며 방법으로 두 가지 기능이 있음. ① 지역사회에 거주하는 클라이언트에 대한 조언, 상담 및 치료 제공, ② 클라이언트와 지역사회기관 및 비공식 지원망을 연결
전미사회복지사협회 (NASW, 1992)	특정 클라이언트의 복합적인 욕구를 충족시키기 위해 클라이언트나 클라이언트 가족의 욕구를 사정, 연결, 조정, 모니터, 평가, 옹호하는 등의 다양한 서비스 패키지를 제공하는 서비스 전달 방법
Austin(1983)	개인의 보호(care)에 대한 욕구를 충족시키기 위한 가장 포괄적인 프로그램을 보장하기 위해 서비스 전달체계의 부분들을 연결, 조정하기 위한 메커니즘

하고, 계획을 수행하며, 서비스를 조정하고, 서비스 수행과정을 통제하며, 사례관리 과정 전체를 평가한다. 체계수준에서는 협력, 조정 등을 통해 서비스 제공자와 지역사회의 비공식 자원을 연결하는 역할을 한다.

한편, 복지분야에서 사례관리는 클라이언트에게 상담, 치료 등의 직접개입과 환경에 대한 간접개입 모두를 제공한다는 점에서 '환경 속의 인간'을 강조하는 개별사회사업의 전통을 이어받았다. 하지만 사례관리는 클라이언트를 기존의 프로그램에 맞추기보다 클라이언트의 욕구에 기초한 서비스의 개발과 제공을 강조하고(Renshaw, 1988), 단편화되고 분산된 지역사회 서비스를 조정, 통합할 필요성 때문에 대두되었다는 점에서 기존의 개별사회사업과 다르다(황성철, 1995). 대상 면에서 볼 때도, 사례관리는 대부분 만성적이고 복합적인 욕구를 가진 클라이언트를 대상으로 한다는 점에서 차이가 있다. 그리고 노인을 대상으로 하는 사례관리에서는 사례관리과정에서 선택과 임파워먼트를 촉진하고, 노인의 자기존중과 자아존중감을 높이며, 파트너십을 증진하고, 노인차별을 반대하는 방향으로 진행되어야 한다는 점에서 다른 대상의 사례관리와 다소 차이가 있다(Delaney, Garavan, McGee, & Tynan, 2001).

노인사례관리의 목적은 구체적으로 다음 중 하나 이상에 맞춰진다(Falik et al., 1993).

- 노인이 적절한 서비스를 받을 수 있는 기회를 증가시킨다.
- 보호의 연속성을 향상시키기 위해 서비스를 조정한다.
- 노인의 건강상태와 기능수준을 향상시킨다.
- 효율성을 높이기 위해 전체적인 서비스 비용을 절감한다.

2. 노인사례관리의 모델과 기능

사례관리의 모델은 학자나 시대에 따라 다양하게 개발되어 왔다. Netting(1992)은 이러한 다양한 사례관리모델을 다섯 가지 기준(표적집단, 기관의 성격, 목적, 세팅, 역할)에 따라 분류하여 설명하고 있는데, Netting의 정리를 중심으로 사례관리모델을 살펴보면 다음과 같다. 첫째, 사례관리는 특정 클라이언트집단의 욕구를 충족시킬 수 있는 방향으로 개발되었다. 허약한 노인이나 신체적·정신적 장애가 있는 사람들 혹은 다양한 욕구를 가진 가족에게 적합한 사례관리모델들이 개발되었다. 이 모델에서 사례관리자는 특정 집단에 대한 전문 지식과 기술이 있어야 한다.

둘째, 사례관리는 사회복지관과 같이 지역사회를 기반으로 한 전통적 비영리 기관이나 정부와 같은 공공기관 혹은 영리를 추구하는 기관에서 다양하게 이루어지고 있으며, 사례관리가 이루어지는 기관의 성격에 따라 사례관리 비용이 지급되는 곳(공적 영역 혹은 클라이언트)도 다르고, 사례관리를 제공하는 목적도 달라질 수 있다.

셋째, 목적에 따라서는 사례관리모델은 사회적 모델, 일차적 보호모델 및 의료-사회적 모델로 구분된다. 사회적 모델에서는 사례관리 대상의 지역사회 거주에 초점을 두며, 건강보호보다는 기본적인 지지서비스를 제공하는 데 목적이 있다. 일차적 보호모델은 전통적인 의료적 접근에 기반을 두며, 자원의 효율적 사용을 위해 서비스 이용을 모니터링하는 데 목적이 있다. 의료-사회적 모델은 취약인구집단을 대상으로 더 이상의 문제를 예방하고, 안정상태를 이루는 데 초점을 둔다.

넷째, 사례관리는 서비스가 제공되는 세팅에 따라서도 다양하게 이루어질 수 있다. 사례관리가 자신의 집에 거주하는 노인에게 제공되는지, 시설거주 노인에게 제공되는지, 혹은 병원에서 퇴원할 환자에게 제공되는지에 따라 사례관리에서 제공되는 서비스가 다양해질 수 있다.

다섯째, 사례관리자의 역할에 따라서도 사례관리모델이 다양하다. 사례관리자는 중개자, 옹호자, 문제 해결자, 지역사회조직가, 평가자, 컨설턴트, 조정자, 상담가, 치료자 등과 같은 다양한 역할들 중에서 몇 가지 역할을 담당하게 되는데, 어떤 역할이 강조되느냐에 따라 사례관리모델이 달라질 수 있다.

이 외에도 Ross(1980)는 사례관리의 기능에 기초하여 노인을 대상으로 세 가지 사례관리 프로그램(최소모델, 조정모델, 포괄모델)을 제시하였다. 최소모델은 사례를 발굴하여 욕구를 사정하고 개입계획을 수립한 후 서비스 제공자에게 의뢰하는 것이다. 조정모델은 최소모델에서 제공하는 서비스에 더하여 클라이언트에 대한 옹호, 직접개입, 지원체계 개발, 재사정을 포함한다. 포괄모델에서는 조정모델에서 제공되는 서비스에 더하여 자원개발을 위한 옹호, 서비스품질 모니터링, 대중교육, 위기개입을 포함한다.

앞에서 살펴본 바와 같이, 사례관리의 모델이 다양하지만, 사례관리자는 공통적으로 〈표 5-3〉의 활동을 하게 된다(White, 1987). 이러한 활동은 사례관리의 핵심 기능이기도 하다.

서비스의 목적을 이루기 위해 활동하는 과정에서 사례관리자는 상담가, 조정자, 옹호자의 역할을 통합적으로 수행하게 된다(Dattalo, 1994). 상담가로서 사례관리자는 클라이언트에게 자원과 문제 해결과정에 대한 정보를 제공하고, 정서적 지지를 제공할 뿐만 아니라 클라이언트가 서비스를 이해, 수용하도록 돕는다. 조정자로서 사례관리자는 클라이언트의 욕구에 맞는 자원을 연결하고, 지역이나 기능이

표 5-2 **Ross의 사례관리 프로그램 모델**

	최소모델	조정모델	포괄모델
아웃리치	○	○	○
사정	○	○	○
사례계획	○	○	○
서비스 제공자에 의뢰	○	○	○
클라이언트 옹호		○	○
직접개입		○	○
지원체계 개발		○	○
재사정		○	○
자원개발을 위한 옹호			○
서비스품질 모니터링			○
대중교육			○
위기개입			○

출처: Sandberg (2013), p. 27.

표 5-3 **사례관리의 핵심 기능**

기능	주요 내용
대상자 발굴	대상자를 발굴하여 서비스 받을 자격이 있는지의 여부를 결정하고 초기상담 진행
사정	클라이언트의 상황, 욕구, 자원 파악
계획	클라이언트의 욕구를 충족시키기 위해 서비스 계획 개발
조정	다양한 공적 · 사적 자원을 연결할 수 있는 계획을 세워 실행
점검 및 재사정	계획대로 서비스가 제공되었는가를 점검하고 계획이 충분했는지 혹은 클라이언트의 상황이나 서비스상에서 이루어진 변화가 지속되는지를 정기적으로 재평가

분리되어 있는 둘 이상의 그룹이나 사람들을 연결하는 바운더리 스패너(boundary spanner; Cross & Parker, 2004)의 역할을 한다. 옹호자로서의 사례관리자는 클라이언트와 서비스 제공자 간 갈등 발생 시 중재하고, 지역사회자원을 조직하는 역할을 한다. 노인을 대상으로 이러한 역할을 수행하는 과정에서 사례관리자는 노인을 진심으로 존중하고, 사례관리과정에 노인의 참여를 최대화하며, 의사결정을 충실히 하고, 비밀유지와 자기결정권을 존중해야 한다(Steinberg & Carter, 1983). 이 외에도 사례관리에 긍정적인 효과를 낸 조건들에 대해 살펴보면 다음과 같다(Rapp & Goscha, 2004).

- 사례관리자가 서비스 전달에 참여한다.
- 가능하다면, 대상자의 자연적인 환경에서 사례관리 서비스를 제공한다.
- 팀 접근을 한다.
- 이웃, 성직자, 사회복지관 등과 자연적인 공동체 관계를 형성하는 데 초점을 둔다.
- 사례관리자가 슈퍼비전을 받을 수 있다.
- 대상자와 접촉하는 빈도 및 사례관리의 질을 높일 수 있을 만큼 사례 수가 적다.
- 가능한 경우, 심각한 욕구가 있는 대상자는 사례관리 시간이 제한되지 않는다.
- 사례관리의 대상자가 항상 위기개입서비스를 받을 수 있다.
- 자기결정과 대상자의 선택은 성공에 필수적이다.

3. 노인사례관리의 원칙과 절차

사례관리 실행에서 중요하게 지켜져야 할 원칙으로는 서비스의 개별화, 서비스의 포괄화, 서비스의 중복 금지, 자율성 조장, 보호의 연속성을 들 수 있다(Gerhart, 1990). 서비스의 개별화란 특정 노인의 특별한 욕구에 맞는 서비스를 개발하거나 고안하는 것이다. 서비스의 포괄화는 주택, 여가, 고용, 사회적·경제적·의료적 보호, 정신건강 등 노인의 모든 삶의 영역을 포괄하는 서비스를 의미한다. 서비스의 중복금지는 서비스의 중복을 피하고 비용을 통제하는 것이다. 서비스가 조정되지 않은 경우 어떤 욕구는 여러 기관에서 중복되게 서비스를 받음으로써 충족될 수 있지만 다른 욕구는 충족되지 않을 수 있기 때문에 이 원칙이 강조된다. 자율성 조장은 노인에게 최대한의 자기결정권을 부여하여 가능한 노인이 스스로 생활할 수 있도록 원조하는 것을 의미한다. 끝으로, 보호의 연속성은 노인이 생활하면서 병원이나 지역사회 내에서 다양한 서비스를 받을 수 있는데, 이때 지속적으로 노인의 욕구를 점검하여 욕구 변화에 민감하게 대처해야 한다는 것을 의미한다.

사례관리의 과정은 일련의 단계를 통해 이루어진다. 〈표 5-4〉와 같이, 사례관리

표 5-4 **노인사례관리 단계의 주요 과업**

사례관리 단계	단계별 주요 과업 및 사례관리자의 역할
대상자 발굴 및 초기상담	• 접수: 대상자 직접 요청, 타기관 혹은 주민 의뢰, 직접 발굴을 통해 사례관리가 필요한 대상자를 발굴하고 초기상담을 통해 사례관리로 접수 • 초기상담: 사례관리의 의미와 절차 안내, 참여자에 대한 기본정보 수집 • 참여여부 결정: 상담결과에 따라 사례관리 진행 여부 판단
욕구사정 및 대상자 선정	• 욕구사정: 사례관리가 필요한 대상자의 욕구 영역별 현상 및 원인을 파악하고, 대상자로 선정하기 위한 심층조사 • 사례관리 여부 결정: 사례관리가 필요하다고 판단되고 해당 기관에서 사례관리를 진행하기로 결정하면 사례관리 대상자로 선정하고, 사례관리가 필요하지 않다고 판단되거나 다른 기관에 의뢰가 필요한 사례로 판단되면 사례관리 대상자로 선정하지 않음
서비스 제공 계획 수립	• 계획: 목표달성 가능성 및 구체성, 측정가능성, 대상가구 상황 등을 종합적으로 고려하여 욕구 영역별 대상자에 대한 장·단기 목표를 설정하고, 논의된 자원을 확인하여 구체적인 서비스 제공 계획을 수립하며, 서비스 이용 대상자의 동의를 구함
서비스 제공 및 점검	• 복지서비스 제공 및 모니터링: 대상자에게 서비스를 직접 제공하고, 이행 상황 및 대상자의 환경·욕구 변화 등을 주기적으로 점검 • 복지서비스 및 자원 연계(심리정서/경제/교육/법률/의료/주거서비스 등): 대상자에게 외부 의뢰나 자원을 연계하고, 수행상황 점검
종결	• 목표달성 평가: 목표달성의 정도 및 목표달성이 미흡한 원인 등 파악 • 종결과 사후관리 여부 판정: 사례관리의 개입목표가 달성되었거나 거부 등의 사유로 사례관리가 불가능할 경우 종결 여부 결정
사후관리	• 모니터링: 사례관리 대상자에 대한 개입 종결 후 일정 기간을 설정하여 대상자가 변화를 지속적으로 유지하는지 등을 모니터링 • 재개입 여부 판단: 사후관리 상담결과 재개입이 필요하다고 판단되면 초기상담단계로 이동하여 재개입

출처: 보건복지부(2018), pp. 8-34에서 정리하였다.

의 과정은 대상자 발굴 및 초기상담단계, 욕구사정 및 대상자 선정단계, 서비스 제공 계획 수립단계, 서비스 제공 및 점검단계, 종결단계, 사후관리단계로 구성되며, 각 단계마다 주요 과업과 사례관리자의 역할이 존재한다(보건복지부, 2018).

첫째, 대상자 발굴 및 초기상담단계에서는 잠재적 사례관리 대상 노인의 주된 문제와 대략적인 욕구를 파악하고, 상담결과에 따라 사례관리 진행 여부를 판단한다. 사례관리 대상자는 다음과 같은 상황을 경험하는 경우가 많다는 것에 유의하여 상담을 진행한다(Fachhochschule des Mittelstands, 2014).

- 다양한 욕구 존재
- 이용 가능한 서비스에 대해 혼동
- 누구에게 도움을 청할지 모름
- 전문용어에 대해 잘 모름
- 사회적 지원망이 적음
- 과거 문제 해결 시도들이 효과적이지 않음
- (일시적) 자원 부족
- 문제 해결의 동기가 부족하거나 체념

둘째, 사례관리과정에서 사례관리자가 해야 할 기본적인 활동은 욕구사정이며, 욕구사정 결과를 바탕으로 사례관리 대상자로 선정할지 여부를 판단한다. 욕구사정이란 사례관리가 필요한 대상자의 복합적인 욕구와 문제, 강점, 기능 및 잠재력, 사적 지원체계와 공적 지원체계의 원조능력 등에 관한 자료를 수집, 분석, 종합하는 활동이다(Hepworth & Larsen, 1993). 이 과정에서 사례관리자는 노인의 욕구를 파악하고, 욕구와 관계된 노인과 사적 지원체계(가족, 친척, 친구, 이웃, 종교단체 등) 및 공적 지원체계(국민연금, 공공부조, 의료보호, 장기요양보호, 보건서비스 등)의 능력을 평가하게 된다. 노인의 욕구를 파악하는 과정에서 사례관리자가 주의할 점은 노인을 이 과정에 적극적으로 참여시키려는 노력을 해야 한다는 것이다. 노인의 경우는 스스로 찾아오는 경우가 드물기 때문에 사정과정에 노인을 소외시켜 실제로 노인의 욕구가 확인되지 않는 경우도 발생할 수 있기 때문이다(김미혜, 1999).

욕구조사의 영역에는 안전, 건강, 일상생활 유지, 가족관계, 사회적 관계, 경제, 교육, 직업, 생활환경, 법률 및 권익 보장이 포함되며, 욕구 영역별 질문은 〈표 5-5〉에 제시하였다(보건복지부, 2017a). 욕구 영역별 질문 예시 중 강점관점 질문은 강점관점 접근에 기초한 것으로, 질문의 초점은 클라이언트가 할 수 없는 것이 아니라, 클라이언트의 강점과 클라이언트 주변 지지체계의 지원을 파악하는 데 있다.

표 5-5 **욕구 영역별 초기상담 질문 예시**

구분	점검항목별 질문
안전	• 가족구성원, 비동거가족, 이웃, 친구 등으로부터 안전을 위협받고 있는가? • 대상자가 타인의 안전을 위협하고 있는가? • 응급 시 도움을 요청할 체계가 있는가? **[강점관점 질문의 예]** • 가족구성원으로부터의 위협에 대처하기 위해 어떠한 것들을 시도하였는가? • 가족 외부적 요인으로부터의 위협을 극복하기 위해서 무엇을 하였는가? • 이들 중 도움이 되었던 것들은 어떤 것이었나? • 어떤 경우에 안전하다고 생각하는가?
건강	• 본인이나 동거가족 중 신체적 질환 혹은 정신적 질환(중독, 우울 등)으로 약물관리를 하는가? • 신체적 질환 또는 정신적 질환으로 일상생활, 사회생활 등에 어려움이 있는가? • 본인이나 동거가족 중 지난 6개월 동안 자살을 시도한 적이 있는가? **[강점관점 질문의 예]** • 어떤 경우에 본인이 신체적으로, 정신적으로 건강하다고 생각하는가? • 신체적으로 가장 잘할 수 있는 것은 무엇인가? • 무엇이 자신을 신체적으로나 정신적으로 건강하게 만든다고 생각하는가? • 현재까지 이 정도의 건강을 유지하는 비결은 무엇이라고 생각하는가? • 몸이 또는 마음이 아플 때 누구에게 연락하는가?
일상 생활 유지	• 본인이나 동거가족이 일상생활(식사, 용변 처리, 옷 입기, 세탁, 몸 씻기, 청소, 정리정돈, 수면, 그 외 가사활동)에 어려움이 있는가? • 외출 시 이동이 어려운가? **[강점관점 질문의 예]** • 어떻게 모든 일상생활(의식주 관련, 가사 등)을 처리하고 있는가? • 어떤 지원을 받고 있는가? • 여가시간에 주로 무엇을 하는가? • 얼마나 자주, 어디서, 누구와 이것을 하는가? • 특별히 좋아하는 활동은 무엇인가? • 어떤 경우에 여가를 잘 보냈다고 생각하는가? 그때는 무엇이 달랐는가?

가족 관계	• 동거 혹은 비동거 가족구성원 간 갈등이 있거나 단절된 상황인가? • 가족구성원을 돌보는 데 어려움이 있는가? **[강점관점 질문의 예]** • 도움이 필요할 때 가족 중 누가 가장 많은 의지가 되고 도움을 주는가? • 가족 중 주로 누구와 무엇을 하며 시간을 보내는가? • 가족 중에서 누가 가장 당신을 걱정하고 있다고 생각하는가?
사회적 관계	• 도움을 받을 만한 친인척, 이웃, 동료관계, 단체나 기관이 있는가? • 본인이나 동거가족이 방에서 거의 나오지 않으면서 외부와 관계가 단절된 상황인가? • 본인이나 동거가족이 이웃과 갈등을 유발하고 있는가? **[강점관점 질문의 예]** • 삶에서 가장 중요한 사람은 누구인가? • 도움이 필요할 때 누가 가장 많은 의지가 되고 도움을 주는가? • 이웃, 지역사회기관, 종교기관 등으로부터 어떤 지지를 받고 있는가? • 과거에 이웃, 지역사회기관, 종교기관 등으로부터 어떤 지지를 받았었는가? • 누구와 주로 시간을 보내는가? • 잘 지내는 친구나 이웃은 누구인가? • 누가 가장 당신을 걱정하고 있다고 생각하는가? • 현재 참여하고 있는 모임은 무엇인가?
경제	• 돈이 없어서 기초생활(의식주, 교육비, 의료비, 집세, 퇴거 위험, 난방, 공과금 등)에 어려움이 있는가? • 금전관리(수입과 지출)나 빚 때문에 어려움이 있는가? **[강점관점 질문의 예]** • 어려운 형편에 어떻게 지금까지 유지를 잘 해 왔는가? 현재 가족 혹은 정부로부터 어떤 도움을 받고 있는가? • 가족원 중에 누가 어떤 일을 하는가? • 돈이 있다면 무엇을 가장 먼저 구매하겠는가?
교육	• 본인이나 자녀가 기초학습능력(읽기, 쓰기, 말하기, 듣기, 타인 이해하기, 계산하기 등)이 부족하여 사회생활이 어려운가? **[강점관점 질문의 예]** • 노년기에 필요한 정보를 어느 정도 확보하고 있는가? • 노년기에 필요한 정보를 어디에서 얻고 있는가?
직업	• 본인이나 동거가족이 근로능력, 가족돌봄, 자녀양육, 일자리 발굴, 대인관계기술, 신용, 신체 및 정신건강 등에 어려움이 있어서 일하기 어려운가? **[강점관점 질문의 예]** • 어떤 일들을 해 보았는가? • 현재 일을 잘하고 있는 것은 무엇 때문이라고 생각하는가? • 일과 관련해서 무엇을 가장 좋아하는가? • 일하는 동안, 어떤 영역에서 최선을 다하는가?

생활 환경	• 주거나 주거환경이 본인이나 가족의 안전과 건강에 해를 끼치는가?
	• 주거환경 문제로 본인이나 동거가족이 이웃과 갈등을 유발하고 있는가?
	[강점관점 질문의 예]
	• 자신이 살고 있는 곳/지역사회의 어떤 점이 좋은가?
	• 다른 사람들은 현재 거주하고 있는 곳/지역사회에 사는 것이 어떤 면에서 좋다고 얘기할 것 같은가?
	• 이동 시 누구의, 어떤 도움을 받는가?
법률 및 권익 보장	• 본인이나 동거가족이 법적 문제로 일상생활이나 사회생활에 어려움이 있는가?
	• 본인이나 동거가족이 차별대우나 불이익을 받고 있는가?
	[강점관점 질문의 예]
	• 현재 법적인 문제와 관련하여 누구에게 어떤 기관의 자문을 받고 있는가?
	• 어떻게 대처하고 있는가?

출처: 보건복지부(2018), pp. 15-16에서 수정하였다.

사례관리 대상자 선정기준은 사례관리의 목적이나 사례관리가 이루어지는 세팅 등에 따라 차이가 있지만, 개인수준에서는 일반적으로 다음과 같은 기준을 적용할 수 있다(Wendt & Löcherbach, 2009: Fachhochschule des Mittelstands, 2014에서 재인용).

- 다양한 욕구가 복합적으로 존재
- 기본적이고 규칙적인 케어로는 불충분
- 자원 부족으로 전문가의 도움 필요
- 클라이언트가 사례관리과정에 동의

셋째, 사례관리과정의 주요 단계 중의 하나는 서비스 제공 계획을 수립하는 단계다. 이 단계에서는 욕구사정단계에서 이루어진 자료를 기초로 노인에게 필요한 서비스에 대한 전략을 짜게 된다. 구체적으로, 이 단계에서는 다음과 같은 활동이 이루어진다(대전광역시사회복지사협회, 2011).

- 욕구사정 내용에 대한 숙고
- 장 · 단기 목표 설정
- 사례관리에 포함될 자원체계 파악
- 시간계획 수립

- 계약 수립
- 서비스계획표 공유

넷째, 서비스 제공 및 점검단계다. 이 단계에서 사례관리자는 노인이 필요로 하는 서비스를 제공하거나 연결하고, 서비스 점검 결과에 따라 욕구재조사, 서비스 제공 계획 재수립, 종결로 구분하여 조치하게 된다. 이때 사례관리자는 상담가, 조정자, 옹호자로서 다음의 역할을 수행한다(Dattalo, 1993).

- 사례관리 서비스가 제공되는 과정에서 노인이 적절하고 효과적인 행동을 취할 수 있도록 사례관리자가 역할모델을 한다.
- 정서적 · 신체적 도움을 제공한다.
- 노인의 행동이 서비스를 받는 데 장애가 된다면 적절한 방법으로 노인에게 그러한 사실에 대해 솔직하게 이야기한다.
- 서비스 제공자와 노인 간의 갈등을 조정한다.
- 노인의 서비스 이용을 어렵게 만드는 서비스 전달체계의 문제점을 파악하여 서비스 전달체계에 알린다.
- 새로운 서비스를 개발하도록 지원한다.

이 외에도 사례관리자는 임상상담이나 치료와 같은 직접서비스를 제공하는 역할도 한다(Falik et al., 1993). 또한 이 단계의 주요 활동 중의 하나는 서비스 계획을 점검하고 재사정하는 것이다. 이 단계에서 사례관리자는 서비스 계획, 서비스에의 접근성, 활용도 등을 검토하고 노인의 환경과 욕구의 변화를 사정하며 노인의 진전 상황을 평가한다.

다섯째, 종결단계다. 종결단계의 주요 활동은 사례관리의 개입목표에 대한 평가 및 종결과 사후관리 여부를 결정하는 것이다. 종결은 노인의 욕구가 충족되어 더 이상 사례관리가 필요 없거나 노인의 사망이나 사례관리자의 이직, 기관의 폐쇄 등으로 더 이상 서비스를 제공할 수 없을 때 하게 된다.

여섯째, 사후관리단계다. 이 단계에서는 노인에 대한 개입을 종결한 후 일정 기간을 설정하여 노인이 사례관리를 통해 이룬 긍정적인 변화를 유지하는지 점검한다.

새로운 문제나 욕구가 발생할 경우 재개입이 필요하다고 판단되면 초기상담단계로 이동하여 재개입하거나 의뢰할 수 있다.

 참고문헌

김미혜(1999). 재가노인 사례관리 실천모형의 적용연구(pp. 61-118). 한국재가노인복지협회. 재가노인 복지서비스. 서울: 동인.

대전광역시사회복지사협회(2011). 사례관리 실천매뉴얼.

보건복지부(2017a). 민-관 정보공유시스템을 활용한 민간 사례관리 업무 가이드.

보건복지부(2017b). 2017 읍면동 맞춤형 복지 업무매뉴얼.

보건복지부(2018). 지자체-복지기관 정보공유시스템을 활용한 민간 사례관리 업무 가이드.

정순둘, 이선희(2010). 한국 노인복지분야 사례관리실천의 현재-사회복지사들의 주관적 인식과 경험을 중심으로. 노인복지연구, 50, 7-26.

황성철(1995). 사례관리실천을 위한 모형개발과 한국적 적용에 관한 연구. 한국사회복지학, 27, 275-304.

Austin, C. D. (1983). Case management in long-term care: Options and opportunities. *Health and Social Work*, 8, 16-30.

Cross, R. L., & Parker, A. (2004). *The Hidden Power of Social Networks: Understanding How Work Really Gets Done in Organizations*. Boston, MA: Harvard Business Press.

Dattalo, P. (1993). Case management for gerontological social workers. In N. P. Kropf & R. Schneider (Eds.), *Gerontologial Social Work: Knowledge, Service Settings, and Special Populations*. Chicago, IL: Nelson-Hall Publisher.

Delaney, S., Garavan, R., McGee, H., & Tynan, A (2001). *Care and Case Management for Older People in Ireland: An Outline of Current Status and a Best Practice Model for Service Development*. Health Services Research Centre Department of Psychology, Royal College of Surgeons in Ireland.

Fachhochschule des Mittelstands (2014). *Case Management: A Guideline*. Bielefeld, Germany.

Falik, M. et al. (1993). Case management for special populations: Moving beyond categorical distinctions. *Journal of Case Management*, 2(2), 39-45.

Gerhart, U. C. (1990). *Caring for the Chronic Mentally Ill*. Itasca, IL: Peacock.

Goodman, C. C. (1987). The frail elderly: Who should get case management. *Journal of Gerontological Social Work, 2*(3/4), 99-112.

Hepworth, D. H., & Larsen, J. (1993). *Direct Social Work Practice: Theory and Skills* (4th ed.). Pacific Grove, CA: Brooks/Cole.

Intagliata, J. (1982). Improving the quality of community care for the chronically mentally disabled: The role of case management. *Schizophrenia Bulletin, 8*(4), 655-674.

Johnson, P., & Rubin, A. (1983). Case management in mental health: A social work domain? *Social Work, 28*, 49-55.

Kersbergen, A. L. (1996). Case management: A rich history of coordinating care to control costs. *Nursing Outlook, 44*(4), 169-172.

Moore, S. T. (1990). A social work practice model of case management: The case management grid. *Social Work, 35*(5), 444-448.

Moxley, D. O. (1989). *The Practice of Case Management*. Newbury Park, CA: Sage.

NASW (1992). Standards for Social Work Case Management.

Netting, F. E. (1992). Case management: Service or symptom. *Social Work, 37*(2), 160-164.

O'Connor, G. G. (1988). Case management: System and practice. *Social Casework, 69*(2), 97-106.

Rapp, C. A., & Goscha, R. J. (2004). The principles of effective case management of mental health services. In L. Davidson, C. Harding, & L. Spaniol (Eds.), *Recovery from Severe Mental Illnesses: Research Evidence and Implications for Practice* (pp. 24-51). Boston, MA: Center for Psychiatric Rehabilitation.

Renshaw, J. (1988). Care in the community: Individual care planning and case management. *British Journal of Social Work, 18*, 79-105.

Ross, H. (1980). Proceedings of the conference on the evaluation of case management programs (March 5-6, 1979). Los Angeles, CA: Volunteers for Services to Older Persons.

Rothman, J. (1991). A model of case management: Toward empirically based practice. *Social Work, 36*, 520-528.

Sandberg, M. (2013). Case management for frail older people: Effects on healthcare utilisation, cost in relation to utility, and experiences of the intervention. Unpublished doctoral dissertation. Lund University.

Steinberg, R., & Carter, G. (1983). *Case Management and the Elderly*. Lexington, MA: D. C. Heath and Company.

White, M. (1987). Case management. In G. L. Maddox et al. (Eds.), *Encyclopedia of Aging* (pp. 92-97). New York, NY: Springer Publishing Company, Inc.

노인의 경제 및 고용실태

정윤경

이 장에서는 소득을 중심으로 한 노년기 경제적 상황과 고용 관련 실태에 대해 살펴보았다. 주지되다시피 우리나라의 노인 빈곤율은 매우 높은 수준이며, 소득이 노년기 삶의 질에 직접적인 영향을 미친다는 점을 고려하였을 때 빈곤의 해결은 현재 우리나라의 가장 중요한 노인복지 영역 중 하나다. 우리나라 노인들은 후기 노년기까지 오랜 기간 노동시장에 머무르지만 이러한 높은 경제활동 참여율의 이면에는 심각한 고용불안정의 문제가 있다. 따라서 노인들의 고용불안정과 관련된 상황에 대해서도 이 장에서 다루었다. 마지막으로 노인 빈곤과 노인들의 고용 상황을 개선하는 데 필요한 개선점에 대해 논의하였다.

1. 노년기 경제상태

1) 소득실태

소득은 노년기 건강이나 안전 등과 관련된 서비스를 구매하고 삶의 질을 유지하는 데 꼭 필요한 자원이다. 〈표 6-1〉은 2020년 노인실태조사(이윤경 외, 2021)에 나타난 우리나라 노인들의 연간 개인 총소득이다. 연간 총소득은 약 1,557.6만 원 정도였으며 노인의 특성에 따라 소득액의 차이가 있었다. 남성노인(2,072만 원)이 여성노인(1,169만 원)에 비해 소득이 훨씬 높았고 나이가 증가할수록 소득은 낮아지는 경향이 나타나 65~69세의 소득은 약 2,132만 원이지만, 85세 이상의 소득은 약 892만 원이었다. 지역별로는 동 지역에 사는 노인의 소득이 읍 · 면부에 사는 노인보다 많았

표 6-1 노인 연간 개인 평균 총소득

노인		금액(만 원)
전체		1,557.6
성별	남자	2,072.2
	여자	1,168.7
지역별	동부	1,668.8
	읍 · 면부	1,209.5
연령별	65~69세	2,131.8
	70~74세	1,561.5
	75~79세	1,294.3
	80~84세	949.1
	85세 이상	892.3
연 가구소득별	제1오분위	493.7
	제2오분위	801.5
	제3오분위	1,272.5
	제4오분위	1,807.8
	제5오분위	3,413.3

출처: 이윤경 외(2021), p. 377의 〈표 8-4〉를 재구성하였다.

다. 노인이 속한 가구의 가구소득별로도 격차가 크게 나타나 제5분위상 가구소득이
가장 높은 집단에 속한 노인들의 개인 총소득의 평균은 3,413만 원인 데 비해 가장
낮은 집단은 500만 원 미만으로 나타났다.

　노년기 소득의 유형에는 노동시장 참여를 통한 근로소득, 연금과 저축 등을 통한
재산소득, 자녀나 친척으로부터 금전적인 지원을 받는 사적 이전소득, 정부로부터
지원받는 공적 이전소득 그리고 민간단체의 지원 등이 있다(최혜지 외, 2020). 각 년
도 노인실태조사 결과를 바탕으로 소득 유형에 따라 노인들의 연간 개인 소득액의
비중을 살펴보면 〈표 6-2〉와 같다.

| 표 6-2 | 노인 소득원천별 금액 및 구성비(개인 소득) | | | | | | | (단위: %) |

연도	근로소득	사업소득	재산소득	공적 이전 소득	사적 이전 소득	사적연금	기타 소득	계
2011	1.02	18.2	15.4	29.8	24.4	0.4	1.6	100.0
2014	10.2	12.1	9.2	28.0	19.1	0.4	1.1	100.0
2017	12.9	13.3	11.9	38.7	21.4	0.8	1.2	100.0
2020	24.1	17.2	11.0	27.5	13.9	6.3	0.0	100.0

자료: 보건복지부, 한국보건사회연구원(2011, 2014, 2017, 2020).
출처: 김세진 외(2021), p. 348의 〈표 7-11〉을 재구성하였다.

　〈표 6-2〉에서 우리나라 노인들의 소득 구성비를 살펴보면 공적 이전소득과 사
적 이전소득을 합친 구성비가 전체 소득의 절반 이상을 차지하고 있다. 그러나 이들
의 상대적 구성비는 시간이 지나면서 변하는데, 2011년에는 사적 이전소득의 비율
이 가장 높았으나 이후 계속 감소하여 2020년 사전 이전소득의 비율은 노인 소득의
13.9%를 차지하였다. 반면, 공적 이전소득의 비중은 계속 30% 이상을 유지하다가
2020년 조사에서는 27.5%로 나타났다. 2014년 이후 근로소득과 사업소득의 비중
도 증가하고 있다. 특히 2017년과 2020년 사이에 근로소득은 12.9%에서 24.1%로
크게 증가[1]하여 전체 소득에서 근로소득이 차지하는 비중이 상당히 크다는 것을 알
수 있다. 반면, 2020년 크게 증가하였으나 우리나라 노인의 소득 구성 중 연금소득

---

1) 이는 해당 조사에서 70세 미만 연령집단의 경제활동 참여율과 근로소득이 다른 연도에 비해 높게 나타난
　것과 연관이 있다고 해석할 수 있다(김세진 외, 2021).

이 차지하는 비중은 매우 낮다.

2) 공적연금 수급률

연금은 퇴직이나 건강상태 등의 이유로 경제활동에 제약이 생겼을 때 비교적 안정적으로 소득을 확보할 수 있는 중요한 노후 소득원이다. 〈표 6-3〉은 2016년부터 2019년까지 65세 이상 노인들의 공적연금 수급률을 보여 준다. 국민연금 등 공적연금을 노후 소득원으로 확보하고 있는 노인들의 비율은 계속 높아지는 추세로 나타나 2016년 44.6%였던 공적연금 수급률이 2019년 이후 50% 이상으로 증가하였다 (통계청, 2021a).

그러나 노인집단별로 살펴보면 공적연금 수급률에 큰 차이가 있다. 2019년을 기준으로 성별에 따른 수급률을 살펴보면, 남성의 수급률은 71.0%인 반면, 여성은 35.9%로 여성노인의 공적연금 수급률이 남성노인의 절반 수준이었다. 또한 연령에 따라서도 수급률에 차이가 있었는데 70~74세 노인집단의 수급률이 61.8%로 가장 높았다. 이후 연령이 높아질수록 수급률은 낮아지는 것으로 나타나 80세 이상 노인

표 6-3 | **65세 이상 공적연금 수급률**　　(단위: %, 명)

	공적연금 수급률[1]	공적연금 수급자 수[2]	국민연금	구성비	공무원연금	구성비	사학연금	구성비	군인연금	구성비
2015	42.8	2,802,065	2,473,690	88.3	240,041	8.6	37,737	1.3	50,597	1.8
2016	44.6	3,015,710	2,664,358	88.3	256,695	8.5	41,736	1.4	52,921	1.8
2017	46.9	3,313,618	2,936,683	88.6	279,524	8.4	42,508	1.3	54,903	1.7
2018	48.6	3,584,900	3,180,045	88.7	300,037	8.4	47,084	1.3	57,734	1.6
2019	50.9	3,914,457	3,478,558	88.9	323,430	8.3	52,326	1.3	60,143	1.5
남자	71.0	2,342,364	2,027,985	86.6	233,796	10.0	39,385	1.7	41,198	1.8
여자	35.9	1,572,093	1,450,573	92.3	89,634	5.7	12,941	0.8	18,945	1.2
65~69세	59.1	1,448,630	1,303,375	90.0	110,512	7.6	20,152	1.4	14,591	1.0
70~74세	61.8	1,166,237	1,055,874	90.5	84,965	7.3	13,848	1.2	11,550	1.0
75~79세	52.9	840,121	755,901	90.0	63,167	7.5	9,731	1.2	11,322	1.3
80세 이상	26.1	459,469	363,408	79.1	64,786	14.1	8,595	1.9	22,680	4.9

주: [1] 공적연금 수급률=공적연금 수급자 수(65세 이상)÷고령 인구(65세 이상)×100
　　여기서 고령 인구는 2017년 기준 추계인구다.
　[2] 각 연금별 노령(퇴직, 퇴역)연금 및 장애(장해, 상이)연금, 유족(퇴직 유족)연금 수급자 수의 합계다.
출처: 통계청(2021a), p. 35의 표에서 발췌하였다.

의 경우 공적연금 수급률은 약 26%였다. 이는 우리나라 공적연금이 성숙하기 이전 노령기에 접어든 경우 연금 수급률이 낮음을 시사한다.

3) 노인 빈곤

잘 알려져 있다시피 우리나라의 노인 빈곤율은 다른 국가들과 비교하여 매우 높은 수준이다. [그림 6-1]은 2021년 기준 OECD 주요 국가들의 66세 이상 노인집단과 18~65세 집단의 상대적 빈곤율, 즉 중위소득 50% 이하의 비율을 보여 준다. 우리나라 노인들의 상대적 빈곤율은 약 40.4%로 다른 국가들에 비해서 가장 높으며 그래프에 나타난 국가들 중 두 번째로 노인 빈곤율이 높은 호주(23.7%)보다 훨씬 높다(OECD, 2022).

OECD 국가들과 비교된 조사 결과를 보면서 우리나라 노인의 빈곤 상황과 관련하여 주목해야 하는 또 다른 점은 18~65세 인구와 66세 이상 인구의 빈곤율의 격차다. [그림 6-1]에서 우리나라의 연령집단별 빈곤률을 살펴보면 근로 연령층이라고 할 수 있는 18~64세 연령집단의 빈곤률은 10.0%로 다른 국가들과 비슷하거나 약

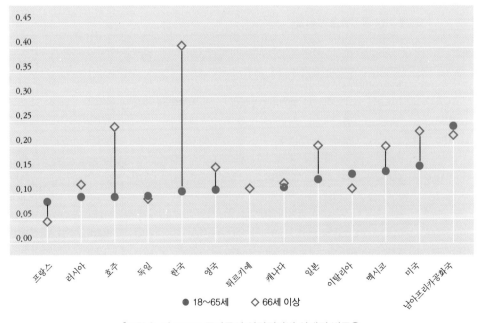

[그림 6-1] OECD 국가들의 연령집단별 상대적 빈곤율

출처: OECD (2022).

간 낮은 수준이다. 그러나 66세 이상 집단의 상대적 빈곤율은 18~65세 인구의 상대적 빈곤률의 4배에 육박하며, 이는 OECD 국가들 중 가장 두드러지는 차이다. 특히 두 연령집단의 상대적 빈곤율이 거의 같은 캐나다나 독일 혹은 노년기에 상대적 빈곤율이 감소하는 프랑스 등과 대조적이다. 다른 국가들과 비교를 통해 우리나라는 노년기로 진입함과 동시에 빈곤에 대한 취약성이 매우 높아지는 상황에 처하게 됨을 알 수 있다.

다른 나라와 비교하였을 때는 여전히 매우 높은 수준이지만, 우리나라 노인들의 상대적 빈곤율은 최근 감소하고 있는 것으로 나타났다. 〈표 6-4〉는 65세 이상 인구의 상대적 빈곤율의 2016~2020년 추이를 보여 준다. 균등화 처분가능소득[2]을 기준으로 2016년 이후 우리나라 노인들의 상대적 빈곤률은 계속 낮아지는 추세이며, 2020년에는 처음으로 40% 미만으로 조사되었다. 2020년 균등화 처분가능소득을 기준으로 한 중위소득은 2,998만 원이고 50% 기준의 빈곤선은 약 1,499만 원이다. 따라서 2020년 65세 이상 노인인구 중 38.9%가 전체 인구 중위소득의 절반 이하에 해당하는 균등화 소득을 얻었음을 알 수 있다.

그러나 2020년 기준 시장소득을 기준으로 한 빈곤율은 59%에 이르고 있다. 이와

표 6-4 65세 이상 인구의 상대적 빈곤율[1](균등화 소득[2] 기준) (단위: %)

	2016년	2017년	2018년	2019년	2020년
시장소득	57.5	56.7	58.5	59.0	58.6
처분가능소득	43.6	42.3	42.0	41.4	38.9

주: [1]상대적 빈곤율(%)=균등화 소득이 빈곤선 이하인 65세 이상 인구수÷65세 이상의 총 인구수×100
　　[2]균등화 소득이란 가구소득을 가구원 수의 제곱근으로 나눈 소득이다.
자료: 통계청, 한국은행, 금융감독원(2020).
출처: e-나라지표. 노인 빈곤율(https://www.index.go.kr/potal/main/EachDtlPageDetail.do?idx_cd=1024)
　　을 재구성하였다.

2) '균등화 처분가능소득'이란 처분가능소득을 균등화한 소득이다.
　처분가능소득=(시장소득)+(공적 이전소득)-(공적 이전지출)
　'공적 이전소득'이란 공적연금(국민연금 등), 기초연금, 양육수당, 장애수당 등을 말한다. '공적 이전지출'이란 세금, 공적연금 기여금 및 사회보험료 등을 말한다. '균등화 시장소득'이란 시장소득을 균등화한 소득을 말한다.
　시장소득=(근로소득)+(사업소득)+(재산소득)+(사적 이전소득)-(사적 이전지출)
　'사적 이전지출'이란 가구 간 이전지출 및 비영리단체 이전지출을 말한다.

같이 시장소득을 기준으로 한 빈곤율과 처분가능소득을 기준으로 한 빈곤율은 큰 차이가 있으며, 이는 최근 나타나는 노인 빈곤율의 감소는 공적 이전소득에 기인함을 의미한다.

2. 고용실태

1) 고용률과 향후 취업의사

〈표 6-2〉의 소득원천별 구성비에서 보았듯이, 우리나라 노인들에게 근로활동은 중요한 소득확보 수단이며 많은 노인이 65세 이후에도 경제활동에 참여한다. 〈표 6-5〉는 2018~2020년 65세 이상 노인들의 경제활동 관련 현황이다. 65세 이상 인구의 고용률은 2018년 31.3%에서 2019년 32.9% 그리고 2020년 34.1%로 지속적으로 증가하고 있다(통계청, 2021a).

표 6-5	65세 이상 경제활동 현황		(단위: 천 명)
	2018년	2019년	2020년
65세 이상 인구	7,386	7,713	8,146
경제활동인구	2,381	2,622	2,879
취업자	2,311	2,538	2,774
실업자	70	85	105
고용률[1]	31.3%	32.9%	34.1%
실업률[2]	2.9%	3.2%	3.6%

주: [1] 고용률=고령자(65세 이상) 취업자 수÷고령자(65세 이상) 인구×100
   [2] 실업률=고령자(65세 이상) 실업자 수÷고령자(65세 이상) 경제활동인구×100
자료: 통계청(2018, 2019, 2020a).
출처: 통계청(2021a), p. 32의 표 '고령자(65세 이상)의 경제활동 현황'을 재구성하였다.

일하는 고령자들의 직업분포를 보면 전체 취업자와 일관적이지 않은 것으로 나타났다. 통계청(2021b)에서 실시하는 경제활동인구조사 중 55~79세를 대상으로 실시되는 고령층 부가조사의 2021년 결과에 의하면(〈표 6-6〉 참조), 전체 취업자 중에서는 관리자·전문가의 비율이 21.6%, 서비스·판매 종사자가 21.5%, 기능·기계조작 종사자가 19.5% 순으로 나타났다. 55~64세 집단과 65~79세 집단에서도 전체 취업자와 같이 서비스·판매 종사자의 비율이 비교적 높았다. 그러나 55~64세 집단에서는 단순노무 종사자의 비율이 가장 높았으며 65~79세 집단에서는 기능·기계조작 종사자의 비율이 가장 높아 전체 취업자에 비해 고령 취업자 집단에서 단순노무나 기능·기계조작 직업에 종사하는 비율이 높았다. 반면, 고령 취업자 집단에서는 사무종사자나 관리자·전문가의 비율은 낮다.

표 6-6 **직업별 고령 취업자 분포**   (단위: %)

	고령 취업자		전체 취업자
	55~64세	65~79세	
관리자 · 전문가	9.6	12.0	21.6
사무종사자	7.1	8.9	17.3
서비스 · 판매 종사자	22.3	24.8	21.5
농림어업 숙련종사자	13.1	8.0	5.4
기능 · 기계조작 종사자	22.3	26.1	19.5
단순노무 종사자	25.6	20.1	14.8

주: 전체 취업자는 15세 이상 취업자 전체의 산업별 구성비다.
출처: 통계청 보도자료(2021. 7. 27.), p. 5의 표를 재구성하였다.

우리나라 노인 중 상당한 비율이 장래에도 일하기를 희망한다. 2021년 경제활동인구조사 고령층 부가조사(통계청, 2021b)에 의하면 고령층(55~79세)의 68.1%가 장래에도 일하기를 원하고 있는 것으로 나타났다. 구체적으로 남성의 77.4%와 여성의 59.6%가 장래에도 일하기를 희망하였다. 계속 일하기를 원하는 가장 큰 이유는 경제적 필요였으며, 58.7%가 생활비에 보태기 위해 취업을 희망하였다. 여성의 경제적 이유에 의한 취업 희망의 비율이 61.4%였고 남성의 비율이 56.5%로, 경제적 필요에 의한 동기가 여성에게서 더 강한 것으로 나타났다. 한편, 일하는 즐거움 때문에 계속 취업을 희망하는 비율은 약 33.2%였다. 그 외 건강을 유지하려는 동기나 사회적 공헌에 대한 동기는 미비한 것으로 나타났다.

| 표 6-7 | 고령자 향후 취업의사 및 취업동기 | | | | | (단위: 천 명, %, %p) |

		55~79세 인구 전체	구성비	남자	구성비	여자	구성비
		14,766	100.0	7,060	100.0	7,706	100.0
장래근로 원하지 않음		4,707	31.9	1,595	22.6	3,112	40.4
장래근로 원함		10,059	68.1	5,464	77.4	4,595	59.6
취업희망 동기	일하는 즐거움	3,336	33.2	1,924	35.2	1,412	30.7
	생활비에 보탬	5,909	58.7	3,088	56.5	2,820	61.4
	사회가 필요로 함	228	2.3	175	3.2	53	1.1
	건강 유지	202	2.0	109	2.0	93	2.0
	무료해서	384	3.8	168	3.1	216	4.7
	기타	1	0.0	1	0.0	1	0.0

주: 2021년 5월 기준이다.
출처: 통계청 보도자료(2021. 7. 27.), p. 14의 표를 재구성하였다.

2) 노인 고용의 특성

우리나라 노인들의 높은 고용률 및 향후 취업의사와 함께 고려되어야 하는 것은 고용의 질적인 측면이다. 우리나라의 노인 고용과 관련하여 두드러지는 특성 중에서 첫 번째는 비정규직 고용으로 대표되는 고용의 불안정성이다. 〈표 6-8〉은 각 연도 경제활동인구조사의 결과를 바탕으로 연령집단별 근로자 중 비정규직 근로자의

| 표 6-8 | 연령집단별 비정규직 근로자 비율 | | | | | | (단위: %) |

	2015	2016	2017	2018	2019	2020	2021
전체	32.4	32.8	32.9	33.0	36.4	36.3	38.4
20~29세	32.1	32.2	33.1	32.3	38.3	37.7	40.0
30~39세	21.2	21.1	20.6	21.0	23.7	22.8	23.0
40~49세	26.0	26.1	26.0	25.3	27.0	26.7	28.6
50~59세	34.6	34.2	33.9	34.0	35.5	34.3	35.9
60세 이상	67.2	67.9	67.3	67.9	71.6	71.0	73.7

주: [1]비정규직 근로자 비율=(비정규직 근로자 수÷전체 임금근로자 수)×100
　　[2]비정규직 근로자는 한시적근로자, 시간제근로자, 비전형근로자 등을 포함한다.
자료: 통계청(2015, 2016, 2017, 2018, 2019, 2020b, 2021b)의 각 연도 8월 자료다.
출처: 국가지표체계 자료(https://www.index.go.kr/unify/idx-info.do?idxCd=4214)를 활용하여 작성하였다.

비율을 보여 준다. 비정규직 근로자는 한시적근로자, 시간제근로자, 비전형근로자 등을 포함한다. 2021년 우리나라 전체 근로자 중 전체 임금근로자의 비정규직 비율이 32.1%였던 것에 비해 60세 이상 근로자의 비정규직 비율은 73.7%로 매우 높은 수준이며, 이는 50~59세 근로자의 2배 이상이다. 노인근로자 중 비정규직의 비율은 다른 연령집단에 비해 더욱 빠르게 증가하고 있다. 2015~2021년 기간 동안 우리나라 전체 근로자 중 비정규직의 비율은 32.4%에서 38.4로 증가한 반면, 60세 이상 근로자 집단에서는 67.2%에서 73.7%로 증가하였다.

두 번째는 낮은 임금수준이다. 이는 앞서 살펴본 노인 근로자의 높은 비정규직 비율과도 관련이 높다. [그림 6-2]에서 우리나라 근로자의 성별 · 연령별 소득(보수)을 살펴보면 40대를 최고점으로 40대 이상 집단에서 소득은 낮아지는데 50대와 60대 근로자의 소득의 차이가 크다. 특히 60세 이상 여성의 소득은 같은 연령대 남성의 약 절반 정도이고 전체 연령대(성인) 중 가장 낮은 수준이다.

〈표 6-9〉에서 연령집단별 소득액을 구체적으로 살펴보면 다른 연령집단에 비해 60세 이상 근로자 집단에서 85만 원 미만의 소득 비율이 29.7로 성인 중 가장 높고 85~150만 원의 소득이 18.1%로 나타났다. 즉, 낮은 평균 소득뿐 아니라 60세 이상 근로자의 절반 정도가 월 150만 원 미만의 소득으로 일하고 있어 노인 근로자들의 저임금 문제가 심각함을 알 수 있다.

우리나라 노인 고용의 세 번째 특성으로는 생애 주된 일자리에서의 이른 퇴직과 함께 공식적 은퇴연령과 실질적 은퇴연령의 차이를 들 수 있다. 공식은퇴연령

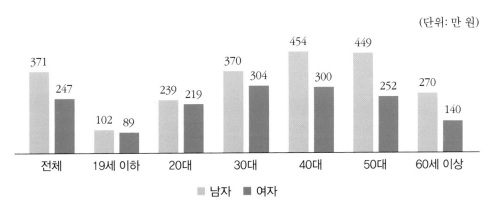

(단위: 만 원)

[그림 6-2] 성별 · 연령별 평균 소득

출처: 통계청 보도자료(2022. 2. 21.), p. 10의 그림을 발췌하였다.

표 6-9	연령대별 평균 소득 분포				(단위: %)
	20대	30대	40대	50대	60세 이상
85만 원 미만	14.4	6.5	8.6	12.8	29.7
85~150만 원 미만	8.4	5.8	8.3	11.7	18.1
150~250만 원 미만	40.3	23.6	23.5	26.4	29.8
250~350만 원 미만	23.3	24.4	15.0	13.7	9.6
350~450만 원 미만	8.4	17.4	11.3	7.7	3.9
450~550만 원 미만	3.2	10.3	10.1	5.2	2.4
550~650만 원 미만	1.1	5.0	8.5	5.1	1.6
650~800만 원 미만	0.6	3.8	6.8	8.1	1.7
800~1,000만 원 미만	0.2	1.8	3.9	4.7	1.4
1,000만 원 이상	0.1	1.4	4.0	4.6	1.7

출처: 통계청 보도자료(2022. 2. 21.).

(official retirement age)은 정년퇴직연령으로 연금을 수급하기 시작하는 연령을 의미하며, 실질은퇴연령(effective retirement age)은 노동시장에서 완전히 퇴장하여 더 이상 경제활동에 참여하지 않는 나이를 뜻한다. 많은 고령 근로자가 현행 60세 정년을 보장받지 못하고 있는 것으로 나타난다. 2021년 경제활동인구조사 고령층(55~79세) 부가조사 결과(통계청, 2021b)에 의하면, 55~64세 근로자가 가장 오래 근무한 일자리의 평균 근속기간은 약 15년 2개월이며, 일을 그만둘 당시의 평균 연령은 49.3세로 나타났다. 우리나라는 공식은퇴연령과 실질은퇴연령이 OECD 회원국 중에서 가장 높은 편에 속한다. 2020년 OECD 국가들의 평균 노동시장 실질은퇴연령은 남성은 63.8세였고 여성은 62.4세였다. 남성의 공식은퇴연령은 실질은퇴연령보다 6개월이 낮았고 여성은 공식은퇴연령과 실질은퇴연령에 차이가 없었다(OECD, 2021). 반면, 우리나라의 실질은퇴연령은 남성이 72.9세, 여성이 70.6세였고, 공식은퇴연령은 실질은퇴연령보다 남성은 11.9세, 여성은 9.6세가 낮은 것으로 나타났다(OECD, 2018). 즉, 우리나라 노인들은 50대 후반에 공식은퇴 후 경제적 필요에 의해 고용불안정을 겪으면서 장기간 경제활동을 지속하고 있는 것을 의미한다.

3. 노인의 경제적 상황 및 고용 관련 과제

우리나라 노인들의 높은 빈곤율은 공적연금 등 공적 이전을 통해 확보하는 노후 소득의 미흡(여유진, 2019; 이용우, 이미진, 2014)이나 근로생애 중 오랜 기간 동안 경제활동을 하지 않는 등의 불안정 노동(이주미, 김태완, 2020)이 주요한 원인으로 논의된다. 앞서 제3장에서 논의한 바와 같이 우리나라 노인들 중 공적연금을 수급하는 비율은 절반 정도이며, 대표적인 공적연금인 국민연금에는 광범위한 사각지대가 존재한다. 공적연금을 포함한 노후 소득보장제도의 개선점에 대해서는 제3장에서 다루었으므로 여기서는 고용과 관련하여 노인 빈곤 문제의 해결을 위한 과제에 대해 논의한다.

첫 번째, 고령 근로자를 지속적으로 고용하는 사업장에 대한 지원이 필요하다. 2013년 「고용상 연령차별금지 및 고령자고용촉진에 관한 법률」이 개정되어 권고조항이었던 정년이 의무조항으로 바뀌고 60세 정년이 의무화되었다. 이에 따라 300인 이상 기업과 공공기업은 2016년부터, 나머지 기업의 경우 2017년부터 정년을 60세 이상으로 정해야 한다. 정년 연장을 통한 노인 고용의 활성화는 노인들에게 지속적으로 일할 기회를 제공하여 노후 소득을 확보하는 데 도움을 주고, 기업은 숙련된 인력을 확보할 수 있으며, 정부는 인구의 고령화에 따른 국가의 생산인력과 사회보장 비용부담 문제 해결에 기여할 것으로 기대되었다(정숙희, 2015). 그러나 60세 정년을 규정하는 법 개정 이후에도 정년제를 도입하지 않는 사업장이 많고 명예퇴직, 권고사직, 정리해고 등을 이유로 생애 주된 일자리에서 퇴직한 조기퇴직자 수는 2013년 32.3만 명에서 2021년 63.9만 명으로 증가하였다(남재량, 오계택, 이승호, 2022). 이는 실제로 정년 연장이 기업의 고용비용을 높여 조기퇴직을 초래한 것으로 볼 수 있다. 정부는 고령 근로자의 고용을 활성화하기 위해 고령자 계속고용장려금 제도를 2020년 도입하였다. 이 제도는 정년제도를 운영하고 있는 사업장에 정년 이후 계속고용한 근로자 1인당 월 30만 원을 최대 2년간 30명까지 지원한다. 고령 근로자의 안정적인 고용유지를 위해서는 지원기간을 확대하고 현행 5년 기한으로 운영되고 있는 고령자 계속고용장려금 제도의 실시 기간을 확대하는 것이 필요할 것이다.

두 번째, 임금피크제의 활용이다. 임금피크제는 일정 근속 연수에 이르러 정점에 달한 직원의 임금을 일정 비율씩 감액하여 고용을 연장 내지는 유지하는 급여체계다. 「고용상 연령차별금지 및 고령자고용촉진에 관한 법률」이 개정되면서 정년의 60세 의무화와 동시에 사업장의 여건에 따라 임금체제의 개편 등 필요한 조치를 할 것이 명시되었다. 그러나 앞서 서술하였듯이, 급여의 연공성이 매우 강한 우리나라의 급여체계에서 정년의 연장은 기업들에게 상당한 비용부담을 발생시킬 수 있다. 따라서 기업의 상황에 맞는 임금피크제를 활용하는 것은 고령 근로자의 고용을 유지하고 기업의 고용비용을 조절할 수 있는 대안이 될 수 있다. 대표적인 몇 가지의 유형을 살펴보면 〈표 6-10〉과 같다.

표 6-10 임금피크제 방식

방식	특성
정년보장형	• 정년을 연장하는 대신 정년 연장 기간만큼 정년 전의 임금을 조정하는 방식 • 개인의 직무 능력과 상관없이 임금피크제가 적용 가능 • 근로자들의 사기와 생산성이 저하될 수 있으며, 임금 삭감으로 노인 근로자 소득 감소에 대한 우려가 있고 기업의 입장에서는 인건비 절감 기대가 가능
정년연장형	• 임금피크 연령을 설정하여 임금을 줄여 나가는 대신 회사의 정년 자체를 일정 기간 연장하는 방식 • 임금의 삭감이 일반적으로 수반되는 방법이므로 근로자의 소득 감소가 발생할 수 있음
고용연장형	• 정년은 그대로 두고 퇴직 후 재계약을 통해 고용을 연장하는 방식 • 퇴직한 근로자를 계약직이나 촉탁직 등의 비정규직으로 재고용 계약을 체결하여 일정 기간 고용을 연장하는 대신 임금을 조정하는 재고용제도나 정년이 설정되어 있지만 근로자가 희망하는 경우에 정년 연령에 도달한 자를 퇴직시키지 않고 일정 기간 계속해서 고용하는 대신 임금을 조정 • 근무연장제도는 재고용제도와는 달리 정년 전의 신분은 그대로 유지해 고용의 안정성이 높은 편이며, 노인 근로자의 경험을 활용할 수 있다는 장점이 있으나 기업의 입장에서 인건비 절감의 효과는 적은 편임

출처: 김정한(2008), 박성준(2009), 정숙희(2015)를 바탕으로 작성되었다.

세 번째, 기술수준이나 지식수준이 낮아 노동시장 참여가 상대적으로 어려운 노인들 중 여전히 경제적 소득이 필요한 경우 사회복지적 차원에서 일자리를 제공하는 것이 필요하다. 즉, 노인 일자리사업의 공공형 사업과 같이 근로능력이 낮은 저소득 노인들에게 지역사회 서비스적 성격이 강한 낮은 직무강도의 일자리를 제공하여 소득을 확보하고 지역사회에도 기여할 수 있는 일자리가 확대되어야 한다. 한편, 노인들 중 소득 창출의 필요성보다는 지속적인 자기개발과 사회공헌을 원하는 노인들에게도 일할 수 있는 기회가 제공되어야 할 것이다. 비교적 전문적 지식과 경험을 보유한 노인들이 퇴직 이후에도 자신의 직업적 경력을 활용할 수 있는 자원봉사형 일자리를 제공하여 지속적으로 사회참여의 기회를 제공하고, 지역사회의 자원으로 활용되어야 할 것이다(유성호 외, 2015).

참고문헌

김세진, 이선희, 남궁은하, 이윤경, 백혜연, 신혜리, 이상우(2021). 한국 노인의 삶과 인식 변화: 노인실태조사 심층분석. 세종: 한국보건사회연구원.

김정한(2008). 임금피크제 도입실태 및 정책과제. 노동리뷰, 33-44.

남재량, 오계택, 이승호(2022). 인구구조 변화와 고령자 고용정책 과제. 노동리뷰, 2022년 4월호.

박성준(2009). 우리나라 임금피크제의 현황과 문제점. Issue Paper 09-03. 서울: 한국경제연구원.

보건복지부, 한국보건사회연구원(2011). 2011년도 노인실태조사.

보건복지부, 한국보건사회연구원(2014). 2014년도 노인실태조사.

보건복지부, 한국보건사회연구원(2017). 2017년도 노인실태조사.

보건복지부, 한국보건사회연구원(2020). 2020년도 노인실태조사.

여유진(2019). 한국의 노인빈곤과 노후소득보장. 보건·복지 Issue & Focus, 3364, 1-8.

유성호, 김형수, 모선희, 윤경아(2015). 현대 노인복지론(5판). 서울: 학지사.

이용우, 이미진(2014). 국가 간 비교분석을 통한 한국 노인빈곤 심각성의 원인에 대한 연구. 한국지역사회복지학, 48, 291-318.

이윤경, 김세진, 황남희, 임정미, 주보혜, 남궁은하, 이선희, 정경희, 강은나, 김경래(2021). 2020년도 노인실태조사. 세종: 보건복지부, 한국보건사회연구원.

이주미, 김태완(2020). 노인빈곤 원인에 대한 고찰: 노동시장 경험과 가족구조 변화를 중심으로. 보건사회연구, 40(2), 193-221.

정숙희(2015). 정년연장과 임금피크제. 노동법포럼, 15, 75-130.

최혜지, 이미진, 전용호, 이민홍, 이은주(2020). 노인복지론. 서울: 사회평론아카데미.

통계청(2015). 경제활동인구조사 근로형태별 부가조사.

통계청(2016). 경제활동인구조사 근로형태별 부가조사.

통계청(2017). 경제활동인구조사 근로형태별 부가조사.

통계청(2018). 경제활동인구조사 근로형태별 부가조사.

통계청(2019). 경제활동인구조사 근로형태별 부가조사.

통계청(2020a). 2020 고령자통계.

통계청(2020b). 경제활동인구조사 근로형태별 부가조사.

통계청(2021a). 2021 고령자통계.

통계청(2021b). 2021년 5월 경제활동인구조사 고령층 부가조사 결과.

통계청(2021c). 경제활동인구조사 근로형태별 부가조사.

통계청 보도자료(2021. 7. 27.). 2021년 5월 경제활동인구조사 고령층 부가조사 결과.

통계청 보도자료(2022. 2. 21.). 2020 임금 근로 일자리 소득(보수) 결과.

통계청, 한국은행, 금융감독원(2020). 2020 가계금융복지조사.

OECD (2018). 한눈에 보는 연금 2015: OECD 회원국과 G20 국가의 노후소득보장제도.
    OECD Publishing, Paris, Paris/OECD/Korea Policy Centre, Seoul.

OECD (2021). Pensions at a Glance 2021: OECD and G20 Indicators. OECD Publishing,
    Paris. https://doi.org/10.1787/ca401ebd-en

OECD (2022). Poverty rate (indicator). doi: 10.1787/0fe1315d-en

e-나라지표. 노인 빈곤율 https://www.index.go.kr/potal/main/EachDtlPageDetail.
    do?idx_cd=1024

국가지표체계 자료 https://www.index.go.kr/unify/idx-info.do?idxCd=4214

노인의 건강문제

제**7**장

윤경아

노인인구가 증가하고 기대수명이 늘어나면서 우리 사회에서도 길어진 노후를 활기차고 보람 있게 보내는 일에 사회적·개인적 관심이 모아지고 있다. 아울러 노년기 건강문제에도 관심이 커지고 있다. 노후에도 여전히 가족과 지역사회에 기여하고 다른 사람의 도움 없이 독립적으로 일상생활을 영위하기 위해서는 건강이 필수적이기 때문이다.

1948년 세계보건기구(World Health Organization: WHO)는 건강을 "단순히 질병이나 허약성이 없는 상태가 아니라 신체적·정신적·사회적으로 완전한 안녕상태(state of complete physical, mental and social well-being and not merely the absence of disease or infirmity)"라고 규정하였다. 제7장에서는 WHO의 이러한 건강 개념에 따라 노인의 건강을 위협하는 문제들에 대해 살펴본다. 노인의 건강문제는 안경으로 교정할 수 있는 간단한 시력문제에서 치매에 이르기까지 다양하지만, 이 장에서는 노인의 건강문제를 노인증후군과 노인에게 흔한 질병을 중심으로 살펴본다.

1. 건강의 개념

노인의 건강은 사회정책 분야에서 중요한 이슈가 되고 있다. 노인들은 대체로 신체기능 저하로 젊은 사람보다 일상활동 수행에 어려움을 겪거나 이와 관련된 사회적 불리를 경험할 가능성이 있으며, 장기간의 케어가 필요한 건강문제로 고통받을 가능성이 크기 때문이다. 또한 건강상태가 나쁘지 않았던 경우에도 생의 마지막 해에는 건강이 나빠지는 경우가 흔해 노인의 건강문제와 관련하여 사회가 부담해야 할 비용이 커지기 때문이다.

건강의 개념은 넓게 보느냐 좁게 보느냐에 따라 다르게 정의될 수 있다. 건강의 개념을 넓게 정의한 대표적인 예로 WHO의 정의를 들 수 있다. 1948년 WHO의 건강에 대한 정의에서는 건강의 개념을 신체적 측면에 국한하지 않고, 개인이 신체적·정신적·사회적으로 완전하게 기능하는 상태를 건강으로 본다. 현실적으로는 이러한 정의를 사용하여 건강상태를 파악하기 어렵다는 한계가 있다. 하지만 건강을 단순히 신체적 차원의 문제가 아니라 다양한 차원이 포함되는 포괄적인 개념으로 보고 건강의 이상적 상태를 표현했다는 점에서 의미가 있다. 건강의 개념을 보다 좁게 보는 시각에서는 건강을 질병이 없는 상태로 정의한다. 질병 유무에 따라 건강상태를 평가하는 경우는 개인의 신체적·정신적·사회적 기능 수준을 정확하게 파악하기 어렵지만 질병의 치료와 예방에 의미가 있다.

다른 연령층과 마찬가지로 노인의 건강도 다양한 요인의 영향을 받는다. 가깝게는 노인 개인의 생활습관과 생물학적인 요인이 노인의 건강에 영향을 미치며, 사회·경제적 환경, 물리적 환경, 보건서비스도 영향을 미치게 된다. 즉, 건강을 유지하기 위해서는 건강한 생활습관은 물론이고 깨끗하고 안전한 환경, 적절한 소득, 의미 있는 사회적 역할, 주택, 영양, 교육 및 지역사회의 지원이 필요하다.

2. 노인의 주요 건강문제

노인의 질병은 '노인증후군(geriatric syndrome)'과 '노인에게 흔한 질병'으로 구분할 수 있다(김철호, 2006). 먼저, 노인증후군은 제대로 관리 및 치료되지 않으면 심각한 유병상태나 장애에 이르거나 요양시설 입소, 사망 같은 나쁜 결과를 초래할 수 있는 증상이다(Inouye, Studenski, Tinetti, & Kuchel, 2007). 노인증후군은 허약노인(frail elderly)에게 주로 나타나며, 증상의 발현에 고령이나 인지손상, 기능손상과 같은 요인들이 서로 결부되어 영향을 미치지만 하나의 증상으로 표현된다는 특징이 있다. 예를 들어, 〈표 7-1〉에 제시된 것처럼 노인증후군 중 섬망은 영양상태의 악화나 탈수, 약물의 영향 등 복수의 요인으로 발생하지만 이러한 다양한 요인이 서로 복합적으로 작용하여 집중력과 전반적인 인지기능의 급격한 저하라는 단일 증상으로 표현된다.

노인증후군의 주요 증상으로는 요실금, 욕창, 섬망, 어지러움, 의식장애 등이 있다(최예은 역, 2019; 〈표 7-1〉 참조). 연구자에 따라 노인증후군의 범위가 다를 수 있는데, Won 등은 아시아태평양 지역의 노인병 전문 학자들의 견해를 중심으로 허약(frailty),[1] 낙상, 치매 청력 손상, 시력 손상, 근감소증 등을 노인증후군의 범주에 포함시켰다(Won et al., 2013). 허약의 경우 학자에 따라서는 다른 노인증후군의 발현과 노인증후군의 나쁜 결과(장애, 의존성 증가, 요양원 입소, 사망) 사이에 위치해 있으면서 다른 노인증후군의 이행에 영향을 미치는 중요한 요인으로 보기도 한다(Inouye, Studenski, Tinetti, & Kuchel, 2007). 또한 허약이 뇌심혈관장애 및 낙상으로 발생하는 골절과 더불어 와상상태를 만드는 주요 질병(최예은 역, 2019)이라는 점에서, 허약은 노인의 건강이나 돌봄 대책에서 매우 중요하게 고려할 요소다.

---

1) frailty는 연구자에 따라, 나라에 따라 다양한 용어로 쓰이고 있다. 학문 분야에 따라 노쇠, 노쇠증후군, 쇠약, 노약, 허약 등으로 쓰이며, 나라에 따라서는 대만은 쇠약(衰弱), 일본은 허약(虛弱), 중국은 쇠약과 허약 모두를 사용하고, 홍콩은 약노증(弱老症)이란 단어를 사용하고 있다(원장원, 2012). 이 장에서는 frailty를 허약으로, frail elderly를 허약노인으로 사용한다.

| 표 7-1 | 노인증후군의 주요 증상 |

주요 증상	내용
요실금[1]	• 다양한 요인이 중복되어 요실금이 발생하여 고령자의 자존감에 상처를 입히고 외출을 꺼리게 만들어 생활의 질을 떨어뜨린다. 화장실 유도, 보조 등 가능한 한 기저귀를 사용하지 않고 적절한 지원을 통해 고령자의 삶의 질을 지켜야 한다.
욕창[1]	• 오랜 시간 침대에 누워 있거나 휠체어로 생활하면 신체의 같은 부위에 쏠림이나 압박이 생기고 혈액 순환이 나빠져 피하 조직에 궤양이 생긴다. 이것을 욕창이라고 부르는데 욕창이 생기면 심한 고통과 함께 고령자의 삶의 질이 급격히 떨어진다.
섬망[1]	• 의식이 혼탁하여 환상을 보거나 무언가를 착각하여 두려워하고 소란을 피우는 등 정신적으로 불안정한 상태가 된다. 영양상태의 악화, 탈수, 약물의 영향 등 복수의 요인으로 발생하는데 70세 이상의 입원환자 중 30%에게서 섬망이 나타난다.
어지러움[1]	• 눈앞이 어질어질하거나 갑자기 어두워지고 몸이 흔들리며 공중에 떠 있는 것 같은 증상이 나타난다. 고령자는 뇌의 전정기능장애나 뇌혈관장애로 어지럼증이 늘어난다.
의식장애[1]	• 고령자는 약물의 영향과 대사 이상으로 의식장애가 발생하거나 환각, 착각, 행동이상 등이 발생하기 쉽다. 오랜 기간 와상상태로 지내면 혈압의 자동조절 기능이 떨어진다.
섭식장애, 연하장애[1]	• 섭식장애는 영양 불균형을 가져온다. 젊었을 때는 콜레스테롤 수치가 높지 않도록 주의해야 하나 노년기에는 콜레스테롤 수치가 너무 낮지 않도록 주의해야 한다. • 음식을 제대로 씹지 못하고 삼키면 기관지나 폐에 음식물이 들어가 감염을 일으키는 오연성 폐렴으로 발전하여 생명이 위험한 상태에 빠진다. 종말기의 고령자에게 오연성 폐렴이 많이 나타난다.
허약[2]	• 일반적으로 허약은 나이가 들어 심신의 기능이 눈에 띄게 떨어지는 현상을 말한다. • 허약은 건강한 상태와 요양이 필요한 상태의 중간 지점이고, 상황에 맞는 적절한 개입으로 기능을 되돌릴 수 있는 가역성이 존재하는 시기이며, 신체적·정신적·인지적·사회적 측면에서 다면적으로 나타난다.

출처: [1]최예은 역(2019), p. 268.
　　　[2]최예은 역(2019), pp. 274-275.

다음으로, 노인에게 흔한 질병이란 청·장년기에 발생하기 시작하여 나이가 많아짐에 따라 유병률이 증가되어 노인에서 가장 흔히 발생하는 질병으로 고혈압, 당뇨병, 뇌졸중, 파킨슨증후군, 심부전 등이 있다(김철호, 2006). 한국보건사회연구원(2020)이 노인 1만 97명을 대상으로 조사한 '2020년 노인실태조사' 결과에 의하면, 조사대상 노인들의 만성질환 평균 보유 개수는 1.9개이고, 가장 흔한 병은 고혈압이며, 그다음은 당뇨병 순으로 나타났다. 〈표 7-2〉에서는 노인에게 흔한 질병의 정의, 위험인자, 증상 등에 대해 살펴보았다.

표 7-2 | **노인에게 흔한 질병**

구분	내용
고혈압	• 정의: 혈압(동맥혈관 벽에 대항한 혈액의 압력)이 여러 원인으로 인해 높아진 상태 • 위험인자: 유전적 요인(가족력)과 환경적 요인(노화, 비만, 짜게 먹는 습관, 운동 부족, 스트레스 등) • 증상: 급성 고혈압성 위기를 제외하고는 고혈압은 증상이 없는 질병 ☞노인 고혈압의 특징: ① 자율신경계의 항상성 유지 능력이 저하되어, 젊은 성인에 비해 혈압이 하루 동안 변동이 크고, 자리에서 일어날 때 혈압이 저하되거나 식후에 혈압이 감소하는 현상이 더 흔히 발생한다. ② 혈관의 변동성이 감소하여 수면 중 혈압이 젊은 성인보다 적게 떨어진다. ③ 진료실에서 혈압이 일상생활 때의 실제 혈압보다 높게 측정되는 백의 고혈압(white coat hypertension)이 흔하다. ④ 노화와 함께 심장이나 뇌혈관질환, 당뇨병 등 동반된 질환이 많아지므로 고혈압 치료로 얻는 2차 예방의 효과가 더 크다. ⑤ 노인은 젊은 성인과 비교해 약물의 대사와 배설 과정이 변화되어 약제의 부작용이 발생하기 쉽고 부작용이 더 오래 간다.
당뇨병	• 정의: 혈액 속의 포도당이 세포 속으로 들어가 에너지원으로 이용되지 못하여 혈당이 비정상적으로 올라가는 질환 • 위험인자: 당뇨병에 걸리기 쉬운 유전적 체질을 부모로부터 물려받은 사람이 당뇨병을 유발하기 쉬운 환경(비만, 노화, 운동부족, 스트레스, 고혈압 등과 같은) 등에 노출될 때 발생 • 증상: 당뇨병의 3대 증상은 다음(多飮, 물을 많이 마심), 다식(多食, 많이 먹음), 다뇨(多尿, 소변을 많이 봄)이며, 체중감소, 시력 저하, 피로감 및 무기력이 동반되기도 하지만 증상이 없는 경우가 가장 많으므로 정기적 건강검진이나 혈당검사가 중요 ☞노인 당뇨병의 특징: ① 노인에서는 당뇨병의 전형적인 증상인 다뇨, 다음, 다식 등이 나타나지 않는 경우가 많고, 피로감과 같은 모호한 증상으로 나타나는 경우가 많다. ② 진단될 때 이미 당뇨병의 만성합병증이나 협심증, 뇌졸중 등 다른 심혈관질환을 가지고 있는 경우도 많다.
뇌졸중	• 정의: 뇌혈관 이상에 의해 발생하는 질환으로 혈관이 막혀 발생하는 뇌경색과 혈관이 터져 발생하는 뇌출혈로 구분 • 위험인자: 나이나 유전적 요인은 조절하기 어려우나, 고혈압, 흡연, 당뇨병, 심방세동, 이상지질혈증, 비만, 음주 등 조절 가능한 위험인자의 관리로 뇌졸중 위험을 낮출 수 있음 • 증상: 편측마비(얼굴과 팔다리, 특히 몸의 한쪽 부분이 무감각해지거나 힘이 없어짐), 언어장애(상대방의 말을 이해하기 어렵거나 말이 잘 나오지 않음), 시각장애(한쪽 또는 양쪽 눈이 잘 보이지 않음), 어지럼증(팔다리 움직임의 조절이 어렵거나 어지럽고 균형을 잃게 됨), 심한 두통(원인을 알 수 없는 극심한 두통)
파킨슨 증후군	• 정의: 하나의 질환을 의미하는 것이 아니라 파킨슨병을 포함해서 파킨슨병의 증상들을 보이는 여러 질병을 아우르는 말로 파킨슨병보다 넓은 범주 • 증상: 소뇌 · 중뇌 · 기저핵 중 하나가 위축돼 몸이 떨리며 근육이 굳고 동작이 느려지고 걸음새가 이상해지는 파킨슨병의 네 가지 증상 외의 증상들(소뇌 위축 → 어지럼증, 요실금, 기립성저혈압, 중뇌 위축 → 눈동자 움직임 마비, 기저핵 위축 → 치매 조기 발생)이 더 나타남

심부전	• 정의: 각종 심장질환으로 인해 심장의 고유 기능이 악화되어 전신에 충분한 혈류를 보내지 못하는 상태 • 위험인자: 가장 일반적인 원인은 관상동맥(심장동맥) 질환이며, 고혈압도 치료하지 않고 방치하면 심장에 부담을 주어 심장벽이 두꺼워지고 심장이 커져 일정 시기가 지나면 심장의 펌프 기능 저하 • 증상: 심부전으로 심장의 펌프 기능이 떨어지면 심장으로 들어오는 혈액을 퍼낼 수 없어 체액이 연약한 조직으로 스며들게 되어 폐부종, 발목부종, 복수 등이 발생

출처: 질병관리청 국가건강정보포털.

3. 노인 질병의 특징

앞에서 노인의 건강문제와 관련하여 노인증후군과 노인에서 흔한 질병에 대해 살펴보았는데, 이러한 노인성 질환의 특징은 다음과 같다(〈표 7-3〉 참조).

표 7-3 **노인 질병의 특징**

구분	내용
여러 질병이 중복되기 쉽다.	• 고령자 한 사람이 여러 질병이나 장애를 가진 사례가 많다. 심근경색이나 폐색 동맥경화증처럼 유사한 질병이 같이 나타나기도 하고 뇌졸중과 전립선 비대증을 동시에 앓는 사람도 있다. 따라서 여러 질병을 주의 깊게 치료하고 경과를 관찰하는 일이 중요하다. • 여러 명의 의사가 서로 연계하지 않고 각자 약을 처방하면 예기치 않은 다중약물요법 때문에 의료 행위가 원인이 되어 발생하는 합병증이 생길 위험이 있다.
개인차가 크다.	• 고령자는 실제로 태어난 시점을 기준으로 하는 생활 연령과 심신의 기능으로 측정하는 생물학적 연령에 개인차가 크다. 생활습관병은 장기간에 걸쳐 발생하기 때문에 영양 조절이나 입 안 상태, 운동을 균형 있게 맞추려고 노력한 사람은 쉽게 병에 걸리지 않는다. • 질병은 개개인의 생활습관에 크게 좌우된다. 따라서 치료나 재활에 생활 연령을 기준으로 삼는 것은 매우 위험한 일이며 생물학적 연령이나 사회적인 활동 등을 포괄적으로 고려해서 대응해야 한다.
증상이 일정치 않다.	• 열이 나지 않았는데 폐렴이었다거나 가슴이 아프지 않았는데 심근경색이 발생한 사례처럼 고령자에게 나타나는 증상은 일정치 않다.
장기의 기능장애 발생가능성이 크다.	• 평소 호흡 곤란 문제가 없더라도 폐렴에 걸리면 바로 저산소 상태에 빠진다. • 고령자는 각 신체 장기의 기능이 떨어져 있다는 점을 염두에 두고 신중하게 대처하지 않으면 생각지도 못한 질병이 악화되기도 한다.

일상생활 동작이 곤란해지기 쉽다.	• 고령자의 질병은 골절로 인한 와상상태 → 몸을 움직이지 않아 생기는 폐용증후군 → 치매 발생과 같이 악순환으로 이어지는 상태가 많다. 신체 회복을 목표로 한 안정과 요양이 때로는 나쁜 결과를 가져오기도 한다. • 고령자의 요양은 신체적인 회복뿐만 아니라 ADL이나 사회적 활동을 염두에 두고 폐용증후군이 발생하지 않도록 유의해야 한다. 이를 위해 입원 기간도 너무 길지 않도록 조정해야 한다.
약물에 주의가 필요하다.	• 고령자는 약물에 민감하거나 반대로 둔감한 사람이 있다. 주의 깊게 적당량을 확인하고 복용해야 한다. 어지러움, 배뇨 장애, 기립 저혈압과 같은 부작용이 발생하기 쉬워 개개인에게 적합한 약물을 처방해야 한다. • 여러 질병을 동시에 앓고 있으면 다중 약물요법의 부작용에 빠질 위험이 있으므로 의료진의 연계도 중요하다.
의료행위가 원인이 되어 합병증이 발생할 수 있다.	• 고령자에게 입원은 생활환경의 커다란 변화로 신체적으로나 심리적으로 피해를 주기도 한다. • 치료를 위해 복용한 약물 부작용으로 다른 질병이 생기는 사례도 있다(뇌졸중으로 혈전을 예방하기 위해 먹은 약 때문에 위장 점막에 출혈이 생겨 하혈과 빈혈 발생 등). • 건강검진을 받느라 체력을 소모하여 합병증을 일으키는 사람도 있으므로 필요한 검사를 적절히 구분하는 일도 중요하다. • 고령자는 면역력이 떨어진 상태여서 노로바이러스나 결핵과 같은 '병원 내 감염' 예방에도 주의를 기울여야 한다.
쉽게 낫지 않고 만성화되기 쉽다.	• 질병과 노화로 인한 면역력 저하, 연하장애, 배뇨장애, 영양불량 등으로 질병은 더 낫기 힘들어지고 만성화된다.
사회적 환경에 좌우되기 쉽다.	• 병원에서 퇴원하고 집으로 돌아왔더니 완전히 다른 사람처럼 건강해졌다는 사례가 많다. 주거환경이나 돌봄자의 유무, 요양서비스 등에 따라 고령자의 건강은 크게 좌우된다. • 병을 앓고 난 후 건강회복에는 작업치료사, 물리치료사, 언어청각치료사 등 전문가의 적절한 지원이 도움이 된다.
우울증으로 치매와 비슷한 증상이나 환각이 나타나기 쉽다.	• 노인성 우울증으로 불면, 식욕 부진, 체중 감소, 피로감, 기억력 쇠퇴, 피해망상, 환각 등을 보이는 사람이 많아 적절한 치료가 필요하다. • 우울하다고 활동하지 않고 집에만 있으면 폐용 증후군이 발생한다. • 기억장애 피해망상, 환각은 치매의 주요 증상과 유사하여 치매와 혼동하기 쉬우므로 주의가 필요하다.

출처: 최예은 역(2019), pp. 264-265.

4. 향후 과제[2]

노인을 위한 건강보장정책의 큰 틀은 다른 연령층의 대책과 같다. 하지만 노인의 건강문제와 관련된 세부적인 대책 수립에는 노인성 질환의 특성이 고려되어야 한다. 아울러 앞서 살펴본 노인의 건강에 영향을 미치는 요인들이 종합적으로 고려되어야 한다. 노년기에 건강을 유지하기 위해서는 적절한 소득과 주거의 보장이 기본적으로 중요하다. 이에 대해서는 제3장 노인복지정책에서 자세히 다루었고, 의료보장정책의 주요 내용에 대해서도 이미 살펴보았다.

이 장에서는 몇 가지 이유에서 노인의 건강과 관련하여 허약노인에 대한 대책을 중심으로 살펴보고자 한다. 먼저, 허약노인은 장기요양상태로 들어가지 않은 노인으로, 이들을 대상으로 장기요양상태 예방대책을 마련하는 것은 허약노인의 잔존기능 유지에 도움이 될 뿐만 아니라 허약노인의 삶의 질 향상과 사망률 감소, 더 나아가서는 국가의 보건의료비 상승을 억제할 수 있기 때문이다. 고령자가 요개호 상태에 빠진 이후에 서비스를 제공하는 개호중심모델에 기초해 개호보험을 도입한 일본의 경우 경증대상자의 급격한 증가로 보험의 재정수지가 악화되자 '허약노인'을 규정하고 이들의 잔존능력 유지와 향상을 위한 개호예방 프로그램을 강화하였다(김명중, 2018; 임은실, 노정희, 2010). 다음으로, 허약이 노인증후군의 하나지만, 요실금, 낙상, 욕창, 섬망 같은 다른 노인증후군과 서로 영향을 미쳐 노인의 삶의 질에 부정적인 영향을 미칠 수 있다는 점 때문이다(Inouye, Studenski, Tinetti, & Kuchel, 2007). 이러한 배경에서 여러 가지 문제로 복합적인 돌봄 욕구가 있지만 아직 지역사회에서 지내고 있으며 향후에도 최대한 지역에서 어울려 살기를 희망하는 허약노인을 위한 통합적인 돌봄 정책이 중요하다.

다음에서는 지역사회에서 이러한 허약노인을 위한 대책 고려 시 필요한 사항들을 살펴본다. 우선적으로, 지역사회에 거주하는 노인의 허약 상태를 종합적으로 평가하고, 이를 바탕으로 허약단계별로 조기에 대응할 수 있는 방안 모색이 필요하

---

2) 허약노인에 대한 대책은 김지영 등(2019)과 류진석 등(2022)의 보고서 중 윤경아의 기술 부분을 수정·정리하였다.

다. 일본 사이타마현 와코시는 우편 설문조사와 방문조사를 겸한 고령자 전수조사를 통해서 2차 예방 대상자를 철저히 파악하여 관리함으로써 개호보험 요개호인정율(등급판정율)이 10% 이하(전국 평균의 절반 수준)로 유지된 사례가 있다(류진석 외, 2022).

또한 노인과 장애인을 구분하는 '대상별 접근'보다는 '지역사회 중심'으로 지역 내 허약 상태에 있는 노인과 장애인 등을 모두 고려한 돌봄체계를 마련하고, 장애와 노화로 인한 복합적 어려움을 겪고 있는 고령 장애인을 우선 정책 대상으로 고려할 필요가 있다(김지영 외, 2019; NICE, 2019). 경미한 허약단계에서는 허약의 진전 예방이 주요 목표로, 이 단계의 노인에게는 허약에 대한 이해 및 교육, 자기관리지원(운동과 사회적 교류 포함), 영양에 대한 대책이 종합적으로 마련되어야 한다. 중증도 허약단계에서는 허약의 진전 예방뿐만 아니라 노인의 지역사회 거주를 위해 여러 영역의 돌봄서비스를 통합팀을 통해 전달하는 것이 필요하다. 또한 노인의 기능 악화를 신속하게 인지하고 대처하는 것이 중요하다. 심각한 허약단계에서는 더 이상의 기능 저하를 예방하고 필요한 지원을 종합적으로 제공하는 것을 목표로 보건의료, 요양, 생애말기 돌봄을 포함한 종합적인 지원체계 구축이 필요하다. 아울러 허약의 부정적 연쇄 사슬을 끊을 수 있는 초기단계의 대책이 우선적으로 고려되어야 한다. 노인의 경우 사회관계의 단절로 생활범위가 줄어들면 마음이 약해지고 식사를 제대로 챙기기 어렵고 몸도 허약해지는 쇠약 도미노가 발생할 수 있기 때문이다(최예은 역, 2019).

끝으로, 장기요양서비스 체계와의 원활한 연계를 위해서는 서비스 확충이 필요하다. 이를 위해 케어안내창구, 케어안심주택, 소규모 다기능시설, 가족부양자지원이 확충되어야 할 것으로 보인다. 먼저, 케어안내창구와 관련하여 노인과 가족이 건강이나 돌봄 관련 의사결정을 효과적으로 할 수 있도록 지방자치단체별로 케어안내창구를 만들고 있다. 보건복지부에서는 보건복지상담센터 129 전화연결을 통해 영상(수화), 채팅, 음성상담을 통해 보건의료, 긴급복지, 위기대응 등의 상담을 실시하고 있으며, 이러한 내용에 대해 서비스 이용자들에게도 스티커 배부를 통해 홍보도 된 상태다. 하지만 여러 가지 이유로 필요한 서비스에 대한 정보가 부족한 노인이나 가족을 위해 케어안내창구의 역할이 중요하며, 노인과 직접 만나 서비스를 제공하는 노인돌보미나 사례관리자 등 실무자의 정보창구 역할도 강화되어야 할 것이다. 다음으로, 영양 및 식사·사회관계서비스·단기입소 가능 시설도 필요할 것이다. 주요한 노인돌봄서비스인 재가노인지원서비스, 노인맞춤돌봄서비스, 재가장기요양서비스는 대개 집안에서 노인의 신체활동과 가사활동을 돌보는 데 집중되어 있고, 노인이 집 밖으로 나와 이웃사람들과 어울려 생활하는 데 필요한 서비스는 부족한 상황이다. 수단적 일상생활수행능력(IADL) 손상 등으로 이동상 어려움이 있더라도 공적·사적 지원체계의 도움을 받아 노인이 의미 있는 활동에 참여할 수 있는 여건을 조성하는 것은 노인의 정신건강에도 매우 중요하다.

참고문헌

김명중(2018). 일본의 2018년 개호보수 개정. 국제사회보장리뷰, 4, 133-142.

김지영, 김성한, 류진석, 윤경아, 정지웅, 최권호, 송은주, 손민영(2019). 대전형 돌봄서비스 모델 개발 연구. 대전: 대전복지재단.

김철호(2006). 노인질환의 특징. 대한내과학회지, 71(2), 844-847.

류진석 외(2022). 대전시 지역사회 통합돌봄 연구. 대전: 대전사회서비스원(진행 중).

원장원(2012). Frailty의 한국어 용어. *Annals of Geriatric Medicine and Research, 16*(2), 51-54.

이윤경, 김세진, 황남희, 임정미, 주보혜, 남궁은하, 이선희, 정경희, 강은나, 김경래(2020). 2020년도 노인실태조사. 세종: 한국보건사회연구원.

임은실, 노경희(2010). 허약노인의 건강관련 삶의 질과 영향요인. 지역사회간호학회지, 21(1), 12-20.

최예은 역(2019). 도쿄대 고령사회 교과서. 도쿄대 고령사회 종합연구소 저. 서울: 행성B.

Inouye, S. K., Studenski, S., Tinetti, M. E., & Kuchel, G. A. (2007). Geriatric syndromes: Clinical, research, and policy implications of a core geriatric concept. *Journal of the American Geriatrics Society, 55*(5), 780-791.

Won, C. W., Yoo, H. J., Yu, S. H. et al. (2013). Lists of geriatric syndromes in the Asian-Pacific geriatric societies. *European Geriatric Medicine, 4*, 335-338.

질병관리청 국가건강정보포털-건강정보　https://health.kdca.go.kr/healthinfo/biz/health/main/mainPage/main.do (2022. 10. 8. 인출).

노인과 정신건강

김형수

노년층의 정신건강문제는 육체적 건강 분야와는 달리 상대적으로 소홀히 다루어지고 있다. 때문에 그 문제의 정도와 의미도 상당히 과소평가되어 왔다. 단적인 예로, 우리나라의 노인자살자 수가 지난 몇 년간 지속적으로 증가하고 있으며, 노인자살률이 다른 집단보다 훨씬 높게 나타나고 있다. 점차 고령사회로 진전됨에 따라 개입과 예방이 선행되지 않으면 노인자살률은 보다 증가할 것으로 추정된다. 또한 노인집단의 문제음주도 점차 심각한 새로운 유형의 공공보건문제로 제기될 전망이다. 우리 사회에서 성인집단의 음주율은 지속적으로 증가하고 있고, 동시에 이들의 음주 수준은 세계적으로 매우 높은 수준임을 감안할 때 미래의 노인집단의 음주와 문제음주의 비율도 증가할 것으로 추정된다. 그러나 우리 사회에서 노인층 자살과 문제음주 등 정신건강문제에 관한 연구는 매우 부족하며, 이들에 대한 예방대책은 더더욱 전무한 실정이다. 제8장에서는 노인 문제음주와 자살을 중심으로 정신건강문제의 현황과 전망, 이론적 이해, 예방 프로그램과 향후 과제 등에 관하여 검토하고자 한다.

1. 노년기 정신건강의 개념과 이해

미국 공중보건국(U.S. Surgeon General, 1999)의 정신건강에 관한 보고서에 따르면, 양호한 정신건강이란 정신적 기능의 성공적 수행을 통하여 생산적 활동을 초래하고, 다른 사람들과 만족스러운 관계를 유지하며, 변화에 적응하는 능력과 역경에 대처할 수 있는 능력을 말한다. 노인은 많은 도전과 적응을 경험한다. 양호한 정신건강은 이러한 변화에 직면하였을 때 문제를 적절히 다룰 수 있도록 한다. 이는 노인이 어떠한 문제나 질병을 결코 경험하지 않는다는 것을 의미하는 것이 아니라 이러한 증상들이 치료되고 통제되어 활기찬 노후생활에 지장이 되지 않는 것을 의미한다. 불행히도 많은 노인이 정신건강문제는 개인적 실패와 연약함 때문에 발생한다는 그릇된 고정관념을 가지고 있다. 이러한 오명(stigma)으로 인하여 노인들은 정신적으로 문제 또는 증상이 있다는 것을 인정하지 않고 도움도 요청하지 않는 경우가 많다. 정신질환은 생각, 행동, 감정과 관계 정립에 심각한 혼란을 초래하는 정신적 상태를 지칭하는 보건용어인데, 이는 종종 일상적인 생활 요구와 고난에 대한 대처능력의 상당한 감소를 의미한다.

노인들의 정신건강 욕구를 이해하는 관건은 육체적 건강과 정신적 건강이 밀접히 연관되어 있다는 사실을 인식하는 것이다. 가령, 심장병과 당뇨병 같은 신체적 문제를 가진 사람이 정신건강문제를 진전시킬 가능성이 크다. 우울과 불안증상을 지닌 사람 역시 신체적 문제를 지닐 소지가 크다. 더욱이 정신건강문제를 지닌 사람들은 그 문제를 위장장애 등과 같은 육체적 문제로 경험할 수 있다. 이러한 이유로 많은 노인과 심지어 보건전문가들도 우울, 불안, 여타 정신건강문제를 육체적 고통으로 잘못 인식하게 된다. 게다가 많은 노인이 우울과 불안 그리고 기타 정신건강문제의 증상을 노화과정 자체로만 간주하는 경향이 있다.

대부분의 노인은 양호한 정신건강을 유지하지만, 대략 55세 이상 고령자의 20% 정도가 정신장애를 경험하고 있다고 보고된다. 다음은 노인에게 가장 일반적인 정신건강문제다(Department of Health and Human Services Administration on Aging, 2001; MHA 홈페이지).

1) 우울

우울(depression)은 슬픔과 절망 등과 같은 감정이 특징인 장애인데, 그 심각성의 정도는 경미한 것에서 치명적인 것까지 범위의 폭이 넓다. 우울기분이 일시적인 상태를 넘어서 2주 이상 일상생활에 지장을 줄 때 치료가 필요한 질병이 된다. 노인에게 발생하는 우울증상의 단서로는 지속적인 불안 혹은 공허감, 수면장애, 식욕과 체중 감소, 흥미로운 활동에 대한 관심의 상실, 초조함과 짜증남, 만성적인 아픔과 소화장애 등과 같은 육체적 증상의 지속, 집중과 기억력 및 결정의 어려움, 피곤함, 죄책감, 절망감 혹은 무가치감, 죽음 혹은 자살에 관한 생각 등이 있다.

2) 자살

자살(suicide)은 스스로 목숨을 끊는 것이다. 일반적으로 노인은 타 연령층에 비해 자살률이 높다. 치료되지 않은 우울이 자살을 초래할 수 있다. 노인자살의 독특한 특성 중의 하나는 노인은 대개 충동적으로 자살하지 않는다는 점이다. 또 다른 특성은 노인의 자살시도는 종종 가장되어서 자살로 보고되지 않는 경우가 있다. 적지 않은 노인이 조용히 스스로의 삶을 포기하거나 그들 자신의 보호를 중단함으로써 죽음을 택한다. 노인층 자살위험의 단서로는 자살과 삶의 무용성에 관한 잦은 발언, 심사숙고된 자살계획의 여부, 알코올남용과 우울증의 전력 등이 있다.

3) 치매

치매(dementia)는 뇌세포의 사멸 혹은 쇠퇴로 초래되는 일종의 정신능력의 상실이다. 대다수의 치매환자는 노인들이다. 치매 발생 가능성은 나이가 증가함에 따라 높아진다. 노인 치매의 단서로는 점진적인 기억상실, 일상과제 수행능력의 감소, 지남력의 상실, 언어기술의 상실, 판단능력의 손상, 성격 변화 등이 있다.

4) 불안장애

불안장애(anxiety disorder)는 일상생활에 지장을 주는 일반적인 두려움과 걱정에 대처할 수 있는 능력이 결여되어 있는 상태다. 이는 발작, 육체적 증상, 공포 혹은 삶에 대한 막연한 불안 등의 형태를 취할 수 있다. 또한 삶의 환경에 대한 비현실적인 혹은 과다한 불안을 포함한다. 불안장애의 단서로는 안절부절못함(초조함), 근육 긴장, 과다한 스트레스, 강박증 행동 등이 있다.

5) 알코올남용

알코올남용(alcohol abuse)은 육체적 혹은 정신적 손상을 초래할 만큼 음주를 하는 경우다. 이는 동일한 음주효과를 위해서 점점 많은 음주량이 필요하고 또 단주하였을 때 금단현상(withdrawal symptoms)이 일어나는 것을 포함한다. 노인 문제음주자의 1/3 정도가 45세 이후에 알코올남용을 경험한다고 보고된다(Atkinson, Tolson, & Turner, 1990). 노인들은 늦은 신진대사와 약물처방 때문에 적은 음주량으로도 많은 영향을 받는다. 알코올남용의 단서로는 실금, 수면장애, 부족한 자기보호, 영양실조와 활동위축 등이 있다.

이 외에도 노년기 정신건강문제로 약물오남용, 조현병 등이 있다. 다음에서 알코올남용(문제음주)과 자살을 중심으로 노년기 정신건강문제를 체계적으로 검토하고자 한다.

2. 노년기 정신건강문제의 현황과 전망

1) 문제음주

우리 사회에서 고위험 음주율은 30~40대에 최고 절정에 있다가 50대부터는 연령이 증가함에 따라 낮아지는 경향을 보인다(통계청, 2021a).

연령대	2010	2011	2012	2013	2014	2015	2016	2017	2018	2019	2020
19~29세	12.9	14.2	14.4	14.1	11.9	12.7	13.8	14.2	15.9	11.2	11.4
30~39세	18.0	18.8	17.2	15.6	17.6	15.8	16.4	16.9	15.2	13.8	16.6
40~49세	16.8	16.2	17.2	15.1	16.4	16.2	15.8	16.9	18.1	15.3	19.0
50~59세	13.8	14.1	13.3	12.1	14.5	13.8	15.4	14.5	14.6	13.9	13.9
60~69세	6.7	6.5	6.5	4.6	7.4	9.1	9.0	9.1	11.2	10.4	10.9
70세 이상	3.6	2.0	2.8	1.7	3.3	2.5	2.7	3.2	3.0	4.7	3.5

표 8-1 연령대별 고위험 음주율 (단위: %)

출처: 통계청(2021a).

연령이 증가함에 따라서 알코올 소비량이 감소하고 있는 이유에 관한 몇 가지 가설은 다음과 같다(Stall, 1987).

① 사망가설(mortality hypothesis): 청·장년층부터 과음을 해 온 사람들은 조기사망률이 높은 관계로 인한 생존자 효과(survivor effect)로 고연령인 노년층에서 음주율이 낮게 나타난다.
② 유병가설(morbidity hypothesis): 많은 노인이 만성질환과 약물처방으로 알코올 소비능력이 제한되어 낮은 노인 음주율을 보이고 있다.
③ 측정가설(measurement hypothesis): 알코올사용 표준측정방법의 부적절, 자기보고식 측정수단의 문제점, 문제음주 기준으로서 사회적·법적 문제(범법행위, 폭력 등)의 부적합, 음주로 인한 건강문제와 노화에 따른 건강문제 간 구분의 어려움 등으로 고연령층일수록 음주율이 낮다.

이와 같은 가설에 기초해 볼 때, 노년층에서의 음주와 문제음주의 비율은 현재 제시되고 있는 통계치보다 훨씬 높을 것이라 추정된다.

노인의 문제음주에 관한 다양한 자료가 부족한 실정이지만, CAGE(Cut: 금주 필요성, Annoyed: 음주로 인한 타인의 비난, Guilty: 죄책감, Eye opener: 음주 이후 해장술)에 의해 전체 노인 중 알코올 의존자를 판정한 결과, 모든 노인의 4.6%다. 이는 전체 20~59세 집단의 10.9%에 비해 낮기는 하지만, 노인의 경우 일반 성인에 비해 알코올 의존의 판정 기준을 낮추어야 함을 고려할 때 결코 낮지 않은 비율이다. 또한 현 음주자 중 알코올 의존으로 판정된 사람의 비율은 60~69세 집단에서 21.9%로 20대(16.9%), 30대(21.2%), 40대(21.8%) 집단의 알코올 의존 비율보다 오히려 높은 것으로 드러났다(한국보건사회연구원, 2002).

지난 1년간 음주 실태를 보면, 전체 노인의 72.4%는 최근 1년간 전혀 술을 마시지 않았고 27.6%는 술을 마셨다. 음주 노인 중 적정음주(1주일에 7잔 이하) 노인은 11.2%, 과음주(1주일에 8잔 이상) 노인은 16.4%였다. 지역별 음주율은 동부 노인 (27.8%)과 읍 · 면부 노인(27.0%)에서 차이를 보이지 않고, 과음주율도 읍 · 면부 노인 17.2%, 동부 노인 16.2%로 비슷한 수준이다. 성별 음주율은 남성노인이 48.0%로 여성노인의 13.1%에 비해 3배 이상 더 높았으며, 남성노인의 14.6%는 적정음주자, 33.4%는 과음주자로 나타났다. 연령별 음주율을 보면 65~69세 연령군은 36.3%, 70~74세 연령군은 28.8%, 75~79세 연령군은 23.4%, 80~84세 연령군은 18.5%, 85세 이상 연령군은 13.1% 등으로 연령이 낮을수록 음주율은 높은 경향을 보이고, 이에 따라 과음주율도 연령이 낮을수록 높은 현상을 보였다(한국보건사회연구원, 2015).

인구구조의 고령화와 이로 인한 노인문제의 심각성이 향후 노년층의 음주와 문제음주의 비율을 높이는 요인으로 작용할 것이다. 노인인구의 증가와 출산율의 저하는 우리 사회의 고령화를 빠른 속도로 심화시킬 것으로 예상되고 있다. 고령화로 인한 노인인구의 증가는 일반적으로 노인문제의 증가를 초래하게 된다. 퇴직 후의 노인들은 사회적 역할의 상실, 수입의 감소, 만성질환, 소외감과 고독감이라는 문제를 겪게 된다. 노년기는 또한 배우자와의 이혼, 사별 또는 사회적 관계망의 축소를 경험하는 시기다. 이러한 생활사건들은 스트레스를 초래하게 되며 스트레스를 해소하기 위하여 음주와 폭음을 하는 경향이 새로이 나타나거나, 종래 가지고 있던 음주문제가 보다 심화될 수 있다(이원재, 김형수, 2003). 따라서 문제음주 노인의 인구학적 특성과 사회심리적 특성을 파악할 수 있는 기초연구가 선행되어야 하며, 이에 기초하여 문제음주의 위험성이 높은 노인들을 발견하고 노인층의 음주문제 정도를 감소시키는 가장 효과적인 예방과 개입전략을 개발하고 시행하여야 한다.

2) 자살

우리나라 연령별 자살률을 검토해 보면 ① 노인층에서의 자살률은 타 연령층에 비하여 높고, ② 후기 노인층으로 갈수록 자살률이 증가하며, ③ 전반적으로 남성이 여성보다 자살률이 높으나 노인층으로 갈수록 그 차이는 보다 현격하게 드러난다. 아울러 ④ 전체 자살자 수 중 노인이 차지하는 비율이 점차 증가하고 있고, ⑤ 전체 인구 중 노인인구가 차지하는 비율보다 전체 자살 건 중 노인자살이 차지하는 비율이 훨씬 높게 나타나고 있다(김형수, 2002).

우리나라의 노인자살률은 1995년에는 65~69세 19.2%, 70~74세 24.6%, 80세 이상 28.5%, 2020년에는 65~69세 30.6%, 70~74세 34.2%, 80세 이상 62.6%이며, 이 자료에 기초해 볼 때 노인층, 특히 후기 노인층의 자살률이 매우 현저하게 증가하였으며, 전반적으로 65세 이상의 노인자살률이 전체 인구의 경우보다 2~3배 이상 높게 나타났다(통계청, 2021b). 노인자살률이 증가하는 이유는 경제적 불안정, 건강 및 가족부양 악화, 조기퇴직, 정서적 고립이라는 현상에서 자신 스스로를 포기하는 것에서 찾을 수 있다. 현재는 가족부양에서 국가부양으로의 복지제도가 과도기에 있기 때문에 지금의 노인세대는 미처 노후를 준비하지 못한 세대이며, 그들에게 따르는 빈곤과 질병으로 인해 자살로 내몰리고 있다.

초고령화를 앞에 두고 노인의 자살률은 지금보다 증가할 전망이다. 하지만 인구학적 요인만으로는 지속적인 증가를 단정할 수 없다. 향후 우리나라 노인의 삶의 수준이 어떻게 전개되느냐에 따라서 증가 또는 감소될 수 있기 때문이다. 그러나 노인

표 8-2   **연령별 노인자살률 변화**   (단위: 해당 인구 10만 명당 자살자 수)

연령	1995	2000	2005	2010	2015	2020
전체 인구	10.8	13.6	24.7	31.2	26.5	25.7
65~69세	19.2	25.9	62.5	60.0	37.1	30.6
70~74세	24.6	34.4	74.5	76.1	54.9	34.2
75~79세	27.3	45.5	88.8	94.7	72.5	44.5
80세 이상	28.5	51.0	126.7	123.3	83.7	62.6
65세 이상	23.6	35.5	80.3	81.9	58.6	41.7

출처: 통계청(2021b).

인구의 절대수가 점차 증가하므로 노인자살자의 수는 지금보다 많아질 전망이다.

3. 노년기 정신건강문제의 이론적 이해

1) 문제음주

문제음주를 설명하는 이론에는 유전적 요인을 중심으로 이해하려는 생물학적 시각과 사회규범과 환경적 요인으로 이를 설명하려는 사회문화적 시각 그리고 노년기의 심리적 특성과 결부하여 설명하려는 심리학적 시각 등이 있다. 그중에서 노년기 이후의 문제음주(후기시작 유형)를 가장 적절히 설명할 수 있고 그에 기초하여 예방 및 개입방안에 논리적 근거가 되는 것이 심리학적 시각이다. 여기서는 심리학적 시각으로서 노인 문제음주 유발요인의 이해에 가장 빈번히 적용되고 있는 스트레스 반응이론을 검토해 보고자 한다. 후기시작 음주유형에 관한 대부분의 연구들이 스트레스를 문제음주의 주요한 유발요인이라는 사실을 확인하고 있다(Dupree, Broskowski, & Schonfeld, 1984; Moos, Brennan, Fondacaro, & Moos, 1990; Osgood et al., 1995).

대다수의 노인은 노년기에 접어듦에 따라 노화과정에서 발생하는 갑작스러운 생활주기의 변화, 전통적인 역할의 상실(예: 퇴직과 배우자), 신체적 변화, 집단(가족과 친구 등)에 대한 애착과 사회참여(각종 사회활동)의 감소, 정서적 위기와 혼란, 사회적 박탈 등을 포함하는 일상생활에 직면하게 된다. 이로 인하여 스트레스를 경험하게 되며 문제음주는 이에 대한 소극적 대처방식의 일환으로 발생할 수 있다는 것이 스트레스 반응이론의 기본 가정이다(Osgood et al., 1995). 노년기 이전에는 스트레스 상황을 보다 건설적으로 처리하였으나 노화에 따른 쇠약으로 더 이상 스트레스를 적절히 다루기 어려워지게 된다. 그리하여 이를 벗어나기 위해서 과음을 하기 시작한다. 음주는 일시적인 진정효과를 통하여 불안을 감소시키고 단기간이나마 일정 부분 통제력을 회복시키는 경향이 있다. 특히 문제음주가 노년기에 접어들면서 발생한 경우와 대부분의 임상연구의 결과는 노후 상실감에 따른 스트레스가 문제음주의 주요 요인으로 작용하고 있음을 명백하게 입증하고 있다. 나아가 Moos 등

(1990)은 사회지지(social support)가 부족하고 대응반응(coping response)이 회피적인 노인일수록 스트레스가 문제음주를 일으킬 가능성이 더욱 높다고 지적한다. 달리 표현하면, 사회지지(두터운 인적 자원망)와 대응반응(적극적 대응반응)은 스트레스를 받는 상황에서 도움을 받을 수 있는 사회적 자원(social resource)으로서 스트레스로 유발되는 부정적 효과를 완충하는 역할을 한다는 것이다.

적지 않은 노인들이 예측되지 않고 통제할 수 없는 경험(일련의 부정적인 생애사건들)과 이로 인한 스트레스에 노출됨에 따라 스스로 무기력감과 절망감에 빠지게 된다. 그리하여 그들은 무기력과 절망감을 발생시키는 노화에 따른 다양한 상실감과 스트레스에 직면하여 우울증에 걸리게 된다. 스트레스와 밀접히 연관된 우울증도 노인 문제음주 발생의 주요 촉발요인으로 경험적 연구 결과 확인되었다. Schonfeld와 Dupree(1991)는 조기시작 유형(젊은 시절부터 음주와 문제음주를 경험한 경우)과 후기시작 유형의 두 집단 공히 우울증이 문제음주를 유발하는 가장 빈번한 요인 중의 하나라는 것을 발견하였다. 동시에 성별에 상관없이 우울증은 문제음주 유발요인으로 작용한다는 사실을 확인하였다. 이는 음주시작 유형과 성별에 상관없이 우울증에 반응해서 문제음주를 하는 경향이 높기 때문에 이에 대한 개입과 치료도 성별과 음주시작 시기와 관계없이 우울증의 예방과 개입에 초점을 맞추어야 한다는 것을 시사한다. 하지만 우울증이 노년기 문제음주를 유발하는지 아니면 과음이 우울증을 초래하는지에 대한 인과적 결론에는 신중할 필요가 있다.

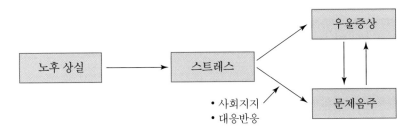

[그림 8-1] 노인 문제음주에 관한 이론적 모형(스트레스 반응이론)

2) 자살

스트레스는 어의상 균형 상태의 긴장 혹은 균열을 의미하는 개념으로서 생애사건의 발생과 이에 대처하는 능력 사이의 불균형 상태를 지칭한다. 노년기에 스트레스의 외부적 요인으로는 배우자 사별과 퇴직 등이 있으며, 내부적 요인으로는 신체적·정신적 기능의 변화와 만성질환 등을 들 수 있다. Miller(1979)에 따르면, 노인자살은 스트레스 대처능력과 함수관계에 놓여 있다. 노년기는 특히 스트레스 대처능력이 감소되는 시기로서 한번에 여러 가지 스트레스성 생애사건(stressful life event)들을 경험하는 시기다. 노년기에는 건강 악화, 만성질환, 신체적 능력의 약화 그리고 소득·지위·권력의 상실, 직장·가족·지역사회에서의 역할 상실, 가족과 친구와의 사별, 육체적 약화로 인한 사회적 고립 등이 스트레스의 원천이 된다. 아울러 노인에 대한 부정적인 문화적 이미지도 그 원인으로 작용한다. 한편, 노년기에 경험하는 스트레스가 반드시 부정적 결과를 초래하는 것은 아니다. 노인의 개인적 자원(예: 건강과 수입)과 사회적 지지망의 정도 여하에 따라 어떤 노인들은 효과적으로 스트레스에 저항하지만 또 다른 이들은 스트레스에 굴복하여 신체적·정신적 건강의 악화로 자살을 유발할 수 있다. 가령, 퇴직 같은 스트레스성 생애사건 자체가 노인의 자살을 유발하지는 않는다. 단지 개인적 그리고 사회적 자원이 부족한 노인들이 여러 가지 상실을 경험할 때 자살 등의 문제를 초래하게 된다.

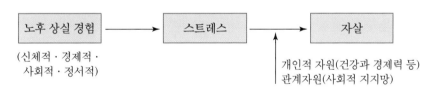

[그림 8-2] **스트레스와 노인자살의 개념적 모델**

사람은 누구나 살아가면서 한 번쯤은 우울증상을 경험할 수 있다. 특히 노년기는 배우자의 죽음, 직업과 지위의 상실, 수입의 감소, 신체적 건강의 약화 등으로 인해 우울증이 발생할 가능성이 매우 높은 시기다. 하지만 노년기 우울증은 신체적 질환의 가시적 결과에 의해 그 중요성이 제대로 인식되지 못하고 있으며, 우울증 진단을 받는다 하더라도 경제적 이유와 정신장애에 대한 부정적 인식 등으로 적절히 치료를 받지 못하게 된다. 노인자살의 심리학적 접근은 주로 우울증과의 관련성에 초점을 두고 연구가 행해졌다. 노인자살에 있어서 단일요인으로 우울증이 가장 결정적인 위험요인이라는 사실이 여러 연구 결과를 통하여 경험적으로 입증되었다. 노인의 우울증은 무기력감(helplessness)과 절망감(hopelessness)을 그 특징으로 하고 있다(Osgood, 1992). 무기력이란 개인이 중요한 생활사건을 도저히 통제할 수 없다는 느낌을 경험하는 특성을 지닌 것이다. 노인들은 타 연령층보다 무기력감을 가장 많이 받기 쉬운 집단이다. 직업, 수입, 신체적 건강, 사회적 역할 등의 상실은 노인들에게 무기력감을 초래하는 요인이다.

노인자살은 심리사회적 요인(스트레스/우울)을 넘어서 보다 거시적인 사회구조적 요인으로도 조망할 필요가 있다. 왜냐하면 경제침체, 실업, 가족해체(이혼), 소득의 양극화, 노인복지수준 등이 노인자살에 직간접적으로 영향을 미치고 있기 때문이다.

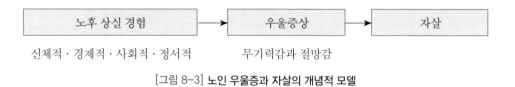

[그림 8-3] 노인 우울증과 자살의 개념적 모델

4. 노년기 정신건강문제에 대한 예방과 과제

1) 문제음주

Mishara(1985)는 노인층의 문제음주를 예방할 수 있는 세 가지 차원의 모형을 제시했다. 일차적 예방(primary prevention)은 문제음주로 진전되기 전에 사전에 이를 억제하는 데 그 목적이 있고, 이차적 예방(secondary prevention)은 새로운 문제음주 노인을 대상으로 하는 사례 발견과 조기개입을 의미하며, 삼차적 예방(치료)은 만성적인 문제음주 노인의 재활과 회복을 목적으로 하는 프로그램이다.

(1) 일차적 예방

현재 문제음주자는 아니지만 문제음주를 유발할 위험이 있는 노인을 대상으로 이를 예방하려는 목적이 있다. 일차적 예방 프로그램의 사례로서 노인이 스트레스성 생애과제(예: 사별과 퇴직 등)를 적절히 준비·대응할 수 있도록 조력하는 프로그램 그리고 긍정적인 생각과 육체적·정신적 건강을 강조하고 적절한 운동기회를 제공하는 건강 프로그램(wellness program)을 들 수 있다. 또 다른 일차적 예방의 사레로는 노인으로 하여금 자기가치와 자기존중감을 조장할 수 있는 시간제 취업, 지역활동, 자원봉사활동 등에 적극 참여할 수 있도록 유도하는 것이다. 이러한 일차적 예방이야말로 가장 비용효과적인 대책이라 할 수 있다.

(2) 이차적 예방

이차적 예방은 과거에는 문제음주자가 된 적이 없었으나 노년기를 전후하여 최근에 문제음주자가 된 노인들을 표적집단(target group)으로 삼아 더 이상 문제가 진전되지 않도록 예방하는 프로그램이다. 노인문제에 반응하여 나타나는 후기시작 문제음주자가 주요 대상집단이다. 문제음주 노인을 조기에 발견하여 현재의 문제음주에 조기개입하거나 지속적인 보호를 목적으로 하는 치료에 의뢰하여 만성적 문제음주로 나아가는 것의 예방을 그 목적으로 한다. 교육과 조기 사례 발견 그리고 적극적인 아웃리치(outreach)가 이차적 예방 프로그램의 필수적인 요소다. Parette 등(1990)은 의사, 간호사, 노인, 가족, 사회복지사 등을 대상으로 노인 문제음주의 단서와 징후, 문제음주의 생리적 영향, 약물과 알코올 혼용의 위험 등에 관한 교육의 실시가 문제음주의 예방에 관건이라 주장한다. Osgood 등(1995)이 1시간 정도의 문제음주와 노화에 관한 교육 프로그램의 효과성을 검토한 결과, 교육을 받은 서비스 제공자들의 그에 관한 지식이 상당히 증가되었음이 확인되었다.

사례 발견과 아웃리치의 대표적인 프로그램으로서 Raschko(1991)가 개발한 게이트키퍼(gatekeeper) 프로그램과 Dupree(1989)가 개발한 사례 발견 프로그램이 있다. 먼저, 게이트키퍼 프로그램은 고립되고 문제음주의 높은 위험에 처해 있는 노인을 발견하기 쉬운 사람들(사회복지서비스 제공자, 보건의료기관 종사자, 성직자, 아파트 관리인, 우유 배달원 등)을 대상으로 노후 문제음주의 징후를 인식하게 하고 발견된 노인을 치료기관에 의뢰하는 교육과 훈련을 하는 프로그램이다. 이를 통해 초기에 문제음주 노인이 발견되면 이 노인을 가정에서 평가받게 하고, 후속으로 치료와 임상 사례관리 서비스를 받을 수 있도록 한다. 게이트키퍼 프로그램은 전반적인 물질남용의 예방과 치료, 아울러 자살예방에 이르기까지 사례 발견의 주요 구성요소다. 문제음주뿐만 아니라 약물남용과 자살 등의 예방에서도 이 프로그램의 효과성이 검증되었다(Raschko, 1991).

한편, Dupree(1989)는 노인 음주문제 사례 발견의 전략으로 세 가지 대표적인 프로그램을 개발하였다.

① CARN(Community Agency Referral Network): 노년기 알코올리즘(alcoholism)과 노년학에 관한 정보를 의사, 성직자, 상담자들에게 우편으로 전달할 뿐만 아니라 노인기관과 사회복지서비스 기관에서 서비스 제공자들을 대상으로 노화와 알코올남용에 관한 현장교육을 실시한다.

② PAC(Public Awareness Campaign): TV 출연, 전화번호부, 소책자, 팸플릿, 포스터, 게시판 등의 대중매체를 통하여 노인음주 프로그램에 관해 공중에게 알리고, 문제음주 잠재 가능성이 높은 클라이언트와 그 가족구성원들에게 알코올남용 치료를 받을 수 있도록 권장한다.

③ CBO(Community-Based Outreach): 병·의원을 현장 방문하여 자문하고 교육세미나를 개최하며 환자를 대상으로 문제음주 여부를 조사·선별하여 조치한다.

이들 중 CARN과 PAC는 알코올 치료센터로 의뢰 건수가 높아 성공적인 프로그램으로 판명되었다. 반면에 CBO는 의뢰 건수도 적고 소요비용도 높아서 비용효과적인 프로그램으로는 적절한 기능을 하지 못하는 것으로 나타났다.

(3) 치료

노인 문제음주의 치료는 본질적으로는 젊은 사람들과 유사하지만 치료과정은 보다 오랜 시간을 요한다. 문제음주를 위한 치료과정에는 문제 발견(identification of the problems), 해독과정(detoxification), 재활과정(rehabilitation), 사후관리(aftercare)를 포함한다(Osgood et al., 1995). 문제 발견 후 대부분 해독과정이 필요하다. 이 과정은 금단증상에 대비한 영양섭취와 예방조치를 포함하고 보통 21~30일 혹은 그 이상이 소요되며, 주로 병원에서 이루어진다. 해독과정이 끝나면 재활과정이 시작된다. 재활치료의 중요한 목적은 알코올 의존으로부터 벗어나서 사람들에 대한 의존으로 전환하도록 재지시(re-directing)하는 것이다. 금주가 목적인 새로운 또래집단과의 관계 유지와 사람들과의 솔직하고 성실한 관계 형성은 재활과 회복에 있어서 가장 중요한 요소다. AA(단주 자조집단)와 사회지지집단(social support group)이 그 대표적인 예다(Haugland, 1989). 상담서비스와 더불어 재활치료는 기존 노인복지서비스 시설(노인센터, 지역사회복지시설, 외래치료기관) 등을 통해 제공된다. 일단 재활과정이 끝나면 최종적으로 사후관리를 통하여 문제음주로부터 완전히 회복될 수 있도록 지원·관리한다. 일반적으로 노인(특히 후기시작 유형)이 타 연령층보다 문제음주의 치료 가능성과 회복 가능성 및 퇴원 후 금주율도 높은 것으로 나타났다(Osgood et al., 1995). 그리고 문제음주 노인은 타 연령층의 문제음주자와는 상이한 상황, 관심사와 문제를 지니고 있기 때문에 연령통합적 치료(mixed aged treatment)보다는 노인만으로 구성된 연령동질적 치료(age-homogeneous treatment) 접근이 효과적인 것으로 밝혀졌다(Dupree et al., 1984; Robertson, 1989; Zimberg, 1985).

표 8-3 문제음주의 예방단계

일차적 예방	이차적 예방	삼차적 예방
• 스트레스 대응 프로그램 • 건강 프로그램 • 사회참여 프로그램 – 취업활동 – 지역사회활동 – 자원봉사활동	• 노화와 음주문제에 관한 교육 프로그램 • 사례 발견 및 아웃리치 프로그램 – 게이트키퍼 프로그램 – 지역사회 의뢰체계 구축 – 홍보 프로그램	• 치료과정 – 문제 발견 – 해독과정 – 재활과정 – 사후관리 • 노인전용 음주치료 프로그램 – 문제음주 원인 및 결과 분석 – 문제(음주 및 일상생활) 해결 능력의 향상 – 연령동질적인 단주 자조집단과 사회지지집단의 활성화

미국 사회에서 개발된 노인대상 음주치료 프로그램 중 매우 성공적으로 시행되고 있는 것이 Dupree 등(1984)이 플로리다 지역에 거주하는 후기시작 문제음주 노인을 치료하기 위해 개발한 프로그램인 GAP(Gerontology Alcohol Project)다(Osgood et al., 1995). Dupree(1994)는 GAP의 효과적인 시행의 일환으로서 각각 목표를 달리하고 있으나, 궁극적으로는 문제음주 치료라는 목적을 지닌 다섯 가지 유형의 세부적인 치료집단을 제안하였다.

① 음주행위분석(analysis of drinking behavior) 집단: 문제음주 노인의 개인적 음주행위의 연결고리를 분석하여 본다. 구체적으로 문제음주 노인으로 하여금 음주의 원인, 정도, 그 결과를 인식하는 것을 터득하도록 한다.

② 고위험상황 자기관리(self-management in high risk situation) 집단: 문제음주 노인에게 과음을 유발하는 관련 요인들을 적절하게 다루는 방법을 터득하도록 한다. 가령, 우울, 분노와 좌절, 긴장과 불안, 술 권유에 대한 압력 등에 대처하는 방법을 학습하도록 한다.

③ 알코올에 관한 정보와 교육(alcohol information and education) 집단: 노인을 대상으로 알코올 남용의 의료적·심리적·기타 부정적 결과에 대해서 숙지하도록 한다.

④ 문제 해결 능력 향상(general problems solving skills) 집단: 노인이 당면한 문제 해결 방안으로 알코올에 의존하지 않도록 하기 위하여 건설적인 방법으로 그들의 일상적인 생활문제를 해결할 수 있는 방법을 습득하도록 한다.

⑤ 사회지지망 개발(social support network development) 집단: 문제음주 노인의 사회지지망을 개발하고 확대하여 문제음주의 주된 유발요인으로 작용하는 스트레스 사건이나 상황 그리고 우울증상에 적절하게 대처할 수 있도록 한다.

이와 같은 세부적인 치료집단들은 사회화, 상호지지 그리고 흥미유발의 기능을 동시에 유지하여 프로그램의 참가율과 효과성을 높일 수 있도록 하고 있다.

(4) 향후 과제

현재 노인의 음주 비율과 문제음주 비율이 높은 수준임에도 불구하고 노인의 음주행위에 대한 예방정책은 매우 미비한 실정이다. 노인이 주로 활용하는 노인복지관과 경로당 등 노인 관련 시설에서는 의료적인 부분과 여가활용 관련 프로그램들이 주로 제공되고 있으나 노인들의 음주문제 해결을 위한 프로그램은 거의 제공되지 못하고 있다. 노인의 문제음주자 비율이 상대적으로 심각함에도 불구하고 노인 스스로 문제음주에 대한 인식이 결여되어 있거나 주변 사람들도 그 문제를 대수롭게 생각하지 않는다는 점 때문에 전문가, 가족, 지역사회 내 노인 음주 심각성의 인식이 낮고, 이로 인해 충분한 개입이 이루어지지 못하고 있다(윤명숙, 조혜정, 2007).

또한 국내에서는 노인의 문제음주에 대한 실태 파악조차 충분히 이루어지고 있지 않다. 문제에 대한 인식과 파악이 불충분하여 노인 문제음주에 대한 대책도 거의 없는 실정이다(이원재, 김형수, 2003).

현재 우리나라에서 알코올문제 예방과 관련된 활동을 하고 있는 민간기관은 지역사회복지관, 알코올상담소, 단주 자조집단, 한국대학생 알코올문제 예방협회 등이 있으며, 정부 차원에서는 아직까지 실제적인 예방대책을 세우지 못하고 있다. 민간기관에서도 알코올을 약물의 한 종류로 분류하여 약물 예방교육과 치료에서 부분적으로 다루고 있는 정도이며, 이마저도 청소년, 대학생, 직장인 중심으로 프로그램을 운영하고 있다. 따라서 우리 사회에서도 노인 음주문제에 대한 효과적인 예방 프로그램의 개발이 필요하다. 문제음주 예방의 궁극적인 목적은 노년층 문제음주 비율의 증가를 미연에 방지하거나, 현행 노인 알코올남용의 수준을 줄이는 효과적인 방법을 찾아내는 것이다. 문제음주의 일차적 예방의 일환으로서 퇴직을 앞두고 있는 사람(예: 50~60세)을 대상으로 퇴직 전 교육 프로그램을 활용하여 노화와 관련하여 수반될 수 있는 스트레스성 생애사건들에 대한 이해와 대처능력을 높이고, 또한 음주의 영향과 알코올남용의 원인에 관한 교육을 실시함으로써 미래의 노인층이 문제음주자로 전락하는 것을 미연에 봉쇄하도록 한다. 이와 더불어 노인복지관과 사회복지관을 중심으로 최근에 퇴직하거나 사별한 노인 혹은 병·의원을 자주 이용하거나 요양원 등과 같은 입소시설에서 생활하는 노인들을 표적집단으로 삼고 이들을 대상으로 현재 당면한 문제와 대처방법 그리고 노인 문제음주 원인과 결과 등에 관한 상담 프로그램과 교육 프로그램을 운영하는 것도 고려할 만한 사항이다.

거시적인 차원에서는 노인의 사회적 환경을 개선하여야 한다. 노인이 사회적으로 고립되지 않도록 하기 위하여 자원봉사활동과 여가활동을 장려하는 프로그램과 더불어, 근로능력이 있고 취업을 희망하는 노인에게 완전취업이든 시간제취업이든 일거리를 제공할 필요가 있다. 무엇보다도 노인의 전반적 삶의 질을 고양할 수 있는 소득보장과 의료보장의 내실 있는 발전이 선행될 때 스트레스와 우울증에 대한 반응으로 파생되는 문제음주를 원천적으로 사전에 예방하는 첩경이 될 것이다.

이차적 예방의 가장 큰 역점사업은 문제음주 노인을 조기에 발견할 수 있는 지역사회 내 의뢰체계의 구축이다. 즉, 관내에 있는 사회복지관, 노인복지관, 지역정신건강센터, 알코올상담센터, 보건소, 의료시설 등의 인적·물적 자원들과 연계한 의뢰체계의 구축을 통하여 문제음주 노인의 사례 발견과 개입을 용이하게 할 뿐만 아니라 다양한 종류의 서비스를 체계적·통합적으로 제공할 수 있도록 한다. 또 다른 이차적 예방의 일환으로서 교육과 홍보 프로그램을 적극 활용해 볼 필요가 있다. 지역사회 주민과 특히 노인서비스 제공자들을 대상으로 노화과정과 문제음주에 대해 널리 홍보하여 이를 정확히 이해하게 하고 문제음주를 선별할 수 있는 능력을 배양하도록 한다. 또한 이들을 대상으로 발견된 사례를 의뢰 또는 초기 개입하는 방법에 관한 교육을 정기적으로 실시하도록 한다. 이는 조기에 문제음주 노인을 발견하여 조치할 수 있는 효과적인 프로그램이 될 수 있을 것이다. 일단 사례가 발견되고 해독과정을 거친 후 적절한 치료와 사후관리가 있으면 문제음주 노인의 재발을 방지할 수 있을 것이다. 치료단계에서 고려할 만한 프로그램의 핵심적인 내용은 문제음주 노인을 대상으로 연령 동질적인 치료집단을 구성한 후 문제음주행위의 원인과 결과를 분석하게 하고 당면한 위기상황과 일상생활문제에 적절히 대처할 수 있는 기술을 교육하는 것이다. 특히 후기시작 문제음주 노인의 경우, 치료는 스트레스의 원인을 확인하는 데 초점을 두고 이에 대한 적극적인 대처방안에 관한 교육과 훈련을 통하여 그들로 하여금 자신의 삶에 대한 통제력과 긍정적 태도를 회복시키고 결과적으로 음주문제를 종식할 수 있도록 한다. 문제음주 노인을 위한 일련의 치료 프로그램은 지역정신보건센터, 알코올상담센터, 일반 의료기관을 중심으로 운영하되 점차 확대하여 노인복지관, 사회복지관, 노인전문병원 등과 같은 기존의 노인복지서비스 시설에서도 문제음주 노인을 대상으로 하는 재활치료와 사후관리 프로그램을 시행할 수 있도록 한다.

2) 자살

Maltsberger(1991)는 일반적으로 자살을 예방하기 위한 조치는 일차적·이차적·삼차적 수준에서 부분적으로 시행되고 있다고 주장한다. 일차적 자살방지란 자살의도의 전개 자체를 사전에 억제하는 조치를 뜻하며(자살을 유도하는 개인적 동기 및 사회적 조건을 원천적으로 제거하려 하는 것), 이차적 자살방지란 일단 자살을 고려하기 시작한 사람을 확인한 후 자살과정에 개입하여 중단시키기 위해 취해지는 조치를 의미한다. 그리고 삼차적 자살방지는 만성적인 자살위험에 처해 있는 극소수의 사람들과 자살자의 유족을 대상으로 자살로 인한 손상과 자살확률을 경감하기 위한 조치를 의미한다. 삼차적 자살방지는 예방이 아니라 일종의 사후개입이므로 여기서는 일차적 및 이차적 예방을 중심으로 살펴본다.

(1) 일차적 예방

① 교육 및 훈련

- 교육 프로그램을 통하여 전문가 혹은 일반 시민이 자살위험이 높은 노인(주로 우울증상 노인)을 판별할 수 있는 정보와 이들을 원조할 수 있는 지역사회 내 활용 가능한 자원에 관한 정보를 제공함
- 교육 및 훈련 프로그램의 주요 내용
  - 자살위험을 높일 수 있는 인구학적 · 상황적 요인의 숙지 및 분석
  - 자살의 경고 신호 및 단서에 관해 훈련받는 것
  - 의뢰 가능한 지역사회 자원의 존재와 활용에 관한 내용
  - 노인자살의 다양한 유형에 관한 인식과 지식의 확장
  - 자살자 유가족에 대한 세심한 배려
  - 노화와 노인에 관한 일반적인 지식

② 자살동기 및 조건의 사전대응

- 자살을 유발할 수 있는 요인과 조건들을 사전에 원천적으로 봉쇄한다면 이는 자살의 일차적 예방이라 할 수 있음
- 자살과 관련된 건강 및 육체적 요인의 예방
  - 개인적 차원에서는 정기적인 건강진단을 통하여 질환을 조기에 발견하여 치료하도록 하고, 정기적인 운동을 생활화함
  - 사회적 차원에서는 노후 의료보장제도의 접근성과 활용성 및 구입 가능성을 높임
- 자살과 관련된 경제적 요인의 예방
  - 개인적 차원에서는 장년층 시절부터 노후준비를 위한 재정계획과 저축 그리고 장기요양보험의 가입 등의 조치를 취함
  - 사회적 차원에서는 노인을 대상하는 소득보장 급여를 확충함

• 자살과 관련된 사회적 역할 상실 요인의 예방
  −개인적 차원에서는 퇴직을 대비하여 경제적 · 정서적 준비를 철저히 함
  −사회적 차원에서는 계속고용정책을 활성화하며, 또 퇴직한 노인들을 위한 재
    취업 프로그램을 강화하고, 아울러 지역사회활동으로의 노인참여를 적극 유
    도함

(2) 이차적 예방

미국 사회에서 이차적으로 자살을 예방하는 두 가지 전통적인 전략이 있다. 하
나는 심리학적 혹은 정신분석학적 치료이고, 다른 하나는 지역사회에 기초한 자살
예방 전략이다(Adamek & Kaplan, 1996). 전자는 우울증과 자살행위에 대한 효과적
인 치료(예: 약물치료 혹은 상담)이고, 후자는 위기상담모델에 기초한 접근방법이다.
1960년대에 이르러 지역사회에 기반한 자살예방 접근이 이루어졌다. 지역마다 자
살예방센터들이 설립되어 위기 시에 도움을 요청한 노인을 중심으로 개입하여 자
살예방을 도모하였다. 그러나 실질적인 효과를 발휘하지 못한 것으로 판명되었다.
그 이유는 첫째, 거의 모든 노인자살자들이 자살예방센터에 전화 또는 도움을 요청
하지 않았다는 점이다. 전체 자살 관련 전화상담 건수 중 노인상담은 1~2% 정도만
차지하는 정도다(McIntosh, 1995). 둘째, 자살위험성이 높은 노인들을 파악하고 평
가하며 처치할, 효과적이고도 혁신적인 프로그램이 존재하지 않았다는 점이다. 이
는 노인인구를 중점적으로 목표로 하는 자살예방기관이 극히 부족하다는 것과 관
련이 있다(Mercer, 1989). 그리고 자살예방센터 종사자의 상당수가 노인자살에 대한
훈련을 받지 않았거나, 노인자살에 대한 지식이 결여되어 있다는 점도 지역사회에
기초한 예방노력이 효과를 거두지 못하는 요인으로 작용하였다(Adamek & Kaplan,
1996).

하지만 점차 노인을 주 대상으로 하는 성공적인 프로그램이 개발되고 있다. 노인
전용 전화상담서비스, 노인자살예방센터 그리고 Tele-Help/Tele-Check(원래 노인
들을 위한 가정원조서비스가 주된 목적인 전화서비스이나 자살예방에도 좋은 효과를 발휘
하는 것으로 나타남; De Leo et al., 1995), 게이트키퍼 프로그램(Raschko, 1990) 및 교육
프로그램의 개발(가족, 노인들 그리고 서비스 제공자들을 대상으로 노인성 우울증과 자살
행위의 위험요인을 인식하고 그에 반응하는 데 필요한 정보와 기술을 제공하는 데 그 목적

이 있음) 등이 그 예다. 이처럼 미국 사회에서는 자살위험에 처한 노인을 대상으로 하는 적극적인 아웃리치 프로그램의 활성화를 위해 노력하고 있으며, 또한 자살예방을 위한 전통적인 인력과 작업환경을 초월하여 다양한 인력의 개발과 작업환경의 설정을 도모하고 있다. 몇 가지 주요한 프로그램을 소개하면 다음과 같다.

① 노인전용 전화상담서비스(Life Crisis Service: Link-Plus)

- 기존 전화상담센터를 활용하되, 단지 노인전용 상담창구로서 부대적으로 이용하여 비용효율을 추구할 수 있음
- 노인이 전화상담을 의뢰하는 경우에만 개입하는 소극적인 방식에서 자살위험이 있다고 판단되는 노인들에게 직접 전화를 걸어 상담과 도움을 제공하는 적극적인 방식임
- 노인들 중 우울증상이 있는 자를 중점적인 대상으로 사례관리(case management) 기법을 도입함
  - 클라이언트의 신체적·심리적 욕구의 평가
  - 지역사회 서비스 기관과의 연계
  - 지속적인 상담서비스(노인 1인당 평균 30번의 통화: 약 6개월 소요)
- 거동이 불편한 노인들에게 가장 효과적인 방법임

② 노인자살예방센터(Elderly Suicide Prevention Center)

- 위기개입과 정보제공을 목적으로 노인전용 24시간 전화상담서비스를 제공함
- 60세 이상 노인을 대상으로 필요시 아웃리치 프로그램의 일환으로 우애 방문과 심리치료 방문을 병행하여 실시함
- 자살 유가족에게 애도를 표하며 그들을 대상으로 위로 및 지지서비스를 제공함

③ 게이트키퍼 프로그램(Gatekeeper Program)

- 노인과 자주 접하는 업체나 조직의 고용인들을 대상으로 자살위기에 처한 노인을 분별하여 의뢰할 수 있는 교육을 실시함
- 게이트키퍼는 사회복지관 종사자, 아파트 관리인, 성직자, 보건의료기관 종사자, 약사, 신문·우유 배달원 등이 포함될 수 있음

- 게이트키퍼가 의뢰한 노인들을 훈련된 직원이 방문하여 평가와 사례관리 및 처치에 필요한 정보를 수집함

(3) 향후 과제

우리나라 자살예방정책 개관을 보면 극히 미진한 상태이나, 2005년 '자살예방 5개년 종합대책' 및 2008년 '제2차 자살예방종합대책'을 마련하여 비로소 자살률을 줄이고자 하는 노력을 시작하였다. 그러나 아직까지 구체적인 자살예방대책을 제시하지 못하고 있다. 대책 발표 이후에도 우리나라의 자살률은 줄어들지 않고 있고, 노인자살률의 급증도 막지 못하고 있는 상황이기 때문이다. 이러한 결과는 아직까지 자살예방대책이 통합적이지 못할 뿐만 아니라 미시체계적 차원에서 생애주기별로 특화된 접근법을 제시하지 못하였기 때문이다.

우리 사회에서 노인인구를 중점적으로 목표로 하는 자살예방기관은 거의 없다. 그러므로 노인자살에 대한 예방조치는 거의 이루어지지 않고 있으며, 더욱이 자살 위험성이 높은 노인들을 대상으로 하는 효과적이고도 혁신적인 대응 프로그램은 아직 미비한 상황이다.

따라서 우리 사회의 극히 일부에서 실시되고 있는 노인전용 전화상담서비스, 노인자살예방전용센터의 운영, 게이트키퍼 프로그램 등을 확대·적용하여야 할 것이며, 수시로 그 효과성을 평가해 보아야 할 것이다. 나아가 우리 사회에서 노인자살의 증가 현상이 계속되지 않도록 일차적 예방대책을 강구해야 한다. 노인들의 경제적 안정의 도모, 건강 보호체계의 강화, 가족 지원체계의 수립, 지역사회에서 다양한 역할기회의 확충 등을 통하여 노인의 생활조건을 개선할 수 있도록 주력해야 한다. 노인자살의 이면에 있는 사회문제가 무엇인가를 분석하여 이에 대한 적절한 대책을 세울 때 노인자살률을 줄일 수 있을 뿐만 아니라 다수의 노인이 보다 건전한 노후생활을 보낼 수 있는 사회를 형성할 수 있는 초석을 다질 수 있을 것이다. 소득보장 프로그램이 모든 문제를 제거하지 않을지라도 노인을 위한 실용적인 경제적 지원의 활용은 노인자살과 관련된 경제적 요인의 영향을 감소시킬 수 있다. 또한 노인이 계속해서 일할 수 있는 능력이 있고 본인 역시 원하는 경우에 직업적 역할을 가능한 한 유지할 수 있는 사회적 여건을 마련한다면 사회적 역할 상실에 따른 자살은 어느 정도 예방할 수 있다.

　　건강과 육체적 요인은 젊은 층보다는 노인층의 자살행위와 자살시도에 종종 관련되어 있으므로 자살에 대한 일차적 예방으로서의 이에 대한 대책이 요구된다. 대다수의 노인은 고혈압과 관절염 등 만성질환으로 어려움을 겪고 있고, 그중 일부는 장애로 인하여 독립적 생활의 영위가 힘든 실정이지만 경제적 여건의 악화로 노인들의 건강관리와 치료는 가계지출 대상에서 뒷전으로 밀려나 있다. 그러므로 노인(특히 저소득층)에게 최소한의 건강 및 의료 보장을 제공함으로써 보건의료의 세대 간 혹은 계층 간에 형평성을 제고할 수 있는 정책적 지원책이 강구되어야 한다.

　　한편, 가족의 자체적 노인부양 또는 노인보호 능력이 급속히 약화되고 있는 현실에서 노인들(특히 와상 혹은 장애노인)을 부양하고 있는 가족의 부양부담이 증가하고 있다. 그리하여 노인과 자녀 간에 부양문제로 갈등을 초래하고, 이것이 화근이 되어 노인자살에 이르게 되는 경우를 가끔 접할 수 있다. 따라서 노인가족의 부양기능을 지원할 수 있는 가족복지서비스를 활성화하여야 한다. 아울러 직업적 역할 상실과 그 밖의 상실, 특히 배우자 상실은 노인을 무위와 고독 속으로 빠져들게 한다. 이는 노인자살과 관련되어 있으므로 노후를 활기차고 의미 있게 보낼 수 있는 각종 대책이 강구되어야 한다. 시대적 변화에 따라 노인들의 다양한 여가 욕구에 부응할 수 있도록 건강관리, 취미활동, 교육강좌, 사회봉사활동 등 다양한 프로그램이 개발·실시되어야 한다. 끝으로, 노인층은 다양한 속성을 지닌 집단임을 염두에 둘 때 노인 중에서 보다 자살위험에 처해 있는 집단을 분별하여 그들에 대한 적극적인 관심과 우선적인 지원이 선행되어야 할 것이다.

참고문헌

권혁수(2009). 노인의 문제음주가 우울, 자아존중감을 매개로 삶의 만족도에 미치는 영향. 한국노년학, 29(4), 1521-1538.

김형수(2002). 미국 노인자살과 예방대책의 연구 및 시사점. 사회보장연구, 18(1), 163-182.

김형수, 허평화(2010). 한국 노인자살 연구의 동향과 향후 과제. 사회과학연구, 36(3), 195-212.

윤명숙, 조혜정(2007). 지역사회 노인의 음주행위, 문제음주 실태와 관련요인에 관한 연구. 정신보건과 사회사업, 26, 254-287.

이원재, 김형수(2003). 노인 문제음주 연구를 위한 고찰. 보건과 사회과학, 13(1), 5-28.

통계청(2021a). 고위험음주율 통계.

통계청(2021b). 사망원인 통계.

한국보건사회연구원(2002). 2001년도 국민건강 · 영양조사.

한국보건사회연구원(2015). 2014년도 노인실태조사.

한국자살예방협회(2008). 노인자살 예방을 위한 실천적 정책 수립방안에 관한 연구.

Adamek, M. E., & Kaplan, M. S. (1996). Managing elder suicide: A profile of American and Canadian crisis prevention centers. *Suicide and Life-Threatening Behavior, 26*(2), 122-131.

Atkinson, R., Tolson, R. L., & Turner, J. A. (1990). Late versus early onset problem drinking in older men. *Alcoholism: Clinical and Experimental Research, 14*, 574-579.

De Leo, D., Carollo, G., & Dello Buono, M. (1995). Lower suicide rates associated with a Tele-Help/Tele-Check service for the elderly at home. *American Journal of Psychiatry, 152*(4), 632-634.

Department of Health and Human Services Administration on Aging (2001). Older adults and mental health: Issues and opportunities. AoA Report.

Dupree, L. W. (1989). Comparison of three case-findings strategies relative to elderly alcohol abusers. *Journal of Applied Gerontology, 8*(4), 501-511.

Dupree, L. W. (1994). Geropsychological modular treatment: Back to the future. *Journal of Gerontological Social Work, 22*, 211-220.

Dupree, L. W., Broskowski, H., & Schonfeld, L. (1984). The gerontology alcohol project. *The Gerontologist, 24*(5), 510-516.

Haugland, S. (1989). Alcoholism and other drug dependencies. *Primary Care, 16*(2), 411-429.

Jennison, K. M. (1992). The impact of stressful life events and social support on drinking among older adults. *International Journal of Aging and Human Development, 35*, 99-123.

Maltsberger, J. T. (1991). The prevention of suicide in adults. In A. A. Leenaars (Ed.), *Life Span Perspectives of Suicide*. New York, NY: Plenum Press.

McIntosh, J. L. (1995). Suicide prevention in the elderly. *Suicide and Life-Threatening Behavior, 25*(1), 180-192.

Mercer, S. O. (1989). *Elder Suicide: A National Survey of Prevention and Intervention*

Programs. Washington, DC: American Association of Retired Persons.

Miller, M. (1979). *Suicide After Sixty: The Final Alternative*. New York, NY: Springer.

Mishara, B. L. (1985). What we know, don't know, and need to know about older alcoholics and how to help them: Models of prevention and treatment. In E. Gottheil (Ed.), *The Combined Problems of Alcoholism, Drug Addiction and Aging* (pp. 243-261). Springfield, IL: Charles C Thomas.

Moos, R. H., Brennan, P. L., Fondacaro, M. R., & Moos, B. S. (1990). Approach and avoidance coping responses among older problem and non-problem drinkers. *Psychology and Aging, 5*(1), 31-40.

Osgood, N. J. (1992). *Suicide in Later Life*. New York, NY: Lexington.

Osgood, N. J., Wood, H. E., & Parham, I. A. (1995). *Alcoholism and Aging*. Westport, CT: Greenwood Press.

Parette, H. P., Hourcade, J. J., & Parette, P. C. (1990). Nursing attitudes toward geriatric alcoholism. *Journal of Gerontological Nursing, 16*(1), 26-31.

Raschko, R. (1990). The gatekeeper model for the isolated, at risk elderly. In N. L. Cohen (Ed.), *Psychiatry Takes to the Streets*. New York, NY: Guilford Press.

Raschko, R. (1991). Gatekeepers do the casefinding in Spokane. *Prevention Pipeline, 4*(2), 72-74.

Schonfeld, L., & Dupree, L. W. (1991). Antecedents of drinking for early and late-onset elderly alcohol abusers. *Journal of Studies on Alcohol, 52*(6), 587-592.

Stall, R. (1987). Research issues concerning alcohol consumption among aging population. *Drug and Alcohol Dependence, 19*(3), 195-213.

U. S. Surgeon General (1999). Mental health: Surgeon general report. Department of Public Health.

Zimberg, S. (1985). Alcoholism, drug addiction and aging. In E. Gottheil (Ed.), *The Combined Problems of Alcoholism, Drug Addiction and Aging* (pp. 243-261). Springfield, IL: Charles C Thomas.

MHA　http://www.mhaging.org

노인돌봄

정윤경

노인인구가 증가함에 따라 신체적·인지적 기능 저하로 일상생활을 영위하는 데 있어 타인의 도움이 필요한 노인들 또한 증가하고 있다. 반면, 가족구조의 변화와 노인부양 주체에 대한 사회적 인식의 변화로 가족에 의해 전통적으로 수행되었던 노인에 대한 돌봄은 약화되고 있다. 이러한 상황에서 노년기 돌봄은 보편적인 욕구이며, 따라서 고령화사회의 주요한 사회보장의 영역이 되어야 한다는 정책적 논의가 활발하다. 이 장에서는 돌봄의 사회화 개념의 등장 배경과 함께 우리나라 노인돌봄의 제도적 기반인 노인장기요양보험, 노인맞춤돌봄 서비스 그리고 최근 추진되고 있는 지역사회 통합돌봄에 대해 소개하고 관련한 정책적 과제에 대하여 다루었다.

1. 노인돌봄의 개념과 돌봄의 사회화

돌봄(care)에 대한 정의는 국가나 제공방식에 따라 다양하게 이루어져 왔다. 널리 인용되는 정의 중 하나로, Daly는 돌봄에 대해 의존적인 성인이나 아동의 신체적 · 정서적 욕구를 규범적 · 경제적 · 사회적 체계 내에서 충족시키는 행위이며 돌봄 제공자와 돌봄을 받는 사람의 관계적 특성을 반영하는 개념으로 정의하였다(Daly, 2001: 최혜지 외, 2020에서 재인용). 따라서 돌봄서비스는 노인, 아동, 장애인 등 스스로 독립적으로 생활하기 어려운 상태에 있는 대상들에게 직접적 · 간접적으로 제공되는 서비스를 의미하는 것으로 볼 수 있다(고승희, 전지훈, 2019). 또한 노인돌봄은 질병을 가진 노인에 대한 간병이나 거동이 불편한 노인에 대한 수발을 넘어서 일상생활을 영위하는 데 필요한 전반적인 도움을 포괄하는 것으로 이해된다(정가원 외, 2020). 이 장에서는 노인돌봄과 관련된 이론적 관점과 우리나라의 주요 노인돌봄제도인 노인장기요양보험, 노인맞춤돌봄서비스 그리고 최근 정부가 추진하고 있는 커뮤니티케어의 도입 배경과 내용에 대해 살펴보았다.

노인에 대한 돌봄이 고령사회의 주요한 사회보장 영역이 된 배경에는 돌봄의 사회화[1] 논의가 있다. 돌봄의 사회화는 전통적으로 가족이 부담했었던 돌봄노동과 돌봄비용이 국가의 개입에 의해 가족, 국가, 시장, 지역공동체로 그 책임이 분담되는 것을 의미한다. 가족 내에서, 특히 여성에 의해 이루어졌던 돌봄노동 일부가 국가와 시장 혹은 공동체에 의한 사회적 노동으로 이행되는 것이다. 또한 전적으로 가족이 감당했던 돌봄비용의 일부가 공공재원에 의해 충당되는 것으로 가족 돌봄에 대한 금전적 보상이 이루어지는 것을 뜻하기도 한다(김지미, 2018). 정리하면, 돌봄의 사회화는 돌봄을 필요로 하는 사람이 누구나 돌봄을 받을 수 있도록 한다는 보편성과 돌봄을 제공하는 사람이 돌봄행위의 가치를 보상받거나 돌봄행위로 인한 생활의 어려움을 겪지 않아야 한다는 관점을 내포하는 개념으로 볼 수 있다.

돌봄의 사회화가 제도적으로 실현되어야 한다는 논의에는 다음과 같은 사회적 변화가 존재한다. 첫 번째, 노인들의 돌봄욕구의 증가다. 인구고령화와 함께 치매,

---

1) 돌봄의 사회화에 대한 정의는 윤홍식 등(2020)에서 김세진이 작성한 제8장의 내용을 바탕으로 작성되었다.

만성질환, 장애 등으로 일상생활 활동에 도움이 필요한 노인들 또한 급속히 증가하고 있다. 〈표 9-1〉은 2020년 노인실태조사(이윤경 외, 2021) 결과에 나타난 우리나라 노인들 중 신체적 기능제한을 경험하는 비율을 보여 준다. 65세 노인의 87.8%는 일상생활수행능력(Activities of Daily Living: ADL)과 수단적 일상생활수행능력(Instrumental Activities of Daily Living: IADL)에 제한이 없지만 6.6%는 IADL을 수행하는 데 제한을 경험하고 있으며, 5.6%는 ADL를 수행하는 데도 제한을 경험하는 것으로 나타났다. 연령이 증가할수록 이러한 기능제한을 경험하는 노인의 비율 또한 높아져 80~84세 노인의 약 18%와 85세 이상 노인의 58%가 기능제한을 경험하고 있다. 특히 85세 이상 고령인구의 증가가 두드러지는 우리나라 인구고령화의 특성상 이 집단에서 기능제한을 경험하는 비율이 높다는 것은 앞으로 고령화가 진행될수록 돌봄에 대한 요구가 증가할 것을 함의한다고 볼 수 있다.

표 9-1 노인의 성별 · 연령별 ADL과 IADL의 능력 상태 (단위: %, 명)

구분		기능제한 없음	IADL만 제한	ADL도 제한	100.0(10,097)
	전체	87.8	6.6	5.6	
성별	남자	88.3	6.7	5.0	100.0(4,346)
	여자	87.4	6.6	6.0	100.0(5,751)
연령	65~69세	95.7	2.8	1.5	100.0(3,344)
	70~74세	91.9	4.7	3.4	100.0(2,342)
	75~79세	86.5	7.6	5.8	100.0(2,292)
	80~84세	78.2	11.4	10.5	100.0(1,475)
	85세 이상	58.0	19.2	22.8	100.0(644)

출처: 이윤경 외(2021), p. 326의 〈표 7-10〉을 일부 발췌하였다.

〈표 9-2〉는 2020년 기준 전국의 60세 이상 집단의 추정 치매환자 수다. 60세 이상 집단에서 추정 치매환자 수는 약 86만 명으로 이 중 여성의 비율(약 62.9%)이 남성보다 높았다. 연령별 추정 치매환자는 85세 이상, 80~84세, 75~79세, 70~74세, 65~69세, 60~64세 순으로 많았다.

| 표 9-2 | 2020년 성별 및 연령별 추정 치매환자 현황 | | | | | | | | (단위: 명) |

65세 이상 추정 치매환자 수			연령별 추정 치매환자 수					
합계	남성	여성	60~64세	65~69세	70~74세	75~79세	80~84세	85세 이상
840,191.82	316,426.17	523,765.65	23,350.26	36,620.52	77,236.58	189,626.57	232,892.50	303,815.65

자료: 보건복지부, 중앙치매센터(2017); 통계청(2021a).
출처: 보건복지부, 중앙치매센터(2021), p. 23의 〈표 2〉를 일부 발췌하였다.

두 번째, 가족 내 노인돌봄의 한계다. 앞에서 살펴본 바와 같이 돌봄이 필요한 노인들의 수는 증가하는 반면, 이를 전통적으로 담당하던 가족의 돌봄기능은 약해지고 있다. 가족 내 노인돌봄 자원이라고 할 수 있는 성인 자녀와 함께 살고 있는 노인들의 비율은 지속적으로 감소하는 반면, 노인 부부가구나 노인 1인 가구의 비율은 증가하고 있다. 2021년 고령자통계(통계청, 2021b)에 의하면(〈표 9-3〉 참조), 65세 이상 인구를 가구 유형별로 구분하였을 때 1인 가구의 구성비는 34.2%, 부부가구는 33.0%, 노인과 미혼자녀로 구성된 가구의 비율은 15.3%[부부와 미혼자녀 9.8%, 부

| 표 9-3 | 고령자 가구 유형별 구성비 변화 | | | | | | | | | | | | (단위: 천 가구, %) |

	총가구	고령자 가구	비중	고령자 가구 유형 및 구성비									
				부부	구성비	부부+미혼자녀	구성비	부(모)+미혼자녀	구성비	1인 가구	구성비	기타	구성비
2000	14,507	1,734	11.9	573	33.1	184	10.6	79	4.5	544	31.4	354	20.4
2005	16,039	2,350	14.7	796	33.9	243	10.3	116	4.9	746	31.7	450	19.1
2010	17,495	2,923	16.7	985	33.7	286	9.8	149	5.1	991	33.9	512	17.5
2015	19,013	3,664	19.3	1,215	33.2	367	10.0	206	5.6	1,203	32.8	674	18.4
2021	20,573	4,880	23.7	1,612	33.0	478	9.8	268	5.5	1,670	34.2	853	17.5
2025	21,342	6,011	28.2	1,967	32.7	594	9.9	328	5.5	2,064	34.3	1,058	17.6
2030	22,036	7,438	33.8	2,420	32.5	729	9.8	400	5.4	2,586	34.8	1,302	17.5
2035	22,497	8,788	39.1	2,821	32.1	842	9.6	459	5.2	3,131	35.6	1,533	17.5
2040	22,651	10,012	44.2	3,136	31.3	943	9.4	510	5.1	3,623	36.2	1,799	18.0
2045	22,456	10,747	47.9	3,251	30.2	990	9.2	533	5.0	3,933	36.6	2,041	19.0
2047	22,303	11,058	49.6	3,302	29.9	1,019	9.2	547	4.9	4,051	36.6	2,139	19.3

주: 고령자 가구란 가구주의 연령이 65세 이상인 가구를 말한다.
자료: 통계청. 장래가구특별추계 2017~2047.
출처: 통계청(2021b), p. 19.

(모)+미혼자녀 5.5%] 순으로 나타났다. 특히 노인집단 내 1인 가구는 계속 증가하여 2047년에는 전체 노인가구 중 1인 가구의 비율이 36% 이상이 될 것으로 예측된다.

세 번째, 노인을 돌보아야 하는 책임 주체에 대한 사회적 인식의 변화다. 과거에는 노인에 대한 돌봄을 가족이 전적으로 책임지는 것이 당연하게 인식되었다. 그러나 노인부양에 대한 가족의 책임과 관련한 사회적 규범과 인식은 점차 변화하고 있다. 노인부양을 누가 담당해야 하는가에 대한 국민들의 인식을 조사한 결과(통계청, 2020)에 의하면 부모의 노후를 가족이 돌보아야 한다는 응답은 2012년 33.2%에서 2020년 22.0%로 크게 감소하였다. 반면, 부모의 노후는 가족·정부·사회가 함께 돌보아야 한다는 응답의 비율은 2012년 48.7%에서 2020년 61.6%로 증가하였다. 즉, 노인에 대한 돌봄은 사회적 개입이 필요한 영역이라는 인식이 강화되고 가족 내 노인부양의 책임의식이 옅어지면서 가족이라는 사적영역에 기대할 수 없게 되었다.

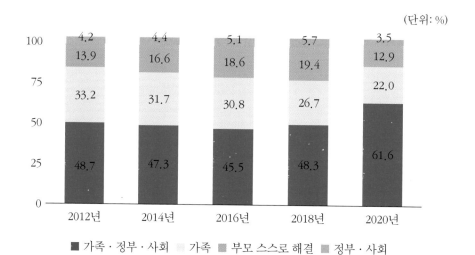

[그림 9-1] **부모 부양 주체에 대한 인식 변화**

출처: 통계청(2020), p. 9.

2. 노인돌봄제도

1) 노인장기요양보험

(1) 도입 배경

　장기요양(long-term care)은 신체적이거나 인지적 기능이 약화되어 기본적 일상활동을 하는 데 타인의 장기간 돌봄이 필요한 사람들에게 제공되는 일련의 서비스를 의미한다(Colombo, Llena-Nozal, Mercier & Tjadens, 2011). 장기요양서비스는 일반적으로 기본적 일상활동을 지원하는 서비스와 함께 기본적인 간호서비스, 재활치료 및 생애말기 돌봄이 포함된다.

　우리나라의 노인장기요양보험은 고령이나 노인성 질병 등으로 일상생활 활동을 독립적으로 수행하기 어려운 노인에게 신체활동 지원이나 가사지원 등의 서비스를 제공하여 노후생활의 안정과 그 가족의 부담을 덜어 주기 위한 사회보험제도다(보건복지부, 2020). 앞서 살펴본 바와 같이 우리나라는 급속히 진행된 인구고령화에 따라 치매와 같은 노인성 질환이나 장애로 장기요양서비스를 필요로 하는 노인의 숫자 또한 빠르게 증가하였다. 그러나 가족에 의존해 노인을 오랫동안 돌보는 것에는 한계가 있다는 인식이 확산되었으며, 의존적인 노인을 돌보는 가족의 과중한 신체적·정신적 그리고 경제적 어려움에 대한 개입의 필요성도 높아졌다. 이와 같이 가족으로 대표되는 사적영역에서 돌봄역량이 줄어드는 반면, 중산층 노인이 이용할 수 있는 요양시설이나 재가서비스가 절대적으로 부족한 상황 또한 문제로 제기되었다. 또한 인구고령화와 함께 돌봄이 필요한 경우에도 서비스의 부재로 의료서비스를 이용하는 노인이 증가하여 기존 의료보험제도의 재정에 부담으로 작용하였다. 이와 같은 요인들로 정부는 돌봄이 필요한 노인과 가족에게 서비스를 제공하는 별도의 제도의 필요성을 인식하게 되었고 공적 장기요양보험 도입을 결정하게 되었다(공적노인요양보장 추진기획단, 2004. 2. 18.).

　이에 우리나라 정부는 2001년 노인장기요양보험제도의 필요성을 공식적으로 발표하였고, 2005년부터 2007년까지 3차에 걸쳐 노인장기요양보험제도 시범사업을 시행 후 2007년 「노인장기요양보험법」을 제정하였다. 2008년 7월 1일부터 노인장

기요양보험제도가 실시되고 있으며 이후 여러 차례 법 개정을 통해 장기요양보험
의 적용 대상자가 확대되었다. 제도의 적용 대상과 관련된 주요 변화로는 2014년
장기요양 등급을 기존 3개 등급에서 5개 등급으로 확대하여 치매환자를 장기요양
보험 급여의 대상으로 포함한 것을 들 수 있다. 또한 2017년 인지지원 등급을 신설
하여 경증치매노인들에게 서비스를 제공하기 시작했다. 〈표 9-4〉에 노인장기요양
보험의 주요 변화를 정리하였다.

표 9-4 ┃ 노인장기요양보험 주요 변화

연도	변화 내용
2005년	대통령 장기요양보험 도입 제시
2005~2007년	1, 2, 3차 시범사업 실시
2007년	「노인장기요양보험법」 국회 통과
2008년	노인장기요양보험 시행
2014년	노인장기요양 등급체계 개편(3 → 5개 등급) 및 치매특별등급 신설(5등급)
2016년	치매전담형 장기요양기관 제도 도입
2017년	장기요양 인지지원 등급 신설(경증치매노인 장기요양서비스 제공)
2018년	본인부담 감경 혜택 건강보험료 순위 50%까지 확대

출처: 국민건강보험공단(2020).

(2) 적용과 급여대상

「노인장기요양보험법」 제7조에 의해 건강보험 가입자 및 피부양자는 노인장기
요양보험의 적용 대상이 된다. 또한 같은 법의 제12조에 의해 의료급여 수급권자도
적용 대상에 포함된다. 65세 이상 노인 및 65세 미만이지만 치매, 뇌혈관질환, 파킨
슨병 등 대통령령으로 정한 노인성 질병으로 6개월 이상 혼자서 일상생활을 수행하
기 어려운 사람은 노인장기요양보험을 신청할 수 있다.

(3) 노인장기요양급여의 종류

노인장기요양보험 급여의 유형에는 재가급여, 시설급여 그리고 특별현금급여가
있다. 수급자는 재가급여, 시설급여 및 특별현금급여를 중복하여 받을 수 없다. 다
만, 특별현금급여인 가족요양비 수급자 중에는 기타 재가급여(복지용구)를 받는 것
이 가능할 수 있다(국민건강보험공단, n.d.).

① 재가급여

　재가급여는 신체적·정신적 이유로 독립적으로 일상생활이 어려운 재가상태의 노인과 가족에 여러 서비스를 제공하여 노인의 안정된 노후생활을 보장하고 가족의 노인부양에 대한 부담을 덜어 주기 위해 제공되는 서비스를 의미한다. 재가급여의 구체적인 서비스 유형과 내용은 〈표 9-5〉에 제시되어 있다.

표 9-5 | 노인장기요양보험 재가급여 종류

재가급여 종류	설명
방문요양	• 수급자의 가정 등을 방문하여 신체활동 및 가사활동 등을 지원하는 장기요양급여
방문목욕	• 목욕설비를 갖춘 장비를 이용하여 수급자의 가정 등을 방문하여 목욕을 제공하는 장기요양급여
방문간호	• 장기요양요원인 간호사 등이 의사, 한의사 또는 치과의사의 지시서에 따라 수급자의 가정 등을 방문하여 간호, 진료의 보조, 요양에 관한 상담 또는 구강위생 등을 제공하는 장기요양급여
주·야간보호	• 수급자를 하루 중 일정한 시간 동안 장기요양기관에 보호하여 신체활동 지원 및 심신기능의 유지·향상을 위한 교육·훈련 등을 제공하는 장기요양급여
단기보호	• 수급자를 보건복지부령으로 정하는 범위 안에서 일정 기간 동안 장기요양기관에 보호하여 신체활동 지원 및 심신기능의 유지·향상을 위한 교육·훈련 등을 제공하는 장기요양급여
기타 개가급여 (복지용구)	• 수급자의 일상생활·신체활동 지원에 필요한 용구를 제공하거나 가정을 방문하여 재활에 관한 지원 등을 제공하는 장기요양급여로서 대통령령으로 정하는 것 • 복지용구 예: 이동변기, 목욕의자, 성인용 보행기, 안전손잡이, 욕창예방방석 등(구입품목) 및 수동휠체어, 전동침대, 이동욕조, 배회감지기 등(대여품목)

출처: 국민건강보험공단(2020).

② 시설급여

　시설급여는 「노인복지법」 제34조에 규정된 노인의료복지시설 등에 장기간 동안 입소하여 신체활동 지원 및 심신기능의 유지, 향상을 위한 교육, 훈련 등을 제공하는 장기요양 급여다. 장기요양시설에 입소할 수 있는 대상자는 장기요양 1~2등급을 받은 노인이다. 장기요양 3~4등급자로 판정받았으나, 등급판정위원회에서 시설입소가 필요한 사유(동일세대의 가족구성원으로부터 수발이 곤란한 경우, 주거환경이 열악하여 시설입소가 불가피한 경우, 심신상태 수준이 재가급여를 이용할 수 없는 경우)로 인정되는 경우에 시설에 입소할 수 있다. 또한 장기요양 5등급자로 판정받았으나 등급판정위원회에서 3, 4등급의 시설입소자의 같은 사유 중 하나에 해당한다고 판단하고 의사소견서의 치매진단이 일정 점수 이상인 것으로 판단되고 시설입소를 희망하는 자의 경우도 시설입소가 가능하다.

③ 특별현금급여

「노인장기요양보험법」에 규정된 특별현금급여로는 가족요양비, 특례요양비 그리고 요양병원 간병비가 있다. 이 중 가족요양비와 특례요양비는 현재 운영되지 않는다(국민건강보험공단, 2020). 가족요양비는 수급자가 섬·벽지에 거주하거나 천재지변, 신체·정신 또는 성격 등의 사유로 장기요양급여를 지정된 시설에서 받지 못하고 그 가족 등으로부터 방문요양에 상당하는 장기요양급여를 받을 때 지급하는 급여다.

(4) 노인장기요양급여 비용

장기요양보험의 급여액은 급여 종류와 장기요양등급에 따라 노인장기요양위원회의 심의를 거쳐 보건복지부 장관이 정하여 고시한다. 장기요양급여는 월 한도액 범위 안에서 제공되고 급여 비용이 월 한도액을 초과할 경우 초과분은 전액 본인이 부담한다. 장기요양급여 비용은 급여의 종류와 서비스 제공시간이나 횟수 등에 따라 차등적으로 적용하고 있다.

표 9-6　노인장기요양보험 월 한도액 및 급여 비용(2023년 기준)　(단위: 원)

재가급여 월 한도액		시설급여 비용		
1등급	1,885,000	요양보호사가 입소자 2.3명당 1명 이상인 시설	1등급	81,750
			2등급	75,840
2등급	1,690,000		3~5등급	71,620
3등급	1,417,200	요양보호사가 입소자 2.3명당 1명 미만인 시설	1등급	78,250
4등급	1,306,200		2등급	72,600
5등급	1,121,100			
인지지원등급	624,600		3~5등급	66,950

출처: 국민건강보험(n.d.).

(5) 노인장기요양보험의 재원
① 보험료
국민건강보험 가입자는 동시에 노인장기요양보험 가입자가 되며 장기요양보험료는 건강보험료와 통합하여 징수된다. 건강보험료에 일정한 장기요양보험요율을 곱한 금액을 장기요양보험료로 납부하게 되는데 2023년 기준 보험요율은 12.81%다.

장기요양보험료＝건강보험료×장기요양보험요율(12.81%)

- 지역가입자의 경우 100% 본인이 부담(세대 단위)
- 직장가입자의 경우 가입자와 사용자가 각각 50%씩 부담
- 공무원·교직원인 직장가입자와 소속 국가·지방자치단체·사립학교 각각 50%씩 부담

---

② 국가 부담금
「노인장기요양보험법」 제58조에 의거하여 국가는 매년 예산의 범위 안에서 당해연도 장기요양보험료 예상수입액의 20/100에 상당하는 금액을 국민건강보험공단에 지원한다.

③ 본인부담금
「국민기초생활 보장법」에 의한 수급권자를 제외하고 재가급여 및 시설급여 비용의 일부는 장기요양 수급자가 부담한다. 재가급여는 장기요양급여 비용의 15/100, 시설급여의 경우 20/100을 부담한다(비급여: 식재료비, 이미용료비 등은 본인부담). 국민기초생활보장제도에 의한 의료급여 수급권자, 소득과 재산 등이 일정 금액 이하인 자는 본인부담금의 40~60%가 경감된다.

(6) 노인장기요양보험의 이용 절차
① 장기요양 신청
노인장기요양보험 급여의 신청대상인 경우 소득수준과 상관없이 장기요양 인정을 받고자 하는 자는 본인 또는 대리인이 국민건강보험공단에 장기요양 신청서를

제출하여야 한다.

② 방문조사

장기요양 신청서를 제출하면 간호사, 사회복지사, 물리치료사 등으로 구성된 국민건강보험공단 소속 장기요양 직원이 신청인 거주지를 직접 방문하여 조사를 실시한다. 조사는 신청자의 일반사항, 신체기능 및 원인, 사회생활기능, 인지기능 및 행동 변화 영역, 간호처치 영역, 재활 영역, 복지용구, 지원형태, 시력·청력상태 및 질병상태 등 신청자의 건강 및 기능상태와 개인욕구 및 환경 등을 함께 파악할 수 있는 문항을 포함한다. 이 가운데 신체기능 영역, 인지기능 및 행동 변화 영역, 간호처치 영역, 재활 영역의 52개 항목은 장기요양 인정점수를 산정하는 데 활용한다.

③ 등급판정

국민건강보험공단은 방문조사 결과를 장기요양 등급판정위원회에 제출한다. 등급판정위원회는 6개월 이상 일상생활을 혼자서 수행하기 어렵다고 인정되는 경우 장기요양 수급자로 결정하고, 심신상태 및 장기요양이 필요한 정도에 따라 장기요양 인정 신청일로부터 30일 이내에 등급을 판정한다.

도움이 필요한 상태에 따리 다섯 가지 등급과 인지지원 등급으로 구분된다. 1등급은 장기요양 인정점수가 95점 이상으로 일상생활에서 전적으로 다른 사람의 도움이 필요한 상태, 2등급은 점수가 75~95점 미만으로 일상생활에서 상당 부분 다른 사람의 도움이 필요한 상태, 3등급은 점수가 60~75점 미만으로 일상생활에서 부분적으로 다른 사람의 도움이 필요한 상태, 4등급은 점수가 51~60점 미만으로 심신의 기능상태 장애로 일상생활에서 일정 부분 다른 사람의 도움이 필요한 상태를 의미한다. 마지막으로 5등급은 점수가 45~51점 미만으로「노인장기요양보험법」제2조에 따른 노인성 질병을 가진 치매환자다.

④ 장기요양 인정서 송부

국민건강보험공단은 등급판정위원회가 장기요양 인정 및 등급판정의 심의를 완료한 후 장기요양 등급, 장기요양급여의 종류와 내용 등의 사항이 포함된 징기요양 인정서를 작성하여 수급자에게 송부한다.

⑤ 장기요양급여의 실시

국민건강보험공단은 장기요양 수급자에게 장기요양기관에 대한 자료를 객관적·자율적으로 선택할 수 있도록 정보를 제공한다. 「노인장기요양보험법」 제27조에 의거하여 장기요양 수급자는 장기요양 인정서가 도달한 날부터 장기요양급여를 받을 수 있다. 장기요양 인정서와 개인별 장기요양 이용계획서[2]에 따라 장기요양 수급자 및 가족의 자율적인 선택에 의하여 가장 적합하고 적당한 양의 장기요양급여를 이용한다. 장기요양기관은 개인별 장기요양 이용계획서와 계약내용을 반영하여 장기요양급여의 제공계획서를 작성하고 급여를 제공한다.

(7) 추진체계

보건복지부는 우리나라 장기요양보험 사업을 관장하는 부처로 국가의 장기요양 기본계획을 수립하고 국민건강보험공단에 국고로 재정을 지원한다. 지방자치단체는 보건복지부의 장기요양보험 기본계획에 따른 세부시행계획을 수립하고 시행하며, 장기요양기관을 설치하거나 지정하는 권한을 가진다.

국민보험공단은 노인장기요양보험의 보험자로서 장기요양보험료를 부과하고 징수하며 장기요양보험 가입자 및 피부양자 그리고 의료급여 수급자의 자격을 관리하고 보험의 전반적인 재정을 운영하는 역할을 담당한다. 또한 신청인에 대한 인정조사, 등급판정위원회 운영 및 등급판정, 장기요양 인정서와 개인별 장기요양 이용계획서를 제공한다. 서비스가 제공된 후에는 장기요양서비스를 관리하고 평가하는 역할을 수행한다.

---

2) 2020년 「노인장기요양보험법」의 개정으로 수급자에게 개인별 맞춤형 서비스를 제공하기 위한 표준장기요양 이용계획서의 명칭이 목적에 맞게 개인별 장기요양 이용계획서로 변경되었다.

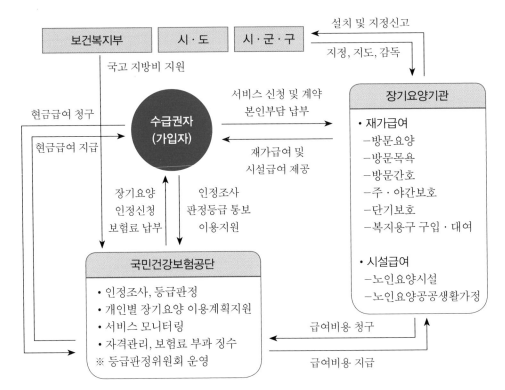

[그림 9-2] **장기요양보험 추진체계**

출처: 국민건강보험공단(2020), p. xlii.

(8) 급여현황

제도의 도입 이후 장기요양보험 급여를 받는 노인들의 수와 보험급여는 꾸준히 증가하고 있다. 2022년에 848,829명이 장기요양급여를 신청하였고, 이 중 520,043명이 장기요양급여를 받았다. 이는 전체 노인의 7.5% 정도에 해당한다. 같은 연도의 연간 요양급여비(환자부담금+공단부담금)은 5조 52억 원이고 이 중 4조 4,177억 원이 공단부담금(공단부담율 88.3%)으로 지급되었다. 공단부담으로 지급된 금액 중 시설급여와 재가급여는 각 2조 2,382억 원과 2조 1,795억 원으로 유사한 비율로 나타났다. 2020년 1인당 월 평균 급여비는 1,315,195원이고 이 중에서 공단부담금은 1,189,071원이었다.

2) 노인맞춤돌봄서비스

(1) 도입 배경

2020년부터 실시된 노인맞춤돌봄서비스는 일상생활을 스스로 영위하기 어려운 취약노인에게 적절한 돌봄서비스를 제공하여 안정적인 노후생활을 보장하고 노인의 기능·건강 유지 및 악화를 예방하기 위한 제도다. 장기요양보험이 일상생활을 독립적으로 유지하기 어려운 중증도 이상의 기능제한 노인을 대상으로 돌봄서비스를 제공하는 제도라면 노인맞춤돌봄서비스는 장기요양 이용 전 단계의 취약노인에게 적절한 돌봄제공으로 노후 삶의 질을 향상시키고 상태악화를 방지하며 장기요양 진입을 늦추거나 예방하는 것을 목적으로 한다(보건복지부, 2022). 노인맞춤돌봄서비스는 일상생활 능력이 저하되어도 지역사회에서 일상을 영위할 수 있도록 예방적 돌봄을 제공한다는 목적을 가진다는 점에서 제도의 의의가 있다.

현행 노인맞춤돌봄서비스 이전(2007~2019년)에도 취약한 노인들에 대한 다수의 돌봄사업이 수행되었다. 그러나 노인돌봄기본서비스와 노인돌봄종합서비스 등 6개 노인돌봄사업(노인돌봄기본서비스, 노인돌봄종합서비스, 단기가사서비스, 독거노인 사회관계활성화사업, 초기독거노인 자립지원, 지역사회 자원 연계)이 수행되었음에도 불구하고 노인의 욕구를 통합적으로 다루지 못하는 문제가 지속적으로 제기되었다. 또한 개별적 사업들의 분절적 운영, 사업 간 중복 서비스 제공, 서비스를 제공하는 민간기관에 대한 관리감독 미흡과 이에 따른 서비스 질과 관련된 문제가 존재했다(이민홍 외, 2020).

이를 개선하고자 노인맞춤돌봄서비스는 기존 돌봄서비스들을 통합하여 서비스 종류를 다양화하고 노인 욕구 중심의 맞춤형 서비스의 제공 및 민간 전달체계의 공공성과 책임성 강화 등의 추진방향으로 개편되었다. 구체적으로 살펴보면, 첫 번째, 노인맞춤돌봄서비스는 기존의 유사한 노인돌봄 6개 사업을 통합하여 노인의 필요에 따라 서비스 제공이 이루어지도록 하였다. 기존 노인돌봄사업 간 중복지원이 금지되어 돌봄대상자의 기능상태가 악화되고 다른 서비스가 필요한 상황이 발생해도 타 서비스로의 전환이 어려웠던 점을 개선한 것이다. 두 번째, 획일적인 서비스에서 벗어나 노인 개인별 맞춤형 서비스가 제공될 수 있도록 구체적인 서비스의 내용과 양에 관한 제공계획을 수립한다. 세 번째, 노인 자조모임 참여, 문화여가활동 등 참여형 서비스와 예방적인 서비스를 강화하는 것이다. 네 번째, 사회적 고립과 우울 위험이 높은 노인을 발굴하여 맞춤형 사례관리 및 집단 프로그램을 제공한다. 다섯 번째, 서비스 접근성을 높이기 위해 생활권역별 수행기관을 선정하여 하나의 기관에서 통합적인 서비스를 제공하는 것이 가능하도록 한다. 기존의 노인돌봄서비스는 실질적인 생활권역과 상관없이 수행기관을 두어 서비스의 접근성이 낮고 사업별 수행기관이 달라 통합적이고 체계적인 서비스를 제공하기 어렵다는 점을 개선한 것이다. 여섯 번째, 노인맞춤돌봄서비스는 읍 · 면 · 동을 통한 대상자 발굴, 서비스 신청, 서비스 제공계획에 대한 시 · 군 · 구 승인 등을 통해 서비스 전달체계의 공적 개입과 책임을 강화하고자 하였다(보건복지부, 2022).

(2) 서비스 대상

노인맞춤돌봄서비스의 대상자는 만 65세 이상 국민기초생활수급자, 차상위계층 또는 기초연금수급자로서 유사한 중복사업[3] 자격에 해당하지 않는 노인이다. 이 중 독거 · 조손 · 고령부부 가구 등 돌봄이 필요한 노인, 신체적 기능 저하나 인지 저하, 우울감 등 정신적 어려움으로 돌봄이 필요한 노인 그리고 고독사 및 자살의 위험이 높은 노인들이 서비스 대상이다.

노인맞춤돌봄서비스는 대상 노인의 사회-신체-정신영역의 돌봄 필요도에 따라 대상자군이 결정되고 이에 따라 서비스 제공시간의 범위 등이 달라진다. 사업대상군은 크게 중점돌봄군과 일반돌봄군으로 구분된다. 중점돌봄군은 신체적인 기능제한으로 일상생활지원에 대한 필요가 큰 노인들이며 일반돌봄군은 사회적인 관계 단절 및 일상생활의 어려움으로 인해 돌봄서비스를 받을 필요가 있다고 여겨지는 노인들이다. 이 외에도 사회관계 단절, 우울증 등으로 집중적인 서비스가 필요한 노인들을 특화서비스 대상으로 선정하여 서비스를 제공한다. 또한 중점돌봄군이나 일반돌봄군으로 서비스를 받다가 종결된 노인들 중 사후관리가 필요하다고 인정되는 경우 사후관리 대상으로 지정하여 6개월 동안 돌봄을 제공한다. 〈표 9-7〉에 노인맞춤돌봄서비스의 대상과 서비스 내용을 정리하였다.

---

3) 노인장기요양보험, 가사 · 간병 방문지원사업, 보훈재가복지서비스, 장애인 활동 지원사업 등이다.

| 표 9-7 | **노인맞춤돌봄서비스 대상과 서비스 내용** |

서비스 대상			서비스 내용
본 서비스 대상	중점돌봄군	신체적인 기능제한으로 일상생활지원 필요가 큰 대상	월 16시간 이상 40시간 미만 직접서비스+연계서비스(필요시)+특화서비스(필요시)
	일반돌봄군	사회적인 관계 단절 및 일상생활의 어려움으로 돌봄 필요가 있는 대상	월 16시간 미만 직접서비스+연계서비스(필요시)+특화서비스(필요시)
특화서비스 대상		사회관계 단절, 우울증 등으로 집중적인 서비스가 필요한 대상	
사후관리 대상		본 사업(중점돌봄군, 일반돌봄군) 종결자 중 사후관리가 필요한 자	

출처: 보건복지부(2022).

　본 서비스 대상자에게는 네 가지의 직접서비스, 연계서비스, 특화서비스 그리고 사후관리 서비스가 제공된다. 직접서비스 중 안전지원 서비스는 대상 노인의 전반적인 안전을 점검하기 위하여 생활환경, 가구구조와 같은 환경적 상황과 노인의 기본적인 신체적 · 정신적 · 사회적 안녕 여부를 전화나 방문 등을 통해 확인하고 말벗이 되는 서비스다. 사회참여 서비스는 사회적 관계망을 형성하고 확장하여 사회적 교류와 활동을 유지하도록 지원하는 서비스로 자조모임 등을 지원한다. 생활교육은 노인의 사회적 · 신체적 · 정신적 기능을 유지하거나 악화를 지연하고 예방하기 위한 교육이나 프로그램 등을 제공하는 서비스다. 일상생활지원은 노인의 외출에 동행하거나 가사지원 서비스를 제공한다.

　연계서비스는 노인맞춤돌봄 수행기관이 물품후원이나 자원봉사자 등 지역사회 내 민간자원 등의 후원물품이나 서비스를 연계하여 대상자를 지원하는 서비스다. 주거개선이나 건강지원 등에 연계서비스가 적용될 수 있다. 특화서비스는 우울, 고립, 자살생각이 높은 노인들을 대상으로 개별적 사례관리와 집단활동을 제공한다. 마지막으로 사후관리 서비스는 사후관리가 필요한 대상자들에게 정기적인 모니터링을 수행하고 필요한 자원을 지속적으로 연계하는 사업이다.

표 9-8 노인맞춤돌봄서비스 내용

서비스			내용
직접서비스	안전지원	방문 안전지원	• 안전 · 안부 확인 • 정보제공(사회 · 재난안전, 보건 · 복지 정보제공) • 생활안전점검(안전관리점검, 위생관리점검) • 말벗(정서지원)
		전화 안전지원	• 안전 · 안부 확인 • 정보제공(사회 · 재난안전, 보건 · 복지 정보제공) • 말벗(정서지원)
		ICT 안전지원	• ICT 관리 · 교육 • ICT 안전 · 안부 확인
	사회참여	사회관계 향상 프로그램	• 여가활동 • 평생교육활동 • 문화활동
		자조모임	• 자조모임
	생활교육	신체건강 분야	• 영양교육 • 보건교육 • 건강교육
		정신건강 분야	• 우울예방 프로그램 • 인지활동 프로그램
	일상생활지원	이동활동 지원	• 외출동행
		가사지원	• 식사관리 • 청소관리
연계서비스(민간후원 자원)		생활지원 연계	• 생활용품 지원 • 식료품 지원 • 후원금 지원
		주거개선 연계	• 주거위생개선 지원 • 주거환경개선 지원
		건강지원 연계	• 의료연계 지원 • 건강보조 지원
		기타 서비스	• 기타 일상생활에 필요한 서비스 연계
특화서비스			• 개별 맞춤형 사례관리 • 집단활동 • 우울증 진단 및 투약 지원

출처: 보건복지부(2022).

(3) 제공절차

노인맞춤돌봄서비스를 필요로 하는 노인 또는 그 가족 등이 읍·면·동 주민센터 방문 등을 통해 서비스를 신청하면 담당공무원은 신청자의 나이, 소득, 유사중복 서비스 수혜 여부 등 신청자격을 확인한 후 접수 및 권역별 수행기관에 통보한다. 수행기관의 전담사회복지사 등은 서비스 신청자 또는 대상자의 가정방문 등을 통해 선정조사 및 서비스 상담을 실시하고, 서비스 내용, 서비스 방법, 제공빈도, 담당 생활지원사 배정 등을 포함한 구체적인 서비스 제공계획을 수립한다. 수행기관은 대상자 선정조사 결과 및 서비스 제공계획을 시·군·구에 제출하고 서비스 지원에 대한 결정을 요청한다. 시·군·구는 노인맞춤돌봄서비스 심의회 등을 통해 대상자 선정 및 서비스 제공계획의 적합성, 적절성, 타당성 등을 심의하여 승인 여부를 결정하고 그 결과를 수행기관에 통보한다. 수행기관은 서비스 제공계획에 따라 담당 생활지원사 및 지원인력을 통해 서비스 제공하게 된다.

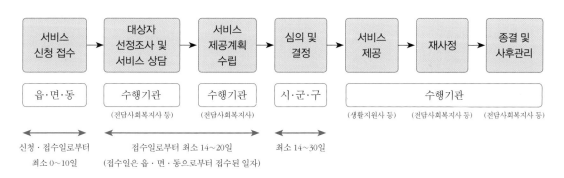

[그림 9-3] **노인맞춤돌봄서비스 제공절차**

출처: 보건복지부(2022), p. 7.

(4) 추진체계

노인맞춤돌봄서비스의 추진체계는 다양한 중앙 및 지역의 체계들로 구성된다([그림 9-4] 참조). 추진체계들의 역할을 간단히 설명하면, 보건복지부는 노인맞춤돌봄서비스 사업을 총괄하며 보조금을 지원하고 중앙노인돌봄지원기관을 운영하고 관리한다. 광역자치단체는 시·군·구별 사업량과 예산을 배정하고, 시·도 수준의 노인맞춤돌봄서비스 사업계획을 수립하여 보건복지부에 제출한다. 또한 광역지원기관을 선정하고 사업계획서를 승인하는 등 운영을 지원한다. 시·군·구는 서비스 수행기관을 선정하고 운영을 지원하며 수행기관에 대한 관리 및 감독을 수행한다. 또한 대상자를 선정하고 수행기관이 제출한 서비스 제공계획에 대한 승인을 결정한다. 앞서 설명한 바와 같이 읍·면·동은 서비스 신청을 접수하여 수행기관에 송부한다. 또한 시·군·구의 노인맞춤돌봄서비스 사업계획에 따라 대상자를 발굴한다.

중앙노인돌봄지원기관은 노인맞춤돌봄서비스에 대한 홍보사업 및 광역지원기관을 지원하는 업무를 수행하고 광역지원기관은 광역자치단체에 대해 컨설팅 제공, 네트워크 구축 등 사업추진을 지원한다. 지역수행기관은 읍·면·동으로부터 대상자를 송부받아 전담인력을 고용하여 서비스를 제공한다.

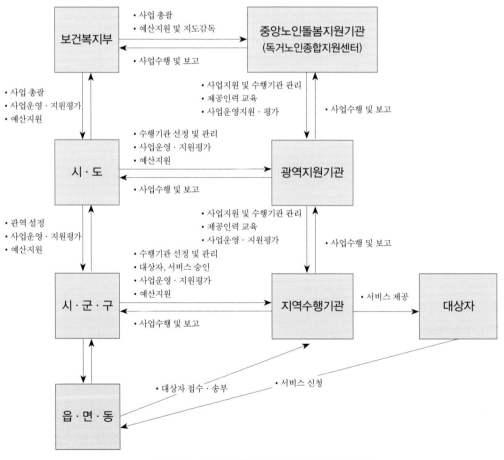

[그림 9-4] 노인맞춤돌봄서비스 추진체계와 역할

출처: 보건복지부(2022), p. 11.

3) 지역사회 통합돌봄(커뮤니티케어)

(1) 커뮤니티케어의 개념

통합돌봄(integrated-care)은 일반적으로 질병, 장애, 노화로 인해 발생하는 복합적인 욕구에 대해 건강관리, 요양 그리고 주거시설 지원 등을 통해 연속적이고 통합적으로 돌봄을 제공하는 것을 의미한다(안덕선, 오영인, 2019). 즉, 통합돌봄은 단일한 서비스 제공자나 의료기관에서 제공되는 서비스가 아니라 대상자들의 개별적이면서도 총체적인 욕구에 초점을 맞추며 조정된 돌봄(coordinated care), 포괄적 돌봄(comprehensive care), 협동적 돌봄(collective care) 등과 유사한 개념으로 받아들여지고 있다(Minkman, 2012).

우리나라 정부는 지역사회 기반 통합돌봄 정책인 '커뮤니티케어'를 2019년부터 추진하고 있다. 커뮤니티케어 혹은 지역사회 통합돌봄에 대해 정부는 돌봄이 필요한 주민들이 자기 집이나 그룹홈 등 지역사회(community)에 거주하면서 개개인의 욕구에 맞는 복지급여와 서비스를 누리고, 지역사회와 함께 어울려 살아가며 자아실현과 활동을 할 수 있도록 하는 사회서비스 체계로 정의하고 있다(보건복지부 보도자료, 2018. 11. 19.). 또한 돌봄이 필요한 주민이 살던 곳에서 지역사회와 함께 어울려 살아갈 수 있도록 주거 · 보건의료 · 요양 · 돌봄 · 독립생활 지원이 통합적으로 확보되는 지역주도형 사회서비스 정책으로도 정의하고 있다(보건복지부, 2019).

우리나라 정부에서 추진하는 커뮤니티케어의 초점은 보건의료, 요양, 복지, 주거, 소득 등 다양한 삶의 영역에 대한 서비스를 연결하여 지역사회에서 삶을 영위하는 것을 지원하여 분절적으로 제공되고 있는 보건의료, 요양돌봄, 주거 및 생활지원 서비스를 통합적으로 제공하는 서비스 체계를 구축하는 것이다. 커뮤니티케어는 또한 노인과 가족이 일상생활을 영위하는 공간인 지역사회가 돌봄의 주체이자 기반이 되는 지역사회 중심의 사회복지서비스로 정책방향을 전환하는 것을 의미하기도 한다(황경란 외, 2018).

(2) 도입 배경

정부는 커뮤니티케어 도입 배경을 다음과 같이 설명하고 있다(보건복지부, 2019). 첫 번째, 초고령화사회 진입을 앞두고 인구의 빠른 고령화와 함께 노인돌봄에 대

한 수요 또한 급증하였다. 우리나라는 2017년 고령사회에 진입하였고 불과 9년 후
인 2026년 초고령사회(노인인구 20%)에 도달할 것으로 예측된다. 앞서 살펴보았듯
이, 인구고령화와 함께 일상생활수행에 문제를 겪는 노인이나 치매환자의 수 또한
증가하고 있으며 특히 베이비부머(1955~1963년 출생) 세대가 노인인구로 진입하는
2020년부터 이러한 돌봄수요는 더욱 증가하여 노인돌봄은 국민 대다수가 겪는 보
편적 문제이자 정책적 과제로 다루어져야 한다는 인식이 대두되었다.

두 번째, 돌봄이 필요한 상황에서도 살던 곳에서 지내면서 일상생활을 영위하는
것에 대한 욕구가 높으나 기존 노인돌봄서비스로는 이를 실현하기 어렵다는 것이
다. 많은 노인이 시설에 입소하기보다는 평소 익숙한 환경에서 노후는 보내기를 원
하지만, 병원과 요양시설을 중심으로 이루어진 노인돌봄제도 내에서는 본인의 집
에 거주하는 노인에게 적절한 돌봄을 제공하기 어려워 어쩔 수 없이 요양시설이나
병원에 입·퇴소를 반복하는 상황이 발생한다는 것이다.

이러한 기존 재가서비스의 불충분성과 함께 논의되는 커뮤니티케어의 세 번째
도입 배경은 여전히 과도한 가족 내 노인돌봄에 대한 부담이 존재한다는 것이다.
즉, 충분한 재가서비스가 제공되지 못하는 상황에서 가족, 특히 여성에 대한 돌봄
부담이 가중되어 있다는 것이다.

네 번째, 급속한 인구고령화로 인한 기존 돌봄제도의 지속가능성에 대한 우려.
〈표 9-9〉는 지역사회 통합돌봄 기본계획(1단계 노인 커뮤니티케어)에 제시된 65세
이상 노인의 돌봄 지출에 대한 전망이다. 2025년까지 건강보험에서 노인진료비의
비중이 전체의 50%를 상회하고 GDP 대비 치매관리비용이 2016~2030년 기간 동
안 2배로 늘어날 것으로 예측되고 있다. 이와 같이 치매관리 비용, 건강보험지출 중
노인 의료비의 비중이 빠르게 증가하고 있는 상황에서 불필요한 의료서비스나 돌

표 9-9 65세 이상 노인의 돌봄 지출 전망

	2016년	2025년
노인진료비(건강보험지출 비중)	25조 원(38.7%)	58조 원(50.8%)
노인 의료급여비(의료급여지출 비중)	3.1조 원(46.3%)	5.7조 원(51.5%)
치매관리 비용(GDP 대비)	13.6조 원(0.83%)	34.3조 원(1.8%, 2030년)

주: 치매관리 비용=의료비+간병비+장기요양보험급여 등
출처: 보건복지부(2019), p. 21.

봄비용의 지출을 조절할 필요가 있다는 것이다.

(3) 추진계획

보건복지부는 2018년 11월 '지역사회 통합돌봄 기본계획(1단계: 노인 커뮤니티케어)'을 발표하였다(보건복지부 보도자료, 2018. 11. 19.). 정부가 발표한 기본계획에 의하면 커뮤니티케어의 적용 대상은 입원 치료 후 평소 살던 집으로 돌아가기 위해 방문의료, 요양, 돌봄 등의 케어가 필요한 사람, 시설에 입소해 있으나 커뮤니티케어가 제공되면 지역사회에서 이웃과 어울려 살기를 희망하는 사람, 자택이나 지역사회에서 거주하고 있으나 일상생활의 어려움이 있어 계속 시설에 입소하지 않고 자택이나 지역사회에서 위해서는 돌봄이 필요한 사람 등이 해당한다.

지역사회 통합돌봄 기본계획은 4대 핵심 요소(주거, 건강·의료, 요양·돌봄, 서비스 연계)를 설정하고 이에 따라 4대 중점사업을 추진하고 있다. 첫 번째 중점과제인 주거지원 인프라 확충은 노인들이 살던 집에서 건강관리와 돌봄서비스를 받으면서 살아갈 수 있도록 지원하는 '케어안심주택'을 확대하고 노인들의 주택을 개조하여 낙상 등 안전사고를 방지하는 집 수리사업을 포함한다. 두 번째, 집으로 찾아가는 방문건강 및 방문의료의 실시다. 이는 노인을 찾아가 건강관리를 하는 주민건강센터 및 방문건강서비스를 대폭 확충하고 병원에 지역연계실을 운영하여 퇴원환자의 원활한 지역사회 복귀를 지원하는 것이다. 세 번째는 재가장기요양과 돌봄서비스를 확충하는 것이다. 이는 재가상태에서 장기요양서비스를 이용하는 노인들의 비율을 높이고 시·군·구별로 종합재가센터를 설치하여 서비스의 통합 및 품질을 제고하고 의료급여 수급자나 퇴원환자의 재가생활을 지원하기 위한 재가의료급여를 신설한다는 것이다. 마지막으로 네 번째, 민관 서비스 연계와 통합적 제공이다. 이는 오랫동안 누적된 의료와 복지의 분절적인 제공을 해소하고 제공자 위주로 제공되던 의료 및 돌봄서비스를 통합하는 것이다. 구체적으로 읍·면·동 단위에 '통합돌봄창구(케어안내창구)'를 설치하여 신청접수 및 기초욕구조사를 실시하고 시·군·구 단위에서는 읍·면·동 단위에서 의뢰된 신청자에 대한 종합적인 욕구 평가를 토대로 서비스 연계를 위한 '지역케어회의'를 민관 협력으로 추진하여 기존의 공급자 위주로 제공하던 서비스를 수요자 위주로 연계하여 돌봄대상자 서비스 안내와 연계를 위한 통합플랫폼을 구축한다는 계획이다.

표 9-10	커뮤니티케어 단계별 추진계획	
1단계(2018~2022) 선도사업 실시와 핵심 인프라 확충	2단계(2023~2025) 커뮤니티케어 제공기반 구축	3단계(2026년 이후) 커뮤니티케어 보편화 단계
• 선도사업 실시(커뮤니티케어 모델 개발) • 생활 SOC 투자(케어안심주택, 주민건강센터, 도시재생 뉴딜) • 법·제도 정비(「지역사회 통합돌봄 기본법」 제정)	• 장기요양 등 재가서비스 대대적 확충 • 인력 양성, 케어매니지먼트 시스템 구축 및 품질관리체계 • 재정 전략 마련	• 돌봄이 필요한 사람 누구나에게 요구에 맞게 보편적 돌봄 제공 • 지역사회 중심으로 자율적 실행

3. 노인돌봄제도 개선을 위한 과제

지금까지 정부는 돌봄의 사회화를 제도화하기 위해 노인장기요양보험으로 대표되는 여러 가지 노인돌봄서비스들을 운영해 왔다. 이 장에서 다룬 노인돌봄제도에 대해서는 다음과 같은 개선점을 논의할 수 있다. 첫 번째, 돌봄서비스 대상의 확대가 필요하다. 장기요양보험제도를 이용하는 노인들의 숫자는 지속적으로 늘어나고 있지만 엄격한 등급인정 기준으로 인해 돌봄욕구가 있어도 등급판정을 받지 못하면 서비스를 받을 수 없다. 2019년 기준 전체 노인 중 장기요양보험급여를 받는 노인들의 비율은 9.6%로, 돌봄이 필요한 노인들을 충분히 포괄한다고 보기 어렵다. 등급 외 판정을 받는 노인들의 경우 장기요양보험서비스를 받을 수 없지만 지방자치단체를 통해 다른 복지 및 돌봄서비스로 연계될 수 있다. 그러나 이러한 서비스 연계는 지방자치단체의 관련 예산 수준에 따라 제공된다는 한계가 있다(석재은 외, 2017). 노인맞춤돌봄서비스의 경우 장기요양 이용 전 단계의 취약노인에게 노인들을 대상으로 하고 있다. 그러나 국민기초생활 수급자, 차상위계층 또는 기초연금 수급자로 노인장기요양보험 등급자 같은 유사 중복사업 자격에 해당하지 않는 노인들을 대상자로 규정하고 있어 실질적으로 비교적 소득이 낮은 노인에게 적용된다. 따라서 이를 개선하기 위해서는 보편적 돌봄제도인 장기요양보험의 등급인정 조건을 완화하는 등 서비스를 받을 수 있는 대상자를 확대하는 것이 필요할 것이다.

두 번째, 급여 내용의 측면에 있어서 통합적인 서비스가 제공되어야 한다. 독립적으로 일상생활을 영위하기 어려운 노인, 즉 돌봄이 필요한 노인들의 욕구는 복합적이며 가사 등 일상생활지원 서비스, 복지서비스, 의료 및 간호 서비스, 주거환경 개선 등이 연계되어 적절히 제공되어야 한다. 장기요양보험의 재가서비스는 주로 방문요양의 제공에 치중되어 있다. 커뮤니티케어의 경우 의료와 복지서비스의 긴밀한 연계를 통해 수요자 중심의 통합적 서비스 제공을 지향하고 있으나 아직 구체적인 방안과 추진계획이 부족하다(이용재, 박창우, 2022). 따라서 복합적인 돌봄욕구를 가진 노인들을 위해서 장기요양 재가서비스의 방문간호나 방문의료 영역의 서비스가 보완되어야 할 것이다. 또한 돌봄제공이나 안전과 많은 관련이 있는 주거환경에 대한 서비스를 장기요양보험 급여로 도입하는 것에 대해서도 고민해야 할 것이다.

세 번째, 커뮤니티케어의 정착을 위한 과제들을 생각해 볼 수 있다. 앞서 설명하였듯이 커뮤니티케어가 추진하는 주요 사업들은 기존의 돌봄체계의 획기적인 변화를 가져올 것으로 기대된다. 그러나 이를 실현하기 위해서는 전달체계의 개편을 포함한 많은 선결 과제가 있다. 특히 지방자치단체 수준에서 의료, 복지, 주거를 연계하고 다양한 민관조직을 활용하여 수요자 중심의 통합적 재가서비스를 제공할 수 있는 구체적인 조직체계와 방법 등이 제시되어야 할 것이다.

참고문헌

고승희, 전지훈(2019). 지역공동체를 활용한 충남형 돌봄체계 모델 구축. 충남: 충남연구원.

공적노인요양보장 추진기획단(2004. 2. 18.). 공적노인요양보장체계 최종보고.

관계부처 합동(2018. 11. 20.). 지역사회 통합돌봄 기본계획(안): 1단계: 노인 · 커뮤니티케어.

국민건강보험(n.d.). 노인장기요양보험 월 한도액 및 급여비용. https://www.longtermcare. or.kr/npbs/e/b/502/npeb502m01.web?menuId=npe0000000380&zoomSize=

국민건강보험공단(2020). 2020 노인장기요양보험 통계연보.

국민건강보험공단(n.d.). 장기요양급여 제공기준. https://www.longtermcare.or.kr/npbs/ e/b/501/npeb501m01.web?menuId=npe0000000370&zoomSize=

김은지, 최인희, 선보영, 성경, 배주현, 김수정, 양난주(2018). 지속가능한 돌봄정책 재정립방안 연구. 서울: 한국여성정책연구원.

김지미(2018). 한일 복지체제 재편과 가족의 위상 변화: 노인돌봄의 사회화를 중심으로. 사회보장연구, 34(4), 61-91.

보건복지부(2019). 지역사회통합돌봄 기본계획(1단계 노인 커뮤니티케어).

보건복지부(2020). 2020 노인복지사업안내.

보건복지부(2022). 2022년 노인맞춤돌봄서비스 사업안내.

보건복지부 보도자료(2018. 11. 19.). 어르신이 살던 곳에서 건강한 노후를 보낸다. '지역사회 통합 돌봄 기본계획(1단계: 노인 커뮤니티케어)' 발표.

보건복지부, 중앙치매센터(2017). 2016년 전국 치매역학 조사.

보건복지부, 중앙치매센터(2021). 2021 대한민국 치매현황.

석재은, 김형용, 허남재, 장선아, 한은영, 김면숙(2017). 지역기반 노인통합돌봄서비스 지원 체계 확산 연구. 서울특별시 사회적경제지원센터, 한림대학교 산학협력단.

안덕선, 오영인(2019). 통합 돌봄(Integrated care) Ⅰ-커뮤니티케어, 그 근원은 어디인가? 서울: 대한의사협회 의료정책연구소.

윤홍식, 김도균, 김세진, 김주호, 박찬종, 송원섭, 양종민, 정재환(2020). 저출산 · 고령사회 정책개발을 위한 학제간 연구 세미나. 세종: 한국보건사회연구원.

이민홍, 전용호, 서동민, 윤현주(2020). 노인맞춤돌봄서비스 제공현황 진단 및 품질 제고 방안연구. 보건복지부, 동의대학교 산학협력단.

이용재, 박창우(2022). 고령화 시대 한국 노인돌봄체계의 구조와 한계, 지역사회 통합돌봄의 역할방향 고찰. 한국지역사회복지학, 80, 205-231.

이윤경, 김세진, 황남희, 임정미, 주보혜, 남궁은하, 이선희, 정경희, 강은나, 김경래(2021). 2020년도 노인실태조사. 세종: 보건복지부, 한국보건사회연구원.

정가원, 김영란, 홍승아, 배호중, 김수진, 김보영(2020). 가족 내 노인돌봄현황과 지역사회 통합돌봄 지원방안. 서울: 한국여성정책연구원.

최혜지, 이미진, 전용호, 이민홍, 이은주(2020). **노인복지론.** 서울: 사회평론아카데미.

통계청(2020). 2020년 사회조사 결과 보도자료(2020. 11. 18.).

통계청(2021a). 2020년 주민등록연앙인구.

통계청(2021b). 2021 고령자통계.

황경란, 황재영, 박혜선(2018). 커뮤니티케어 현황과 쟁점: 일본 기초자치단체 사례를 중심으로. 경기복지재단, GGWF Report. 1-75.

Colombo, F., Llena-Nozal, A., Mercier, J., & Tjadens, F. (2011). *Help Wanted? Providing and Paying for Long-term Care.* Paris, France: OECD Publishing.

Daly, M. (2001). *Care Work: The Quest for Security*, 33-55. Geneva, Switzerland: International Labour Office.

Minkman, M. M. (2012). The current state of integrated care: An overview. *Journal of Integrated Care, 20*(6), 346-358.

노인과 가족

김동선

한국 사회가 경험하는 급속한 변화 가운데 부정적인 모습으로 가족의 해체를 들 수 있다. 핵가족화, 대도시로의 인구 집중으로 인해 노인들은 자녀와의 동거 생활이 점점 어려워지고 있다. 한편, 황혼이혼, 졸혼의 증가 역시 주목할 만한 추세다. 이러한 변화로 인해 전체 노인가구의 78% 이상이 노부부만의 가구와 노인 1인 가구로 이루어지게 됐다. 탈가족화는 노년기에 가장 중요한 경제적·정서적·신체적 지지망의 와해를 부추기는 결과를 가져온다. 독거노인의 증가, 고독사 등 초고령사회의 그늘이 짙어 가는 가운데, 노인들을 위한 돌봄, 정서적 지지 네트워크를 구축하는 것이 시급한 과제로 거론되고 있다.

정부는 장기요양보험제도 내에서 가족요양을 지원하는 방안을 강구하는 한편, 돌봄 사각지대를 해소하기 위해 다양한 관계자원에 관심을 기울이고 있다. 특히 자신이 살던 집에서 계속 살기를 원하는 노인의 욕구에 부응하면서, 증가하는 요양비용을 억제하는 방편으로 지역사회 관계망에 주목하고 있다. 노인의 다양한 욕구에 대해 통합적으로 대응할 수 있는 지역사회 통합돌봄 네트워크 구축도 이루어지고 있다. 실제 노인들은 가족과의 관계뿐 아니라 이웃이나 친구와의 교류를 늘려 가는 등 새로운 관계자원을 만들어 가고 있다. 이 장에서는 노인의 가족관계 변화로 인해 대두하는 고독감 및 돌봄 공백을 살펴보고 지역 기반의 관계자원 구축 필요성을 제시하고자 한다.

1. 노인의 가족관계 특성

노년기는 신체적·심리적·사회적으로 위축되면서 생애 어느 시기보다도 가족과의 관계가 중요한 시기다. 노인들은 신체적·사회적 활동범위가 축소되면서 점차 가족과 보내는 시간이 늘어나며, 돌봄의 필요성이 증가하면서 배우자, 자녀 등 가족에 대한 의존도가 높아진다. 가족들은 동거 여부를 떠나 경제적·심리적·도구적으로 많은 도움을 줄 수 있는 일차 집단(primary group)이다. 그러므로 노년기의 가족관계는 이들의 삶의 질, 행복한 노후생활을 결정하는 주요한 변수임을 아무리 강조해도 지나치지 않다.

하지만 핵가족화, 도시화에 의해 노인 단독 세대가 늘어나며, 사별이나 이혼 등으로 혼자 생활하는 노인들이 크게 증가하고 있다. 2020년 노인실태조사에 따르면 독거노인과 노인부부만의 가구는 2008년 66.8%에서 2020년 78.2%로 증가한 반면, 자녀와 동거가구는 2008년 27.6%에서 2020년 20.1%(기혼자녀와의 동거는 9.3%, 미혼자녀와의 동거는 10.8%)로 감소하였다(보건복지부, 한국보건사회연구원, 2020). 같은 조사에서 자녀와의 동거를 희망하는 비율도 2008년 32.5%에서 2017년 15.2%, 2020년에는 12.8%로 계속 감소하고 있어, 향후 노인 단독가구의 증가 추세는 계속될 것으로 예상된다.

한편, 노인만의 가구 형성 요인을 살펴보면 노인만의 가구 증가를 부정적으로만 바라볼 필요는 없다. 2020년 노인실태조사에서 노인만의 가구를 형성하게 하는 요인으로 노인의 건강상태 양호(11.2%), 경제적 안정(12.7%), 개인생활을 즐기려는 욕구(19.9%) 등 자의적 요인이 점점 늘어나는 것을 알 수 있다. 타의에 의한 단독가구

표 10-1 **노인의 가구형태 변화**

	2008	2011	2014	2017	2020
노인독거	19.7	19.6	23.0	23.6	19.8
노인부부	47.1	48.5	44.5	48.4	58.4
자녀동거	27.6	27.3	28.4	23.7	20.1
기타	5.6	4.6	4.0	4.4	1.7

출처: 보건복지부, 한국보건사회연구원(2020).

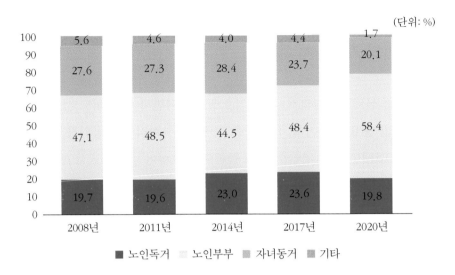

(단위: %)

[그림 10-1] 노인의 거주형태 변화

출처: 보건복지부, 한국보건사회연구원(2020).

형성 요인으로는 자녀의 결혼(28.3%), 자녀가 별거를 희망(5.9%), 자녀가 타 지역에 있어서(3.2%) 등을 들 수 있다. 자의적 요인에 의한 단독가구 구성은 2011년 39.2%에서 2017년 32.7%, 2020년 62.0%으로 증가하였다.

1) 노년기 부부관계 특성

영국의 엘리자베스 여왕은 1947년에 결혼하여 2021년 부군인 앨버트공이 사망하기까지 74년간의 결혼생활을 지속하였다. 이는 영국 왕실 역사상 가장 긴 결혼이었다고 한다. 이처럼 평균수명이 길어짐에 따라 사람들의 결혼 기간 역시 점점 길어지고 있다. 평균수명이 70세를 넘지 않았던 1970년대에만 해도 결혼 50주년을 기념하는 금혼식이 매우 드물었지만 최근에는 은혼식, 금혼식을 치르고 60주년, 75주년을 기념하는 다이아몬드혼(금강혼)을 맞이하는 부부들도 적지 않게 등장하고 있다. 이처럼 결혼 기간이 길어짐과 동시에 노년기에 있어서 결혼과 배우자의 의미 역시 중요해지고 있다.

직장에서의 은퇴와 자녀들의 독립 이후 노년기에는 부부 중심의 생활이 주로 이루어진다. 사회적 활동이 줄어들면서 더 오랜 시간을 부부가 함께 보내야 히는 노년기에는 결혼만족도와 배우자와의 관계가 더욱 중요해지게 된다. 노년기의 배우자

는 인생의 동반자일 뿐 아니라 몸이 아플 때 돌봄제공자로서 중요한 역할을 하므로
노인의 결혼만족도는 노인의 생활만족도, 행복, 건강, 장수에까지 영향을 미칠 수
있다고 보고된다(Connidis, 1989; Gilford, 1986).

　이처럼 노년기 생활이 부부 중심으로 재편되고 있음에도 불구하고 중·장년 및
노년기 부부관계가 만족스러우며 결혼이 기능적으로 작용하는 것은 아니다. 오히
려 노년기 부부의 결혼만족도는 다른 연령대에 비해 상대적으로 낮은 편이다.

　부부의 결혼만족도를 가족생활주기별로 살펴보면 신혼 초에 가장 높게 나타났다
가 자녀 출산과 양육기에 차츰 감소하여 자녀의 청소년기에 가장 낮아진다. 그 후
서서히 증가하여 자녀가 성장한 이후인 탈부모기에는 다시 높아지는 U자형 곡선을
그린다는 것이 일반적인 연구 결과다(Connidis, 1989; Gilford, 1986). 노년기에 결혼
만족도가 어느 정도 회복되는 것은 부모 역할에서 벗어나면서 자녀 양육에 따른 여
러 가지 스트레스에서 벗어나기 때문이라고 해석되고 있다.

　하지만 결혼만족도에 관한 종단연구들의 결과들을 살펴보면 노년기의 결혼만족
도 회복은 제한적이며 신혼 초만큼 높지 않은 것으로 나타나고 있다(VanLaningham
et al., 2001). 최근에 결혼만족도 궤적을 살펴본 연구들에서도 비슷한 결과가 도출되

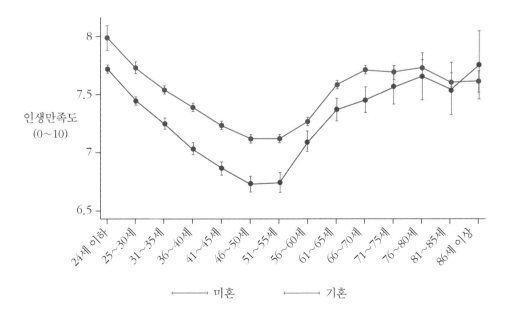

[그림 10-2] 결혼경험이 연령대별 삶의 만족도(U자형)에 미치는 영향

출처: Helliwell (2019).

고 있다. 다양한 집단에 따라 결혼만족도가 유지되거나 감소하거나 U자형을 보이
는 등 다양한 궤적을 보여 주지만, 전반적으로 결혼만족도는 감소하는 것으로 나타
난다(Proulx et al., 2017). 연구대상 중 60~90% 이상이 결혼만족도의 감소세를 보였
으며, U자형을 보이는 그룹에서도 장기간의 감소 이후에야 신혼 초에 미치지 못하
는 약간의 상승세를 보이는 것으로 나타났다(James, 2015).

　노년기의 낮은 결혼만족도는 중·장년기 이후 서로의 역할 변화에 적응하지 못
한 결과로 설명된다. 중·장년기 이후 부부는 은퇴와 자녀 독립이라는 변화를 경험
하면서 '가족부양'과 '가사 및 육아책임'이라는 분화된 역할에서 벗어나 새로운 역할
설정이 필요하다. 하지만 이러한 변화에 적응하지 못하거나 이전 결혼 생활 중 해결
되지 않은 갈등이나 역기능이 지속되는 경우, 결혼만족도가 낮아지며 부부 갈등을
경험하게 된다.

　2020년 노인생활실태에 따르면 노인의 16.8%는 배우자와의 갈등을 경험했다
고 응답하였다. 갈등 이유를 살펴본 결과, 본인 또는 배우자와의 성격 및 사고방식
에 의한 갈등이 53.9%로 약 1/2을 차지했다. 다음은 배우자의 생활방식(21.2%), 경
제적 문제(8.1%), 본인 또는 배우자의 돌봄 문제(7.7%)의 순으로 나타났다. 본인 또
는 배우자와의 관계에서 기인한 갈등이 75.1%로 대다수를 차지하며, 경제 또는 돌
봄 지원과 관련한 갈등이 약 15.8%를 차지하고 있음을 알 수 있다. 노년기에 부부가
함께 보내는 시간이 길기 때문에 이러한 부부 갈등은 우울, 정신적 문제를 야기하여
노년기 삶에 부정적 영향을 미치게 된다.

　장년기 및 노년기 부부의 관계만족도가 낮은 것에 대해 남성이 대체로 갈등의 원
인으로 규정되는 경향이 있다. 또 중·노년기 부부관계에 대해 여자보다 남자가 만
족도가 높게 나타나는데, 이는 일반적으로 결혼생활이 여성보다 남성에게 더 많은
이익을 가져다주는 구조이기 때문이라는 설명도 있다(Waite, 1995). 하지만 노년기
부부 갈등의 원인을 한쪽에 귀인하기보다는 남성과 여성은 서로 다른 이유로 부부
관계 갈등을 경험함을 이해할 필요가 있다.

　중·장년 및 노년기 부부 갈등을 남성의 관점에서 살펴본 연구(최인희 외, 2014)에
서는 대부분의 중·장년 및 노년기 남성들은 이 시기에 생애전환기적 사건인 '은퇴'
를 경험하며 이로 인한 개인생활의 변화 및 가족관계에서의 변화를 어려워하는 것
으로 나타났다. 가족 내 '생계부양자'로서의 정체성을 강하게 가지고 있는 중·장년

및 노년기 남성들은 퇴직 및 은퇴 과정에서 경제적 어려움, 역할 없는 역할(roleless role)로 인한 정체성의 약화, 가족 내 지위와 역할의 변화 등을 경험하면서 부정적인 심리상태 및 삶의 질 저하를 경험하게 된다. 이 조사에 따르면 은퇴한 남성들은 은퇴 후 우울 정도가 높으며 배우자와의 불화를 경험하며 삶에 대한 만족도가 낮은 것으로 나타났다.

이들은 배우자와의 갈등 원인으로 경제적 문제(76.5%)를 가장 크게 꼽았으며 자녀문제(64.3%), 생활방식(64%) 등에서도 갈등을 경험했다. 배우자에 대한 만족도에서는 '만족한다'는 응답이 49.9%를 차지하였으며 배우자가 응답자의 의견이나 기대를 존중해 주는 정도가 '만족스럽다'는 응답은 36.7%에 불과했다. 중·장년기 남성들이 느끼는 역할 변화, 이에 대한 부적응이 부부 갈등의 원인이며 부부 갈등을 더 크게 여기게 하는 요인임을 알 수 있다.

따라서 은퇴한 남성들에게 있어 배우자의 정서적 지지는 매우 중요하다. 배우자의 정서적 지지 수준이 높고, 배우자 및 자녀와의 관계 만족도가 높은 경우 이들의 삶의 질도 높은 것으로 나타났다. 한국여성정책연구원(최인희 외, 2014) 조사에서 조사대상인 중·장년 남성들의 89.6%가 노후에 가장 중요한 관계로 '배우자'를 꼽았으며 86.1%가 '가족의 생계를 책임져야 한다', 75.1%가 '나 자신보다 가족의 안녕이 우선시되어야 한다'고 응답한 데서 알 수 있는 것처럼 가족 중심적 사고가 강하다는 것을 알 수 있다. 따라서 중·장년 및 노년기 남성의 삶의 질 향상을 위해서는 가족생활을 지원하고 이들이 생애주기에 따른 변화, 남녀 역할 변화, 가치 변화 등에 잘 적응할 수 있도록 지원하는 것이 필요하다.

반면, 여성의 경우는 그동안 가족 중심의 생활에서 벗어나 비로소 자신의 꿈을 좇거나 새로운 라이프스타일을 추구하고자 하는데, 남편의 은퇴로 또다시 가사 부담이 늘어나면서 노년기 결혼생활에 대해 부정적인 태도를 지니게 된다. 따라서 노년기 부부관계를 개선하기 위해서는 노년기의 생활방식, 주거, 취미, 식사준비 등에 대한 상호 간의 이해와 타협을 통해 새로운 라이프스타일을 구축해 가는 것이 필요하다.

한편, 2020년 노인실태조사에 따르면 결혼만족도는 남성일수록, 교육수준이 높을수록, 건강상태가 좋을수록 높은 것으로 나타났다. 배우자의 건강상태와 관련해서는 배우자가 건강하지 않을수록 갈등 정도가 높아지는 것으로 나타났는데, 이는 배우자의 건강상태가 양호하지 않음으로 인해 야기되는 일상생활 제약과 돌봄 부담으로 인해 갈등이 유발하는 것으로 볼 수 있다. 배우자의 돌봄 관련 갈등은 읍·면부 노인이 10.5%로 동부 노인의 6.7%보다 높다. 노인의 돌봄지원을 위해 필요한 인프라가 상대적으로 읍·면부 지역에 부족함에 따라 가정 내에서 돌봄 등을 전담해야 하는 상황이 야기될 수 있고, 이 과정에서 읍·면부 노인이 더 많은 부부 갈등을 경험하기 때문인 것으로 해석된다(보건복지부, 한국보건사회연구원, 2020).

일반적으로 결혼만족도에 영향을 미치는 변인으로는 부부의 역할분담과 성역할 태도, 의사소통능력, 부부관계, 부부권력, 성격, 인구사회학적 변인 등이 있다. 부부 간 가사노동이 공평하게 분담되었다고 인지될 때, 그렇지 않은 경우보다 결혼만족도가 더 높게 나타났고 은퇴 후 남편의 가사노동 참여는 남편과 아내 모두의 만족이나 사기에 영향을 주는 것으로 보고되고 있다(Wilkie, Ferree, & Ratcliff, 1998; Vinick & Ekerdt, 1989).

한국의 노년 세대는 남편의 권리가 강조되는 가부장제적 규범이 강했던 세대다. 그러나 전통적 가족 규범이 붕괴되고 성역할 변화가 빠르게 일어나고 있지만 새로운 가족 규범에의 적응은 쉽지 않은 형편이다. 전통적 성역할에 고착된 남성과 평등한 부부관계와 자유로운 노후생활을 꿈꾸는 여성의 기대 차이가 새로운 갈등요소로 등장하고 있다. 남편들은 새로운 가족 규범에 쉽게 적응하지 못하는 데다 은퇴 이후 재적응의 문제로 어려움을 겪고 있다. 은퇴 전에 부부는 각자의 활동 영역을 가지고 삶의 의미, 자아존중감을 충족시킬 수 있었다면, 은퇴 이후 활동 영역의 경계가 사라지면서 심각한 갈등과 마찰에 노출되는 것이다. 따라서 노년기 삶에 지지적인 부부관계를 정립하기 위해서는 남편과 아내가 새로운 변화에 유연하게 적응하며 각자 서로의 어려움을 이해하고 개인적 희망을 고려한 라이프스타일을 구축할 필요가 있다. 또한 사회복지적으로 부부관계의 개선과 노년기 부부생활을 지지하는 프로그램과 서비스가 제시되어야 할 것이다.

2) 황혼이혼 및 졸혼·재혼의 증가

은퇴 이후 부부 갈등이 심각해지면서 황혼이혼도 늘어나는 추세다. 통계청(2021)이 발표한 '혼인·이혼 통계'에 따르면 2012년 이후 혼인 건수가 감소하면서 이혼도 함께 줄어드는 추세지만, 결혼한 지 30년 이상된 부부의 황혼이혼은 오히려 늘어나고 있다. 2020년 기준 혼인 지속 기간이 30년 이상인 부부의 이혼은 1만 7,869건으로 전년 대비 7.5%(1,240건) 증가했다. 한편, 2018년 고령자통계에 따르면 2017년 전체 이혼 건수는 전년에 비해 1.2% 감소한 반면, 65세 이상 남녀의 이혼 건수는 각각 12.8%, 17.8% 증가하였다.

　노년기 이혼이 증가하는 한편, 재혼도 증가하고 있다. 노년기에 이르러도 여전히 성생활이 가능한 신체적 조건과 행복을 추구하는 가치관 등이 재혼을 결정하는 배경이 되고 있다. 고령자통계에 따르면 2017년 65세 이상 남녀의 재혼 건수는 각각 2,684건 및 1,202건으로 집계되었다. 전체 남녀 재혼 건수는 전년보다 모두 감소한 반면, 65세 이상 남녀의 재혼 건수는 각각 4.5%, 8.4% 증가했음을 알 수 있다. 65세 이상 재혼에는 남녀 모두 이혼 후 재혼이 사별 후 재혼보다 많은 것으로 나타났다. 고령인구가 많아지고 기대여명도 길어지다 보니 남은 생에 결혼의 안정성보다 결혼의 질을 중요시하며 이혼과 재혼을 선택하는 인구가 계속 늘어나는 것을 알 수 있다.

[그림 10-3] 혼인지속 기간별 이혼 건수

출처: 통계청(2021).

　한편, 이혼 후 재혼으로 인해 새로운 가족관계가 만들어지며 이로 인한 갈등 역시 적지 않다. 특히 재산 관련 자식들의 반대 등으로 혼인신고를 하지 않은 채 혼인생활을 하는 '사실혼'의 비율도 증가하고 있는 추세다.

최근에는 법적으로 혼인관계를 유지하지만 각자 공간적으로 떨어져 각자의 라이프스타일을 추구하는 '졸혼'이 새로운 현상으로 소개되고 있다. 졸혼은 2004년 일본의 수필 작가 스기야마 유미코(杉山由美子)가 그의 저서 『졸혼 시대: 낡은 결혼을 졸업할 시간(卒婚のススメ)』에서 처음 사용한 말로, 한국에서도 중년부부의 새로운 결혼풍속도로 소개되기 시작했다. 신문기사, TV 다큐, 예능프로그램 등을 통해 소개되고 유명 연예인들이 졸혼을 선언하면서 일반인 사이에서도 널리 알려지게 됐다.

'졸혼'은 '결혼을 졸업한다'는 뜻으로 '이혼하지 않고 각자의 삶을 사는 것, 이혼하지 않고 혼인 관계는 그대로 유지한 채 남편과 아내로서의 의무와 책임에서 벗어나 각자의 여생을 자유롭게 사는 것'으로 정의되고 있다(류일현, 2017). 현대 핵가족에 있어서 결혼의 속성이 법률적 승인, 애정적 교류, 정서적 지지, 경제자원 공유, 상호돌봄, 생활공간 공유라고 한다면, 졸혼은 법률적 결혼 상태를 완전히 유지하며 배우자 간 애정적 교류나 정서적 지지가 상당히 유지되지만, 일상적 생활 돌봄은 약화되고 생활공간은 분리되는 속성을 가진다. 이러한 점에서 혼인의 상태를 완전히 해제하는 이혼이나, 법률적 승인만을 유지하고 애정, 정서적 지지, 상호돌봄 등을 배제하는 별거와 구분된다(김정석, 김미선, 2020).

졸혼은 그 목적과 과정에 따라 크게 두 가지로 구분된다. 적극적 졸혼은 새로운 라이프스타일의 추구를 위해 배우자 간 균형적인 지위와 상호호혜적인 요청에 의해 이루어지는 것을 말한다. 소극적 졸혼은 미래지향적이기보다는 무의미하게 느껴지는 현재의 일상으로부터 해방되기 위한 것으로, 부부간 불균형적인 지위 속에서 한 배우자의 요청과 상대방의 수용을 통해 이루어진다.

졸혼은 중·장년기의 생리적·성격적 변화와 자녀 양육이라는 공동의 과업을 완수한 뒤에 각자 정체성을 찾기 위한 모색이라는 점에서 생애 후기에 주로 이루어진다. 이러한 점에서 졸혼은 생애단계성을 지닌다. 한편, 졸혼은 이러한 욕구가 있더라도 실제 이를 실현하기 위해서는 남편과 아내가 각자 독립된 생활공간과 독자적 소비자원을 확보하여야 하기 때문에 어느 정도 경제적 여유가 필요하다. 이러한 점에서 졸혼은 계층성을 띤다. 또한 졸혼을 원하는 쪽이 대체로 가족에서 분리된 자신만의 정체성을 찾기를 원하는 중년여성이라는 점에서 젠더성을 띤다고 할 수 있다(김정석, 김미선, 2020). 결혼생활은 유지하되 자신의 삶을 추구하는 '졸혼'은 이 시대의 중년여성들이 추구하는 자아실현과 자유로운 삶에 대한 욕구와 부합하고 있다.

하지만 중년여성들을 대상으로 이루어진 연구에서는 중년여성들이 졸혼을 원하면서도 한편으로는 두려워하며 실천하지 못하는 양가적이면서 역설적인 모습을 동시에 보여 주고 있다. 즉, 자유를 원하지만 배우자에게 의존적이며 분리를 원함에도 불구하고 융합되어 있는 모습이다. 이들은 졸혼을 원하지만 경제적 · 정서적으로 가능하지는 않을 것으로 생각한다(이승숙, 정문주, 2017). 따라서 졸혼에 대해서는 새로운 결혼 형태로 받아들이는 한편, 배우자로부터 오는 스트레스에서 잠시 벗어나 배우자의 소중함을 생각하는 계기로 삼을 필요가 있다.

3) 자녀와의 관계 특성

100세 이상 노인의 숫자가 증가하면서 부모, 조부모, 증조부모, 고조부모 등 5대가 동시에 생존해 있는 가족이 등장하였다. 한 세대가 결혼을 통해 자녀를 재생산할 수 있는 연수를 대략 25년이라고 할 때 단순 계산으로 4세대가 가능하며 결혼을 일찍 한 경우에는 5세대까지 가능한 것이다. 이러한 5G(Generation) 가족은 2005년 한국노바티스와 대한의사협회가 공동으로 '5대 가족 찾기 캠페인'을 벌여 26가족을 찾으면서 처음으로 알려지게 됐다. 이후 5대 가족에 대한 공식적 통계는 없지만 자녀수는 줄어들면서 가족의 구조가 옆으로 퍼진(자손의 숫자가 많은) 대가족에서 수직구조의 핵가족구조로 변화하는 것을 알 수 있다. 통계청 가구 조사에 따르면 4세대 이상이 함께 동거하는 가족은 2021년 기준 4,566가구인 것으로 나타났다(통계청, 2021).

한편, 노년기 부모들은 예전에 비해 자녀와 함께 생활하는 경우가 점점 줄어들고 있지만 자녀와의 관계를 여전히 중요하게 여긴다. 독립성과 개인주의를 추구하는 서구사회와는 달리 가족의 유대감을 중시하는 우리나라에서는 부모-자녀 관계가 매우 밀접하며 자녀가 노부모를 부양하는 것을 규범화하여 왔다. 따라서 자녀와의 관계 정립은 노후의 부양, 심리적 안녕, 생활만족도를 좌우하는 결정요인이 되어 왔다(김태현 외, 1998; 박선희, 2005; 신효식, 서병숙, 1992).

이러한 가운데 부모-자녀 관계도 노부모 부양의식의 변화, 개인주의화 등의 영향으로 점차 변화하고 있다. 노부모와 자녀의 관계를 살펴보면, 우선 동거율이 점점 낮아지는 점을 알 수 있다. 2020년 기준 우리나라 노인들 가운데 20.1%는 자녀들과 동거하는 것으로 나타났으며 노부모와 자녀의 동거는 2008년 27.6%에 비해 계속 줄어드는 것을 알 수 있다(보건복지부, 한국보건사회연구원, 2020).

　기혼자녀와 동거하는 노인을 대상으로 동거 이유를 살펴본 결과, '기혼자녀와의 동거가 당연하다'는 응답이 24.9%로 가장 높고, 다음으로 '자녀에게 가사지원 · 손자녀 양육의 도움을 제공하기 위해서'가 17.4%, '노인 단독가구의 외로움'이 16.6%, '본인/배우자의 돌봄 필요'가 16.3%의 순으로 나타났다. 규범적 이유에 의한 동거 외에 노인-자녀 간 서로 도움을 주기 위해 동거하는 비율이 높게 나타남을 알 수 있다. 미혼자녀와의 동거에서 역시 '같이 사는 게 당연하다'는 규범적 이유(38.8%) 외에 자녀에 대한 가사 · 경제적 지원 등 자녀에게 도움을 주기 위한 이유(34.0%)가 높게 나타났다.

　자녀들과 동거를 하지 않더라도 노인들에게 자녀들은 여전히 중요한 존재다. 노부모에게 자녀는 과거에는 돌봄제공자로서의 의미가 컸다면 최근에는 직접적 돌봄 제공은 줄어들지만 정서적 지지자로서 중요한 역할을 수행하고 있다. 자녀들은 함께 가장 오랜 시간을 보냈으며 자신의 취향이나 선호, 인생사를 가장 잘 이해하기 때문에 심리적 · 정서적 지지를 해 줄 수 있는 중요한 타인이다. 신체적 수발은 점차 공적 · 사적 서비스에 의존하더라도 정서적 지지에 있어서는 자녀들이 여전히 중요한 역할을 담당하고 있다(Milkie, Bierman, & Schieman, 2008).

　한편, 비동거 자녀와의 접촉 빈도를 살펴보면, 노인의 2.5%는 거의 매일 왕래하며 8.2%는 거의 매일 연락을 주고받고 있다. 또한 노인의 16.9%가 주 1회 이상 왕래하며 63.5%가 주 1회 이상 연락을 주고받는다. 직접적인 대면뿐 아니라 전화, 문자 등을 통해 긴밀하게 연락하고 지내는 것을 알 수 있다. 반면, 분기별 1~2회 이하로 연락하는 비율 역시 10.3%에 이르러 약 10명에 1명꼴로 부모-자녀 간 교류가 원만하지 않음을 알 수 있다(보건복지부, 한국보건사회연구원, 2020).

　노년기 부모들은 자녀들로부터 수발, 정서적 지지 등 일방적으로 도움을 받는 것이 아니다. 이들은 여전히 자녀들의 가사지원, 경제적 지원, 손자녀 양육 등으로 도움을 줌으로써 자녀와 상호의존 관계를 형성하고 있다. 노부모와 자녀 간의 상호 원조 유형은 크게 생활비 · 용돈 · 선물 등의 경제적 지원과 상담 · 말벗 등의 심리적 지원, 집안일 도움 · 수발 등의 도구적 지원으로 나눌 수 있다. 기혼자녀와의 동거에서도 역시 일방적으로 도움을 받는 것은 아니며, 손자녀 양육 등의 형태로 도움을 주는 것으로 나타난다.

급속한 사회 변화로 인한 의식의 변화, 가치관의 혼재는 노인과 자식세대 간의 갈등을 초래하기도 한다. 2020년 노인실태조사에 따르면 노인의 6.1%는 자녀와 갈등 경험이 있다고 응답했다. 갈등의 이유로는 자녀와의 동거 여부를 둘러싼 갈등이 19.2%로 가장 높고, 다음은 자녀의 경제적 도움 요구(18.7%), 본인 또는 배우자의 돌봄 문제(16.5%), 자녀의 장래 문제(15.0%), 노인의 생활비 보조(12.9%)의 순으로 나타났다. 자녀의 의존과 관련한 요인이 약 1/3, 노인의 의존성과 관련한 요인이 1/3을 차지하는 것으로 나타났다(보건복지부, 한국보건사회연구원, 2020). 부모-자녀의 관계는 평균수명이 길어지면서 부모-자녀가 상호작용하면서 지내는 시간 역시 길어지고 있다. 과거 노년기 부모-자녀 관계는 성인 자녀가 노부모를 보호 부양하는 형태로 일방적인 수직적 관계였다면 최근에는 상호 도움을 주는 호혜적 관계로 바뀌고 있다. 이에 따라 부모와 자녀 간에 과도한 기대와 의존, 성인 자녀에 대한 과도한 간섭과 통제가 새로운 갈등의 요소가 되고 있다. 경제적 도움을 주는 데 따른 보상으로 이미 중 · 장년에 이른 자녀를 어린아이 대하듯이 하는 노부모 역시 적지 않다. 노년기 부모-자녀 관계는 서로 대등한 성인으로 존중하며 호혜적 지원과 건강한 분리를 이루는 것이 필요하다.

4) 조부모-손주 관계

2018년 고령자통계에 따르면 우리나라 65세 이상 고령자 중 4.4%가 지난 1년간 10세 미만의 손주를 돌본 경험이 있다고 응답하였다. 이는 2014년 6.4%에 비해 2.0%p 감소한 수치다. 조부모의 손주 양육 참여(황혼 육아)는 전 세계적인 트렌드이지만, 나라에 따라 참여 정도가 다르다. 한국의 경우 딸 또는 며느리의 경제활동을 지원하기 위해 더 많은 조부모가 손주의 양육에 도움을 주고 있지만, 손주 양육에 전적인 책임을 진다기보다는 필요할 때 짧은 시간 도움을 주는 정도의 참여가 많은 편이다.

조부모들의 손주 양육 정도는 각국의 보육정책에 의해 크게 좌우된다. 공적인 아동 돌봄정책이 확립된 북유럽 국가들의 경우, 조부모의 손주 돌보기는 짧은 시간에 그치지만 공적인 돌봄시스템이 미비한 미국이나 남유럽의 국가들에서는 손주 양육에서 조부모들의 역할이 큰 것으로 나타난다(유희정 외, 2015).

한편, 부모의 이혼, 가출, 사망 등으로 18세 미만의 아동과 조부모가 함께 생활하는 조손가정 역시 노년기 가족의 형태로 다루어질 필요가 있다. 조손가정은 돌봄이 필요한 아동 · 청소년 세대와 노인세대가 함께 가정을 이루고 있으며, 조손가구의 월 가구 소득이 일반 가구의 54%에 불과한 평균 221.5만 원으로 경제적으로 매우 취약한 형편에 놓여 있다. 조부모의 충분치 못한 부양 능력, 질병, 세대 간 격차 등으로 조손가정은 다양한 가족 유형 가운데 가장 취약한 편에 속한다. 하지만 한부모가족과 같이 관련 법에 따른 보호를 받는 가구와 다르게 상대적으로 사회적 관심과 지원이 부족한 편이다. 조손가정에 대해서는 2010년 조손가정 실태조사 이후 별도의 조사가 이루어지지 않고 있다. 통계청(2020)이 국회입법조사처의 요청에 의해 집계한 바에 따르면 전국의 조손가구는 52,951가구이며 조손가정에 속하는 아동 수는 59,183명이다.

이 가운데 요보호아동을 희망 가정에 위탁 양육하는 가정위탁의 유형으로 조부모에게 맡겨지는 경우는 전체 조손가정의 14%에 불과하다. 위탁 양육 형태로 조부모가 손자녀를 돌보는 경우 정부의 지원을 받을 수 있지만, 이를 위해서는 '적합한 수준의 소득' '위탁 아동을 건전하게 양육하기에 적합한 환경' '성범죄, 가정폭력 등 전력자가 없을 것' 등의 조건을 충족시켜야 하므로 대부분의 조손가정이 이러한 위탁 양육 가정으로 선정되지 못하는 형편이다.

조손가정에 대한 지원은 여성가족부가 실시하는 한부모가족지원사업에 포함되어 이루어지는데, 조손가정이 이의 대상자가 되기 위해서는 외조부나 외조모 1인이 양육하거나 조부모가 함께 양육하는 경우에는 한 사람이 심신장애, 질병으로 장기간 근로 능력을 상실한 경우여야 지원 대상이 될 수 있다. 이 밖에 조손가정이 받을 수 있는 지원으로는 보건복지부의 국민기초생활보장제도와 같이 저소득층 지원정책이 대표적이며, 조손가정의 특수성을 고려한 별도의 정책은 부재한 상황이다(허민숙, 2020).

조손가정의 경우 경제적 어려움도 있지만, 조부모와 손자녀 간의 세대 차이, 교육수준이 낮은 조부모가 손자녀의 양육 및 교육에 충분한 지원을 하지 못하는 등 어려움이 크다. 이들은 도움을 받을 수 있는 복지서비스가 있더라도 관련 정보를 찾아서 신청하는 경로를 알지 못해 도움을 받지 못하는 경우도 적지 않다. 이에 조손가정을 위해 미국과 같이 중간에서 필요한 지원을 종합적으로 연계해 주는 내비게이터의 존재가 필요하다는 의견도 있다.

2. 가족과 돌봄

과거 농경사회에서 자녀는 '농사일을 돕기 위한 일손'이었으며 부모가 나이 들었을 때 수발을 담당한다는 점에서 보험의 역할을 해 왔다. 하지만 도시화, 핵가족화의 영향으로 노부모 수발에서 자녀들의 역할은 점점 축소되는 듯하다. 달라진 가족관계는 전통적인 가족부양의식에도 큰 영향을 미치고 있다. 대표적으로 '자신의 노후를 누구에게 의탁할 것인가'라는 질문에 대해 사람들의 생각이 크게 바뀌었다.

통계청에서 '자신의 노후를 누가 책임져 줄 것인가'라는 설문을 실시했을 때 2002년만 해도 '스스로 해결하겠다'는 응답이 9.6%, '정부나 사회가 해 줄 것이다'가 1.3%에 지나지 않았으며 '가족이 해 줄 것이다'라는 응답이 70.7%에 달했다. 그런데 이후 조사에서 '부모 부양을 누가 담당할 것이냐'는 물음에 '가족'이라는 대답은 점점 줄어들고 있다. 2002년에는 70.7%였는데 2006년 63.4%, 2010년 36.0%, 2014년 31.7%, 2018년 26.7%로 줄어들었다. 반대로 '사회 혹은 기타'가 부양에 책임이 있다는 응답은 2002년 19.7%에서 2018년 54.0%로 증가했다. '스스로 해결'이란 대답도 2002년 9.6%에서 꾸준히 증가해서 2018년에는 19.4%로 상승했다. 이러한 인식의 변화와 함께 2008년 사회적 돌봄시스템을 구축하기 위해 장기요양보험제도가 도입되면서 요보호 노인의 수발에 대한 가족의 부담이 상당히 줄어들었다. 이처럼 가족 수발이 사회적 수발로 대체되어 가지만 가족은 노부모 수발에서 여전히 중요한 역할을 하고 있다.

2017년 노인실태조사에 따르면 ADL과 IADL의 총 17개 항목 중 1개 이상 도움을 필요로 하는 노인 가운데 가족(동거가족 또는 비동거가족)으로부터 보호를 받는 비율은 89.4%에 이르는 것으로 나타났다. 특히 동거가족으로부터 도움을 받는 비율이 69.0%로 비동거가족 36.2%에 비해 동거가족이 큰 역할을 담당하는 것으로 나타났다. 이 밖에 친척·이웃·친구·지인으로부터의 도움은 6.4%, 개인간병·가사도

우미는 1.4%를 차지하였다. 조사대상자 가운데 공적 서비스인 장기요양보험서비스를 이용하는 비율은 19.0%이며, 독거노인 대상의 노인돌봄서비스를 받는 경우는 4.2%로 나타났다.

이 조사에서는 남자보다 여자가, 그리고 연령이 높을수록 공적 서비스를 받는 비율이 높은 것으로 나타났다. 80~84세 연령군의 26.0%가, 85세 이상에서는 32.2%가 공적 서비스를 이용하는 것으로 나타났다. 이는 역으로 수발의 필요성이 높아져서 공적 서비스를 사용하기 전까지 주로 가족에 의한 수발이 이루어짐을 설명하고 있다.

이에 가정 내 가족에 의한 부양을 지지하기 위해 장기요양보험 내에 가족수당제도를 두고 있다. 장기요양서비스가 필요한 것으로 인정되지만 도서, 벽지 등에 요양서비스를 제공하는 기관이 없어서 가족이 노인을 돌보는 경우, 특별현금급여로 월 15만 원을 지급하는 '가족요양비' 제도가 대표적이다. 또한 가족이 요양보호사 자격증을 따고 돌봄을 하는 경우 방문요양급여에 준하는 금액을 지원하는 '가족인요양보호사' 제도가 있다. 가족인요양보호사에는 동거가족 이외에도 비동거인 형제자매, 사위, 며느리 등 친인척이 요양보호사 자격을 가지고, 방문요양기관에 고용된 상태에서 수급자에게 방문요양 · 목욕 등 서비스를 제공하는 경우 방문요양기관이 이들의 급여 비용을 건강보험공단에 청구하여 지급하게 된다.

한편, 최근에는 노인이 자신이 평생 살아온 장소에서 생애 마지막을 보내는 것을 선호하는 가운데 정부의 공적 요양서비스에서도 지역사회 거주와 재가서비스를 강조하고 있다. 자신의 장소에서 나이 드는 것을 의미하는 AIP(Aging in Place)는 고령 선진국가들에서 먼저 활발하게 논의되기 시작했다. AIP는 노인이 연령, 소득, 능력의 구분 없이 본인의 가정과 지역사회 등 자기가 살던 장소에서 지속적으로 안전하게, 독립적으로, 편안한 삶을 누리는 것'으로 정의된다(Centers for Disease Control and Prevention).

AIP는 고령화에 따라 증가하는 장기요양급여 비용을 억제하기 위한 차원에서도 적극적으로 정책화하고 있다. 실제로 덴마크의 경우 1980년대 이후 AIP를 강조해 왔으며, 이의 결과로 65세 이상 인구 대비 너싱홈의 베드 수가 32% 감소하였고, 80세 이상의 경우 같은 기간 동안 전체 베드 수의 45%가 감소했다(Stuart & Weinrich, 2001). 네덜란드의 경우 1980년에 80세 이상 노인의 68%가 너싱홈에서 생활했지만 AIP의 논의가 진행되면서 너싱홈의 베드 수가 감소하는 결과를 가져왔으며 최근(2019)에는 80세 이상 노인의 11%만이 너싱홈에 거주하는 것으로 나타났다(Alders & Schut, 2019; Schut, Sorbe, & Høj, 2013). 이러한 재가 중시 또는 AIP 정책은 장기요양에서의 시장화 흐름과 맞물려 불가피하게 돌봄에서의 재가족화 현상을 가져오고 있다.

Szebehely와 Trydegård(2012)는 스웨덴에서의 복지보편주의(universalism)의 후퇴가 돌봄에 대한 공적 서비스의 후퇴를 가져오는 점을 비판하였다. 스웨덴 복지국가에서 노인돌봄은 공적 재원에 의해 제공돼 왔으며 빈곤계층도 중산층이 누릴 수 있는 수준의 돌봄서비스를 받을 수 있었다. 하지만 1990년대 이래 서서히 확산되어 온 복지 제공의 다원화, AIP 정책은 결과적으로 공적 서비스의 축소, 시장화를 야기하고 있다. 이에 저소득계층의 가정에서는 돌봄비용을 줄이기 위해 직접 부모를 돌보는 것을 선택하게 된다. 이러한 가족 돌봄에의 선택은 저소득계층의 여성들을 가족 내 돌봄노동에 묶어 두는 결과를 야기하였다(Szebehely & Trydegård, 2012).

2019년 기준 돌봄이 필요한 노인의 숫자가 700만 명에 달하는 일본의 경우 공적 개호보험이 존재함에도 불구하고 노인돌봄을 위해 직장을 그만두는 사람들의 숫자는 매년 7만 명을 상회한다. 후생노동성(厚生勞動省)의 고용동향조사에 따르면 2020년에 이직한 사람들 가운데 개호, 간병이 이유가 된 숫자는 7만 1천여 명이며 이 가운데 남성이 1만 8천여 명, 여성은 5만 3천여 명인 것으로 나타났다(厚生勞動省, 2020).

가족 돌봄의 경험은 돌봄제공자에게 긍정적·부정적 영향을 동시에 가져오게 된다. 노인의 기능장애나 인지 저하에 따라 가족들은 다양한 종류의 도움을 제공하는데, 돌봄제공을 하면서 어떤 사람들은 돌봄을 받는 가족구성원과 훨씬 더 친밀해지는 경험을 할 수도 있다(Miller et al., 2008). 효행상 수상자들의 수상소감을 보면 돌봄제공자들은 노인부양을 통해 부모의 은혜에 보답하거나 가족 간의 화합을 이루는 등 오히려 보상을 받았다고 느낀다(서경현, 천경임, 2009; 이창주, 임병우, 2011).

하지만 여러 연구에서 일관되게 지적되는 것은 돌봄제공자들이 부양으로 인해 여가, 사회활동이나 개인적인 활동을 할 시간이 부족하며, 돌봄으로 인한 신체적·심리적 소진을 경험하는 등 부정적 영향을 더 크게 느끼게 된다. 특히 만성질환이나 기능장애 혹은 인지 저하가 심한 노인을 돌보는 가족 돌봄제공자는 돌봄 기간이 장기화될수록 더 큰 스트레스와 우울 등을 경험하게 된다. 이러한 이유로 장애가 있는 가족을 돌보는 부양자를 '숨겨진 환자'(Fengler & Goodrich, 1979) 또는 '여러 문제에 시달리는 제2의 희생자'(Goodman & Pynos, 1990)라고 부르기도 한다. 특히 노부모 돌봄을 위해서 휴직이나 퇴직을 하는 중년여성의 경우는 경력단절이 일어나고 스스로 노후를 준비할 기회를 갖지 못함으로 인해 노후 빈곤계층으로 떨어지는 것이 우려되기도 한다.

고령화에 따른 돌봄 부담이 급증하는 가운데 사회적 돌봄시스템만으로 요보호·치매노인을 보살피는 것은 역부족이다. 돌봄은 신체적 돌봄뿐 아니라 정서적·영적 돌봄까지 포함하므로 가족이 갖는 유대감이 효과적인 돌봄 자산이 될 수 있다. 향후 공적 돌봄서비스와 가족 돌봄은 적절한 안배가 이루어질 필요가 있으며 가족 돌봄 제공자의 경제적 기회비용을 덜어 줄 수 있는 다양한 방법이 강구되어야 한다.

3. 사회적 고립과 포용

통계청이 발표한 '2020 국민 삶의 질' 보고서에 따르면 지난해 우리나라 65세 이상 노인 중 독거노인은 158만 9천여 명으로 2000년 54만 3천여 명에서 100만 명 이상이 증가한 것으로 나타났다. 2020년도 노인실태조사에 따르면 독거노인은 전체 노인의 19.8%에 달하며, 노인 5명 중 1명은 혼자 사는 것으로 나타났다. 전체 노인 가운데 독거노인이 차지하는 비중은 1990년 8.9%에서 2005년에는 17.9%로, 그리고 2017년에는 19.3%로 증가하는 등 지속적인 증가 추세를 보이고 있다. 나아가 2035년에는 300만 명으로 늘어나는 등 향후 증가 속도가 더욱 빨라질 것으로 예상되고 있다(통계청, 2018).

1인 가구의 증가는 고령자에 국한된 것은 아니다. 전체 가구에서 1인 가구가 차지하는 비중은 1990년 9.0%에서 2010년 23.9%, 2025년에는 31.3%로 치솟고 있다(통계청, 2018). 1인 가구는 새로운 라이프스타일로 그 자체가 문제를 가지고 있는 것은 아니다.

오히려 독거노인들은 혼자 사는 것을 선택으로 생각하는 경향이 있다. 충북독거노인주거실태조사(충청북도종합사회복지센터, 2021)에 따르면 독거노인들은 혼자 생활한 기간이 '20년 이상'이 61.5%을 치지하는 등 매우 길며 돌봄이 필요할 경우 요양시설에 입소할 의향이 '없다'는 응답이 41.6%로 높게 나왔다. 이들은 '거동이 불편해도 살던 곳에서 여생을 마치고 싶다'(65.1%)는 의사를 강하게 지니는 것으로 나타났다.

하지만 직장이나 다른 사회활동으로 타인과 연결돼 있는 젊은 세대와 달리, 고령자 1인 가구는 혈연가족뿐 아니라 이웃이나 사회로부터 고립돼 있을 우려가 크다. 이러한 사회적 관계망의 단절은 노년기 고독, 신체적·정신적 건강 등의 문제를 더 크게 가져온다.

2020년도 노인실태조사에 따르면 독거노인이 경험하는 어려움으로는 아플 때의 간호(34.6%), 심리적 불안감·외로움(21.4%), 경제적 불안감(13.4%), 일상생활문제·처리(9.5%) 등으로 나타났다. 또한 독거노인은 경제적 상황이나 주관적인 생활수준이 열악하고, 심리적 불안감이 더 높으며, 자아존중감이 더 낮고, 우울 정도가 더 심한 것으로 나타났다(김은정, 2018; 임춘식 외, 2013). 또 비독거노인보다 자살생각이나 자살계획을 더 많이 하는 것으로 알려져 있다(남혜진, 장은하, 홍석호, 2021; 이금룡 조은혜, 2013).

공식적인 역할과 관계망이 사라지는 노년기에는 가족, 친척, 친구들과 가까이 왕래하며 비공식 차원의 정서적 유대나 사회적 지지를 얻는 것이 중요한데 독거노인들의 경우 이러한 정서적 지지를 얻지 못하며 소외감, 고독감을 경험하게 된다. 관계망 단절에 따른 노인들의 외로움은 광범위하게 보고되고 있는데, 일부 국가에서는 이런 문제에 적극적으로 대응하고 있다.

외로움이란 '개인이 가지고자 하는 관계와 현실에서 인지하는 관계 사이에 차이가 있을 때 느껴지는 부정적 감정 상태'(Peplau & Perlman, 1982)라고 정의된다. 혼자 있다고 해서 외로움을 크게 느끼는 것은 아니다. 연구에 따르면 외로움이란 다른 사람과 함께 보내거나 혼자 보내는 시간의 양의 문제가 아니라 관계의 질과 더 관계가 있는 감정이라고 설명한다. 외로움에 따른 불쾌한 감정은 주관적이다. 외로운 사람들은 그들이 다른 사람들에 의해 이해받지 못한다고 느끼며 누구와도 의미 있는 관계를 가지지 못한다고 생각한다.

2017년 영국 정부가 전국적으로 시행한 조사에 따르면 영국 국민의 14%에 해당하는 900만 명이 상시적인 외로움을 느끼는 것으로 보고됐다. 특히 혼자 사는 노인이나 장애가 있는 경우 외로움으로 인한 폐해가 큰 것으로 보고됐다. 또 다른 조사에 따르면 영국에서는 20만 명의 노인이 거의 한 달 이상 친구나 친척과 대화를 하지 않았다고 한다. 이때의 대화란, 상점에서 점원이나 우체부와 하는 사무적인 대화를 제외한 의미 있는 대화를 지칭한다. 또 일반의(GP)들은 병원을 찾아오는 환자들 가운데 매일 1~5명의 환자들이 외로움을 호소한다고 보고하고 있다. Age UK의 조사에 따르면 65세 이상 노인의 360만 명이 TV가 유일한 친구라고 대답했다. 또 다른 기관인 Independent Age의 조사에 따르면 75세 이상의 노인 3명 가운데 1명은 외로움이란 감정을 통제하기 힘들다고 보고했다. 이에 영국에서는 2018년 세계 최초로 외로움부처(Department of Loneliness)를 만들고 이 문제를 해결하도록 장관을 임명했다(Mead, 2018. 1. 26.).

일본 역시 2021년 국민들의 외로움에 대처하기 위해 '고독·고립 대책 담당실'을 설치하였다. 세계 최고의 고령화율을 기록하는 일본에서는 노인들의 사회적 고립과 고독사가 오래전부터 사회적 문제로 주목을 받아 왔다. 2010년 NHK가 방영한 스페셜방송 '무연사회'에서 노인들이 혼자 살고 혼자 아프며 혼자 죽는 실태가 보도됐다. 방송에서는 신분 불명의 자살자와 고독사 등을 '무연사'로 이름 붙였는데, 이러한 무연사는 연간 3만여 건에 이르는 것으로 알려졌다. 고독사 또는 고립사는 법적으로는 비자연적인 죽음으로 분류되는데, 비자연적인 죽음의 36%가 고립사인 것으로 추정되어, 언론에서 말하는 3만 건이라는 숫자가 과장된 것이 아닌 것으로 증명되었다(金涌 佳雅, 2018). 여기에 코로나로 인한 사회적 거리두기가 장기화되면서 여성, 청소년들의 자살 증가까지 가세하면서 일본 정부가 외로움에 대해 보다 적극적으로 대처하게 된 것이다.

외로움은 '매일 담배 15개피를 피우는 것과 같다'는 보고가 있을 정도로 노년 생활 전반에 부정적인 영향을 미친다. 사회적으로 고립되었다고 느끼는 사람들은 감기에 2~3배 더 잘 걸리고, 염증을 더 잘 유발하며, 노화에 따른 마모 역시 빠르게 진행된다(Jaremka et al., 2013). 고립은 수면장애를 일으키며 치매에 걸릴 가능성을 높이며 조기 사망의 위험요인이 되기도 한다.

반대로 만족스러운 사회관계망을 가진 사람은 치매가 늦게 발발하는 등 긍정적 보상을 받는 것으로 나타났다. Fratiglioni 등(2000)은 수천 명의 스웨덴 노인을 대상으로 사회적 관계망을 조사했다. 그들이 기혼인지, 미혼인지, 독거인지, 사회관계를 즐기는지 등의 여부를 포함해 사회적 상황을 평가한 후 3년간 이들의 건강을 추적 조사했다. 그 결과, 사회관계망이 강한 사람은 그렇지 않은 사람에 비해 인지 손상이 60% 덜한 것으로 나타났다.

사람들은 평생 생활의 편의를 위해서나 정서적으로나 도움을 주고받는 핵심 인물들로 둘러싸인 채 살아간다. Kahn과 Antonucci(1980)는 이를 사회적 호위대(social convoys)로 명명하였다. 사회적 호위대는 대개 가까운 친척, 친한 친구로 구성되며, 시간이 흘러가면서 커질 수도 있고 줄어들 수도 있다. 나이가 들면서 사회적 호위대는 대개 줄어드는데 이는 노인들의 사회관계망 축소와 비슷한 맥락에서 이루어진다. 하지만 노인들은 관계망이 줄어드는 대신, 소수의 친밀한 사람들과 더욱 친밀한 관계를 맺음으로써 이를 보상하고자 한다. 즉, 관계망의 넓이보다 깊이를 통해서 정서적인 풍요로움을 누릴 수 있다.

노년기 고독의 문제를 해결하기 위해서는 가족 이외의 다양한 관계망을 만들고, 직장을 은퇴한 사람들은 지역기반의 사회활동 참여 기회를 늘리는 것이 필요하다. 또한 주변에 남은 소수의 친밀한 사람과의 관계를 통해 정서적 지지를 얻는 것이 필요하다.

2020년도 노인생활실태에 따르면 노인의 관계망 특성으로는 자녀·손자녀, 형제자매 등 혈연에 의한 관계가 큰 비중을 차지하지만 최근에는 점차 친한 친구들과의 비공식적인 관계가 늘어나는 것을 알 수 있다. 스스로 인식하기에 가깝게 지내는 친인척이 있다고 응답한 노인은 81.7%이며 이들의 수는 평균 2.1명이었다. 또한 친한 친구·이웃이 있다는 응답은 93.6%이며 친구·이웃의 숫자는 평균 3.0명이었다. 2017년도 조사와 비교할 때 가깝게 지내는 친인척 또는 친구나 이웃, 지인이 늘어난 것으로 나타났다. 이는 혈연을 중심으로 한 관계에서 공통의 관심사를 기반으로 한 동년배와의 관계가 확장되는 등 관계망이 다각화되고 있음을 시사하는 것이다. 이에 지역사회에서도 가족을 대신할 수 있는 다양한 관계망을 구축함으로써 지역에서 살아가는 노인들의 신체적·정서적 지지 및 돌봄 문제에 대처할 필요가 커지고 있다.

4. 향후 과제

현대사회의 여러 가지 변화로 인해 노년기의 가족관계는 점점 축소되며 가족 부양에도 공백이 생기고 있다. 노부모와 자녀 간의 관계 역시 과거와 달리 수평적·상호 교환적 관계로 바뀌고 있다. 효·부양의식도 변하여 노부모 부양이 자녀의 책임이라는 의식이 줄어든 반면, 본인과 국가의 책임이라는 의식은 늘어나고 있다. 하지만 현실에서는 노인들이 경제적·정서적·신체적 부양을 자녀에게 의존하려는 경향이 여전히 높으며 AIP의 정책화로 인해 가족에 의한 돌봄이 더 이상 축소되지는 않을 것으로 전망된다.

한편, 노년기 관계가 자녀 및 가족 중심에서 점차 비혈연·지역사회로 옮겨 가는 현상도 발견된다. 2020년도 노인실태조사에 따르면 노인의 24.5%는 친구 및 이웃 등과 거의 매일 왕래하고 있으며, 26.7%는 주 2~3회, 18.2%는 주 1회 왕래하는 것으로 나타났다. 비대면으로는 노인의 19.9%가 매일 친구 또는 이웃과 연락하고 있으며, 28.1%는 주 2~3회, 23.0%는 주 1회 연락을 주고받는 것으로 나타났다. 2017년 조사와 비교하면 친구, 이웃과의 연락 빈도는 약 6.5%p 높아진 것으로 나타나며 노인들의 관계망이 점차 확대되며 다각화되는 것을 알 수 있다. 이에 가족을 대체하거나 보완할 수 있는 지지체계로 지근거리의 이웃, 지역의 비공식적 모임이 대안이 될수 있다. 1980년대 영국에서 시작된 커뮤니티케어나 2005년 이후 꾸준히 자리를 잡아가고 있는 일본의 지역포괄 케어시스템 등은 이러한 지역의 관계망을 토대로 이루어지는 돌봄네트워크다.

국내에서도 AIP를 실현하면서도 가족 돌봄의 부담을 완화하고 공적 서비스를 보완할 수 있는 비공식 돌봄체계로 지역사회에 주목하고 있다. 보건복지부는 제2차 장기요양 기본계획(2018~2022)에서 지역사회 돌봄 강화를 주요 과제 중 하나로 포함시켰고 2019년부터 커뮤니티케어(community care) 선도사업을 실시한 뒤 2025년에 커뮤니티케어를 본격 실시한다는 계획이다. 커뮤니티케어로 불리는 지역사회 통합돌봄은 노인, 장애인 등과 같이 일상생활을 하는 데 돌봄이 필요한 주민들이 평소 살던 곳에서 살아갈 수 있도록 주거·보건의료·요양·돌봄 등 서비스를 통합 제공하는 지역주도형 사회서비스 정책을 말한다. 돌봄이 필요한 사람들이 공적 서비스를 이용하기 전 단계에서부터 병원이나 시설에 들어가는 과정 또는 병원, 시설에서 지역사회로 복귀하는 전 과정을 지원하기 위해 '케어매니지먼트(care management)'를 도입하고, 통합적 욕구사정 및 다양한 서비스의 연계를 꾀하고 있다. 커뮤니티케어는 궁극적으로는 노인, 장애인들의 시설 입소를 최대한 늦추고 지역사회에서의 거주를 지원하는 것을 목표로 한다.

돌봄대상자가 필요로 하는 서비스는 보건의료에 국한된 것이 아니라 주거, 장보기, 운동, 교류 등 복합적이며 포괄적이다. 따라서 병원, 시설, 복지관 등 기존의 서비스 제공기관이 각각 개별적 혹은 분절적으로 서비스를 제공하는 방식에서 벗어나 생활의 장에서 대상자가 느끼는 필요를 통합해서 해결하는 연계된 서비스가 필요하다. 지역사회 통합돌봄의 모델이 되고 있는 일본의 지역포괄 케어시스템의 경우 니키류(二木立)는 '본질은 지역 내 자원의 네트워크'라고 밝힌 바 있다(정형선, 김도훈, 김수홍 역, 2018). 이는 지역포괄 케어시스템이 지역사회 내에서 지역민들에 의해 유연하게 이루어지는 서비스네트워크라는 의미를 강조한 말이다. 지역사회 통합돌봄이 AIP의 정책 목표 및 방향에 부합하기 위해서는 지역단위로 노인이 일상적으로 접촉하는 이웃, 친구, 지역 소상공인, 자원봉사자들과의 관계가 전제되어야 한다.

하지만 이러한 지역자원의 자발적 참여와 연계가 부족한 가운데 지역사회 통합돌봄이 중앙정부 차원에서 추진된다면, 기존의 돌봄서비스 전달체계와 차별성을 갖기 힘들다는 지적도 나오고 있다(강현철, 최조순, 2019). 지역사회 통합돌봄의 핵심은 노인이 포함되는 지역사회의 관계성이라는 점을 강조할 필요가 있다. 노인들이 혈연가족을 기본으로 하여 친구, 이웃으로 관계망을 넓혀 나가는 한편, 지역사회의 일원으로 참여함으로써 신체적·인지적 건강을 유지하도록 지역 내 상호 지지체계를 형성할 필요가 있다.

참고문헌

강현철, 최조순(2019). 지역자산을 활용한 커뮤니티케어 운영에 관한 탐색적 연구. 한국지적정보학회지, 21(1), 39-54.

김은정(2018). 독거노인의 고독감이 자살생각에 미치는 영향: 회복탄력성의 조절효과 검증. 경희대학교 社會科學硏究, 44(1), 171-197.

김정석, 김미선(2020). 졸혼(卒婚)에 대한 사회학적 단상: 졸혼의 정의, 특성, 기제 및 전망. 한국인구학, 43(4).

김태현, 김동배, 김미혜, 이영진, 김애순(1998). 노년기 삶의 질 향상에 관한 연구. 한국노년학, 18(1), 150-169.

김희국(2012). 지역사회에 거주하는 노인부부의 우울이 삶의 질에 미치는 영향과 결혼만족의 조절효과. 한국지역사회복지학, 43, 319-344.

남혜진, 장은하, 홍석호(2021). 독거노인의 자살에 관한 체계적 문헌고찰. 노인복지연구, 76(2), 91-130.

독거노인종합지원센터(2016). 독거노인생활실태 분석 및 적정보호인구 추계.

류일현(2017). 졸혼과 혼인제도. 가족법연구, 32(2), 161-190.

박선희(2005). 노인이 지각하는 가족관계가 자아존중감 및 삶의 질 만족도에 미치는 영향. 청주대학교 대학원 석사학위논문.

보건복지부(2018~2022). 제2차 장기요양기본계획.

보건복지부, 한국보건사회연구원(2017). 2017년도 노인실태조사.

보건복지부, 한국보건사회연구원(2020). 2020년도 노인실태조사.

서경현, 천경임(2009). 치매환자 가족부양자의 부양부담과 건강 및 삶의 질에 대한 사회지원의 중재효과. 한국심리학회지: 문화 및 사회문제, 15(3), 339-357.

신효식, 서병숙(1992). 노부모와 성인 자녀의 결속도가 노부모의 심리적 손상에 미치는 영향. 한국노년학, 12(2), 99-108.

유희정, 이솔, 홍지수(2015). 맞벌이 가구의 영아 양육을 위한 조부모 양육지원 활성화 방안 연구. 한국여성정책연구원 연구보고서.

이금룡, 조은혜(2013). 독거노인의 자살 생각에 영향을 미치는 주요 변인에 관한 연구: 사회적 지지의 직접 및 간접 효과를 중심으로. 保健社會硏究, 33(1), 162-189.

이승숙, 정문주(2017). 한국에서 '졸혼(卒婚)'을 원하는 여성들. 한국심리학회지: 여성, 22(4), 689-711.

이창주, 임병우(2011). 노인장기요양보험 서비스 전달체계가 부양자의 삶의 질에 미치는 영향: 재가서비스 이용자 가족의 부양부담을 매개변수로 해서. 한국정책연구, 11(2), 265-283.

임춘식, 장금섭, 정명숙(2013). 독거노인의 자살생각에 영향을 미치는 요인연구. 사회과학연구, 22, 192-223.

정형선, 김도훈, 김수홍 역(2018). 일본의 커뮤니티케어. 니키류(二木立) 저. 서울: 북마크.

조황숙, 조병은(2000). 홀로 된 여성노인의 자매관계 특성이 심리적 적응에 미치는 영향. 한국노년학, 20(2), 197-213.

최인희, 홍승아, 김주현, 정다은(2014). 중장년 및 노년기 남성의 가족생활 현황과 지원방안 연구. 서울: 한국여성정책연구원.

충청북도종합사회복지센터(2021). 충북독거노인주거실태조사.

통계청(2018). 고령자통계.

통계청(2020). 국회입법조사처 제출자료.

통계청(2021). 2021년도 혼인·이혼 통계.

통계청(2022). 세대구성별 가구 및 가구원(2015~2021).

허민숙(2020). 조손가정 지원을 위한 미국의 네비게이터 프로그램 운영사례 및 시사점. NARS 현안분석. 국회입법조사처 제134호 양육환경 개선 보고서 시리즈.

金涌 佳雅(2018). 孤立(孤独)死とその実態. 日本医科大学医学会雑誌, 14(3), 100-112. https://doi.org/10.1272/manms.14.100

厚生勞動省(2020). 令和 2 年雇用動向調査結果の概要. https://www.mhlw.go.jp/toukei/itiran/roudou/koyou/doukou/21-2/index.html (Accessed on 2022. 10. 10.).

Alders, P., & Schut, F. T. (2019). The 2015 long-term care reform in the Netherlands: Getting the financial incentives right? Health Policy, 123(3), 312-316.

Cole, S. W., Hawkley, L. C., Arevalo, J. M., Sung, C. Y., Rose, R. M., & Cacioppo, J. T. (2007). Social regulation of gene expression in human leukocytes. Genome Biology, 8(9), R189. doi:10.1186/gb-2007-8-9-r189

Connidis, I. A. (1989). Family ties and aging. Toronto & Vancouver, Canada: Butterworths.

Fengler, A. P., & Goodrich, N. (1979). Wives of elderly disabled men: The hidden patients. The Gerontologist, 19, 175-183.

Fratiglioni, L., Wang, H. X., Ericsson, K., Maytan, M., & Winblad, B. (2000). Influence of social network on occurrence of dementia: A community-based longitudinal study. Lancet, 355, 1315-1319.

Gilford, R. (1986). Marriage in later life. Generations, 10, 16-20.

Goodman, C. C., & Pynos, J. (1990). A model telephone information and support program for caregivers of Alzheimer's patients. The Gerontologist, 30, 399-403.

Helliwell, J. F. (2019). How's life at home? New evidence on marriage and the set point for happiness. Journal of Happiness Studies, 20(8), 373-390.

James, S. L. (2015) Variation in trajectories of women's marital quality. Social Science Research, 49(January 2015), 16-30. ps://doi.org/10.1111/j.1365-2524.2011.01046.x

Jaremka, L. M., Fagundes, C. P., Glaser, R., Bennett, J. M., Malarkey, W. B., & Kiecolt-Glaser, J. K. (2013). Loneliness predicts pain, depression, and fatigue: Understanding the role of immune dysregulation. *Psychoneuroendocrinology, 38*(8), 1310-1317.

Kahn, R. L., & Antonucci, T. C. (1980). Convoys over the life course: Attachment, roles and social support. In P. B. Baltes & O. G. Brim (Eds.), *Life-span Development and Behavior* (pp. 253-286). New York, NY: Academic Press.

Mead, R. (2018. 1. 26.). What Britain's 'Minister of Loneliness' says about Brexit and the legacy of Jo Cox. The New Yorker. Available from http://www.newyorker.com/culture/cultural-comment/britain-minister-of-loneliness-brexit-jo-cox (Accessed on 2018. 2. 8.).

Milkie, M. A., Bierman, A., & Schieman, S. (2008). How adult children influence older parents' mental health: Integrating stress-process and life-course perspectives. *Social Psychology Quarterly, 71*(1), 86-105.

Miller, K. L., Shoemaker, M. M., Willyard, J., & Addison, P. (2008). Providing care for elderly parents: A structurational approach to family caregiver identify. *Family Communication, 8,* 19-43.

Peplau, L. A., & Perlman, D. (1982). Perspectives on loneliness. In L. A. Peplau & D. Perlman (Eds.), *Loneliness: A Sourcebook of Current Theory, Research and Therapy* (pp. 1-18). New York, NY: Wiley.

Proulx, C. M., Ermer, A. E., & Kanter, J. B. (2017). Group-based trajectory modeling of marital quality: A critical review. *Journal of Family Theory and Review, 9*(3), 307-327. https://doi.org/10.1111/jftr.12201

Schut, E., Sorbe, S., & Høj, J. (2013). Health care reform and long-term care in the Netherlands.

Stuart, M., & Weinrich, M. (2001). Home-and community-based long-term care: Lessons from Denmark. *The Gerontologist, 41*(4), 474-480, https://doi.org/10.1093/geront/41.4.474

Szebehely, M., & Trydegård, G. B. (2012). Home care for older people in Sweden: a universal model in transition. *Health & Social Care in the Community, 20*(3), 300-309.

VanLaningham, J., Johnson, D. R., & Amato, P. (2001). Marital happiness, marital duration, and the U-shaped curve: Evidence from a five-wave panel study. *Social Forces, 79*(4), 1313-1341. https://doi.org/10.1353/sof.2001.0055

Vinick, B. H., & Ekerdt, D. J. (1989). Retirement and the family. *Generations: Journal of* the American Society on Aging, 13(2), 53-56.

Waite, L. J. (1995). Does marriage matter? Demography, 32(4), 483-507.

Wilkie, J. R., Ferree, M. M., & Ratcliff, K. S. (1998). Gender and fairness: Marital satisfaction in two-earner couples. Journal of Marriage and the Family, 577-594.

한국노바티스, 대한의사협회 주관 전국 5세대 가족 찾기 캠페인 https://www.inews24.com/view/671936

Centers for Disease Control and Prevention-Healthy Places Terminology https://www.cdc.gov/healthyplaces/terminology.htm (Accessed on 2022. 10. 1.).

노인과 사회활동

모선희

제11장

노인에게는 무엇보다도 건강과 경제 문제가 중요하다. 그러나 평균수명의 연장으로 길어진 노년기를 어떻게 유용하게 보낼 것이냐가 중요한 문제로 등장하였다. 노인의 사회활동 참여는 노년기의 역할 상실로 인한 소외와 고독에서 벗어나 자신감, 유용감을 얻게 하고, 사회적 접촉으로 사회적 지지망을 가지게 될 뿐 아니라 사회구성원으로 활동함으로써 세대 간 통합, 노인에 대한 긍정적 이미지 구축 등을 기대할 수 있다. 제11장에서는 노인의 사회활동을 일반적 여가, 노인교육, 자원봉사활동으로 나누어 살펴보고자 한다. 먼저, 이러한 사회활동의 현황을 파악하고, 국가 차원의 정책 및 관련 법, 노인여가복지시설의 현황 및 문제점을 진단해 보고자 한다. 마지막으로 성공적인 노년의 열쇠인 노인의 여가를 위한 구체적인 지원방안을 제시하고자 한다.

1. 노년기의 사회활동

노인들 사이에서 경제와 건강은 가장 중요한 문제로 여겨진다. 65세 이상 노인세대가 국민연금, 공무원연금, 사학연금 등 공적연금의 혜택을 받는 비율은 2021년에 55.1%로 제한적이며, 자녀의 교육과 결혼 등으로 자신의 노후에 대한 준비가 미흡했던 세대라 경제적으로 어려움을 겪는 비율이 높았다. 그러나 고령사회로 접어들면서 노인계층도 점점 건강, 교육, 경제 수준이 향상됨으로써 의식주의 기본적 욕구뿐 아니라 다양한 욕구를 드러내고 있다. 요즈음은 자녀와의 별거, 평균수명의 연장으로 노년기를 보람 있게 보내는 것에 대한 관심이 높아지고 있다. 집 안에서 TV 시청, 라디오 청취 등으로 혼자 소일하는 소극적인 여가활동에서 벗어나 집 밖에서 노인학교, 복지관, 경로당, 각종 모임, 봉사활동, 종교활동 등 다양한 사회활동의 참여가 높아지고 있다. 또한 베이비붐 세대가 노인으로 진입하면서 새로운 문화수요계층으로서의 노인이 부각되었으며, 노인의 사회활동과 관련된 정책 및 사업도 중요해지고 있다.

사회활동이란 '다른 사람과의 상호 교류와 관련된 일정한 규칙이나 형태를 띤 활동'이라고 정의할 수 있다(Palmore, 1981). 모든 사람은 일상생활에서 가족, 친척, 친구, 이웃과 같은 비공식집단(informal group)과 접촉할 뿐만 아니라 인생의 전 생활주기를 통해 직장과 관련된 모임, 종교집회, 자원봉사활동 등 공식적인(formal) 사회활동에도 참여하고 있다. 이 같은 사회활동의 참여는 개개인의 생활에서 여러 가지 중요한 역할을 한다. 즉, 사회활동의 참여는 다른 사람과의 사교 기회를 제공하고, 어려운 일이나 급한 상황에서 도움을 주거나 지지해 줄 수 있는 지원망(supporting networks) 역할을 한다. 또한 배우자의 사별, 은퇴 등으로 역할이 상실되었을 때 이를 대치할 수 있는 기능도 있다. 뿐만 아니라 사회활동 참여와 생활만족도, 심리적 안녕감(well-being)은 긍정적 관계가 있다는 연구 결과도 있다(김수현, 2013; 나항진, 2004; Lee & Ishii-Kuntz, 1987).

또한 사회활동 참여는 외로움을 경감시키는 중요한 역할을 한다. 외로움을 '감정적 고립(emotional isolation)'과 '사회적 고립(social isolation)'으로 구분하면서, Shaver와 Buhrmester(1983)는 사회적 집단에의 참여는 심리적인 친근감과 연합된 일치감을 제공하여 외로움을 덜어 준다고 가정하고 있다. 심리적 친근감은 애정, 상호 도움, 사회적 지원 등을 포함하며 무조건적인 긍정적 관심을 나타내는 것으로 가족이나 친구와 같은 비공식적인 상호 교류와 관련이 있다. 한편, 연합된 일치감은 집단의 목표에 개인이 어느 정도 기여하느냐에 따라 관심이 다른 조건적인 것으로 사회적 자아, 영향, 권력 등을 포함하는 공식적 집단생활과 관련이 있다. 이런 관점에서 비공식 활동의 참여는 친근감을, 공식 활동의 참여는 사회적 통합을 제공함으로써 외로움을 막거나 적어도 경감시킬 수 있다는 주장이다.

노인들은 여가활동을 통해 ① 신체적 건강의 증진, ② 사회적 접촉기회의 제공, ③ 노후 삶에 대한 사기 및 만족감의 증진, ④ 노인 자신에 대한 신념과 자기 신체에 대한 자신감 부여, ⑤ 유용감과 자기가치성의 확신, ⑥ 자율적인 생활에 대한 기술과 기능의 증진, ⑦ 재미있고 즐거운 삶 등을 얻을 수 있다(Leitner & Leitner, 1985). 이와 같이 노후의 여가생활은 은퇴 후 사회와 가족으로부터의 소외에서 벗어나 자긍심과 자신감을 주고 자아실현을 이룰 수 있는 계기를 마련해 준다. 노인의 적극적인 여가활동은 개인적으로는 신체 및 정신건강, 삶의 만족감, 심리적 안녕 등을 얻을 수 있고, 사회적으로는 노인에 대한 긍정적 이미지 확립, 노인의 지역사회 내 통합 등 긍정적인 결과를 기대할 수 있다.

고령사회에서는 노인의 건강, 교육수준, 생활수준의 향상으로 자녀에게 의존하기보다 독립된 생활을 희망하는 비율이 높아지고 있다. 즉, 건강하고 경제력 있는 노인의 증가로 이들의 사회활동은 왕성해질 것으로 전망되고, 젊은 세대의 부양의식 감소로 인해 노인들도 경제적·심리적·사회적 자립 욕구가 증가하고 있다. 노인들은 여가시간을 활용하고, 자기개발을 추구하고, 역할 상실에서 벗어나고, 급변하는 사회에 적응하기 위하여 여가문화, 교육, 자원봉사 등 다양한 활동의 참여가 필요하다. 여기서는 노년기의 사회활동을 여가, 교육, 자원봉사로 나누어 살펴보고자 한다.

2. 노인의 사회활동 현황

1) 여가활용 실태

여가의 어원은 그리스어로는 스콜레(scole)로 '정지, 중지, 평화 및 평온'을 의미하며, '자기의 교양을 높이기 위한 적극적인 행위'를 뜻한다. 또한 로마어로는 오티움(otium)으로 '아무것도 하지 않는 소극적인 행위의 상태'를 말한다(김광득, 1997). 일반적으로 여가(leisure)란 일에서 해방되어 자유, 휴식, 즐거움 등을 누릴 수 있는 여유 있는 시간을 의미한다. 그러나 노년기는 퇴직, 자녀들의 결혼 등으로 사회적 · 가정적 책임에서 벗어나는 시기로 다른 연령층의 여가와는 의미가 다르다.

노인의 여가활동 유형은 가정 내에서의 역할, 자녀와 이야기 등의 가족중심형과 가정 밖에서 취미, 오락, 학습, 단체활동 등을 통한 활동과 자녀방문 등 가족 외 활동중심형으로 나눌 수 있다(박재간, 1997). 또한 노인의 여가형태를 단독충실형(서예, 음악 감상 등 혼자 하는 취미활동), 가족충실형(정원 손질, 가옥의 미화작업 등), 우인교류형(친구와의 회식, 대화 등), 독서형(독서, 신문스크랩, 새로운 문헌 수집 등) 그리고 사회참여형(동창회, 향우회, 친목회 등)으로 구분하기도 한다(김태현, 2007).

노인의 여가에 관한 선행연구에 따르면(김태현, 2007; 원영희, 1999; 통계청, 2020), 우리나라의 노인들은 대체로 집 안에서 자신이 혼자 소일하면서 소극적으로 여가생활을 하는 경우가 많다. 노인이 가장 선호하는 여가활동은 TV 시청이나 라디오 청취이고 이외에 장기, 화투, 바둑, 취미생활, 친구와의 잡담, 자녀 및 친지 방문 등이 있다. 2019년 고령자 통계에 따르면, 65세 이상 노인의 사회단체 참여율은 58.7%이며, 참여 단체활동은 친목 및 사교 단체(72.7%)의 참여율이 가장 높고, 다음으로 종교단체(43.0%), 취미 · 스포츠 · 여가활동(29.6%), 지역사회모임(20.4%) 순으로 나타났다(통계청, 2020).

2020년 노인실태조사에서 TV 시청 및 라디오 청취를 제외한 여가문화활동을 살펴보면(중복응답), 휴식활동이 52.7%로 가장 높고, 다음으로 취미오락활동(49.8%), 사회 및 기타 활동(44.4%), 스포츠참여활동(8.1%), 문화예술참여활동(5.1%) 순으로 나타났다. 문화예술활동, 스포츠활동 등 적극적 여가활동 참여율은 연령이 낮을수록 높게 나타났다(이윤경 외, 2020).

국가별 노인의 여가활동 시간을 비교한 자료에 따르면(통계청, 2011), 우리나라의 노인의 교제 및 여가시간은 하루 평균 6시간 46분으로 미국(8시간 19분), 영국(8시간 47분), 네덜란드(7시간 17분)보다 적은 수준이다. TV 시청은 모든 국가에서 평균 3시간 내외로 가장 주된 여가활동인 반면, 종교활동은 우리나라가 22분으로 상대적으로 가장 많게 나타났다.

우리나라의 현 노인세대는 1960~1970년대 경제 발전의 주역으로 '일'을 위주로 살아왔기 때문에 여가란 휴식의 개념일 뿐 자신을 위한 취미활동을 갖지 못하여서 여가에 대한 사회화가 부족하여 자신을 위한 여가를 즐길 줄 모르는 경향이 있다. 또한 경제 및 건강상의 이유로 여가를 보람 있게 즐길 수 있는 여건이 어려운 현실이고, 여가를 활용할 수 있는 공간 및 시설의 미비 등도 문제점으로 지적되고 있다(김동배, 1999a; 윤소영, 2008; 장인협, 최성재, 1997).

그러나 우리나라의 노년기 여가활동이 가정 중심 활동에서 가족 외 활동으로 변화되는 추세라는 지적도 있다(원영희, 1999). 즉, 경제 성장 및 전반적인 생활수준의 향상, 가족구조의 변화, 가정 내 노인권위의 상실, 가전제품의 생활화, 사회활동 참여 기회의 증가 등으로 '노인들이 가정에서 머무를 수 있는 요소를 감소시켜' 가족 중심에서 가정 밖의 여가활동이 활발해졌다. 요즈음 베이비붐 세대가 노인으로 편입되면서 노인들도 단순한 여가를 소일하는 소극적인 여가활동에서 자아실현을 추구하는 다양한 취미, 자원봉사, 평생교육, 문화활동, 체육활동 등에 적극적으로 참여하는 경향이 나타나고 있으며, 앞으로 이런 추세는 점점 높아질 전망이다.

2) 노인교육

인간이 하는 일은 크게 교육, 노동, 여가의 세 영역으로 나눌 수 있다. 일반적으로 인간발달단계에서는 연령에 따라 주 과업이 결정된다. 즉, 청소년기에는 교육이, 중·장년기에는 노동이, 노년기에는 여가가 중심이 되는 생활이 정상적이라고 생각한다. 그러나 이러한 주장에 대해 연령차별적 논리라고 반발하면서 Bolles(1981)와 Riley(1993)는 전 생애에 걸쳐 교육, 노동, 여가를 동등하게 중요시하는 연령통합적 사회의 필요성을 강조하였다. 즉, 학교교육으로 교육과정이 끝나는 것이 아니라 평생교육이 이루어져야 하고, 정년이 되어 퇴직하는 것이 아니라 일할 능력과 욕구가 있는 사람에게는 노동의 기회를 보장하는 연령통합적 사회가 바람직하다는 것이다. 개인의 능력과 희망에 따라 교육, 노동, 여가를 적절히 선택하고 이러한 기회가 제공될 수 있는 사회가 진정한 의미의 노인복지가 이루어졌다고 할 것이다(김동배, 1999a: 63-64).

우리나라의 노인교육은 교육과 여가활동의 두 가지 기능을 담당하고 있다. 노인교육의 법적 근거는 평생교육의 일환으로 사회교육에 포함되어 보호·육성되어야 한다는 「평생교육법」과 복지 차원에서 노인여가복지시설로 분류하고 있는 「노인복지법」이다. 그러나 노인교육을 담당하고 있는 대부분의 노인학교는 실질적으로 「노인복지법」상의 노인여가복지시설로 신고되어 있고, 대부분 교육적 측면보다는 무료한 여가시간을 활용하는 역할이 더 큰 실정이다. 즉, 노인교육을 평생교육의 일환으로 보기보다는 노인복지서비스의 일부로 간주하는 경향이다.

여러 연구(김도수, 1994; 박재간, 1991; 연제국, 1996; 한정란, 2015; 허정무, 2002)에서 노인교육을 사회교육, 평생교육의 차원에서 접근하여 자아실현, 자기개발을 목표로 한 교육 프로그램 개발과 전문 인력 확보 등이 마련되어야 한다고 주장하고 있다. 그러나 현재 노인층의 교육에 대한 참여나 욕구는 낮은 것으로 나타나고 있다.

2020년 노인실태조사에 따르면, 노인들의 지난 1년간 평생교육 참여 경험은 11.9%이며, 월 평균 참여 시간은 1~5시간이 48.8%로 가장 많았으며 6~10시간 25.4%, 11~15시간 9.8% 등으로 나타났다. 교육을 실시한 기관은 노인복지관(35.5%)이 가장 많고, 다음으로 매체 활용(17.0%), 시·군·구민 회관/동·읍·면 주민센터(15.1%), 공공문화센터(14.4%), 사설문화센터·학원(5.8%) 순이었다. 노인들이 참여하고 있는 평생교육 프로그램 내용을 살펴보면, 건강관리·운동이 44.3%로 가장 많고, 다음으로 문화예술(댄스·가요·음악) 28.2%, 정보화 11.4%, 어학 프로그램 5.9%, 인문학 5.4% 등의 순이다(이윤경 외, 2020).

최근에는 노인교육과 관련되어 새롭게 부각되는 프로그램으로 웰다잉(well-dying/죽음준비)교육과 은퇴준비교육도 주목받고 있다. 웰다잉교육은 죽음에 대한 올바른 이해를 통해 죽음에 대한 두려움을 극복하고 노년기를 의미 있게 사는 것을 목적으로 하는 교육이다. 웰다잉교육은 1978년 서강대학교의 '죽음에 관한 강의'를 시작으로 대학 및 대학부설기관에서 교과목으로 소개되면서 사회적 관심이 높아졌고, 기독교, 불교 등 종교단체, 각당복지재단(삶과 죽음을 생각하는 회), 조계종 사회복지재단 등에서는 웰다잉 전문강사 교육과정을 운영하고 있다. 이 외에도 국민건강보험공단 일부 지사와 노인복지관에서도 죽음에 대한 이해, 유언장 작성, 장례 방법 결정, 법적 내용 등으로 교육 프로그램을 구성하여 실시하고 있다(서혜경, 2009; 한경혜 외, 2019).

평균수명의 연장으로 은퇴 후 노년기가 길어지면서 은퇴준비교육(2015년 「노후준비 지원법」이 제정되면서 노후준비교육이라고도 함)은 성공적 노화를 위해 필요한 교육 프로그램으로 자리매김하고 있다. 은퇴준비교육은 공공기관, 기업체, 대학, 지방자치단체 등 다양한 주체에 의해 제공되고 있다. 공공기관으로는 공무원연금공단, 한국고용정보원, 노사발전재단 일자리 희망센터, 한국주택금융공사, 고령사회진흥원, 중소기업청(시니어넷 운영) 등에서, 국내 기업으로는 KT, 한국전력, ㈜포스틸, 삼성그룹(삼성전자, 삼성중공업, 삼성생명, 삼성물산 등), 현대그룹(현대중공업, 현대자동차), 은행/보험/증권사 등 금융기관에서 실시하고 있다. 또한 서울대학교, 한국방송통신대학교, 부산대학교 등에서 평생교육 차원에서의 은퇴준비 프로그램을 제공하고 있다(한경혜 외, 2019). 이 외에도 지방자치단체 차원에서는 서울시가 선도적으로 2016년 '서울시 50플러스재단'을 설립(2013년 인생이모작 지원센터로 시작)하여 구별로 베이비부머, 신중년을 위한 인생 재설계를 위한 교육, 사회참여, 상담 및 정보제공 등 생애전환에 필요한 종합서비스를 제공하고 있다. 서울시 외에도 부천, 경남, 충남, 부산, 광주 등 지방자치단체에서 다양한 은퇴준비교육을 실시하고 있다.

3) 자원봉사활동

우리나라에서 사회적 연대를 강조하는 현대적 의미의 자원봉사활동은 1903년의 한국기독교청년회(YMCA) 창립 이후로 보고 있다. 자원봉사활동에 대한 사회적 관심이 조성되기 시작한 것은 1980년대 이후이며, 특히 1986년 아시안게임, 1988년 올림픽은 자원봉사활동이 확산되는 분기점이 되었다. 1990년대에 들어서면서 민주화운동, 시민운동, 지방자치제 실시 등의 영향으로 지역사회 주민을 중심으로 한 자원봉사활동이 확대되었다. 각종 자원봉사단체가 활성화되고 기업, 매스컴 등의 참여로 범국민적 활동으로 자리매김하였다.

　　15세 이상을 대상으로 한 통계청의 전국조사에 따르면, 자원봉사 참여율은 1991년 5.4%에서 1999년 13.0%로 증가한 것으로 나타났다. 이는 15~19세 연령층의 참여가 급증한 결과인데, 중·고등학교에서 자원봉사활동 점수를 종합생활기록부에 반영하면서 청소년 자원봉사가 확산되었기 때문이다. 아직은 선진국에 비하면 우리나라의 자원봉사는 시작 단계지만, 2001년 UN이 정한 '세계 자원봉사의 해'를 계기로 사회적인 관심과 참여가 높아져 자원봉사 참여율은 2009년 19.3%로 상승했다가 2015년 18.2%, 2019년 16.1%로 낮아졌다.

　　지금까지 노인들은 자원봉사를 받는 대상자이지 자원봉사를 하는 주체자로 인식되지 않았다. 미국의 경우 65세 이상 노인의 24.4%가, 영국의 경우 41%가 자원봉사활동을 하고 있는 데 비해, 우리나라 노인의 자원봉사활동은 활발하지 못한 실정이다. 통계청(2019) 자료에 따르면, 65세 이상 노인의 자원봉사활동 참여 경험율은 6.5%로, 전체 연령층 참여율 16.1%에 비해 현저하게 낮은 것으로 나타났다. 2020년 노인실태조사에서도 65세 이상 노인의 자원봉사활동 참여율은 2.9%이며 83.2%가 월 10시간 이하로 자원봉사활동을 하고 있는 것으로 나타났다(월 평균 참여 시간은 6.3시간). 자원봉사활동 참여율은 남성이고, 동부에 거주하며, 연령이 낮을수록, 배우자가 있는 노인이나 노인부부가구, 교육과 소득수준이 높을수록 더 높은 경향을 보인다. 자원봉사 참여노인의 활동 영역을 살펴보면, 사회복지가 48.8%로 가장 많고, 다음으로 교통질서 19.9%, 환경보호 14.4%, 문화체육 7.9%, 보건의료 5.8% 순으로 나타났다. 자원봉사활동 참여 종류는 단순 노력봉사가 대부분(83.7%)이며, 지식/기술 활용(8.5%)이나 전문성 활용(7.8%)은 낮은 것으로 나타났다(이윤경 외, 2020).

　　이와 같이 노인의 자원봉사 참여율이 낮은 것은 노인의 자원봉사에 대한 인식의 저조, 활용기관의 부재도 원인이 되겠지만, 우리나라 노인의 건강 및 경제 수준이 아직 남을 도울 만큼 여유롭지 못한 것이 원인이기도 하다. 또한 노인들의 권위주의적·가족주의적·수동적 성향이 자원봉사 참여에 부정적 영향을 미치는 걸림돌이라는 주장도 있다(전용호, 이금룡, 2013).

　　현재의 노인세대는 대체로 경제적으로 불안정하고 사회적으로도 도움을 받는 사람이라는 고정관념이 있어 노인의 자원봉사에 대해서는 노인뿐 아니라 사회적 인식도 미미하다. 김동배(1999b)는 이러한 상황을 그간에 여가활동을 위해 조직된 노인단체들에서 봉사활동을 주요한 사업으로 내세우지만 지속성을 가지고 추진하지 못했기 때문이라고 비판하면서, 그 원인으로 자원봉사에 대한 전문성 및 지도력 미흡, 주변의 정신적·물질적 지원 부족과 더불어 노인들이 '주는 원로상'을 부각하기보다는 '받는 원로상'을 재연했기 때문이라고 분석하고 있다.

그러나 앞으로 노인의 적극적인 자원봉사활동을 기대할 수 있는 사회적 여건의 변화도 많다. 즉, ① 노인인구의 증가, ② 경제적으로 안정된 노인층의 증가, ③ 노년기 여가시간의 증대, ④ 노인의 교육 및 건강 수준의 향상, ⑤ 사회의 유익한 활동으로 삶의 보람을 찾고자 하는 노인층의 증가, ⑥ 노인인력 활용은 국가 재정부담을 줄이고 사회적 통합을 가져오는 바람직한 정책이라는 견해 등이다(고양곤, 1998). 행정안전부의 2008년 자원봉사활동 실태조사에 따르면, 베이비붐 세대인 40~50대의 자원봉사활동 참여율이 25.9%로 전국 평균에 비해 높았고, 경제적 여유와 전문성을 가진 건강한 중산층 은퇴자의 자원봉사활동에 대한 욕구가 높아지는 추세여서 앞으로 노인의 자원봉사활동 참여가 높아질 것으로 전망된다.

이금룡(1999)은 자원봉사의 참여동기를 목적지향적 동기(보람 추구, 가치 추구, 재미 추구), 수단지향적 동기(자아실현 추구, 사회적 보상 추구, 물질적 보상 추구) 그리고 종교적 동기로 나누고 있다. 자원봉사를 하고 있는 노인을 대상으로 조사한 결과에 따르면, 참여동기는 여가선용, 사회적 책임, 종교적 신념 등이며, 노인들의 자원봉사 참여는 비교적 지속적인 것으로 나타났다(고양곤, 1999; 정진경 외, 2009; 한윤필, 1994). 한편, 노년기의 자원봉사 참여가 여가시간 활용, 친교, 소속감 등으로 고독, 소외감을 해소시켜 주고(고양곤 외, 2003; 정진경 외, 2009), 자원봉사를 하는 노인이 비활동 노인보다 생활만족도가 높은 것으로 나타났다(강창범, 2007; 김수현, 2013).

노년기의 자원봉사활동은 노인 자신뿐 아니라 사회에도 의의가 있다(김동배, 1999b; 장인협, 최성재, 1997). 개인적으로 노년기의 자원봉사활동은 퇴직으로 상실된 사회적 지위와 역할을 보충해 주고 소외감을 극복하고 사회에 유용한 존재라는 사회적 가치성을 느끼게 하여 긍정적인 자아상 유지에 도움이 된다(김주현, 한경혜, 2001). 사회적 측면에서도 노인은 자원봉사활동을 통해 지역사회와 관계를 맺고, 사회에 봉사하여 사회복지에 공헌할 뿐 아니라 노인 또는 노화에 대한 인상을 긍정적으로 변화시킬 수 있다는 의의가 있다. 이와 비슷하게 서구의 연구 결과에서도 노인들의 사회참여가 노인 개인에게 사회적 관계망 강화와 정신건강 향상에 영향을 미치고 지역사회에서 노인이 주요한 사회자원으로 기여할 수 있다고 주장하고 있다 (Johnson & Mutchler, 2014: 최혜지 외, 2020에서 재인용).

과거부터 노인에 의한 자원봉사활동은 주로 대한노인회가 중심이 되어 청소년 선도, 폐품 수집, 지역 내 청소 및 교통정리, 도덕 및 윤리 교육 등을 실시하여 왔고, 기관을 통한 조직적인 자원봉사활동은 아니지만 개인 차원에서 봉사활동을 하고 있는 노인의 미담이 보도되기도 한다. 그러나 요즈음은 노인복지관, 한국노년자원 봉사회, 한국노인복지회, 한국노인의 전화 등 각종 노인단체 및 기관에서도 다양한 자원봉사활동을 하고 있다. 또한 보건복지부에서는 대한노인회, 경로당과 노인복 지관을 중심으로 한 노인자원봉사클럽(봉사단) 운영, 전국 노인자원봉사 대축제 개 최, 노인자원봉사단체 간 협의회 운영, 노인자원봉사 홈페이지 운영 등을 지원하고 있다.

또한 전국 시·군의 자원봉사센터에서도 젊은이와 노인이 함께 자원봉사를 하기 도 하고, 일부 지역에는 노인자원봉사단을 조직하여 활동하기도 한다. 예를 들면, 부천시 자원봉사센터는 어르신 자원봉사대를 구성하여 외국어 통역·번역 봉사, 또래노인 돕기 봉사, 지역사회 청소 및 교통 정리 등 활발히 활동하고 있다. 또한 지 방자치단체에서도 노인을 자원봉사활동에 활용하는 프로그램을 시행하고 있다.

미국의 경우 65세 이상 노인의 자원봉사활동은 주로 미국퇴직자협회(AARP), 전 국노인봉사단(NSSC) 등의 노인 자원봉사조직을 통해 다양하게 전개되고 있다. 예 를 들면, 55세 이상의 저소득층 노인이 일상생활의 어려움을 겪고 있는 동년배 노 인의 집을 방문하여 말벗과 가사원조 등을 지원하는 '노인친구 프로그램(Senior Companions Program)', 노인들이 학교, 병원, 교도소 등에서 학대·방임된 아동을 돕고 장애아동, 비행청소년, 미혼모 등에게 조부모 역할을 해 주는 '양조부모 프로 그램(Foster Grandparents Program)'이 실시되고 있다. 이 외에도 이민자의 영어교육, 박물관 안내, 선거 보조, 재해 구조, 보조교사 등 활동이 매우 광범위하다.

노인이 할 수 있는 자원봉사활동 영역은 일반인이 활동하는 분야와 동일하게 광 범위하고 다양하므로 노인이 가진 지식이나 경험, 지혜, 재능, 기술 등을 충분히 활 용하고 즐거움과 보람을 느낄 수 있는 자원봉사활동 프로그램을 찾아내고 개발한 다면 노인들의 자원봉사활동의 장은 무한할 것이다. 고양곤 등(2003)의 연구에서는 현재 실시되고 있는 노인 자원봉사활동에 근거하여 노인 자원봉사활동을 다음의 여섯 가지의 영역으로 구분하여 실제 28개 프로그램에 대한 구체적인 방법을 소개하고 있다. ① 문화 영역(방송 모니터링, 문화공연, 문화재 지킴이, 이야기 할머니 · 할아버지, 민속놀이지도 봉사 프로그램), ② 교육 및 지식 영역(통역 · 번역, 교육 보조, 강사활동, 방과후 교실, 전화상담 도우미, 장례서비스 지원 봉사 프로그램), ③ 지역사회 봉사 영역(또래노인 돕기 가정방문, 생활시설 방문, 병원 내 자원봉사, 도시락/밑반찬 배달, 거리질서 선도, 국경일 태극기 달아 주기, 세대통합 자원봉사, 캠페인 자원봉사 프로그램), ④ 청소년 관련 봉사 영역(청소년 지도, 양조부모 역할, 사랑의 산타 되기 봉사 프로그램), ⑤ 환경 영역(폐식용유 비누 만들기, 환경보호, 텃밭 가꾸기 봉사 프로그램), ⑥ 행정보조 영역(선거업무 보조, 기관 내 보조, 복지관 안내 봉사 프로그램) 등이다.

우리 사회에도 남을 위해 봉사하는 자원봉사활동이 뿌리를 내리고 있고, 노인들도 봉사를 받기만 하는 수동적 위치에서 봉사를 베푸는 적극적인 경향을 보이고 있다. 「노인복지법」에 지역봉사지도원 위촉 및 업무(제24조)가 명시되어 있고, 「대한노인회 지원에 관한 법률」 제2조(활동)에도 노인 자원봉사활동의 증진이 포함되어 있어 노인 자원봉사활동에 대한 법적 근거는 마련되어 있다. 또한 「노인복지법」 제2조 제1항에는 '노인은 후손의 양육과 국가 및 사회의 발전에 기여하여 온 자로서 존경받으며 건전하고 안정된 생활을 보장받는다'라는 권리조항이 있는 반면, 동조 제3항에는 '노인은 노령에 따르는 심신의 변화를 자각하여 항상 심신의 건강을 유지하고 그 지식과 경험을 활용하여 사회의 발전에 기여하도록 노력하여야 한다'라는 의무조항도 있다. 1982년 전국의 노인대표자대회에서 채택한 노인강령에도 ① 노인은 사회의 웃어른으로서 항상 젊은이들에게 솔선수범하는 자세를 지녀야 한다, ② 지난날 우리가 체험한 고귀한 경험, 업적 그리고 민족의 얼을 후손에게 계승할 전수자로서의 사명을 다한다, ③ 가정이나 사회에서 존경받는 노인이 되도록 노력한다, ④ 청소년을 선도하고 젊은 세대에 봉사하며 사회정의 구현에 앞장선다 등 노인들이 실천해야 할 의무를 포함하고 있다(박재간, 1998).

노인의 자원봉사활동은 노인을 위한 자원봉사활동(권리)임과 동시에 노인에 의한 자원봉사활동(의무)이다. 즉, 일방적이지 않고 상호 주고받는 봉사활동이 되어야 한다. 이런 활동을 통해 바람직한 노인의 이미지가 정립되어 노인에 대한 사회의 부정적 편견을 없앨 수 있다. 또한 노인은 인생을 통한 경험과 지식을 자원봉사활동에 활용함으로써 노인 스스로 삶의 보람과 만족을 얻어 노년기의 생활을 더욱 풍요롭게 할 뿐 아니라 이웃 및 사회에 공헌할 수 있다.

3. 노인의 사회활동 지원 정책

1) 관련 법 및 정책

(1) 관련 법

노인의 사회활동과 관련된 법규를 살펴보면, 우선「저출산·고령사회기본법」제14조의 여가·문화 및 사회활동의 장려에서 국가 및 지방자치단체는 노후의 여가와 문화활동을 장려하고 이를 위한 기반을 조성하여야 하며, 자원봉사 등 노인의 사회활동 참여를 촉진하는 사회적 기반을 조성하여야 한다고 명시하고 있다. 또한 제15조의 평생교육과 정보화에서 국가 및 지방자치단체는 모든 세대가 평생에 걸쳐 학습하고 능력과 적성에 따라 교육을 받을 수 있도록 교육의 기회를 제공하고, 이를 위한 교육시설의 설치, 인력의 양성 및 프로그램의 개발 등 필요한 시책을 강구하여야 한다고 명시하고 있다. 또한 세대 간 정보의 격차를 해소하기 위하여 정보화 교육, 프로그램 개발 및 장비보급 등 필요한 시책을 강구하여야 한다고도 명시하고 있다.「노인복지법」에서는 노인사회참여 지원(제23조), 지역봉사지도원 위촉 및 업무(제24조)와 노인여가복지시설(제36조)을 규정하고 있다. 노인의 사회참여로 지역봉사활동과 근로능력이 있는 노인들의 취업 알선을 모두 포함하여 국가 및 지방자치단체는 노인의 사회참여 확대를 위하여 노인지역봉사기관, 노인취업알선기관 등에 필요한 지원을 할 수 있다고 규정하고 있다.

「노인복지법」제36조에서는 다음의 3개 시설을 노인여가복지시설로 규정하고 있다.

① 노인복지관: 노인의 교양·취미 생활 및 사회참여활동 등에 대한 각종 정보와 서비스를 제공하고, 건강증진 및 질병 예방과 소득보장·재가복지, 그 밖에 노인의 복지증진에 필요한 서비스를 제공함을 목적으로 하는 시설

② 경로당: 지역노인들이 자율적으로 친목도모, 취미활동, 공동작업장 운영 및

각종 정보 교환과 기타 여가활동을 할 수 있도록 하는 장소를 제공함을 목적으로 하는 시설

③ 노인교실: 노인들에 대하여 사회활동 참여욕구를 충족시키기 위하여 건전한 취미생활, 노인건강 유지, 소득보장 및 기타 일상생활과 관련된 학습 프로그램을 제공함을 목적으로 하는 시설

노인교육과 관련된 「평생교육법」 제36조(시민사회단체 부설 평생교육시설)를 살펴보면 다음과 같다. 여기서 노인교육기관은 평생교육시설의 하나로 포함된다.

- 대통령령이 정하는 시민사회단체는 일반 시민을 대상으로 하는 평생교육시설을 설치 · 운영할 수 있다.
- 제2항에 따른 시민사회단체 부설 평생교육시설을 설치하고자 하는 자는 대통령령으로 정하는 바에 따라 교육감에게 신고하여야 한다. 이를 폐쇄하고자 하는 경우에는 그 사실을 교육감에게 통보하여야 한다.

(2) 국가정책

지금까지 우리나라의 노인복지정책은 주로 소득과 건강에 중점을 두고 노인 일자리사업, 장기요양보호정책이 주요 정책으로 추진되어 왔고, 노인의 여가문화정책은 예산지원도 미비하고 국가보다는 주로 개인 차원에서 준비하고 해결해야 할 문제로 다루어져 왔다. 그러나 제2차 저출산 · 고령사회 기본계획(새로마지플랜; 2011~2015)에서는 안정되고 활기찬 노후생활 보장 분야 중 다양한 사회참여, 여가문화 기회 제공이 주요한 정책방향으로 수립되어 고령자 자원봉사활동의 전문화와 고령자의 여가문화 프로그램 개발 · 보급 과제를 보건복지부, 교육부, 문화체육관광부가 공동으로 추진하였다. 또한 베이비붐 세대의 고령화 대응체계 구축 분야에 노후생활 설계 강화를 위해 노후설계 교육 프로그램 개발 및 표준화 과제도 포함되었다.

노인의 사회활동을 지원하는 국가정책은 보건복지부뿐 아니라 교육부, 문화체육관광부 등 여러 부처에서 지원되고 있다. 노인복지의 주무부처인 보건복지부의 노인여가 및 사회활동 지원 정책은 주로 노인여가복시시설인 노인복지관, 경로당, 노

인교실을 중심으로 하고 있다. 노인여가복지시설의 지원은 2005년 이후 지방사업으로 이양되어 각 지역별로 경로당 난방비와 운영비, 노인복지관의 운영비를 지원하고 있다.

　교육부에서는 「평생교육법」에 근거하여 설립된 노인교육기관을 조직적으로 운영하고 평생교육시설로 발전시키기 위하여 시·도 관할 교육청에 등록하도록 권장하고 있다. 그러나 실제로 「평생교육법」 하에서 노인학교를 운영하는 곳은 대학 부설로 운영하거나 평생교육원 교과과정 중 노인지도자 과정을 실시하는 몇몇 군데 (이화여자대학교, 고려대학교, 성신여자대학교 등)에 불과하다. 「사회교육법」이 1999년 「평생교육법」으로 개정되면서 평생교육국 내 평생학습정책과에서 노인교육 관련 정책과제 및 노인교육에 대한 중장기 계획을 수립하고 노인교육 인프라 구축, 노인교육 프로그램 개발 및 보급 등을 추진하였다. 또한 2000~2004년 동안 노인교육 담당자 및 전문가 양성과정을 전국의 대학교 부설 평생교육원에 위탁, 지원하여 15개 시·도에서 실시하였다. 이 외에도 2002년부터 퇴직자를 활용하여 지역사회 평생학습을 활성화하고자 금빛평생교육봉사단 사업(현재는 지방교육청 사업으로 이전)과 노인교육과정 사업이 운영되고 있다. 100세 시대 국가 평생학습체계 구축을 위한 제4차 평생교육진흥 기본계획(2018~2022)에서는 고령자 대상 제2의 인생설계를 위한 상담사, 지도사 등 양성과정을 활성화하고, 학업의지가 강한 노년층 대상의 대학 (원) 학위과정 적합 분야를 발굴, 지원하였다.

　문화체육관광부에서는 2004년 계층·지역 간 불균형을 없애고 문화기본권 (cultural right) 확립을 위한 문화비전 정책을 수립하면서 노인계층을 위한 '문화적인 노후생활 보장' 세부 과제로 ① 건강 유지를 위한 노인체육 활성화, ② 문화 주체로서 노인 문화예술 및 여가활동 활성화, ③ 노인의 사회참여 기회 확대 및 세대 간 이해 증진을 추진하였다(문화관광부, 2004).

　또한 주 5일 근무제와 함께 건전한 여가문화 활성화 대책으로 '노인, 장애인, 저소득층 등 소외계층 여가격차 시정' 과제가 정부의 관계부처에서 합동으로 추진되었다. 복지 차원의 적극적인 여가 프로그램을 제공하기 위해 전국 순회 문화사업단 운영과 모셔 오는 문화 프로그램 시범 실시 및 소외계층을 '찾아가고 모셔 오는' 프로그램 실시, 시·도별 체육자원봉사단이 복지시설 및 농어촌 지역 등을 방문하여 생활체육활동 지도, 소외계층을 위한 복지관광 프로그램 및 문화나눔운동을 실시하고, 농어촌 주민과 노인을 위한 여가환경 조성사업으로 도서관, 문화의 집, 문화체육센터, 장수체육교실의 확대 및 노인대상으로 공립·사립 박물관과 국공립 공연장 무료입장 추진, 경로당에 찾아가는 노인문화교실, 음악 등 문화예술체험 프로그램 보급 등이 추진되었다(관계부처 합동, 2004).

문화체육관광부의 문화예술교육종합계획(2018~2022)에서 '수요자 중심 교육 다각화'라는 추진 정책 아래 '생애주기별 맞춤형 문화예술교육 확대' 과제에서 장년과 노년층을 위하여 생애전환기 중·장년층 문화예술학교 운영과 노년층 대상 문화예술교육 지원 다각화를 추진하고 있다. 문재인 정부에서는 2017년 '문화비전 2030'을 발표하면서 「문화기본법」에 기초한 자율성, 다양성, 창의성의 3대 가치를 바탕으로 8개 정책의제를 마련하고 있다. 또한 어르신문화프로그램은 2005년 실버문화학교 10개 시범사업으로 시작하여, 2021년 4,100여 개 프로그램에 13.2만 명의 노인이 참여하고 있고 어르신 문화활동 지원, 어르신 사회활동 지원, 지역기반 통합 프로그램을 지원하고 있다.

2) 노인여가복지시설

(1) 경로당

노인을 위한 사랑방으로 시작된 경로당은 1970년대 말, 1980년대에 확산되기 시작하여 2021년 말 67,211개소가 있다. 경로당은 노인들이 동년배들과 손쉽게 어울릴 수 있는 자연스러운 모임의 장이고, 대화 및 취미 오락, 정보 교환을 통해 소외 및 고독에서 벗어나는 데 중요한 역할을 해 왔다. 그러나 그동안 경로당은 시설의 협소와 노후화, 운영경비의 부족, 프로그램 및 전문가의 미비, 지역사회와의 연계 결여, 전달체계의 문제 등으로 노인들의 여가욕구를 충족시키기보다는 단순한 만남의 장소, 오갈 곳 없는 노인들이 머무르는 곳이라는 부정적인 비판도 있어 왔다(박재간, 1997; 이가옥 외, 1992; 임춘식, 1997).

이러한 문제점을 해결하고자 경로당 환경 개선사업이 지방자치단체의 재원, 사회복지공동모금회 지원 등으로 추진되었으며, 보건복지부에서는 2000~2004년(2005년 지방이양 전까지) 전국 44개 지역에서 노인복지관 혹은 사회복지관이 인근 경로당 5개 정도를 담당하여 여러 가지 다양한 프로그램을 파견·실시하고, 지도·

관리하는 경로당 활성화사업을 시범·운영하였다. 현재는 각 시·군·구의 지역사회복지협의체 산하 실무분과로 경로당 활성화 지원협의체를 구성·운영하고, 프로그램을 조정·지원하는 경로당 순회 프로그램 관리사를 시·도 및 시·군·구에 배치하는 등 지원체계를 구축하고, 경로당을 지역의 노인복지·정보센터로 기능을 혁신하는 사업을 추진하고 있다. 또한 시·도별 1개소씩 경로당 광역지원센터(대한노인회 연합회 운영 위탁)를 설치하여 지역사회 자원과의 연계 조정, 이용자 맞춤형 프로그램 발굴 및 보급 등의 사업을 추진하고 있다.

구체적으로, 경로당 활성화 프로그램으로 건강운동, 건강관리, 교육·상담, 여가활동, 권익 증진, 사회참여 프로그램과 공동작업장 운영을 포함하고 있으며(〈표 11-1〉 참조), 이외에도 경로당을 독거노인 생활교육 장소와 농어촌의 경우 노인공동생활 공간으로 활용하는 등 경로당의 공공적 역할을 강화하고 경로당을 학대노인 지킴이센터로 지정하여 학대 피해노인을 감시·신고하는 기능을 수행하고 있다. 또한 각 지방자치단체는 시·군·구별로 모범 경로당 시상제도를 마련하여 우수시설에 대한 시상과 모범적인 운영사례를 타 경로당에 파급시킴으로써 경로당의 기능 혁신을 유도하고 있다.

표 11-1 경로당 활성화 프로그램 분야

분야	내용
건강운동	체조·댄스교실, 웃음교실, 요가·명상, 건강운동
건강관리	건강검진 관련, 한방치료, 안마교실, 방문간호
교육·상담	정보화, 어학, 인식개선, 에너지, 생활·안전교육, 노인상담, 프로그램 발표 대회
여가활동	음악, 문학, 미술, 문화·공연 활동, 바둑·장기 교실
권익 증진	노인성교육, 소비자피해 예방교육, 노인자살·학대 예방교육
사회참여	방문 이·미용 서비스, 시설 방문 위문공연, 자원봉사활동
공동작업장	공동작업장 운영
기타	지역 특성에 알맞은 각종 활동

출처: 보건복지부(2022).

(2) 노인학교/노인교실[1]

노인학교는 1972년 종로 태화관의 '서울평생교육원'을 시작으로 하여 1970년대 후반과 1980년대에 급증한 시설로, 노인의 여가활동과 교육의 두 가지 기능을 담당하고 있다. 그러나 현재 운영되고 있는 노인교실은 「노인복지법」상의 노인여가복지시설로 설치되어 있고, 대부분 교육적 측면보다는 무료한 여가를 활용하는 역할이 더 강조되고 있다.

전국의 노인교육기관조사에 따르면, 대한노인회 소속, 천주교노인대학연합회 소속, 한국교회노인대학연합회 소속 등과 중복되는 것을 제외한 842개의 노인교육전담기관과 노인사회교육 프로그램을 제공하는 노인복지회관과 (종합)사회복지관(보건복지부에 노인교실로 등록된 곳 제외) 352개로 총 1,194개소가 있는 것으로 파악된다(정경희 외, 1999). 이는 65세 이상 노인 2,211명당 노인교육기관 1개소가 있는 것으로 노인의 교육 수요를 충족하기에는 매우 부족하고, 시·도별 설치현황을 보면 서울, 경기도, 부산에 과반수가 넘는 기관이 있어 지역 간 편차가 심한 것으로 나타났다. 노인교실은 2021년 말 전국 1,255개소가 있는 것으로 공식 집계되고 있으나, 미등록 상태로 운영하고 있는 곳이 많아 이보다 더 많을 것으로 추정된다. 국가의 재정 지원은 일괄적이지 않지만 대체로 등록된 노인교실에 대해 지방자치단체별로 약간의 지원을 하고 있는 실정이다.

노인학교의 운영주체는 주로 대한노인회 등 노인단체, 종교/사회단체(사회복지관 부설 노인사회교육 프로그램 포함) 혹은 개인으로 나눌 수 있는데, 수적으로는 대한노인회 산하 노인학교가 가장 많다. 대부분의 노인학교는 운영자 부담, 학생회비, 정부보조 등으로 운영비를 마련하고 있다.

노인교실은 주 1회 이상 60세 이상인 자를 대상으로 사회활동 참여 요구 충족을 위해 건전한 취미생활, 건강유지, 소득보장과 기타 일상생활과 관련된 학습 프로그램 제공을 목적으로 하며 노인교실의 교육내용 중 건강관리, 운동, 문화예술 프로그램 외에 활동적 노화(active aging)를 위한 교육 콘텐츠 제공을 위하여 사회참여 교육교재를 보건복지부 홈페이지를 통해 제공하고 있다. 교재의 주요 내용으로는 사회

---

[1] 노인학교의 공식 명칭은 현행 「노인복지법」(제36조)에서 노인교실로 되어 있으나, 실제로는 노인학교, 노인대학, 경로대학 등 다양한 명칭이 혼용되고 있다.

참여 및 노인사회참여의 이해, 사회참여로서의 노인자원봉사, 사회참여를 위한 노년기 역량, 노인사회참여 국내외 사례(5개 분야 42종)가 포함되어 있다.

(3) 노인복지관

노인복지관은 1971년 인천광역시 노인복지회관 설립을 시작으로 1990년대 이후 급증하여 2021년 말 전국적으로 357개소가 운영되고 있다. 정부에서는 노인복지관이 없는 시·군·구에 노인복지관을 건립하는 것을 원칙으로 하여, 2005~2014년까지 노인복지관 신축 관련 분권교부세가 지원되었으나 2015년부터는 지방자치단체에서 자체적으로 편성하여 지원하고 있다. 시·군·구별로 지역 실정에 따라 최소 1개 이상의 노인복지관을 설치·운영하여 지역사회 노인들의 여가, 건강, 일자리, 자원봉사, 사회참여 등 다양한 복지욕구를 충족시키는 서비스를 제공하도록 하고 있다.

이러한 시설은 이미 선진국에서는 재가노인들에게 여가 프로그램 및 건강서비스, 사회적 서비스, 재가복지서비스 등을 제공하는 이용시설로 자리 잡고 있다. 미국의 경우 지역사회의 1만여 개의 다목적 노인센터(multi-purpose senior center)를 약 1백만 명 이상의 노인이 매일 이용하고 있다. 이용노인의 70%는 여성이고, 과반수 이상은 혼자 사는 노인이며, 평균 연령은 75세이고, 비교적 건강하며, 75% 이상이 일주일에 1~3회 이용하고, 이용시간은 일평균 3.3시간이다. 센터에서는 노인의 건강하고 독립적인 생활을 돕고, 식사/영양 프로그램, 정보제공, 레크리에이션, 교통편의, 상담, 교육, 사회/여가활동, 자원봉사, 일자리 지원 등 다양한 사업을 실시하고 있다(http://www.ncor.org).

현재 우리나라에서도 노인들의 긍정적인 반응으로 노인여가문화의 메카로서 노인복지관이 급부상하고 있으나, 규모에 비해 이용노인 수가 많고 재정, 전문 인력 등의 부족으로 양질의 서비스를 제공하기에는 어려움이 있다. 지역에 따라서는, 특히 농촌에서는 대한노인회가 운영을 맡아 노인교실, 취업알선센터, 경로식당 등을 형편에 따라 운영하기도 한다(원영희, 모선희, 1998).

노인복지관은 운영 목표를 ① 건강한 노후를 위한 예방, 취약노인 케어 기반 구축 및 확충, ② 활동적인 노후를 위한 사회참여 여건 조성 및 활성화, ③ 안정적 노후를 위한 소득보장의 다양화와 내실화를 통해 성공적인 노후 실현으로 정하고, 저소

표 11-2 노인복지관 사업 구분

사업 구분		프로그램(예시)
상담	일반상담 및 정보제공	• 노인의 복지 정보제공 일반상담(이용상담, 접수상담) • 외부 전문가 활용 정보제공 상담(경제, 법률, 주택상담, 연금상담, 건강상담, 세무상담)
	전문상담	• 우울 및 자살예방 프로그램, 죽음준비 프로그램, 집단 프로그램, 자조모임, 학대 및 인권, 인지 및 행동 심리상담, 애도, 상실, 관계(부부관계, 또래관계, 자녀관계 등) 등에 대한 개별 혹은 집단 개입
사례관리 및 지역사회 돌봄	위기 및 취약노인 지원	• 취약노인의 신체 · 정서 · 사회적 자립지원 프로그램 운영, 노인맞춤돌봄서비스, 사례관리사업, 읍 · 면 · 동 행정복지센터 및 유관기관 등과 연계(취약노인연계망 구축사업)
	지역사회 생활자원 연계 및 지원	• 노인에게 필요한 서비스 조정, 중재, 의뢰, 옹호, 자원반응역량강화를 위한 지원활동 • 지역사회 읍 · 면 · 동 복지 허브화와 맞춤돌봄에 관한 지역자원 발굴 연계
	가족기능지원	• 노인과 관련된 가족상담, 가족관계 프로그램, 가족캠프, 세대통합 프로그램
건강생활 지원	건강증진지원	• 건강교육, 건강상담, 건강교실(건강체조, 기체조, 요가 등), 독거노인지원사업(기존 재가사업), 노인건강운동, 치매예방 인지활동서비스, 물리치료
	기능회복지원	• 양 · 한방진료, 작업요법, 운동요법, ADL훈련
	급식지원	• 경로식당(중식서비스), 밑반찬 · 도시락 배달, 푸드뱅크
노년 사회화 교육	평생교육지원	• 노인역량강화교육, 정보화교육, 사회화교육, 시민사회교육, 한글교실, 외국어교실, 교양교실, 인문학교육, 예비노인 은퇴준비 프로그램, 경제교육, 생애말기 준비 · 설계 교육, 웰다잉교육
	취미여가지원	• 예능활동(음악, 미술, 생활도예, 서예, 댄스), 문화활동(연극, 사진, 영화, 바둑, 장기, 레크리에이션), 취미활동(종이접기, 손뜨개질, 민속놀이), 체육활동(탁구, 당구, 게이트볼), 동아리활동
지역자원 및 조직화	지역자원개발	• 자원봉사자 발굴 · 관리, 후원자 개발, 외부 재정지원기관 사업 수탁
	지역복지연계	• 경로당 프로그램 연계 등의 지역복지기관 연계, 지역협력사업(경로행사, 나들이 등)
	주거지원	• 주택수리사업, 주거환경 개선사업(도배 등)
사회참여 및 권익증진	사회참여 지원	• 노인자원봉사 활성화 사업, 노인 일자리 및 사회활동 지원사업, 지역봉사활동, 교통안전봉사, 동아리 · 클럽 활동 지원, 교통편의서비스
	노인권익증진	• 정책건의, 노인인권 옹호, 노인인식개선사업, 편의시설 설치, 노인소비자피해예방교육, 양성평등교육, 성교육 등
	고용 및 소득지원	• 고령자취업 지원사업, 취업교육, 창업(사회적협동조합 등) 지원사업
돌봄	요양서비스	• 치매환자 프로그램, 주 · 야간보호 등

주: 기타 제시되지 않은 사업은 자체 수행 가능하다.
출처: 보건복지부(2022).

득층, 소외계층 노인을 포함한 60세 이상 모든 노인을 위한 종합적 노인복지서비스 전달기구로서의 중심적 역할을 수행하고 있다. 노인복지관의 기본사업으로는 일반상담 및 정보제공사업, 전문상담 사업, 위기 및 취약노인 지원사업, 지역사회 생활자원 연계 및 지원사업, 건강생활지원사업(치매예방 인지활동 서비스 포함 건강증진 지원), 평생교육지원사업, 취미여가지원사업, 지역자원개발 사업, 지역복지연계 사업, 사회참여 지원사업, 노인권익증진사업이 있고, 지역 또는 노인복지관의 특성을 반영하여 개발·추진 가능한 선택사업으로 건강생활지원사업(기능회복지원, 급식지원), 고용 및 소득지원사업, 가족기능지원사업, 돌봄 요양서비스, 사전연명의료의향서 상담 및 등록사업 등이 추진되고 있다(〈표 11-2〉 참조). 또한 치매 국가책임제 추진에 따라 치매발병 고위험군(경도인지 저하자, 75세 이상 독거노인 등)을 대상으로 원예, 미술, 음악 등을 활용한 인지활동서비스를 제공하고 있다.

4. 향후 과제

노년기의 긴 여가시간을 어떻게 보낼 것인가는 성공적인 노년을 결정하는 중요한 열쇠다. 현재의 노인들은 경제적 안정, 건강 등이 최우선 관심사지만 미래의 노인세대는 다른 모습일 것으로 전망된다. 즉, 노인인구가 수적으로 크게 증가할 것이며 지금보다는 경제적으로 안정되고 교육수준이 높을 것이다. 또한 의료기술의 발전으로 건강한 생활을 유지할 가능성이 높고, 노년기는 연장되므로 자신의 노년을 보람 있게 보내기 위한 사회활동에 대한 욕구가 증대할 것이다. 앞으로 노인세대에게는 점점 더 노년기의 여가 및 사회활동이 중요시될 것이다. 노인들은 저렴한 비용으로, 접근하기 쉬운 곳에서, 원하는 프로그램을 이용할 수 있는 여가시설을 기대할 것이다. 그러므로 고령사회를 맞이하여 노인들이 적극적으로 여가를 즐길 수 있는 사회적 여건을 조성하고 이에 대한 지원책을 마련하는 것이 우리 사회의 주요한 과제다.

1) 새로운 노인여가문화의 정립

새로운 노인여가문화의 정립을 위하여, 첫째, 무엇보다도 노인 스스로의 자각이 우선되어야 할 것이다. 현재의 노인들은 여가의 사회화가 되어 있지 않아서 여가시간에 어떤 일을 어떻게 해야 할지 모르는 경우가 많다. 노년기를 긍정적으로 보람 있게 지낼 수 있는 여가활동의 필요성, 여가활용방법 등에 대한 교육이 이루어져야 한다. 이를 위해서 대중매체, 노인교육방송 등을 활용하여 노인뿐 아니라 일반인의 이해도 높이고 중년층이 노년에 대비할 수 있는 기회도 제공되어야 한다.

제2차 저출산 · 고령사회 기본계획(2011~2015)에서 재무, 경력관리, 건강, 사회참여, 생활의 5대 분야의 노후설계 교육 프로그램을 개발하고 민관 네트워크를 구축하여 서비스를 제공하였다. 그 후 2015년 「노후준비 지원법」이 제정되어 재무, 건강, 여가, 대인관계 등 분야별로 적절한 노후준비를 위하여 중앙과 지역 노후준비지원센터(국민연금공단 산하)를 통해 진단, 상담, 교육, 연계, 사후관리 등 다양한 서비스를 제공하고 있다.

둘째, 지역사회 및 국가의 책임과 역할이 강화되어야 한다. 노인의 여가활동은 기본적으로 노인 개개인이 관리하여야 할 문제다. 그러나 노인단독세대 비율이 높아지고 과거와는 달리 가족에 의한 지지가 약해지며 노인의 건강수준, 경제력 및 교육수준이 향상되는 현대사회에서는 노인의 여가 · 문화에 대한 욕구를 충족할 수 있는 토대를 지역사회 및 국가가 제공하여야 한다.

그동안 노인여가복지시설인 경로당, 노인학교, 노인복지관 등이 상당히 확충되었으나 아직도 시설이 낙후된 곳이 많고, 도시에 편중되어 있으며, 전문 인력이 부족하고, 재정 및 행정 지원이 미비한 현실이다. 또한 이런 시설들을 연계할 수 있는 체계가 구축되어 있지 않아 효율적으로 운영되지 않는 경우도 많다. 장기적으로는 시설의 양적 확대뿐 아니라 전문 인력의 양성, 운영 전반에 대한 지도 및 자문을 종합적으로 수행할 수 있는 부서 및 기관의 설립 등 획기적인 노인여가 · 문화 정책이 마련되어야 할 것이다. 이에 서울시에서 추진하여 온 소규모 노인복지센터와 인생이모작지원센터는 주목할 만하다. 2004년부터 구립으로 설립되어 온 소규모 노인복지센터는 경로당과 노인복지관의 중간규모의 지역밀착형 여가시설로 사회교육, 정서함양, 복리후생, 기능회복, 자원봉사자 육성, 지역협동조합 등 지역별 수요와 특색에 맞는 다양한 프로그램을 운영하고 있다(2022년 52개). 2010년 이후 베이비부머의 본격적인 은퇴가 시작되면서 매년 유입되는 신노년층 인구를 위한 인생이모작지원센터는 2013년 설립되어 은퇴자들의 제2의 인생설계와 사회공헌 교육과정을 제공하고, 창업 등 다양한 사회·경제활동을 지원하였다. 이후 확대·발전하여 2016년 서울시 50플러스재단이 설립되어 현재 4개의 50플러스캠퍼스와 12개의 50플러스센터가 운영되고 있다.

또한 지역사회 차원에서 노인들이 여가, 문화, 체육 시설을 효율적으로 활용할 수 있는 방안들이 모색되어야 한다. 우리도 외국처럼 체육 관련 시설이나 영화, 전시, 공연 등의 문화시설 등 일반적으로 젊은 세대가 이용하는 여가시설에 노인을 위한 특별할인 및 노인 프로그램 신설 등의 배려를 하여 노인들의 참여를 유도하고 노인과 함께 할 수 있는 노력도 필요하다(현재 일부 영화관 및 공연 등에서 노인에 대한 할인 혜택이 실시되고 있다).

셋째, 다양한 노인계층에 맞는 여가 및 문화 프로그램이 개발되고 보급되어야 할 것이다. 현재 도시의 노인복지관에서는 다양한 노인의 취미 및 사회교육 프로그램이 제공되고 있기는 하지만 건강이 나쁜 노인, 시설거주 노인, 고학력 노인 등을 위한 프로그램의 필요성이 제기되고 있다. 노년기의 최대 관심사인 건강 관련 프로그램(건강체조교실, 건강상식 및 건강관리에 관한 교육 등)은 적극적으로 활용되어야 할 것이다. 일정한 공간에 모여 일방적으로 제공되는 여가·문화활동에서 벗어나 원하는 활동을 동아리 형식으로, 소모임을 통해 지역 내 다양한 장소를 이용할 수 있는 지원도 요구되고 있다. 일부 노인복지관에서 실시하여 좋은 호응을 얻고 있는 자서전 쓰기 프로그램은 인생을 뒤돌아보고 노년기의 의미를 새로 찾는 좋은 사례이며, 이외에도 세대가 함께할 수 있는 여가·문화 프로그램 및 정책도 요구되고 있다.

2) 노인교육의 체계적 지원

노인교육의 발전을 위하여 가장 중요한 것은 교육목표의 설정과 이에 알맞은 교육 프로그램을 개발하는 것이다. 이러한 작업은 현 노인교육에 대한 국가의 기본 방침, 노인학생들의 수준 및 욕구, 학생 수, 시설여건, 운영자의 자질, 노인학교의 재정, 운영 주체 등 여러 문제와 맞물려 있다. 노인을 위한 교육과정에 포함되어야 하는 교과내용은 선행연구들(고영수, 1993; 한정란, 2005)이 서로 대동소이하다. 한정란 (2005)이 제시한 노인 교육과정 내용으로는 전 생애 발달의 이해, 신체적 노화과정 및 결과 이해, 신체적 노화에의 적응전략, 노년기의 건강관리, 심리적 노화 및 결과 이해, 인지적 노화의 적응전략, 노년기의 성격 변화와 적응전략, 노년기의 여가와 창의성, 노년기 정신건강, 인생 회고와 영성, 사회적 노화의 이해, 사회 변화의 이해 와 적응, 노년기 사회적 역할 변화와 발달과업, 노년기 인간관계, 세대차에 대한 이 해, 노년기 경제활동과 사회참여 등이다.

둘째, 노인교육 운영지침이 마련되고 국가에서 노인학교를 재정적·행정적·교 육적으로 지원하여야 한다. 현재 「노인복지법」 하의 노인학교 등록기준에는 시설에 관한 사항만이 제시되어 있을 뿐 구체적인 운영과 교육에 관련된 사항이 없어서 실 무자들에게 실질적인 도움이 되지 못하고 있다. 현재 지방자치단체별로 노인학교 에 약간의 재정적 지원이 있으나 대부분 부족한 실정이라 점차적으로 증액되고 혜 택 범위도 확대되어야 할 것이다.

교육적 지원이란 전문강사의 선정 및 지원, 통합된 교육과정, 노인학교 교과서 및 교육 교재의 개발 등에 대한 지원이다. 물론 현재 노인교육을 전담하는 담당 부 서나 기관이 없으므로 관련 전문기관을 선정하여 위탁하거나 교육부 내 타 부서의 협조 및 지원을 받는 방안도 강구되어야 할 것이다. 노인학교 운영자들도 지적하듯 이 재정적 지원보다는 교육적 지원이 더 중요하고 실질적일 수도 있다. 서울시에서 는 1999년 노인학교에 강의가 가능한 전문강사를 선정하여 각 노인학교에서 필요 로 하는 강사를 공급하고 강사료를 정부에서 지급하는 강사뱅크제를 실시한 적이 있다.

또한 교육과정이 어느 정도 통합되고 전문강사를 공동으로 활용하게 되면 노 인교과서의 개발도 뒤따라야 할 것이다. 과거 한국노인문제연구소와 대한노인회 (1977)의 노인교과서, 한국성인교육회(1978)의 성인교육독본 등이 있었으나 20여 년이 지나 현실에 맞지 않는 내용이 많다. 그리고 2000년 이후 한국노인문제연구 소, 교육부, 샬롬노인문화원 등에서 교재를 개발하였고 최근 보건복지부에서는 홈 페이지를 통해 활동적 노화를 위한 사회참여 교육 교재를 제공하고 있을 뿐이다.

노인학교 운영자를 위한 연수교육도 확대 실시되어야 한다. 이화여자대학교, 고 려대학교, 경희대학교, 성신여자대학교 등에서는 노인복지 관련 종사자를 위한 교육과정이, 경북대학교에서는 고학력 은퇴자를 위한 명예학생과정(대학의 학부과정 무료 수강)과 명예학생대학원(학사학위) 과정이 운영되고 있으며, 이외에 '한국 노인의 전화' 등 민간기관에서도 교육과정이 운영되고 있다.

3) 노인 자원봉사활동의 활성화

우리나라 노인 자원봉사활동의 문제점으로는 저조한 참여율 외에도 노인 자원봉사에 대한 홍보 및 인식 부족, 노인들이 할 수 있는 다양한 활동의 결여, 프로그램의 개발·운영·관리를 담당할 조직 및 지원체계의 미비, 자원봉사에 대한 사회적 경력 인정, 상해보험 등 제도적 장치의 미비 등이 지적되고 있다(고양곤, 1999; 이미덕, 1997; 홍숙자, 1999).

노인 자원봉사활동의 활성화에 관한 논의는 크게 노인의 참여동기 유발 및 보상 문제, 관리·운영을 담당할 조직 및 프로그램의 개발, 행정적·재정적·법적 지원으로 나누어질 수 있다. 무엇보다도 먼저, 노인 스스로가 자원봉사에 참여할 수 있는 의식의 변화가 필요하다. 사회의 전반적인 인식도 전환되어 노인가족과 지역사회도 노인의 자원봉사활동 참여를 적극 권장하고 지원해 주어야 한다. 이금룡(1999)은 노인의 자원봉사활동 참여동기에의 관심도 중요하지만 왜 참여하지 않는지에 대한 분석을 통해 잠재적인 노인 자원봉사자를 유도하는 것도 필요한 작업이라고 주장한다. 구체적으로, 봉사활동에 참여하지 않는 이유를 봉사활동에 대한 부정적 태도(프로그램에 대한 부정적 평가, 부정적 자기인식, 봉사활동을 할 수 없는 현실적 상황, 무관심 등), 주변·친지·소속단체 등 관계망에 의한 참여경로의 부재, 참여방법에 대한 정보 부족으로 세분하고 있다.

또한 노인의 연령, 경험 등을 반영한 구체적이고 다양한 자원봉사 프로그램의 개발이 필요하다(신은주, 1995; 이가옥, 1996; 한윤필, 1994). 외국의 사례를 소개하고 적용하는 것 외에도 노인들이 원하는 자원봉사활동 영역이 무엇인지, 우리나라 노인들에게 알맞은 프로그램이 무엇인지에 대한 연구가 병행되어야 한다. 자원봉사진흥 제3차 국가기본계획(2018~2022)에서도 생애주기별 맞춤형 활동 프로그램으로 베이비부머·신중년층 자원봉사 활성화를 추진하고 있다.

마지막으로 2005년 제정된 「자원봉사활동 기본법」을 통해 국가의 행정적·재정

적 · 법적 지원이 뒷받침되어야 할 것이다. 이러한 법적 근거 아래 관리 · 운영을 위
한 재원 확보, 자원봉사자의 상해보험, 건강검진, 봉사은행제 등 사회적 지원이 체
계화되어야 한다.

참고문헌

강창범(2007). 노인의 자원봉사활동이 생활만족도에 미치는 영향에 관한 연구. 원광대학교
　　대학원 박사학위 청구논문.

고양곤(1998). 노인의 자원봉사활동. 수원시 노인복지주간토론회 자료집, 23-34.

고양곤(1999). 고령화 시대의 노인생활과 문화. 21세기를 위한 새로운 가족문화의 방향.
　　1999년도 한국가족복지학회 춘계학술대회 자료집, 39-55.

고양곤, 모선희, 원영희, 이금룡(2003). 노인과 자원봉사활동. 서울: 학지사.

고영수(1993). 노인을 위한 교육과정 작성지침(pp. 217-235). 윤경남 외 공저. 노년학을 배웁
　　시다. 서울: 홍성사.

관계부처 합동(2004). 40시간 근무제 대비 여가문화 활성화 대책.

김광득(1997). 여가와 현대사회. 서울: 백산출판사.

김도수(1994). 평생교육. 경기: 양서원.

김동배(1999a). 미래사회와 노인여가활동. 노인복지정책연구, 15.

김동배(1999b). 노인 자원봉사활동을 통한 사회통합 프로그램 개발. 서울: 집문당.

김수현(2013). 노인의 자원봉사 참여가 신체적 건강, 우울, 사회적 지지 및 삶의 의미에 미치
　　는 영향. 한국노년학, 33(1), 53-60.

김주현, 한경혜(2001). 노년기 자원봉사활동과 자아존중감. 한국노년학, 21(2), 209-224.

김태현(2007). 노년학(개정판). 서울: 교문사.

나항진(2004). 서울지역 노인의 여가의식에 관한 연구. 노인복지연구, 22, 35-54.

문화관광부(2004). 참여정부 문화비전. 문화비전 중장기 기본계획 추진반.

박재간(1991). 노인교육정책의 실체 및 발전방향(pp. 257-280). 한국평생교육기구 편. 평생
　　교육과 노인교육. 서울: 이화문화사.

박재간(1997). 노년기 여가생활의 실태와 정책과제. 노인복지정책연구, 2(2), 7-51.

박재간(1998). 지역사회를 위한 노인의 봉사활동. 수원시 노인복지사업 모형개발에 관한 연
　　구. 한국노인문제연구소, 211-230.

보건복지부(2022). 노인보건복지사업 안내.

서혜경(2009). 노인죽음학개론. 서울: 경춘사.

신은주(1995). 노인 자원봉사인력의 활용방안에 관한 연구: 정년퇴직 교원을 중심으로. 부산대학교 대학원 석사학위 청구논문.

연제국(1996). 노인학교의 운영실태와 활성화 방안 연구: 대전광역시 소재 교회의 노인학교 중심으로. 한남대학교 대학원 석사학위논문.

원영희(1999). 노인과 여가-즐거운 노후, 과연 어려운가? 김익기 외 공저. **한국노인의 삶: 진단과 전망.** 서울: 미래인력연구센터.

원영희, 모선희(1998). 노인복지관에 관한 연구: 현황과 발전방안. 한국노년학, 18(2), 64-79.

윤소영(2008). 노인 여가문화 활성화 방안을 위한 실태조사. 서울: 한국문화관광연구원.

이가옥(1996). 한국 노인자원봉사의 현황과 과제: 자원봉사와 노인의 역할. 성공회대학교 제2회 세계노인의 날 기념세미나 미간행 자료집, 4-49.

이가옥, 권선진, 권중돈(1992). 노인정(경로당) 활성화 방안. 서울: 한국보건사회연구원.

이가옥, 서미경, 고경환, 박종돈(1994). 노인생활실태 분석 및 정책과제. 서울: 한국보건사회연구원.

이금룡(1999). 노인자원봉사 활성화에 관한 담론. 모선희 외. **노인과 자원봉사활동.** 한국 노인의 전화, 밝은 노후를 만들어 가는 사람들의 모임.

이미덕(1997). 한국 노인자원봉사 활성화를 위한 법적·행정적 지원방안 연구. 단국대학교 행정대학원 석사학위 청구논문.

이윤경 외(2020). 2020년도 노인실태조사. 서울: 한국보건사회연구원, 보건복지부.

임춘식(1997). 경로당 운영실태 조사연구. 제8회 노인복지 학술대회 워크숍 자료집, 25-93.

장인협, 최성재(1997). **노인복지론.** 서울: 서울대학교출판부.

전용호, 이금룡(2013). 노인 자원봉사의 인정과 보상에 관한 연구. **노인복지연구,** 62, 173-201.

정경희, 변재관, 오영희, 이윤경(1999). 노인교육기관 및 프로그램 실태조사 분석연구. 서울: 한국보건사회연구원.

정진경, 박차옥, 이창호(2009). 노인자원봉사 실태조사 및 활성화 방안 연구. 한국자원봉사포럼.

최혜지, 이미진, 전용호, 이민홍, 이은주(2020). **노인복지론.** 서울: 사회평론아카데미.

통계청(2011). 고령자통계.

통계청(2019). 사회조사.

통계청(2020). 고령자통계.

통계청(2021). 사회조사.

한경혜, 최혜경, 안정신, 김주현(2019). **노년학.** 서울: 신정.

한윤필(1994). 노인들의 자원봉사활동 참여의 동기조사. 효성여자대학교 대학원 석사학위 청구논문.

한정란(2005). 노인교육의 이해. 서울: 학지사.

한정란(2015). 노인교육론. 서울: 학지사.

허정무(2002). 노인교육이론과 실천방법론. 서울: 학지사.

홍숙자(1999). 노년학개론. 서울: 도서출판 하우.

Bolles, R. N. (1981). *The Three Boxes of Life*. Berkeley, CA: Ten Speed Press.

Johnson, K. J., & Mutchler, J. E. (2014). The emergence of a positive gerontology: From disengagement to social involvement. *The Gerontologisit, 54*(1), 93–100.

Lee, G. R., & Ishii-Kuntz, M. (1987). Social interaction, loneliness, and emotional well-being among the elderly. *Research on Aging, 9*, 459–482.

Leitner, M. J., & Leitner, S. F. (1985). *Leisure in Later Life*. New York, NY: The Ha-worth Press.

Palmore, E. B. (1981). *Social Patterns in Normal Aging: Findings from the Duke Longitudinal Study*. Durham, NC: Duke University Press.

Riley, M. W. (1993). Education opportunities for people of all ages, Keynote address at annual meeting of the Association for Gerontology in Higher Education. Louisville, KY.

Shaver, P., & Buhrmester, D. (1983). Loneliness, sex-role orientation, and group life: A social needs perspective. In P. B. Paulus (Ed.), *Basic Group Processes*. New York, NY: Springer.

National Council on Aging   http://www.ncoa.org

노인과 인권

제12장

김동선

2020년 초 전 지구적 규모로 발발한 신종바이러스는 노인들의 삶에 치명적인 영향을 미쳤다. 코로나 팬데믹으로 인한 노인층의 희생이 가장 컸을 뿐 아니라 요양원 내 면회 금지, 노인복지시설의 폐쇄 등으로 노인들은 사회로부터 분리되고 배제됐다. 나아가 팬데믹은 우리 사회에 내재돼 있던 노인차별적 인식, 노인 비하를 전면에 노출시키는 계기가 됐다. 노인은 신체적, 경제적, 인지·정서적 어려움으로 인해 사회적 약자로 분류되며 복지의 대상이 되지만 이의 반대급부로 노인을 의존적이며 무력하고 사회적 부담으로 바라보는 편견이 조장되는 것도 사실이다. 최근 노인인구가 증가하며 노인의 다양성이 강조되고 기부와 자원봉사 등 노인들의 사회적 기여가 주목받고 있지만, 노인들을 획일적으로 사회적 약자로 대하는 편견과 차별은 크게 달라지지 않았다.

노인에 대한 폄하, 고정관념 등은 제도, 법률, 미디어 전반에 걸쳐 있으며 고용, 건강서비스, 교육 등에서 노인들을 배제하며 극단적인 경우, 노인학대를 조장하기도 한다. 이에 노인들의 자립, 참여, 자기실현, 존엄 등을 이루며 건강, 고용, 교육, 주거 등에서 이들의 권리를 보장하기 위해 UN, ILO 등 국제기구와 지역기구들이 다양한 고령자원칙, 고령화국제행동계획, 협약 등을 제정하였고, 국내에서도 「노인복지법」 「고용상 연령차별금지 및 고령자고용촉진에 관한 법률」 등의 법 제정을 통해 연령차별 및 노인학대에 대해 대응해 오고 있다.

이 장에서는 노인의 인권을 주제로, 연령주의, 연령차별과 학대의 문제를 다루고자 한다. 특히 가족에 의한 학대가 여전히 높은 수준이지만 점차 의료·생활시설에서 지내는 노인들의 숫자가 늘어남에 따라 시설 내 학대에 대해서도 따로 기술하였다. 이 장에서는 또한 시설 생활 노인의 인권 증진과 학대 예방을 위해 돌봄을 받는 사람 관점의 사람중심케어에 대해 소개하고자 한다.

1. 팬데믹과 노인인권 침해

코로나 발발 초기 캐나다 몬트리올 지역의 요양원에서 직원들이 신종감염병에 대한 두려움으로 근무지를 이탈하면서 31명의 거주 노인이 전원 사망한 사건이 발생했다. 이들 가운데 코로나로 인한 사망은 5명뿐이었으며 나머지 노인들은 탈수, 케어 방치에 의해 사망했다. 이러한 극단적 사례는 캐나다뿐 아니라 스페인, 미국의 일부에서도 보고되었다(New York Times, 2020. 4. 16.). 노인은 다른 연령대의 사람과 마찬가지로 똑같은 권리와 자유를 누릴 수 있는 인권의 주체다. 하지만 코로나 팬데믹을 통해서 노인들은 더 많은 사회적 위험에 노출돼 있으며, 더 많은 편견과 차별의 대상임이 드러났다.

UN(United Nations) 인권고등자문관 Claudia Mahler는 코로나 팬데믹이 노인에게 미친 영향을 조사한 보고서에서 "각국 정부는 바이러스 감염 위험이 높은 노인과 기저질환 인구를 보호한다는 이유로 광범위한 진단, 접촉추적, 공공 및 민간시설과 사업장 폐쇄, 재택 명령 및 격리조치를 취했는데, 이는 오히려 노인에 대한 폭력, 학대 및 방치 위험을 증가시키는 결과를 가져왔다. 특히 여성노인은 위기상황 동안 폭력의 표적이 됐다. 재택근무를 하지 못하는 상황에서 일을 그만두도록 강요당한 노인들의 경우, 독립생활과 경제상태에서 어려움을 경험했다."고 밝혔다(Mahler, 2020).

앞의 보고서에 따르면 몇몇 나라에서는 코로나 발발 초기 신체적 격리조치가 나이를 기준으로 이루어졌다. 격리가 해제될 때에도 노인들은 마지막까지 해제에서 제외되었으며 대중교통 이용이나 쇼핑몰 등 시설 입장이 금지되었다.

코로나는 모든 연령층에 위험하였지만 사망자 통계를 살펴보면 코로나의 주요 희생자가 노인이었음을 쉽게 알 수 있다. 국내 질병관리청의 집계에 따르면 전체 확진자 가운데 60대 이상이 차지하는 비율은 17.8%를 차지하지만 사망자 가운데 60대 이상은 93.8%를 차지할 정도로 코로나는 노인에게 치명적이었다(질병관리청, 2022).

코로나바이러스가 노인에게 더 치명적이었음에도 불구하고 의료서비스 접근에서 연령차별이 보고되었다. 의료자원의 할당, 우선순위 지정에서 연령을 기준으로 한 결정은 이전에도 암묵적으로 이루어진 관행이었다(Biddison et al., 2019). 또한 사망자의 대부분이 요양시설에서 나왔음에도 필요한 자원이나 약물 지원이 차별적으로 이루어졌다.

이 밖에도 팬데믹은 노인들의 사회적 고립을 강화시켰다. 경로당, 복지관 등 사회복지시설의 폐쇄로 인해 노인들은 고립되었으며, 도움이 필요한 노인들의 경우, 식사, 돌봄 등 서비스가 중단됨에 따라 기본적인 생활의 어려움을 경험하게 됐다. SNS 등 비대면을 통해 사회적 상호작용을 이어 가는 다른 연령층에 비해 디지털 활용도가 낮은 노인들은 코로나로 인한 우울증세, 치매 등 정신건강 면에서 더욱 심한 어려움을 겪을 수밖에 없었다.

이처럼 코로나 팬데믹에서 노인들은 더 많은 희생을 강요당했는데 노인층의 희생은 오히려 연령차별적 인식을 확산시키는 계기가 됐다. 노인을 보호하기 위한 조치들은 거꾸로 코로나가 노인질환이라는 인식을 확산시켰으며, 노인을 비생산적이고 사회의 짐이 되는 존재로 보는 연령차별적 인식을 부추기기도 했다. UN 사무총장 António Guterres는 팬데믹이 노인의 말 못할 두려움과 고통을 초래했음을 밝히며, 이를 계기로 노인인권에 대한 인식을 촉구하고 연령주의와 연령차별에 맞서 싸워야 함을 강조하였다.

인권(human rights, 人權)은 '인간의 타고난 권리'로, 모든 개인이 인간 존재의 보편적 가치로서 동등하게 갖는 권리를 말한다. 인권은 단순히 인간의 권리뿐만 아니라 사람이 사람답게 살기 위해 필요한 기본적 권리 또는 인간이 자연인으로 누려야 할 당연한 권리를 말한다. UN은 인권을 우리의 본성에 내재된 권리로, 그것 없이는 인간으로서 살 수 없는 권리라고 정의하였다. 세계인권선언(Universal Declaration of Human Rights)에서는 인권을 인간이 누구이고 무엇을 하든지 간에 존엄한 존재로서 존중받을 권리로 규정하였다. 한편, 국내에서는 인권을 '대한민국 헌법 및 법률에서 보장하거나 대한민국이 가입·비준한 국제인권조약 및 국제관습법에서 인정하는 인간으로서의 존엄과 가치 및 자유와 권리'라고 정의하고 있다(「국가인권위원회법」 제2조 제1호).

인권은 적용 대상과 시·공간적 측면에서 보편적 가치를 추구하기 때문에 인간이면 누구나 인권을 누릴 자격이 주어진다. 그러나 현실적으로 인권보장의 사각지대 위험에 처해 있는 이들이 존재하는데, 노인이 대표적이다. 노인은 다른 연령집단과 마찬가지로 인간이 누릴 수 있는 모든 권리를 향유할 수 있는 인권의 주체다.

노인인권은 '노인이 존엄한 존재로 존중받고 인간다운 노후생활을 영위하는 데 필요한 모든 권리'(권중돈, 2010; 박수천, 2005)로 정의되고 있다. 노인인권보호에 관한 미주 간 협약(경제적·사회적·문화적 권리 영역에서의 인권협약 추가의정서, 1988)에 따르면, 인권에는 기본권 사상에 입각한 개인의 자유와 민주주의 제도 내에서 차별받지 않을 권리가 포함된다. 인권과 기본적 자유는 보편적이며 분리될 수 없고 상호 관련되어 있다. 또한 모든 형태의 차별, 특히 나이에 근거한 차별을 철폐하기 위한 의무가 포함된다. 노인도 다른 모든 사람과 마찬가지로 동일한 인권과 기본적 자유를 가지며 나이에 근거한 차별이나 그 어떠한 형태의 폭력도 당하지 않을 권리를 가지고 있다.

하지만 노인들의 신체적·정신적 건강문제, 노인 빈곤과 소외, 가족해체와 가족의 돌봄기능 약화 등의 문제로 인해 노인들에 대한 사회의 인식은 매우 부정적이며 이러한 인식에 기인한 노인차별과 인권 침해가 끊이지 않고 있다. 노인은 여성, 장애인, 이주노동자 등 다른 취약계층과 마찬가지로 인권보호의 대상이다. 하지만 여성, 장애인 등 다른 집단과 달리 인권의 대상이라는 인식은 비교적 늦게 나타났으며 노인인권을 위한 국내외적인 노력 역시 뒤늦게 시작됐다. 이러한 점은 노인을 연대기적으로 단일한 존재로 파악하고 쇠퇴의 생물학적 현상에 주목해 노년의 삶을 당연한 것으로 받아들이는 편견이 존재하기 때문이다. 노인을 의존적이며 수동적인 존재로 바라보는 사회문화적 인식구조가 차별의 기제로 작용하는 것이다.

노인에 대한 오해와 달리 노인은 모든 연령대 중에서 가장 다양한 사람으로 이루어져 있다. 노인은 관습, 관행 및 지역사회에서의 역할을 기반으로 사회적으로 구성된 존재다. 하지만 노인을 쇠약하고 의존적인 존재로 유형화하고 이들에 대한 편견, 부정적 선입관을 확대함으로써 노인을 사회에 부담이 되는 존재로 여기는 관점이 지배적인데 이것이 바로 연령주의다.

세계보건기구(WHO)는 「고령화와 건강을 위한 글로벌 전략 및 행동계획(Global strategy and action plan on ageing and health」(2017)과 「UN 건강한 고령화 10년 계획 2021−2030(UN decade of healthy ageing 2021−2030)」(2020) 등의 문헌에서 연령주의는 노인의 건강과 삶의 질을 훼손한다는 점을 지적한 바 있다. WHO는 또한 노인의 건강한 가령(加齡)과 이들의 삶의 질을 개선하기 위해서는 무엇보다도 연령주의에 맞서는 것이 선결 과제라고 선언하였다.

2. 연령주의와 연령차별

인간은 누구나 나이를 먹어 간다. 나이에 따라 교육, 일, 가족관계 등에서 서로 다른 역할을 수행하며 서로 다른 대우를 받는다는 점에서 나이는 일종의 사회적 신분이라고도 할 수 있다. 하지만 그러한 다른 대우가 노인이 마땅히 누려야 하는 권리를 부정하고 우선순위에서 노인을 배제한다면 이는 연령에 의한 차별에 해당한다.

노인은 다른 연령집단과 다름없이 인간이 누릴 수 있는 모든 권리를 향유할 수 있는 인권의 주체임에도 불구하고 나이를 이유로 사회에서 배제되고 부당한 대우를 받는 경우가 많다. 과거 연령은 연륜, 권위를 의미하였지만 젊음의 활기, 노동생산성이 강조되는 현대사회에 이르러서 나이가 많다는 것은 오히려 차별적 요소로 작용하는 것이다. 연령차별은 제도, 법률, 관습, 미디어 등 사회의 모든 측면에서 이루어지며 때로는 고용차별과 같이 명시적인 차별로 나타나지만, 노인은 '사회적 약자이며 보호를 받아야 한다'는 식의 고정관념의 형태로 나타나기도 한다.

나이는 성별, 인종과 마찬가지로 겉으로 드러나는 특징이며, 이를 토대로 차별이 이루어질 수 있다. 이에 1968년 미국 국립노화연구소(National institute of Aging)의 소장이었던 Robert Butler(1969)는 연령차별을 인종차별, 성차별과 함께 3대 차별로 규정하였다. 하지만 연령차별은 인종차별, 성차별과는 달리 '신체적·정신적 쇠약에 따른 합리적인 차등 대우'로 여겨지는 경우가 많으며 차별로 인지되지 못하는 경우가 많다.

이러한 암묵적이며 내재된 연령차별에 대해 Butler는 연령주의(ageism)라는 용어를 제시하였다. 연령주의는 연대기적 연령에 따라 고령자들을 집단화하고 이들의 특성을 과도하게 단순화, 유형화함으로써 이들에 대한 차별을 정당화하는 관점이다(Nelson, 2004). 연령주의에서는 고령자에 대한 부정적 인식 및 태도가 연령차별의 한 형태이며 연령차별의 배경으로 작용한다고 본다(Palmore, 1990).

연령주의는 차별을 발생시키고 이를 정당화하는 이데올로기와 실제 행동을 모두 포괄한다. 즉, 인지적 차원과 실천적 차원의 차별을 모두 포함하는 개념으로 사용되면서 연령차별보다 광범위한 정의로 사용된다.

연령주의 또는 연령차별은 특정 연령층에 대한 사회적 차별 또는 사회불평등, 억

압을 의미하기 때문에 반드시 노인만을 대상으로 하는 것은 아니다. 젊은 사람들을 '미성숙하고 경험이 없다'는 이유로 채용하지 않거나, 젊은이에 대해 '무모하고 무책임하다'는 고정관념을 확산하는 미디어 등이 모두 연령주의에 해당한다. 하지만 젊음과 활기, 생산성을 강조하는 현대사회에서는 노인들이 연령주의로 인해 더 많은 차별을 경험하는 것도 사실이다.

　　연령주의가 행동으로 표출되는 데에는 세 가지 차원을 거치게 된다. 먼저, 나이를 기반으로 한 고정관념(우리가 어떻게 생각하는가)과 편견(우리가 어떻게 느끼는가)을 거쳐 차별(우리가 어떻게 행동하는가)로 이어진다.

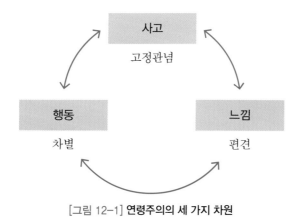

[그림 12-1] **연령주의의 세 가지 차원**

　　연령주의는 다양한 수준에서 발현되는데, 크게 제도적, 대인적, 자기지향적(self-directed) 연령주의로 나뉜다. 제도적 연령주의는 나이에 근거하여 기회를 부당하게 제한하고 조직적으로 개인에게 불이익을 주는 법, 규칙, 사회적 규범, 정책과 관행을 말한다. 또한 제도나 기관이 연령주의를 합리화하기 위해 만들어 내는 이데올로기를 일컫기도 한다. 의료 부문에서 나이에 따라 서비스와 치료가 다르게 배당되는 정책(Ben-Harush et al., 2017), 노동 부문에서 차별적 고용 관행 또는 의무 퇴직연령을 정하는 것(Duncan & Loretto, 2004; Harris et al., 2018) 등이 여기에 해당한다. 고용에서의 연령차별, 즉 정년퇴직제도, 채용에서의 나이기준, 훈련, 연수 등에서 나이 든 사람들을 배제하는 것 등은 나이 든 사람들이 회사에서 근무할 시간이 짧음으로써 투자의 회수가 어려운 점, 나이가 많아서 새로운 것을 배우고 익히는 것이 어려우며 근로생산성이 떨어지는 점 등 합리적 이유에 의해 이루어지는 것처럼 보일 수 있다. 하지만 고령 근로자의 작업능률은 검증되지 않았으며 편견, 고정관념에 의한 것들이 적지 않다(Kim & Mo, 2014). 따라서 고용에서의 연령차별은 제도적 연령주의의 대표적 사례라고 할 수 있다.

표 12-1   **사회의 다양한 측면에서 발견되는 연령주의 사례**

	고용	보건 및 사회적 돌봄	사회참여 (교육, 미디어, 법률제도)
제도적	• 연령차별적 해고관행 또는 의무퇴직연령 • 채용에서의 연령차별 • 사내 연수 및 교육에서의 고연령자 제외 • 승진, 인사고과 및 대인관계 기술 평가에서 고연령자를 저평가하는 경향	• 나이에 따라 자원과 보살핌이 다르게 배당되는 정책: 환자 나이가 많을수록 산소흡기, 수술, 투석 등을 중단하는 경우가 높음 • 성 및 생식 건강에 대한 편견으로 예방과 치료가 부족함으로써 고령자 가운데 성병(STDs)이 증가하고 있음 • 고연령자 대상의 임상 시험부족으로 노인을 위한 약물의 효능 및 안전성 프로파일에 대한 정보 부족, 이로 인한 부적절한 처방과 과잉 투약	• 미디어에서 노인 출연자들의 출연 횟수가 적음 • 주거, 보도, 교통 등 노인들에게 불편한 환경 특성 • 교통, 금융 서비스 등 사회의 디지털화에 따른 노인의 배제
대인적	• 나이 든 근로자의 업무에 대한 부정적 피드백 • 나이 든 근로자들은 새로운 일을 배우는 것이 어렵고, 도전적인 일을 기피한다고 생각거나 말하는 것	• 의료·케어인력에 의한 부적절한 커뮤니케이션, 충분한 설명 부족 • 치료할 수 있는 질병에 대해 '가령'을 원인으로 적극적인 치료를 하지 않는 것 • 반대로 자연스러운 가령효과를 질병으로 취급하는 것	• 신용 및 대출에서의 노인차별(특히 여성노인에 대한 차별) • 금융·보험상품 판매에서의 고연령자 제외, 재산권 행사에 있어서의 배제 • 대중교통, 식당이나 커피숍 이용 시, 판매시설, 공공기관 시설, 의료시설 등 다양한 상황에서의 차별(무시)
	• 노인들을 존중하지 않고 가르치려 들거나 의사결정에서 그들의 견해를 무시하거나 그들과의 접촉과 상호작용을 기피하는 것 • 노인들을 지나치게 배려하는 어조와 단순한 어휘 및 문장구조를 사용하는 것 • 나이 때문에 노인들이 무가치하다고 말하거나 젊은이들은 배려가 없고 이기적이며 범죄자들이라고 말하는 것		
자기 지향적	• 경제적으로 어렵지만, 나이를 이유로 적극적 구직활동을 하지 않는 것	• 나이를 이유로 적극적 치료를 거부하는 것	• 말년에 새로운 기술을 배우는 것은 불가능하다고 믿어 평생학습기관에 등록하거나 새로운 취미를 갖는 데 망설이는 것

출처: 아셈노인인권정책센터(2021)의 연령주의 국세보고서를 토대로 재구성하였다.

대인적 연령주의는 두 사람 이상의 상호작용에서 발생하며 노인들을 지나치게 배려하는 어조와 단순한 어휘 및 문장 구조를 사용하는 것이 이에 해당한다. 이러한 언어 사용은 노인들이 상대적으로 유능하지 않다는 가정하에 이루어지며, 제3자가 노인들을 무능하고 무력하게 보고, 그들을 존중하지 않고 무례하게 대할 가능성을 증가시킨다(Balsis & Carpenter, 2006; Williams et al., 2009).

자기지향적 연령주의는 연령주의가 내면화되어 자기 자신을 향할 때 발생한다. 사람들은 반복적으로 연령기반 편향에 노출되면 그러한 편향을 내면화하고 마침내 자기 자신에게도 그러한 편향을 적용한다(Levy, 2003). 20대 청년들이 직업을 갖기에는 스스로 너무 어리다고 생각하여 일자리에 지원하는 것을 망설이는 것, 노년에 새로운 기술을 배우는 것은 불가능하다고 믿어 노인들이 대학에 등록하거나 새로운 취미를 갖는 데 망설이는 것 등이 여기에 해당한다. 나이 듦에 대한 부정적 자기인식이 인지 쇠퇴를 가속화하며, 반대로 긍정적 자기인식은 인지 쇠퇴를 늦춘다(Gomez-Moreno et al., 2019)는 점에서 자기지향적 연령주의 역시 제도적, 대인적 연령주의에 못지않게 위험하다고 할 수 있다.

또한 연령주의는 명시적(의식적) 또는 암묵적(무의식적)으로 표현된다. 명시적 연령주의는 타인과 자기 자신에 대한 연령주의적 사고, 느낌, 행동이 의식적이고 의도적인 경우를 말한다. 암묵적 연령주의에서는 타인 또는 자기 자신에 대한 연령주의적 사고, 느낌, 행동이 의식적 자각 없이 작동하며, 대부분 의도된 것이 아니기 때문에 스스로의 통제를 벗어난다(Levy, 2003). 암묵적 연령주의에서는 개인들이 나이에 대한 고정관념에 의해 촉발된 사고, 느낌, 행동을 인식하지 못하고, 다른 요인을 이유로 지목하여 연령차별적인 행동을 합리화할 수 있다. 예를 들면, 고용주들이 젊은 사람 채용을 선호한다고 인정하는 대신에 나이가 많은 후보자의 인성을 문제 삼거나 특정 자격증의 결핍 등을 이유로 드는 경우다. 이처럼 연령주의는 전 세계의 제도, 법, 정책 전반에 만연해 있으며 은밀하고 지속적으로 영향을 미치기 때문에 사람들은 이의 심각성을 인지하지 못하게 된다. 결과적으로 연령주의는 경제 및 사회적 차원에서뿐만 아니라 개인적 차원에서 노인들의 건강과 존엄성을 훼손한다.

아셈노인인권정책센터의 연령주의 국제보고서(2021)에 따르면 연령주의는 노인들의 신체적·정신적 건강을 악화시키며, 사회적 고립과 외로움을 증가하는 요인이 되고 있다. 연령주의는 경제적 불안 증가, 삶의 질 저하, 조기 사망과 관련이 있다. 특히 장애를 가진 노인이나 여성노인의 경우 장애인차별주의, 성차별주의, 인종차별주의와 중첩돼 더 큰 차별과 배제를 경험하게 된다.

연령주의는 노인의 성적 표현을 제한하며, 노인에 대한 폭력과 학대의 위험을 증가시킬 수 있다. 노인을 향한 폭력 발생에 관한 최근 사례를 보면, 노인의 약 15.7%, 거의 6명 중 1명이 학대의 피해자라고 한다. 조사대상자의 11.6%는 심리적 학대를, 6.8%는 경제적 학대, 4.2%는 방임, 2.6%는 신체적 학대 그리고 0.9%는 성적 학대를 경험했다고 보고하고 있다(Cuddy et al., 2007). 노인층에 대한 연령주의 가해의 위험을 증가시키는 요인은 낮은 연령, 성별(남성), 죽음에 대한 불안 및 낮은 교육수준 등이다. 반면, 연령주의의 대상이 되는 위험요인은 높은 연령, 돌봄 의존성, 낮은 건강, 기대수명, 첨단 기술이나 관광 분야와 같은 특정 직업이나 직종에서의 근무 등을 들 수 있다(아셈노인인권정책센터, 2021).

연령주의는 나이를 기준으로 사람들을 분류하고 나눔으로써 세대 간의 연대를 약화시키는 데에 일조한다. 젊은 층이든 노인이든 이들이 사회에 기여할 수 있는 능력을 과소평가하거나 이들이 마땅히 누려야 할 권리들을 제한함으로써 이들의 건강과 장수, 웰빙을 누릴 수 있는 기회를 감소시키기 때문에 결국 사회적 비용을 증가시키고 세대 간 연대를 약화시킨다.

따라서 연령주의를 줄이기 위해서는 노인의 권리에 대한 인식을 강화하고, 세대 간 접촉 빈도를 늘리는 것이 필요하다. 노인이라는 하나의 카테고리 안에 수많은 다양성이 존재함을 인식하게 하고, 노인들의 회복력 및 긍정주의를 인식시키고, 노인들이 자원봉사 또는 지역사회의 리더로서 사회에 봉사하고 있음을 알게 하는 것이 필요하다.

한국의 연령주의

2020년 노인실태조사에 따르면 우리 사회는 전통적으로 효에 높은 가치를 두고 있으면서도 노화에 대해 강한 거부를 가지고 있다. 노인은 대중교통, 식당이나 커피숍 이용 시, 또는 판매시설, 공공기관 시설, 의료시설, 직장·가족 내의 의사결정 등 사회의 다양한 상황에서 노인이기 때문에 차별당하고 무시당한 경험이 있는 것으로 나타났다. 차별 경험이 가장 높은 것은 대중교통을 이용할 때로 전체 대상자 가운데 20.8%가 차별 경험을 보고했다. 식당이나 커피숍 이용 시(16.1%), 판매시설 이용(14.7%), 의료시설 이용(12.7%), 일터(10.6%), 공공기관 이용(8.7%)이 뒤를 이었다. 가족 내에서 주요 의사결정 시 차별을 당한 경험은 11.3%로 나타났다. 성별로는 남자는 식당, 의료시설, 일터에서의 노인차별 경험이 여자에 비해 높으며, 여자는 대중교통 이용 시와 가족 내 주요 의사결정 시에 경험이 높은 것으로 나타났다. 연령별로는 연령이 높을수록, 배우자 유무에서는 배우자가 없을 경우, 가구형태별로는 노인독거가구에서 차별 경험이 더 많은 것으로 나타났다.

3. 노인학대

1) 노인학대 정의 및 유형

노인학대는 노인의 인권을 침해하는 대표적인 일탈 행위에 해당한다. 노인학대에 해당하는 폭력, 유기, 방임, 부적절한 처우 등은 피학대 노인의 심신에 손상을 줄 뿐만 아니라 우울, 고립, 사망률에도 영향을 미치는 등 심각한 문제이기 때문에 특별히 관심을 가지고 대응할 필요가 있다. 노인학대는 그 사회의 인권 정도를 살펴보는 척도(Conrad et al., 2011; Dyer et al., 2000)이며 우리 사회의 도덕성과 세대 간 연대 의식에 비추어서도 중요한 잣대다.

노인학대에 대해 학계, 정부가 관심을 갖게 된 것은 비교적 최근의 일이다. 서구에서 1960년대부터 아동학대, 배우자학대에 사회적 대응이 이루어졌으며 1980년대 이후 노인학대에 관심이 옮겨 가기 시작했다. 우리나라의 경우 1990년대 후반부터 노인학대에 관한 연구가 시작되었으며 2004년 개정된 「노인복지법」에서 노인학대 방지를 위한 법적 장치가 마련되었다. 하지만 최근 노인인구의 증가, 이로 인한 수발 부담의 증가 등으로 인해 노인학대는 지속적으로 증가하는 추세다.

학대 개념은 다차원적이고 추상적이어서 정의를 내리기가 쉽지 않다. 또 사회문화적 차이 등으로 인해 국가와 학자에 따라 다양하게 정의되고 있다. '누군가가 의도적으로 노인에게 위해를 가하는 행위'의 소극적이고 협의적인 개념에서 '노인의 인권'을 전제로 하는 적극적이고 광의적인 개념에 이르기까지 노인학대의 범위는 매우 넓다.

「형법」에서 규정하는 학대는 범죄를 구성하는 협의적인 개념으로 '육체적으로 고통을 주거나 정신적으로 차별대우를 하는 행위'(「형법」 제273조 제1항)를 의미한다. 「형법」에서는 학대를 범죄로 규정하기 때문에, 학대로 판시되기 위해서는 '단순히 상대방의 인격에 대한 반인륜적 침해만으로는 부족하고, 적어도 유기에 준할 정도에 이르러야 한다'(박숙완, 2021).

반면, 「노인복지법」에서 정의하는 노인학대는 광의의 개념으로, '노인에 대하여 신체적·정서적·성적 폭력 및 경제적 착취 또는 가혹행위를 하거나 유기 또는 방임'하는 것을 뜻한다(「노인복지법」 제1조의2 제4호). 그리고 학대 유형 중 처벌이 필요한 행위를 구체화한 것이 제39조의9 금지행위다.

한편, 세계보건기구와 국제노인학대예방네트워크 역시 노인학대에 대해 광의적 개념으로 접근하고 있다. 여기에서는 학대를 '신뢰를 기반으로 한 관계에서 발생하며, 노인에게 위해나 고통을 일으키는 일회성 또는 반복적 행위 또는 적절한 조치의 부족'으로 정의하고 있다. 학대의 판정과 관련해서는 범죄에 해당하는 행위에서 인간의 도덕, 양심에 반하는 행동까지 범위가 넓기 때문에 이를 판단하는 것이 쉽지 않다. 최근에는 세계인권선언을 기준으로 하여 광의의 개념을 채택하는 편이다.

학대를 형태적으로 분류하자면, 신체적·정서적·성적·경제적 학대, 방임, 자기방임 및 유기로 나뉜다. 신체적 학대는 물리적 힘 또는 도구를 이용하여 노인에게 신체적 혹은 정신적 손상, 고통, 장애 등을 유발시키는 행위를 일컬으며, 정서적 학대는 비난, 모욕, 위협 등 언어 및 비언어적 행위를 통하여 노인에게 정서적으로 고통을 유발시키는 행위다. 성적 학대는 성적 수치심을 유발하는 행위 및 성폭력(성희롱, 성추행, 강간) 등으로 노인의 의사에 반하여 강제적으로 행하는 모든 성적 행위를 지칭한다. 경제적 학대는 노인의 의사에 반하여 노인으로부터 재산 또는 권리를 빼앗는 경제적 착취를 일컫는다. 또한 노인이 자신의 재산에 대해 법적 권리를 행사하는 것을 통제하는 행위를 말한다. 방임은 부양의무자로서의 책임이나 의무를 거부하거나 불이행함으로써 노인의 의식주 및 의료를 적절하게 제공하지 않는 행위를 말한다. 자기방임은 노인 스스로가 의식주 제공 및 의료 처치 등 자기보호를 위한 최소한의 행위를 의도적으로 포기하는 것 또는 비의도적으로 스스로를 돌보지 않아 심신이 위험한 상황에 처하거나 사망에 이르게 하는 행위를 말한다. 유기란 보호자 또는 부양의무자가 노인을 버리는 행위를 지칭한다.

　　자기방임을 학대에 포함시키는 것과 관련해서는 이견이 있다. 개인의 선택에 의한 생활스타일과 자기방임 간의 경계는 불분명하기 때문에 스스로를 돌보지 않는 행위 자체를 학대로 판단하는 데에는 신중한 접근이 필요하다. 명백하고 구체적 자기방임 행위로는 적절한 음식, 물, 주거, 안전, 개인위생, 투약을 거부하거나 스스로에게 제공하지 않는 행위, 위험한 상황에서 도움을 요청하지 않거나 거부하기, 자살 시도하기 등이 있다(권중돈, 2012).

표 12-2 | **노인학대 유형별 정의와 세부 행위**

학대 유형	구체적 행동
신체적 학대	• 노인을 제한된 공간에 강제로 가두거나, 노인의 거주지 출입을 통제한다. • 노인의 신체를 강제로 억압한다. • 신체적 해를 가져올 위험성이 큰 행위로 노인을 협박하거나 위협한다. • 노인의 신체적 생존을 위협할 수 있는 행위를 한다. • 노인이 원하지 않거나 수행하기 어려운 노동을 하게 한다. • 약물을 사용하여 노인의 신체를 통제하거나 저해한다.
정서적 학대	• 노인과의 접촉을 기피한다. • 노인의 사회관계 유지를 방해한다. • 노인을 위협 · 협박하는 언어적 표현이나 감정을 상하게 하는 행동을 한다. • 노인과 관련된 결정에 대해서 의사결정 과정에서 소외시킨다.
성적 학대	• 노인에게 성폭력을 행한다. • 노인에게 성적 수치심을 주는 표현이나 행동을 한다. • 사람들이 보고 있음에도 불구하고 노인의 성적 부위를 드러내고 옷 또는 기저귀를 교체한다. • 사람들이 보고 있음에도 불구하고 노인을 알몸으로 목욕시킨다.
경제적 학대	• 노인의 소득 및 재산, 임금을 가로채거나 임의로 사용한다. • 노인의 재산에 관한 법률적 권리를 침해하는 행위를 한다. • 노인의 재산 사용 또는 관리에 대한 결정을 통제한다.
방임	• 거동이 불편한 노인의 의식주 등 일상생활과 관련해 보호를 제공하지 않는다. • 경제적 능력이 없는 노인의 생존을 위해 경제적인 보호를 제공하지 않는다. • 의료 관련 욕구가 있는 노인에게 의료적 보호를 제공하지 않는다. • 자신을 돌보지 않거나, 돌봄을 거부함으로써 노인의 생명이 위협받는다(자기방임).
유기	• 의존적인 노인을 유기한다. • 노인과 연락을 두절하거나 왕래를 하지 않는다. • 노인을 시설, 병원에 입소시키고 연락과 왕래를 두절한다. • 인지기능을 상실한 노인(치매, 약물중독, 알코올중독, 정신질환 등)을 고의적으로 가출 또는 배회하게 한다. • 노인을 낯선 장소에 버린다. • 배회하는 상태에서 발견된 노인에 대하여 부양의무자가 부양의무 이행을 거부한다.

2) 노인학대 통계

노인학대에 대해서는 지속적인 캠페인 등을 통해 매년 학대 신고가 증가하고 있다. 「노인복지법」 개정으로 노인학대 신고가 시작된 2005년 신고 건수는 3,549건에 이었는데 2021년에는 1만 9,391건으로 증가했다. 신고접수에 대해 조사가 이루어져, 실제 학대로 판정된 건수를 비교하자면 2005년 2,038건(신고 건수의 57.4%)에서 2021년에는 6,774건(신고 건수의 34.9%)으로 증가하였다(보건복지부, 중앙노인보호전문기관, 2021).

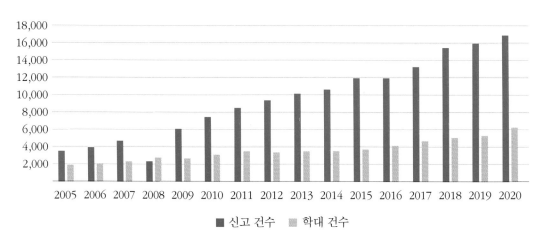

[그림 12-2] **연도별 노인학대 신고 및 판정 건수**
출처: 보건복지부, 중앙노인보호전문기관(2005~2021).

특히 2020년 노인학대 신고 건수는 1만 6,973건으로, 2019년 1만 6,071건보다 5.6% 늘었고, 신고 건수 가운데 학대 사례로 판정된 것은 모두 6,259건으로 2019년 (5,243건)에 비해 19.4% 증가했다(보건복지부, 중앙노인보호전문기관, 2021). 이것은 코로나19 영향으로 집에서 머무는 시간이 길어지면서 우울장애, 스트레스와 가족 간 갈등의 골이 깊어져 학대가 크게 증가한 것으로 해석된다. 하지만 이것은 집계 가능한 수치로서 전문가들은 드러나지 않는 노인학대 범죄 건수가 훨씬 많을 것으로 추정한다. 학대를 가족의 수치로 생각해서 은폐하려는 경향, 학대 신고 시 자신의 의지에 반하여 요양원으로 보내질 것에 대한 두려움, 연령주의의 내면화 등으로 학대를 과소 표현하는 경향은 여전히 문제로 남아 있다.

학대의 유형별 발생을 살펴보면 여러 유형이 동시다발적으로 발생하는 경우가 많으며 보통 정서적 학대, 신체적 학대, 방임의 순으로 나타난다. 2021년 기준으로 정서적 학대가 전체 학대로 판정된 사례 1만 624건(중복 포함) 가운데 4,627건(43.6%), 신체적 학대 4,390건(41.3%), 방임 691건(6.5%), 경제적 학대 406건(3.8%), 성적 학대 260건(2.4%), 자기방임 204건(1.9%), 유기 46건(0.4%)의 순으로 나타났다(보건복지부, 중앙노인보호전문기관, 2021).

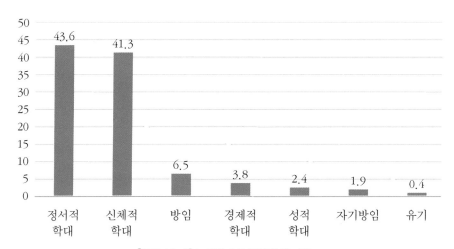

[그림 12-3] 노인학대 유형별 발생 비율

출처: 보건복지부, 중앙노인보호전문기관(2021).

학대는 일어나는 장소에 따라서 가정학대, 시설 학대 및 기타로 분류된다. 가정학대는 노인과 동일가구에서 생활하고 있는 노인의 가족구성원인 배우자, 성인 자녀뿐만 아니라 노인과 동일가구에서 생활하지 않는 부양의무자 등 그 밖의 친족에 의한 학대를 말한다. 시설 학대는 노인에게 비용(무료 포함)을 받고 서비스를 제공하는 요양병원 및 요양원 등의 시설에서 발생하는 학대로서 시설 관련 종사자 등에 의해서 발생하는 학대를 이야기한다. 학대 발생장소가 노인복지생활시설이라도 학대 행위자가 가족구성원인 경우에는 가정학대로 분류한다.

그 밖에 가정 및 시설 외의 공간 및 기타 학대 행위자에 의해 발생하는 학대를 기타로 분류한다. 2021년 기준으로 가정 내 학대는 학대 판정을 받은 6,774건 가운데 596건(88.0%)으로 가장 많으며 생활시설에서의 학대 536건(7.9%), 이용시설에서의 학대 87건(1.3%)의 순으로 나타났다. 생활시설에서의 학대는 2020년 대비 2.9% 증

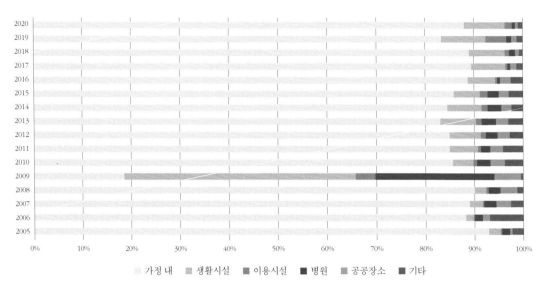

[그림 12-4] 학대 발생 장소 통계

출처: 보건복지부, 중앙노인보호전문기관(2021).

가한 것으로 나타났다(보건복지부, 중앙노인보호전문기관, 2021).

우리나라 노인학대는 주로 가정에서 발생하는 경우가 다수를 차지하나 최근「노인장기요양보험법」에 따라 노인생활시설에서 생활하는 노인이 늘어나면서 시설에서 발생하는 노인학대 신고 역시 증가하고 있다. 중앙노인보호전문기관에서 매년 발표하는 노인학대 현황보고서에 의하면 생활시설(노인주거복지지설 및 노인의료복지지설)에서 발생하는 노인학대는 2006년 33건에서 2016년 238건으로 7배 이상 증가했다.

한편, 학대 행위자와 피해노인 간의 관계를 살펴보면, 2021년 기준 전체 8,423건(중복 포함) 가운데 가장 많은 사례가 배우자 29.1%, 아들 27.2%, 딸 7.4%, 손자녀 2.0%, 며느리 1.4% 등으로 가족에 의한 학대가 67.1%를 차지하며 기관에 의한 학대는 25.8%를 차지했다. 본인에 의한 학대는 2.4%에 해당한다. 연도별 학대 피해노인의 연령대는 70대가 45% 내외로 가장 높은 비율을 차지하며 80대 30.1%, 60대 21.1%, 90대 5.9%, 100세 이상 0.1% 순으로 나타난다. 반면, 학대 행위자의 연령대 구분을 살펴보면 50대가 29.5%, 70대 28.2%, 60대 18.5%, 40대 16.5%, 30대 4.8%의 순으로 나타났다.

노인학대와 관련해 또 다른 조사(보건복지부, 한국보건사회연구원, 2020)에 따르면,

지난 1년간 노인의 학대 경험률은 정서적 학대가 전체 노인의 6.6%로 가장 많으며, 신체적 학대가 전체 노인의 1.3%, 성학대가 1.1%, 경제적 학대 0.4%, 신체적 방임 0.3%, 경제적 방임 0.2%로 나타났다. 성별로는 남자의 경우 정서적 학대 경험률이 여자에 비해 높으며, 여자는 남자에 비해 신체적 학대와 성적 학대의 경험률이 높게 나타났다. 연령별로는 특별한 경향성을 보이지는 않으나 75~79세의 연령군에서 신체적·성적·정서적 학대 경험이 타 연령군에 비해 높게 나타났다. 배우자가 있는 경우가 없는 경우에 비해 신체적·성적·정서적 학대가 높으며, 배우자가 없는 경우는 경제적 학대와 방임의 비중이 높게 나타났다. 가구형태별로는 노인독거의 경우 신체, 돌봄 및 경제적 방임의 경험률이 높은 것으로 나타났다. 소득수준이 낮을수록, 신체적 기능상태가 낮을수록 더 많은 학대를 경험하는 것으로 나타났다.

　최근 치매노인의 증가와 함께 이들에 대한 학대 역시 관심을 모으고 있다. 인지·언어 기능이 저하하면서 자신의 욕구와 필요를 말로 표현하기 어려운 치매노인은 노인학대에 더욱 취약하다. 중앙노인보호전문기관의 2021년 학대 판정 현황을 보면, 전체 학대 사례 6,259건 가운데 치매의심이 608건(9.7%), 치매로 진단받은 경우 927건(14.8%)으로 치매노인에 대한 학대가 전체의 24.5%를 차지했다.

　중앙노인보호전문기관에서는 노인학대의 발생 원인으로 크게 학대 행위자 원인과 가족·환경적 원인으로 분류하고 있다. 학대 행위자 원인으로는 분노, 폭력성, 사회적 고립, 고집스런 성격, 자신감 결여, 정서적 욕구불만 등 성격 문제를 포함한 내적 문제, 이혼, 재혼, 부부 갈등, 스트레스, 실직 등 학대 행위자 개인의 외적 문제, 경제적·정신적 의존성, 과거 학대받은 경험, 알코올 및 약물 사용, 학대 피해노인에 대한 부양 부담 등이 있었다.

　학대 행위자 원인을 분석한 결과를 보면, 전체 10,909건 중 개인의 내적 문제가 3,878건(35.5%), 개인의 외적 문제가 1,827건(16.7%)으로 나타나 학대 행위자 개인의 내적·외적 기질적 특성으로 인한 학대 행위자 원인이 52.2%로 과반 이상을 차지하는 것으로 나타나고, 그다음으로 알코올 및 약물장애가 1,508건(13.8%), 정신적 의존성이 1,349건(12.4%), 경제적 의존성이 1,112건(10.2%), 부양 부담으로 인한 학대가 549건(5.0%)인 것으로 나타났다.

　한편, 가족·환경적 원인을 살펴보면, 학대 피해노인과 학대 행위자 간 갈등이 3,730건(65.7%)으로 가장 많으며, 부모 부양, 재산을 둘러싼 가족·친족 간의 갈등

1,314건(23.2%), 학대 피해노인의 부양 문제로 인한 경제적 어려움 632건(11.1%) 등이 있었다(박숙완, 2021). 이처럼 노인과 학대 행위자의 개인적 특성, 과도한 수발부담, 강제적인 은퇴와 빈곤, 가정 및 지역사회에서 노인의 제한된 역할과 같이 구조화된 의존성 등이 복합적·점증적으로 작용해 학대 행위가 발생함을 알 수 있다.

McCubbin과 Patterson(1983)은 노인학대가 발생하는 과정을 설명하기 위해 Double ABCX 모델을 도입하였다. Double ABCX 모델은 가족 스트레스 이론인 Hill의 ABCX 모델을 수정·발전시킨 것으로 스트레스성 사건(A)이 가족의 자원(B), 스트레스원에 대한 가족의 인식(C)을 통해 실제 위기상황(X)으로 이어지는 과정을 시간적 인과모델로 확장한 것이다. ABCX 모델에서 추가적인 스트레스원(aA), 기존의 가족 자원과 위기에 맞서기 위해 개발된 추가적인 자원(bB), 가족의 인식과 추가적인 스트레스원(cC)을 통해 위기에 대응할 수 있는 가능성(xX)이 구조화된 것이 Double ABCX 모델이다. 즉, 지속적으로 발생하는 스트레스원(aA)에 대해서 가족이 어떠한 자원(bB)을 이용하고 또, 스트레스 상황을 어떻게 인지하고 평가할지(cC)에 따라서 그 결과(xX)가 달라진다. Double ABCX 모델에서는 스트레스의 누적, 부족한 대처자원, 부정적인 인식 등이 연쇄적으로 심화되면서 준학대가 학대로 발전하게 된다. 이렇게 볼 때 노인학대가 발생하게 되는 원인은 단순하지 않으며 가족 내 요인과 가족이외의 사회환경이 복잡하게 연계되어 학대가 일어남을 알 수 있다.

3) 시설 내 학대 증가

노인학대는 가정에서 일어나는 비율이 높지만, 요양시설에서 생활하는 노인들이 증가함에 따라 시설 내 학대도 점점 문제가 되고 있다. 전체 학대 가운데 시설(병원, 생활시설, 사회복지기관 포함) 내 학대가 차지하는 비중은 2005년 전체 2,038건 가운데 87건으로 4.3%에 불과했지만, 2020년 전체 6,259건 가운데 613건으로 9.8% 증가했다. 또 다른 조사에서는 시설 학대의 증가폭이 훨씬 큰 것으로 나타났다. 한국보건사회연구원이 발간한 '시설 내 노인학대 현황과 대책'에 따르면 요양시설 등 입소 시설에서의 학대는 지난 10년 동안 9배 가까이 증가했다(임정미, 2021).

보건복지부와 중앙노인보호전문기관이 공표하는 학대 건수는 학대로 신고된 사례에 한해서만 학대 유무를 판단·집계하기 때문에 신고되지 않은 시설 학대까지 고려한다면 실제 학대는 훨씬 더 큰 규모로 이루어지고 있음을 짐작할 수 있다. 특히 지난 코로나 팬데믹 동안 노인요양시설 등에서 외부인의 출입이 통제된 데다 인력 부족 등이 원인이 되어 시설 내 학대는 겉으로 드러나는 정도 이상으로 심각할 수 있다.

　시설 내 노인학대가 발생하는 원인으로 우선 입소노인의 신체적 제약과 기능적 의존성, 인지능력 장애를 들 수 있다. 입소노인의 케어 비협조, 이로 인한 업무 부담이 직원들의 학대 성향을 초래할 수 있다. 시설 직원의 낮은 인권의식, 케어 기술에 대한 훈련 부족, 교육 부족, 스트레스, 소진(burnout)과 정서적 피로감 등 케어 종사자 요인 역시 위험요인이다. 이 밖에도 시설의 인력 부족과 시설 직원의 과도한 근무시간, 입소자 대비 낮은 직원 비율, 시설 학대를 은폐하고자 하는 집단 문화, 즉 묵인과 승인 등은 직원의 학대 및 방임에 영향을 미치는 것으로 나타난다.

　시설 내 노인학대는 크게 학대, 준학대, 부적절한 케어라는 세 가지 수준으로 분류될 수 있다(임정미, 2016). 케어를 제공하는 데 있어서 노인을 비난하고 업신여기는 행위, 노인의 감정과 욕구를 무시하는 행위 등 약한 수준의 학대에서 노인을 협박하는 행위, 노인의 사회적·지각적 능력을 박탈하고 구속·고립시키는 행위 등에 이르기까지 다양한 수준의 학대가 존재한다. 또한 시설 내에서의 노인학대는 처음에는 사소하고 애매하게 시작되지만 단계적으로 강도가 심해지는 특성을 갖는다. 따라서 인신구속이나 부상 등 심각한 수준의 학대뿐 아니라 학대의 전 단계에 해당하는 부적절한 케어와 준학대에 대해서도 경각심을 가지고 바라볼 필요가 있다. 부적절한 케어, 준학대 등의 행위가 일상적이고 빈번하게 발생하게 되면 노인의 불안이 증폭되며 무기력이나 감정 마비를 초래하게 한다(川越智子, 2004; Conrad et al., 2011). 또한 경도의 인권 침해 행위의 누적, 만성화는 케어를 담당하고 있는 직원에게 학대 행위에 대한 무감각 등 부정적 영향을 미칠 가능성이 높다(山本美輪·臼井キミカ, 2004). 시바오(柴尾慶次, 2008)와 코우노(河野正輝, 2008)는 학대가 갑자기 돌발적으로 발생하는 것이 아니고 부적절한 케어가 누적된 결과로 일어나는 것이기 때문에 시설에서의 학대 발생을 줄이기 위해서는 학대가 연쇄하는 과정을 차단하는 것이 무엇보다 중요하다고 설명했다.

　시설 학대는 직원을 통해 발생할 가능성이 크다는 점에서 이를 예방하기 위해서는 직원에 대한 교육, 휴식 보장, 인력 보충을 통한 업무 부담 완화 등의 지원이 중요하다. 또한 직원들의 돌봄기술 부족이 원인이 될 수 있기 때문에 학대 예방을 위해서는 직원들의 돌봄기술을 향상시키는 교육이 필요하다.

한국보건사회연구원의 「시설 내 노인학대 현황과 대책」(임정미, 2021)에서는 시설 학대 예방책으로 '케어 기술, 치매 관련 충분한 교육과 훈련'(30.0%), '스트레스 완화를 위한 동료 상담'(9.9), '시설 내 사건, 사고가 발생했을 때 신속한 보고 체계 마련'(10.1%), '인력 확충'(18.0%), '가해자 처벌 강화'(10.3%) 등이 제시되었다.

시설 내에서의 학대 증가에는 시설 종사자들이 가지고 있는 연령주의적 인식도 영향을 미치는 것으로 보고되고 있다(아셈노인인권정책센터, 2021). 장기요양기관에서 일하는 돌봄제공자들은 노인을 무기력하고 의존적인 존재로 바라보며 이들의 행동을 이해하기보다는 문제로만 보려는 경향이 있다. 또한 치매를 가진 노인들과의 의사소통에서 연령주의적 태도를 취하고 있다. 종사자들은 노인 입소자들과의 의사소통을 회피하거나 통제적 언어를 사용하고 상대를 어린아이 취급하며 가르치려 드는 패턴의 의사소통을 하고 있다(김동선, 신수경, 2022; Band-Winterstein, 2015). 나아가 노인들의 필요에 대해 무시하거나 필요한 서비스를 제공하지 않음으로써 시설 운영 비용을 절약하려는 모습 역시 연령주의를 통한 학대에 해당한다(아셈노인인권정책센터, 2021).

4. 노인인권 향상을 위한 노력

1) 노인인권 증진을 위한 국제사회의 노력

팬데믹 이후, 연령주의가 심화하고 나이 든 사람들에 대한 차별이 확산되고 있다. 노인의 존엄성을 세우고 이들의 인권을 증진할 수 있는 포괄적이고 통합된 국제적·법적 장치가 어느 때보다 절실하다. 여기에서는 노인인권 증진을 위해 국제사회가 펼쳐 온 그동안의 노력을 돌아보고 향후 과제를 살펴보기로 한다.

인권 사상은 봉건사회의 몰락과 근대 자본주의 사회 형성을 배경으로 17~18세기 유럽에서 싹트기 시작했다. 인권의 철학적 가치(이혜원 역, 2005)에 따르면 모든 사람은 양도 불가능한 권리를 타고 났으며, 생명, 자유, 평등, 정의의 가치 아래 보호받아야 한다. 모든 인간에게 내재된 존엄성과 평등에 그 뿌리를 둔 인권은 연령에 따른 제약이 없어야 한다. 노인도 다른 모든 사람과 마찬가지로 동일한 인권과 기본적 자유를 누려야 하며 나이가 들더라도 완전하고 독립적이며 자주적인 삶, 건강, 안전을 누리며 경제, 사회, 문화 및 정치 분야에 있어서 적극적인 사회참여가 보장되어야 한다. 또한 나이에 근거한 차별이나 그 어떠한 형태의 폭력도 당하지 않을 권리가 주어져야 한다.

하지만 이러한 노인인권 사상은 추상적이며 관념적이어서 구체적인 실효성을 갖기는 어려운 상태였다. 노인인권에 대한 국제사회의 논의는 1980년대에 비로소 시작됐으며 노인인구 증가와 다양한 노인문제 등장, 인권 문제 제기, 연령주의 심화와 함께 2000년대 중반 이후 본격적인 논의가 시작되었다.

UN 주최로 1982년 오스트리아 빈에서 열린 제1차 세계고령화회의에서 채택된 국제행동계획(비엔나계획, Vienna International Plan of Action on Ageing: VIPAA), 2002년 마드리드에서 열린 제2차 세계고령화회의에서 채택된 마드리드 고령화 국제행동계획(Madrid International Plan of Action on Ageing: MIPAA), 노인을 위한 유엔원칙(1991), OECD 고령사회 대비 7대 원칙(1998) 등이 국제사회에서 노인인권에 대한 관심을 불러일으키는 이정표적인 역할을 해 왔다.

1982년 UN은 오스트리아 빈에서 열린 세계고령화회의에서 비엔나 고령화 국제행동계획(VIPAA)을 채택하였다. 이 계획은 노인문제와 관련해 각국 정부에 노인관련 정책 수립과 사업수행을 위한 지침을 촉구하였다는 점에서 의미가 크다. 여기에서는 건강과 영양, 노인 소비자의 보호, 주거와 환경, 가족, 사회복지, 소득보장과 고용, 교육 등 7개 하위 분야에서 실시되어야 할 정책방향 62개 항목이 권고되었다(보건복지부 2000). 인구고령화 문제에 효과적으로 대처할 수 있도록 정부와 시민사회의 역량을 강화하고 노인의 잠재적 능력을 개발하는 한편, 이들의 필요성을 인지하는 것 등이 주요 내용으로 포함되었다.

1990년 UN은 10월 1일을 세계노인의 날로 지정했으며, 1991년에는 노인을 위한 유엔원칙(United Nations Principles for Older Persons)이 채택됐다. 이 원칙에서는 자립, 참여, 보호, 자기실현, 존엄 등 5개 영역에서 정부가 고려해야 할 18개 원칙이 제시되었다. 노인을 위한 유엔원칙에 따르면 노인은 자신의 신념과 욕구 및 사생활에 대해 완전한 존중을 보장받아야 하며 자신의 건강관리와 삶의 질에 관해 결정할 수 있는 권리를 가져야 한다. 노인이 어떤 주거시설 또는 보호·치료시설에 거주하더라도 인권과 기본적 자유를 향유할 수 있어야 한다는 조항이 여기에 포함되었는데, 이는 시설거주노인의 인권에 대한 최초의 언급에 해당한다. 노인을 위한 유엔원칙 제3조에 의하면 노인은 지역사회로부터의 돌봄 및 보호, 적정 수준의 시설보호, 신체적·정신적·정서적 안녕을 위해 최저 수준의 서비스를 제공받을 권리가 있다. 또한 제5조는 인간으로서의 존엄성을 위해 학대로부터의 자유, 존엄과 안전을 누릴 권리, 공정한 대우를 받을 권리를 보장받아야 한다고 명시했다. 또한 노인 자신이 자결을 위해 집단으로서 행동을 해야 한다고 보고하였다(권중돈, 2012).

2002년 마드리드에서 열린 제2차 세계고령화회의에서 마드리드 고령화 국제행동계획(MIPAA)이 채택됐다. 여기에서는 노인의 권익보호를 위하여 노인과 발전, 노년까지의 건강과 안녕 증진, 능력을 부여하고 지원하는 환경 확보가 필요하며 이를 위해 117개의 행동계획을 실행에 옮길 것을 권고하였다. 노인의 차별 없는 사회참여를 포함하여 인권과 기본적 자유 보호와 증진이 통합사회 구축에 필수적임을 명시하며 모든 형태의 차별 철폐를 위해 국제인권규정의 이행을 촉구하였다. 2008년에는 세계인권선언 60주년을 맞아 노인인권 관련한 보고를 UN 사무총장에 요청하였으며, 이에 2009년 UN 총회에서 노인권리보호 현황보고가 이루어졌다. 또한 2012년에 UN 인권위원회에서 노인인권독립전문관을 임명하였다.

한편, 유럽, 미주, 아시아 지역 등 지역별 국제기구에서도 노인인권을 보장하기 위해 활발하게 움직이기 시작했다. 유럽은 유럽사회헌장(1996년)을 통해 노인의 사회보장권을 규정하였고, 유럽연합기본권헌장(2000년)을 통해 노인권리에 대한 명확한 규범을 제시했다.

미주지역에서는 미국이 앞서 움직이기 시작했다. 1969년 백악관 노인회의에서 미국의 노인헌장을 채택하면서 노인의 권리를 아홉 가지로 명기하였다. 인간으로서의 역할을 수행할 수 있는 권리, 각자의 능력에 따라 취업을 할 수 있는 권리, 노후생활의 궁핍을 면할 수 있는 권리, 여가·교육 및 의료에 대한 지역사회의 자원을 공평하게 향유할 수 있는 권리, 노후의 필요를 충족할 수 있는 주거 권리, 가족의 이익에 반하지 않는 한 정신적·경제적 원조를 받을 수 있는 권리, 본인이 원하는 경우에는 독립하여 생활할 수 있는 권리, 생존이나 사망 시까지 인간으로서의 존엄성을 잃지 않을 권리, 노후를 풍부하게 보내는 데 필요한 모든 지식에 접근할 수 있는 권리 등이 여기에 해당한다. 이 밖에 경제적 · 사회적 · 문화적 권리 영역에서의 인권협약 추가의정서(미주 지역, 1988), 브라질의 수도에서 열린 브라질리아선언(2007), 미주노인권리보호협약(2015), ASEAN헌장(아시아 지역, 2007), ASEAN인권선언(2012), 쿠알라룸푸르 인권선언(2015), ASEAN+3(한 · 중 · 일)의 활동적 노화성명(2016) 등 지역별로 인권 증진을 위한 성명이 이어졌다.

비정부 차원에서의 노인인권 증진을 위한 노력도 이어졌다. 미국국제장수센터는 국제단체의 노인권리선언 제정안을 UN 제2차 세계고령화회의에 제출하였으며, 미국 시카고 루스벨트 대학교 존 마셜 법학대학원이 주도한 시카고 노인권리선언(2014), 민간단체인 Help Age International의 새로운 노인권리 협약(2015) 등도 주목할 만한 움직임이었다.

이상과 같이 노인인권과 관련해 다양한 노력이 이루어지고 다양한 국제적 인권규정(협약과 권고)이 제시되었지만, 관련 규정이 여러 조약과 협약에 산재해 있는 점, 이행 미비에 대한 구속력이 부재한 점 등이 지적되어 왔다. 아동, 여성, 장애인, 이주노동자 등 다른 취약층을 대상으로 한 국제 권리 협약은 이미 제정되었지만 노인의 인권을 위해서는 국제행동계획, 선언 등이 있을 뿐 별도의 권리 협약이 제정되지 않아 형평성 문제가 제기되기도 한다(국가인권위원회, 2007). 현재 인권에 대해 최고의 권위를 가지고 있는 세계인권선언에는 노인인권에 적용 가능한 규정도 포함되어 있다. 하지만 노인에의 적용을 뒷받침하기에는 표현이 불확실하며, 노인에 대해 명확하게 언급하지 않은 등 한계가 있다. 이에 UN 등에서도 '국제노인권리협약' 제정의 필요성을 제기하고 있어 이의 제정이 앞으로의 과제로 남겨져 있다.

2) 국내 노인인권 증진 및 학대 방지를 위한 법적 · 제도적 노력

우리나라의 경우, 헌법의 제10조 제1항 및 제34조 제1항[1] 등이 명시한 인권 조항 그리고 「노인복지법」의 인권 규정을 토대로 노인인권 보호 및 증진이 이루어지고

---

1) 「헌법」 제10조 제1항 모든 국민은 인간으로서의 존엄과 가치를 가지며 행복을 추구할 권리를 가진다. 제2항 국가는 개인이 가지는 불가침의 기본적 인권을 확인하고 이를 보장할 의무를 가진다. 제34조 제1항 모든 국민은 인간다운 생활을 할 권리를 가진다. 제4항 국가는 노인과 청소년의 복지 향상을 위한 정책을 실시할 의무를 진다.

있다. 「노인복지법」 제2조에서는 노인은 존경받으며 건전하고 안정된 생활을 할 권리와 능력에 따른 경제활동 및 사회활동의 참여 권리를 지님과 동시에 심신의 건강 유지와 사회발전에 기여할 의무를 지님을 규정하고 있다.

「국가인권위원회법」에서는 인권을 '헌법 및 법률에서 보장하거나 대한민국이 가입, 비준한 국제인권규약 및 국제관습법이 인정하는 인간으로서의 존엄과 가치 및 자유와 권리'라고 규정하며, 이 가운데 노인인권과 관련해서는 노인의 주거권, 건강권, 사회복지권이라는 세 가지 권리 보장을 목표로 규정하고 있다(국가인권위원회, 2006).

한편, 국내에서의 노인인권 증진을 위해서는 국제적 협약 및 선언 등에 보조를 맞출 필요가 있다. 이에 국가인권위원회는 2017년 노인인권의 국제적 현안을 분석하여 노인인권협약에 포함되어야 하는 34가지 권리영역에 대한 보고서 「노인인권의 국제적 현안 분석과 UN에서의 주류화를 위한 로드맵」을 발간하였다. 여기에서는 노인인권협약 제정을 촉구하는 한편, 협약에 포함되어야 할 내용으로 독립적인 생활을 위한 지원과 장기요양을 받을 권리 그리고 자신의 집에서 머무르며 서비스를 받을 권리, 서비스에 접근할 권리, 자아실현하는 삶을 살 권리, 정치활동에 온전하고 효과적으로 참여할 권리, 차별 없이 동등하게 평생교육과 학습을 받을 권리, 사회보장과 사회보호에 대한 권리, 표현 의사 정보접근의 자유에 관한 권리 등을 제시하였다.

한편, 노인의 권리를 구체적으로 입법화한 「노인복지법」에서는 노인인권을 주로 학대의 차원에서 접근하고 있다. 노인학대는 노인에 대한 직접적이며 폭력적인 인권 침해이기 때문에 노인의 권리 보호를 위해서는 최우선적으로 다루어져야 할 과제다.

노인학대를 구체적으로 다루고 있는 것은 「형법」과 「노인복지법」이다. 「형법」에서는 노인학대 행위를 범죄로 규정하여 예방보다는 처벌 중심으로 처리하는 반면, 「노인복지법」에서는 이 법이 노인의 보건복지 증진에 기여함을 목적으로 하고 있기에 가해자에 대한 처벌뿐 아니라 예방 및 피해노인의 보호 등 보다 포괄적인 내용을 다루고 있다.

「노인복지법」에 노인학대 관련 구체적인 법률 조항이 포함된 것은 2004년 「노인복지법」 개정을 기해서다. 신설된 조항에는 노인학대 신고, 조사절차, 보호 및 치료 등의 내용이 포함되었다. 노인학대 예방 및 신고를 위한 긴급전화 설치, 지역 간의 연계 체계를 구축하고 노인학대를 예방하기 위하여 중앙노인보호전문기관 및 지역 노인보호전문기관의 설치 등을 규정하였다.

중앙노인보호전문기관은 노인인권보호에 관한 정책 제언, 연구 및 프로그램의 개발, 관련 기관 협력체계의 구축 및 활성화 등의 역할을 수행하도록 정해졌다. 지역노인보호전문기관은 학대 피해노인을 위한 치유 프로그램 및 전용쉼터를 설치·운영하며, 학대받는 노인의 발견·접수, 사건 처리, 보호·치료 등의 업무를 처리하도록 하였다. 지역노인보호전문기관은 2016년 30개에서 2021년 38개로 점차적으로 증가하였다.

노인보호전문기관은 신고접수단계에서 신속하게 학대 유무 및 심각성을 평가하도록 되어 있는데, 응급사례로 평가된 경우 12시간 내 현장조사를 실시한다. 비응급인 경우 72시간 내 현장조사를 실시하도록 되어 있다. 학대 여부를 판정하고 심각성 정도와 응급성 여부를 결정한 뒤 조치가 이루어지는데, 학대 피해노인을 학대 행위자로부터 격리시켜야 한다고 판단되는 경우 피해노인의 동의를 구해 격리해야 한다. 이 밖에 피해노인가족, 학대 행위자에게 필요한 정보 및 서비스를 제공하며 추후 연락하거나 다시 방문하는 등 사후관리를 한다.

이 밖에 지역노인보호전문기관은 학대 피해노인에게 신체적·정신적 치료를 위한 기본적인 의료비 지원, 학대 재발 방지와 원가정 회복을 위하여 노인학대 행위자에게 전문상담서비스를 제공하는 것 등의 업무를 수행하도록 되어 있다. 한편, 노인을 학대한 자에 대한 제재로써 일정 기간 노인 관련 기관에 취업 또는 노무 제공을 금지하였다.

노인학대의 발견 및 신고의무제 역시 개정「노인복지법」에 포함되었다. 의무신고제 도입은 피해자가 스스로 신고하는 것이 어렵다는 점에 근거를 두고 있다. 학대를 당한 노인들은 자녀로부터 학대를 당했다는 수치심, 보복당하거나 버려지지 않을까 하는 두려움, 가해 자녀의 신변 변화로 인한 가족해체 우려 등으로 스스로 신고를 하지 않으며 치매와 같은 인지장애를 가진 경우에도 스스로 신고를 하기가 어렵다. 따라서 노인학대를 발견하는 즉시 누구나 신고하도록 하였으며 관련 전문가 및 공무원에게 신고를 의무화하고 있다. 노인학대 신고의무자는 의료인, 의료기관의 장, 노인복지시설의 장과 종사자, 장애인복지시설에서 장애노인 관련 일에 종사하는 모든 직원, 노인복지상담원 및 사회복지 전담 공무원 등이다.

한편, 노인학대가 점증하는 가운데 보건복지부는 2014년 사회보장위원회 중심으로 노인학대방지 종합대책을 발표했다. 여기에서는 지역사회 중심의 예방체계 구축, 조기발견 및 신속한 대응체계 구축, 학대 피해자 보호 및 행위자 처벌 강화 및 시설 내 학대 예방 강화 등을 주요 골자로 하였다. 경로당을 중심으로 학대노인지킴이센터를 운영하며 노인 일자리사업의 일환으로 실버 스마일 사업단을 설치, 노인학대 예방 캠페인 전개 및 학대 모니터링을 실시하는 내용도 포함하였다(보건복지부, 2014).

노인학대와 관련해서는 학대자에 대한 처벌을 강화하는 것만으로는 문제 해결이 어렵다. 노인학대는 친족 간에 이루어지는 경우가 많아 은폐성, 지속성, 반복성 등의 특징을 가지고 있다. 또한 노인학대 현황보고서(보건복지부, 중앙노인보호전문기관, 2020)에 따르면 노인학대가 일어나는 원인으로 가해자 요인 이외에도 피해자 요인, 가정·환경적 요인 등이 작용하고 있다. 따라서 노인학대를 일반 범죄와 마찬가지로 처벌 위주로 접근하는 데에는 한계가 있으며 학대의 다양한 원인에 대한 근본적이고 심층적인 접근이 요구된다. 노인학대의 반복성, 지속성을 막기 위해서는 학대 행위자에 대한 상담·교육, 피해자-가해자의 갈등 해소, 재발 방지를 위한 사후관리 강화 등이 필요하다.

이와 관련해 노인학대에 전문화된 입법이 없다는 점이 아쉬움으로 지적되고 있다. 가정폭력과 아동학대 모두 특례법 제정을 통해 행위자에 대한 제재와 피해자 보호 및 지원 노력을 하고 있으며, 신속한 사건개입을 위해 다양한 절차를 마련해 두고 있다. 이에 노인학대를 예방·대응할 수 있는 특례법의 제정이 요구되고 있다.

3) 시설에서의 학대 방지를 위한 정부·공공기관의 지침과 기준

노인복지·생활시설에서 지내는 노인들이 증가하면서 시설 내 학대에 대한 대책 마련 역시 시급하다. 노인시설에서 생활하는 노인의 보호와 관련해서는 우선 「노인장기요양보험법」이 있다. 「노인장기요양보험법」은 '고령이나 노인성 질병 등의 사유로 일상생활을 혼자서 수행하기 어려운 노인에게 신체활동 또는 가사활동 지원을 제공하여 노후의 건강증진 및 생활 안정을 도모하고 그 가족의 부담을 덜어 줌으로써 국민의 삶의 질을 향상시키는 데 목적'을 두고 제정됐다(「노인장기요양보험법」
제1조). 하지만 이 법에서 적극적인 인권보호 조항을 찾기는 어렵다. 다만 학대가 있
어났을 경우 장기요양기관의 지정을 취소할 수 있도록 함으로써(「노인장기요양보험
법」 제37조) 노인인권을 소극적으로나마 다루고 있다.

　　보건복지부는 시설에서의 노인 보호를 위해 '노인복지시설 인권보호 및 안전관리
지침'을 제정, 노인복지시설에서 생활하는 노인의 권리를 11개 항목으로 명시한 바
있다(보건복지부, 2006). 이에 따르면 시설에서 생활하는 노인들은 존엄한 존재로 대
우받을 권리, 질 높은 서비스를 받을 권리, 가정과 같은 환경에서 생활할 권리, 신체
적 제한을 받지 않을 권리, 사생활 및 비밀보장에 대한 권리, 통신의 자유에 대한 권
리, 문화ㆍ종교적 신념의 자유에 대한 권리, 소유재산의 자율적 관리에 대한 권리,
불평의 표현과 해결을 촉구할 권리, 시설 내ㆍ외부 활동 참여의 자유에 대한 권리,
정보접근과 자기결정권 행사의 권리 등이 보장된다.

　　국가인권위원회(2008. 8.)에서 발간한 「노인 분야 인권교육 교재」에서는 노인복
지시설 생활 노인의 권리를 건강권, 주거권, 인간존엄권, 경제권, 문화생활권, 교류
및 소통권, 자기결정 및 선택권이라는 7개 인권 영역으로 구분하였다. 하지만 이런
인권 영역과 세부 권리는 인권에 대한 식견이 높은 노인복지 종사자가 아니면 쉽게
이해하기 어려우며 각각의 인권 항목을 구체적인 서비스나 급여로 전환하여 노인
에게 제공하기는 쉽지 않다(권중돈, 2012). 이에 한국노인복지시설협회는 노인복지
시설에서 제공하는 서비스 단계와 내용을 기준으로 하여 인권 영역과 항목을 분류,
제시하는 한편, 서비스 제공 시 따라야 할 행동 원칙이나 실천 가이드라인을 담은
인권 매뉴얼을 개발하였다(한국노인복지시설협회, 2009).

4) 사람중심케어

　　노인학대에 대한 경각심이 높아지면서 처벌 수위를 높이는 식의 대응이 이루어
지고 있다. 최근에는 노인학대를 포괄적으로 해석하면서 해외에서는 노인의 이동
제한, 낙상 위험을 이유로 하는 구속, 억제, 약물사용, 개인 소지품 관리 등 관행적
으로 이루어졌던 부분들까지 고령자의 사회적 능력과 지각 능력을 박탈한다는 차
원에서 노인학대 행위로 파악하고 있다.

최근에는 시설 내 노인학대 판정 기준을 둘러싸고 행정당국과 시설 간의 갈등이 빚어지기도 한다. 학대로 판정받은 경우 시설을 폐쇄할 수 있는 정도의 강력한 처벌을 받지만 학대 판정의 기준이 기계적이거나 서비스 현장의 특성을 고려하지 않은 경우도 있어 시설 운영자 측의 불만도 적지 않다. 노인학대에 대해 법적인 처벌 수위를 높이는 한편, 종사자들과 가족, 전문가들이 함께 노인인권에 대해 깊이 있는 논의를 하고 이를 통해 학대에 대해 보다 세심하고 합의된 기준을 찾는 것이 필요하다.

나아가 단순히 노인학대 대응에 그치지 않고 치매노인이나 요보호노인의 인권을 재확인함으로써 돌봄 윤리를 재정립하고자 하는 노력이 요구되고 있다. 기존의 돌봄에서는 노인을 수동적이고 도움이 필요한 존재로 대상화하여 돌봄제공자 입장에서 필요하다고 생각되는 서비스를 제공해 왔지만 최근에는 돌봄을 받는 노인의 전인성, 주체성, 개별성을 존중하는 돌봄을 지향하는 움직임이 나타나고 있다. 대표적인 것으로 '사람중심케어(person centered care)'를 들 수 있다.

1990년대 초반 영국에서 시작된 사람중심케어는 치매를 가진 사람들도 여전히 인간으로서 감정과 욕구를 가진 존재(personhood)로 생각하며 이들이 잔존기능을 활용하여 자기다운 삶을 살아가도록 지지하는 것을 목표로 한다. 사람중심케어 관점에서는 치매가 뇌병리학적 퇴행에 의해서만 나타나는 것이 아니라 치매를 가진 사람이 주변 사람들과 맺는 관계, 사회문화적 환경에 따라서 증상이 악화되거나 완화할 수 있음을 강조한다.

사람중심케어는 다양하게 정의되고 있다. Nolan(2001)과 Flesner(2009)는 사람중심케어를 '대상자의 심리적 욕구에 대한 배려로 그들의 능력과 가치를 존중하며 독립성, 자율성과 자존감을 지켜 나갈 수 있도록 하는 인식과 실천'으로 정의하였다. Brooker(2003)는 사람중심케어에 대해 VIPS 모델을 제시하였다. 이는 V(Value: 사람을 가치 있게 대하는 것), I(Individual: 개별적인 욕구), P(Perspective: 당사자의 관점), S(Support: 지지적인 심리환경)으로 이루어진다. Crandall, White, Schuldheis와 Talerico(2007)는 사람중심케어가 기존의 의료 및 치료 중심의 돌봄보다는 거주 노인의 개인적 특성을 이해하며 노인의 선택권과 자율성을 확대하는 데에 중심을 둔다고 설명한다. 또 노인을 위한 돌봄의 질을 향상하며 거주노인과 직원 간의 친밀한 관계 형성, 집과 같은 지지적인 환경을 제공하는 것이 핵심 구성요소라고 본다. 윤주영 등(2012)의 연구에서는 사람중심케어모델에서 자기결정권, 친밀한 관계, 집 같은 환경, 직원 임파워먼트 향상을 주요 요소로 추출하였다.

　사람중심케어는 인본주의를 근간으로 대상자에게 총체적인 돌봄제공을 지향한다는 점에서 윤리적이고 책임성 있는 돌봄모델로 널리 인정받고 있다(Nolan, 2001). 사람중심케어는 영국, 미국, 오스트레일리아 등 세계 각국에서 치매돌봄의 기본이념으로 자리 잡았으며, 한국 역시 치매를 가지고 있는 사람을 '환자'가 아닌 '생활인'으로 바라보는 사람중심케어 관점을 중요하게 여기기 시작했다. 중앙치매센터는 사람중심케어에 대해 '대상자의 가치 및 능력을 존중하며 자율성 보장, 자존감과 독립성을 지켜 나갈 수 있도록 하는 실천과 인식 모두를 말한다'고 설명한 바 있다(보건복지부, 중앙치매센터, 2018).

　세계보건기구(WHO, 2017) 역시 건강한 노화를 위해 노인들의 내재적 기능과 역량을 최적화하며 건강한 삶을 살 수 있도록 지원하는 환경과 돌봄의 중요성을 강조하며 이를 위해 일차의료, 돌봄에서의 사람중심케어를 강조하였다. 사람중심의 통합적 건강서비스를 위해서 개인의 욕구, 선호, 목표를 사정할 것, 개별화된 케어플랜을 작성할 것, 노인의 내재적 역량과 기능을 유지할 것 등을 제안했다(WHO, 2018).

　사람중심케어의 실천을 위해서는 사람의 가치에 대한 관점 변화를 필요로 한다. 사람중심케어의 창시자인 Tom Kitwood는 '사람다움(personhood)'을 이루는 데에는 이성, 합리성, 인지능력뿐 아니라 대인관계, 환경과의 상호작용, 감정, 느낌 등을 포함해야 함을 설명한 바 있다(Kitwood, 1997). '이성, 논리, 인지' 측면에서 사람의 가치를 강조해 왔던 지금까지의 인간관이 아니라, 사람과의 관계에서 느끼고 호응하며 즐기는 존재로서의 사람의 소중함과 권리를 강조한 것이다. 사람중심케어는 시설에 거주하는 노인들의 권리를 보장할 뿐 아니라 치매노인의 이상행동증상으로 스트레스와 소진을 경험하는 돌봄 종사자들에게도 도움이 된다. 시설 거주 노인들과 돌봄 종사자들이 친밀한 관계를 형성할 때 돌봄 종사자들 역시 즐거움을 느끼고 직무에 만족하는 등 긍정적인 영향을 얻을 수 있다. 치매 및 요보호노인의 인권 증진을 위해서는 사람중심철학의 공유와 확산, 이를 실천할 수 있는 구체적인 방법의 적용, 교육 등이 필요하다.

5) 마무리글

인권은 인간이기에 갖는 천부적 권리로 기술되지만 이를 현실사회에 적용할 때에는 구체적 맥락에 따라 해석하고 구성되는 역동적 개념이다(Ife & Fiske, 2006). 노인인권에 대한 이해가 추상적 수준에 머무름에 따라 국내에서 노인인권에 대한 담론은 주로 학대에 국한된 경향이 있었다. 게다가 인권에 부여하는 사회적 가치가 커지면서 노인학대 적용 및 처벌은 더욱 엄격하고 경직되는 모습을 보이고 있다. 하지만 학대로부터의 보호는 최소한의 인권이지 학대가 없다는 것이 노인인권이 실현된 상태는 아니다.

지난 몇 년간 코로나 팬데믹으로 인해 우리 사회에서는 눈에 보이는 직접적이고 폭력적인 학대 이상으로 노인들이 사회에서 배제되고 있으며 이들을 유형화하고 폄하하는 고정관념이 계속해서 확대되고 있다. 나아가 디지털사회로의 전환은 기술 수용력이 떨어지는 노인의 생존권, 건강, 사회적 참여권을 크게 위협하고 있다. 따라서 노인인권에 대한 이해 역시 눈에 보이는 사회병리적 측면뿐 아니라 눈에 보이지 않지만 더 근본적으로 작동하는 연령주의를 포함할 필요가 있다. 연령주의의 작동과 이의 폐해에 대해 국민들이 인식할 수 있도록 의식교육과 세대교류 활동 등이 필요하다. 또한 노인들의 건강과 권리에 밀접한 영향을 미칠 수 있는 의료, 돌봄 종사자들을 대상으로 보다 적극적 의미의 노인 권리에 대한 논의와 교육, 프로그램이 필요하다. 또한 노인의 디지털 접근성, 디지털역량강화를 인권 차원에서 바라보고 이를 과제로 삼을 필요가 있다.

참고문헌

국가인권위원회(2006). 국가인권정책기본계획.
국가인권위원회(2007). 유엔인권해설집: 유엔인권조약제도.
국가인권위원회(2008. 8.). 노인분야 인권교육교재.
권중돈(2010). 인권관점 노인복지실천 방안 모색. 한국노인복지실천연구회 창립총회 및 기념 세미나 자료집, 17-34.
권중돈(2012). 인권과 노인복지실천. 서울: 학지사.

김동선, 신수경(2022). 사람중심 치매커뮤니케이션에 대한 근거 이론적 연구. 한국콘텐츠학회논문지, 22(5), 746-764.

박수천(2005). 노인인권보호의 세계동향과 성년후견인제 도입방안. 한국노인복지학회 추계학술대회자료집.

박숙완(2021). 고령사회 노인학대(虐待) 범죄에 대한 대응방안: 노인복지법상 노인학대에 관한 규정을 중심으로. 교정복지연구, 75(75), 23-56.

보건복지부(2000). 고령화 관련 국제행동계획과 노인을 위한 유엔원칙.

보건복지부(2010). 노인복지시설 인권보호 및 안전관리지침.

보건복지부(2014). 노인학대방지 종합대책.

보건복지부, 중앙노인보호전문기관(2005~2021). 노인학대 현황보고서.

보건복지부, 중앙치매센터(2018). 종사자를 위한 치매기초소양교육교재.

보건복지부, 한국보건사회연구원(2020). 2020년도 노인실태조사.

아셈노인인권정책센터(2021). 연령주의 국제보고서.

윤주영, Roberts, T., Bowers, B. J., 이지윤(2012). 노인요양시설의 인간 중심 케어(Person-centered care)에 대한 연구. 한국노년학, 32(3), 729-745.

이혜원 역(2005). 인권과 사회복지실천. UN Center for Human Rights 저. 서울: 학지사.

임정미(2016). 일본 노인복지시설에서의 효과적인 학대예방전략. 한국노인복지학회 2016년도 추계학술대회집, 6(2), 213-226.

임정미(2021). 시설 내 노인학대 현황과 대책. 보건·복지 Issue & Focus, 407, 1-10.

질병관리청(2022). 코로나바이러스감염증-19 공식 홈페이지 '확진자 연령별 현황'. https://ncov.kdca.go.kr/bdBoardList_Real.do?brdId=1&brdGubun=11&ncvContSeq=&contSeq=&board_id=&gubun= (Accessed on 2022. 7. 12.).

한국노인복지시설협회(2009). 노인요양시설의 직무분석을 통한 업무매뉴얼.

山本美輪・臼井キミカ(2004). 高齢者の身体的抑制に直面する病棟勤務看護職のジレンマの概要. 老年社会科学, 25(4), 417-428.

川越智子(2004). 施設内虐待の構造的要因. 総合ケア, 14(3), 31-34.

柴尾慶次(2008). 施設内における高齢者虐待の実態と対応. 老年精神医学雑誌, 19(12), 1325-1332.

河野正輝(2008). 高齢者虐待防止法見直しの論点――法律学者の立場から. 高齢者虐待防止研究, 1(1), 14-20.

Averett, P., Yoon, I., & Jenkins, C. L. (2013). Older lesbian experiences of homophobia and ageism. *Journal of Social Service Research, 39*(1), 3-15. https://doi.org/10.1080/0 1488376.2012.727671

Bal, A. C., Reiss, A. E., Rudolph, C. W., & Baltes, B. B. (2011). Examining positive and negative perceptions of older workers: A meta-analysis. *Journal of Gerontololgy Series B: Psychological Sciences and Social Sciences, 66*(6), 687-8. https://doi.org/10.1093/geronb/gbr056

Balsis, S., & Carpenter, B. D. (2006). Evaluations of elderspeak in a caregiving context. *Clinical Gerontology, 29*(1), 79-96. https://doi.org/10.1300/J018v29n01_07

Band-Winterstein, T. (2015). Health care provision for older persons: The interplay between ageism and elder neglect. *Journal of Applied Gerontology, 34*(3), NP113-NP127.

Ben-Harush, A., Shiovitz-Ezra, S., Doron, I., Alon S., Leibovitz, A., & Golander, H. (2017). Ageism among physicians, nurses, and social workers: Findings from a qualitative study. *European Journal of Ageing, 14*(1), 39-48. https://doi.org/10.1007/s10433-016-0389-9

Biddison, E. L. D., Faden, R., Gwon, H. S., Mareiniss, D. P., Regenberg, A. C., Schoch-Spana, M., Schwartz, J., & Toner, E. S. (2019). Too many patients······ A framework to guide statewide allocation of scarce mechanical ventilation during disasters. *Chest, 155*(4), 848-854. doi: 10.1016/j.chest.2018.09.025. Epub 2018 Oct 11. PMID: 30316913.

Bilefsky, D. (2020). How Can It Happen Here? The Shocking Deaths in Canada's Long-Term Care Homes. *New York Times* (2020. 4. 17.). https://www.nytimes.com/2020/04/17/world/canada/canada-coronavirus.html

Brooker, D. (2003). What is person-centred care in dementia? *Reviews in Clinical Gerontology, 13*(3), 215-222. https://doi.org/10.1017/S095925980400108

Butler, R. N. (1969). Ageism: Another form of bigorty. *The Gerontologist, 9*, 243-246.

Cerimovic, E., Wurth, M., & Brown, B. (2020). Bosnia and Herzegovina's coronavirus curbs on children and older people are ill-conceived. Balkan Insight. https://balkaninsight.com/2020/04/02/bosnia-andherzegovinas-coronavirus-curbs-onchildren-and-older-people-are-ill-conceived/

Conrad, K. J., Iris, M., & Ridings, J. W. et al. (2011). Conceptual model and map of psychological abuse of older adults. *Journal of Elder Abuse & Neglect, 23*(2), 147-168.

Crandall, L. G., White, D. L., Schuldheis S., & Talerico, K. A. (2007). Initiating person-centered care practices in long-term care facilities. *Journal of Gerontological Nursing, 33*(11), 47-56. doi.org/10.3928/00989134-20071101-08

Cuddy, A. J., Fiske, S. T., & Glick, P. (2007). The BIAS map: Behaviors from intergroup affect and stereotypes. *Journal of Personality and Social Psychology, 92*(4), 631-648. https://doi.org/10.1037/0022-3514.92.4.631

Duncan, C., & Loretto, W. (2004). Never the right age? Gender and age-based discrimination in employment. *Gender, Work and Organization, 11*(1), 95-115. https://doi.org/10.1111/j.1468-0432.2004.00222.x

Dyer, C. B., Pavlik, V. N., Murphy, K. P., & Hyman, D. J. (2000). The high prevalence of depression and dementia in elder abuse or neglect. *Journal of the American Geriatrics Society, 48*(2), 205-208.

Eboiyehi, F. A., & Akinyemi, A. I. (2016). We are strangers in our homes: Older widows and property inheritance among the Esan of South-South Nigeria. *International Journal of Ageing in Developing Countries, 1*(2), 90-112. https://www.inia.org.mt/wp-content/uploads/2017/01/1.2-4-Nigeria-90-to-112-Final.pdf (Accessed on 2020. 10. 13.).

Flesner, M. K. (2009). Person-centered care and organizational culture in long-term care. *Journal of Nursing care Quality, 24*(4), 273-276. doi.org/10.1097/NCQ.0b013e3181b3e669

Gomez-Moreno, C., Verduzco-Aguirre, H., Contreras-Garduño, S., Perez-de-Acha, A., Alcalde-Castro, J., Chavarri-Guerra, Y., García-Lara, J. M. A., Navarrete-Reyes, A. P., Avila-Funes, J. A., & Soto-Perez-de-Celis, E. (2019). Perceptions of aging and ageism among Mexican physicians-in-training. *Clinical and Translational Oncology, 21*(12), 1730-1735. https://doi.org/10.1007/s12094-01

Harris, K., Krygsman, S., Waschenko, J., & Rudman, D. L. (2018). Ageism and the older worker: A scoping review. *Gerontologist, 58*(2), e1-14. https://doi.org/10.1093/geront/gnw194

Ife, J., & Fiske, L. (2006). Human rights and community work: Complementary theories and practices. *International Social Work, 49*(3), 297-308.

Jackson, J. (2020). UN chief: Discrimination of older people during pandemic must stop. *Sierra Leone Times.* https://www.sierraleonetimes.com/news/264911308/un-chief-discrimination-of-older-people-during-pandemic-must-stop (Accessed on 2020.

10. 13.).

Kitwood, T. (1997). *Dementia Reconsidered: The Person Comes First.* Maidenhead, UK: Open University Press

Kim, D. S., & Mo, S. H. (2014). Stereotypical beliefs on old Korean workers. *Ageing International, 39*(4), 385-402.

Levy, B. R. (2003). Mind matters: Cognitive and physical effects of aging self-stereotypes. *The Journals of Gerontology Series B: Psychological Sciences and Social Sciences, 58*(4), 203-211.

Mahler, C. (2020). Impact of the coronavirus disease (COVID-19) on the enjoyment of all human rights by older persons. Independent Expert on the Enjoyment of All Human Rights by Older Persons. UN Human Rights Council.

McCubbin, H. I., & Patterson, J. M. (1983). The family stress process: The double ABCX model of adjustment and adaptation. *Marriage & Family Review, 6*(1), 7-37.

Nelson, T. D. et al. (2004). *Ageism: Stereotyping and Prejudice against Older Persons.* Cambridge, MA: The MIT Press.

New York Times (2020. 4. 16.). 31 deaths: Toll at Quebec nursing home in pandemic reflects global phenomenon. https://www.nytimes.com/2020/04/16/world/canada/montreal-nursing-homes-coronavirus.html

Nolan, M. (2001). Successful ageing: Keeping the person in person-centered care. *British Journal of Nursing, 10*(7), 450-454. doi.org/10.12968/bjon.2001.10.7.5330

Palmore, E. B. (1990). *Ageism Negative and Positive.* Berlin, Germany: Springer Publishing Company.

Paton, C. (2020). Coronavirus UK: Elderly to be isolated for four months as part of COVID-19 plans. https://www.thenationalnews.com/world/europe/coronavirus-uk-elderly-to-be-isolated-for-four-months-as-part-of-covid 19-plans-1.992514 (Accessed on 2020. 10. 13.).

Subingsubing, K. (2020). LRT, MRT ban for elderly, moms-to-be under GCQ. Philippine Daily Inquirer. https://newsinfo.inquirer.net/1271069/lrt-mrt-banfor-elderly-moms-to-be-under-gcq (Accessed on 2020. 10. 13.).

WHO (2017). Global strategy and action plan on ageing and health.

WHO (2018). WHO framework on integrated, people-centred health services: Integrated Care for Older people. Guidance on person-centred assessment and pathways in primary care.

WHO (2020). UN Decade of Healthy Ageing 2021-2030.

Williams, K. N., Herman R., Gajewski, B., & Wilson, K. (2009). Elderspeak communication: Impact on dementia care. *American Journal of Alzheimer's Disease and other Dementias, 24*(1), 11-20. https://doi.org/10.1177/1533317508318472

Färre äldre smittade har fått hjälp på Karolinska   https://www.expressen.se/nyheter/farre-aldre-smittade-har-fatt-hjalp-pa-karolinska/

장애노인

정윤경

제13장

우리 사회가 급격히 노령화되면서 노인문제가 사회적 관심을 끌고 있고, 국가
정책과 노인복지실천 분야에서도 증가된 노인층의 다양한 욕구를 충족시키기
위한 프로그램이나 서비스가 모색되고 있다. 하지만 이러한 노력이 빠르게 증
가하는 노인의 다양한 욕구를 제때에 또 제대로 충족시키기는 쉽지 않다. 특히
개인적인 노화와 장애로 인한 문제를 동시에 겪게 되는 장애노인의 경우, 비장
애노인들과 차별되는 복지욕구를 가지게 된다. 제13장에서는 장애노인의 생활
상황을 살펴보고 적절한 복지대책에 대해서 논의하고자 한다.

1. 장애노인의 문제와 개념에 대한 이해

고령사회에서 장애노인문제는 노인문제와 장애인문제가 복합된 형태로 나타난다. 장애노인은 장애가 발생한 시기에 따라 고령화된 장애(aging with disability)와 노인성 장애(disability with aging, aging into disability)를 겪는 상황으로 구분할 수 있다.

고령화된 장애인은 선천성 장애나 청·장년기에 질환이나 교통사고, 산업재해 등으로 장애가 발생한 상황에서 나이가 들어감에 따라 기존의 장애와 함께 노화로 인한 이차적인 장애(secondary condition)를 겪는 것으로, 비장애인들보다 빠르게 노화를 경험한다(McNalley et al., 2015). 노인성 장애노인은 노년기 이후 고관절 골절이나 뇌졸중 등과 같은 노인성 질환을 통해 장애가 발생하거나 노화로 인해 발생한 여러 가지 기능상의 제약이 종국적으로 장애로 누적된 노인을 뜻한다(Verbrugge & Yang, 2002). 고령화된 장애노인과 노인성 장애노인은 노화와 장애라는 어려움을 이중적으로 겪고 있기 때문에 장애가 없는 노인들에 비해 건강, 돌봄, 소득, 사회참여 등과 관련하여 더욱 어려움을 겪는다는 공통점이 있다. 그러나 장애노인은 장애 유형, 중증도, 장애 발생시기에 따라 스스로 느끼는 노화에 대한 인식, 가족, 직장, 의료 및 복지서비스 등의 외부환경과 상호작용하는 방법이 다를 수 있다. 예를 들어, 오랜 시간 동안 장애인으로 생활한 고령화된 장애노인의 경우 장애인으로서의 정체성이 강하고, 장애인으로서 사회에서 느끼는 노화를 인식하는 수준은 낮은 것으로 알려져 있다. 반면, 노년기에 장애를 경험하게 된 장애노인의 경우 장애에 대한 적응에 더욱 어려움을 겪기도 한다(신유리, 김정석, 김경미, 2016).

2. 장애노인인구 현황

1) 장애인구의 고령화와 장애노인 출현율

2014년 장애인실태조사 결과에 따르면, 65세 이상 장애노인의 비율은 전체 장애인의 43.3%(전체 추정장애인 수는 2,646,064명)로 추정되며 이는 2011년의 38.8%,

2005년도의 32.5%, 2008년도의 36.1%와 비교하여 지속적으로 증가한 것이다(김성
희 외, 2014). [그림 13-1]은 장애인구와 전체 인구의 인구피라미드를 보여 준다. 전
체 인구의 피라미드를 보면, 시간이 지남에 따라 유소년 인구층이 얇아지고 베이비
붐 세대가 중간층에 넓게 분포하면서 노인층이 두터워지기 시작하는 형태를 보이고
있다. 반면, 장애인구는 전체 인구와 비교하여 유소년층이 현저하게 적고 65세 이
상 노인층이 월등히 많은 역피라미드 형태를 보이고 있어 장애인구의 인구고령화
현상이 전체 인구에 비해 심화되어 있음을 알 수 있다. 이러한 상황을 보다 구체적
으로 파악하기 위해 장애인구를 연령집단별로 구분해 보면, 전체 장애인 중 만 65세
이상 장애노인의 비율이 43.3%로 가장 높았고 50~64세가 30.7%를 차지하여 그 다

전체 인구의 인구피라미드

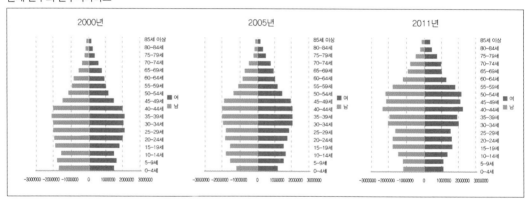

장애인구의 인구피라미드

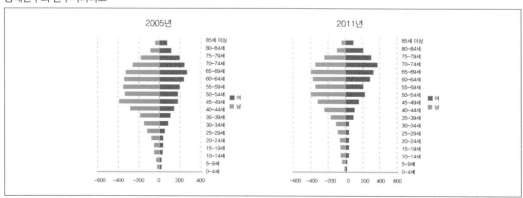

[그림 13-1] **전체 인구와 장애인구의 인구피라미드 비교**

자료: 김성희(2011).
출처: 황주희(2015).

음으로 높은 것으로 나타났다.

〈표 13-1〉은 2014년 장애인실태조사 결과를 바탕으로 장애인구 중 각 연령집단의 구성비와 전체 인구 중 장애인구의 추정수를 보여 준다. 앞서 설명한 것과 같이 전체 장애인구 중 노인장애인이 차지하는 비율이 상당히 높을 뿐 아니라 장애 출현율 또한 대체적으로 연령이 높아짐에 따라 증가하는 경향을 보인다. 65세 이상 장애인의 경우 총 출현율은 18.74%로 추정된다. 이는 우리 사회의 인구고령화가 진전되면서 장애를 경험하는 노인 또한 증가하고 있는 것으로 볼 수 있다. 또한 다른 연령집단에 비해 노인인구의 장애 출현율이 높다는 것은 다른 노인들이 장애와 관련된 어려움을 겪을 가능성이 더욱 높음을 의미한다고 볼 수 있다.

표 13-1 성별 및 연령별 재가장애인 구성비와 출현율   (단위: 명, %)

구분	남자			여자			전체		
	추정수	구성비	출현율	추정수	구성비	출현율	추정수	구성비	출현율
0~4세	3,906	0.3	0.33	1,602	0.1	0.15	5,508	0.2	0.24
5~9세	10,567	0.7	0.90	5,523	0.5	0.50	16,090	0.6	0.70
10~14세	14,481	0.9	1.00	10,095	0.9	0.76	24,576	0.9	0.88
15~19세	32,119	2.1	1.86	14,833	1.3	0.94	46,952	1.8	1.42
20~24세	24,145	1.6	1.58	19,573	1.7	1.28	43,718	1.7	1.43
25~29세	33,321	2.2	2.08	9,391	0.8	0.62	42,712	1.6	1.37
30~34세	54,235	3.6	2.78	27,167	2.4	1.44	81,402	3.1	2.12
35~39세	70,500	4.6	3.70	26,004	2.3	1.40	96,504	3.6	2.56
40~44세	95,152	6.2	4.40	54,347	4.9	2.58	149,499	5.6	3.50
45~49세	135,063	8.8	6.57	45,528	4.1	2.29	180,591	6.8	4.47
50~54세	179,190	11.7	8.58	81,026	7.2	3.92	260,216	9.8	6.26
55~59세	196,993	12.9	11.67	105,219	9.4	6.19	302,212	11.4	8.92
60~64세	146,996	9.6	12.76	102,520	9.2	8.38	249,516	9.4	10.50
65~69세	156,020	10.2	17.33	131,618	11.8	13.05	287,638	10.9	15.07
70~74세	158,795	10.4	21.13	177,286	15.8	18.42	336,081	12.7	19.61

출처: 김성희 외(2014), 〈표 5-1-3〉을 재구성하였다.

2) 장애유형별, 장애발생시기별 구성비

장애의 범주는 법으로 정해진 장애의 정의에 따라 규정된다.[1] 장애의 분류는 주된 장애가 무엇이냐에 따라 신체적 장애와 정신적 장애로 구분되며, 신체적 장애는 외부신체기능장애와 내부기관장애로 나뉘고, 정신적 장애는 발달장애 혹은 정신질환으로 발생한 장애를 의미한다. 장애유형별 연령의 구성비를 살펴보면 청각장애인의 63%가 65세 이상 노인이고 뇌병변장애인의 52.5%가 65세 이상 노인인 반면, 지적장애인 중 노인의 비율은 4.1%로 조사되어 장애유형에 따라 노인의 비율이 상당히 다르다(〈표 13-2〉 참조).

표 13-2 장애유형별 연령집단의 구성비 (단위: %, 명)

구분	지체장애	뇌병변장애	시각장애	청각장애	언어장애	지적장애	자폐성장애	정신장애	신장장애	심장장애	호흡기장애	간장애	안면장애	장루·요루장애	뇌전증(간질)장애	전체
만 0~17세	0.3	3.9	1.3	1.6	8.3	19.1	53.3	0.6	0.0	5.4	0.0	0.0	15.0	0.0	9.4	2.7
만 18~29세	1.1	2.8	2.2	2.2	0.0	31.1	46.7	5.2	0.0	0.0	0.0	0.0	16.4	0.0	8.4	4.1
만 30~39세	5.5	5.6	6.0	4.0	23.9	18.3	0.0	12.6	9.3	5.4	2.1	2.6	3.0	1.3	6.8	6.7
만 40~49세	12.7	7.9	13.4	7.5	11.9	12.6	0.0	36.0	16.3	10.2	0.6	9.5	18.3	2.4	21.6	12.5
만 50~64세	35.1	27.5	28.6	21.8	26.4	14.9	0.0	39.2	37.1	21.9	17.2	71.4	36.0	34.4	32.4	30.7
만 65세 이상	45.3	52.5	48.5	63.0	29.5	4.1	0.0	6.2	37.3	57.1	80.1	16.6	11.4	61.9	21.5	43.3
계	100.0	100.0	100.0	100.0	100.0	100.0	100.0	100.0	100.0	100.0	100.0	100.0	100.0	100.0	100.0	100.0
전국추정수	1,339,569	289,257	274,484	277,432	21,399	182,333	18,951	105,002	71,876	8,456	15,985	11,839	3,012	16,705	9,764	2,646,064

출처: 김성희 외(2014).

---

1) 「장애인복지법」에서는 장애의 종류를 15가지(지체장애, 뇌병변장애, 시각장애, 청각장애, 언어장애, 지적장애, 자폐성장애, 정신장애, 신장장애, 심장장애, 호흡기장애, 간장애인, 안면장애, 장루·요루장애, 뇌전증장애)로 구분하고 있다.

〈표 13-3〉은 2011년 장애인실태조사 결과를 바탕으로 장애발달시기를 발달기 (1~18세), 청장년기(19~49세), 고령기(50세 이상)로 구분하였을 때 50세 이상 장애인의 장애발생시기 및 장애기간에 따른 장애유형을 보여 준다. 50세 이상 장애인 중 절반 이상(56.7%)이 고령기에 장애를 경험하기 시작하는 것으로 나타났으며 30.5%가 청장년기, 12.8%가 발달기에 장애가 발생한 것으로 나타났다. 장애유형별로 장애발달시기를 살펴보면 고령기에 발생하는 장애유형은 유형은 장루·요루장애(86%), 뇌병변장애(76.7%), 안면장애(75%), 호흡기장애(73.8%) 순으로 나타난 반면, 지적장애의 경우 80%가 발달기에 발생한 것으로 나타났다.

| 표 13-3 | 50세 이상 고령 장애인의 장애발생시기 및 장애기간에 따른 장애유형 | | | | (단위: %) |

장애유형	장애기간		장애발생시기		
	20년 미만 (N=2,910)	20년 이상 (N=1,381)	발달기 (N=550)	청장년기 (N=1,308)	고령기 (N=2,433)
지체	67.8	32.2	12.1	34.0	54.0
뇌병변	88.2	11.8	2.0	21.3	76.7
시각	50.4	49.6	24.3	29.4	46.3
청각	64.5	35.5	15.7	21.7	62.6
언어	65.2	34.8	21.7	30.4	47.8
지적	16.0	84.0	80.0	10.0	10.0
정신	33.3	66.7	4.3	82.6	13.0
신장	94.4	5.6	0.0	29.2	70.8
심장	69.2	30.8	3.8	38.5	57.7
호흡기	78.6	21.4	2.4	23.8	73.8
간	100.0	0.0	0.0	47.1	52.9
안면	75.0	25.0	25.0	0.0	75.0
장루·요루	93.0	7.0	0.0	14.0	86.0
간질	23.5	76.5	41.2	41.2	17.6
계	67.8%	32.2%	12.8%	30.5%	56.7%

출처: 황주희 외(2014), p. 173의 〈표 4-3〉을 재구성하였다.

3. 장애노인의 생활실태

1) 경제상태

장애인은 청년층부터 경제활동 참여에 제약을 경험하고(황수경, 2003), 노인이 되면 더욱 경제활동 참여가 어려워 소득 마련과 노후준비에 어려움을 겪게 된다(노승현, 백은령, 2012). 〈표 13-4〉는 2017년 장애인경제활동실태조사 결과를 바탕으로 15세 이상 장애인인구와 전체 인구의 경제활동 상태를 비교하여 보여 준다. 2017년 5월을 기준으로 전체 인구의 실업률은 3.6%인 것에 비해 장애인구의 실업률은 5.7%로 나타났으며, 2017년 장애인경제활동실태조사에 의하면 남성 장애노인(55세 이상)의 경제활동 참여율은 41.7%로 같은 연령의 비장애노인의 경제활동 참여율(65.2%)보다 상당히 낮은 것으로 나타났다. 뿐만 아니라, 장애노인은 다른 연령집단의 장애인보다 경제활동 참여율도 저조하여 중년 장애인 경제활동 참여율(66.6%)보다 낮다.

〈표 13-5〉는 2014년 장애인실태조사 결과, 장애인구의 평균 월소득과 수입원별 평균액을 보여 준다. 이와 같이 장애노인의 낮은 경제활동 참여율은 낮은 소득과 연관된다. 장애노인의 월 평균 소득은 71.5만 원으로 18~44세 집단이나 45~64세 집

표 13-4 장애인구와 전체 인구의 연령, 성별, 경제활동 관련 지표 (단위: %)

		장애인구			전체 인구		
		경제활동 참여율	실업률	고용률	경제활동 참여율	실업률	고용률
청년층 (15~29세)	남성	36.0	8.9	32.8	46.7	11.1	41.5
	여성	25.3	11.7	22.3	49.0	7.6	45.3
중년층 (30~54세)	남성	66.6	5.1	63.3	93.5	2.5	91.1
	여성	38.6	7.4	35.7	65.3	2.7	63.5
고령층 (55세 이상)	남성	41.7	5.6	39.3	65.2	2.6	63.5
	여성	20.1	5.3	19.0	40.3	1.8	39.6
전체		38.7	5.7	36.5	63.6	3.6	61.3

출처: 한국장애인공단, 고용개발원(2017), 〈표 2-1-12〉를 재구성하였다.

단보다 상당히 낮다.

　　장애노인인구 중에도 연령, 장애기간, 장애발생시기에 따라 경제적 상황에 차이
가 있다. 〈표 13-6〉에서 나타나듯 장애기간이 긴 경우 소득이 더 낮은 반면, 고령

표 13-5 지난 1개월 평균 장애인 개인 수입액 (단위: 만 원)

구분	성별		연령별			
	남자	여자	17세 이하	18~44세 이하	45~64세 이하	65세 이상
50만 원 미만	31.3	56.6	96.6	44.5	32.9	45.4
50~99만 원	23.8	30.1	3.2	15.8	21.8	36.0
100~149만 원	11.8	7.6	0.2	9.8	11.8	9.1
150~199만 원	9.1	2.6	0.0	6.7	9.9	3.6
200~249만 원	8.5	1.5	0.0	7.9	8.6	2.4
250~299만 원	4.5	0.3	0.0	4.8	4.0	1.1
300~349만 원	4.3	0.7	0.0	4.8	3.8	1.3
350~399만 원	1.4	0.2	0.0	1.2	1.5	0.3
400~499만 원	2.5	0.2	0.0	2.3	2.7	0.3
500만 원 이상	2.8	0.1	0.0	2.0	3.0	0.5
계	100.0	100.0	100.0	100.0	100.0	100.0
평균	128.6	52.3	9.1	109.3	125.7	71.5

출처: 김성희 외(2014), 〈부표 3-11-6〉을 재구성하였다.

표 13-6 장애노인의 연령, 장애기간, 장애발생시기에 따른 월 평균 가구소득 (단위: 만 원)

항목		평균	표준편차
연령	50~64세	234.07	433.2
	65~79세	158.17	146.1
	80세 이상	169.09	171.8
장애기간	20년 미만	197.99	356.7
	20년 이상	179.26	164.1
장애발생시기	발달기	181.36	188.4
	청장년기	215.07	317.8
	고령기	181.94	323.8
	계	191.96	308.2

자료: 황주희 외(2014), 〈표 4-47〉을 재구성하였다.
출처: 김성희 외(2014).

기에 장애가 발생한 경우 청장년기에 장애가 발생한 경우보다 상대적으로 평균 가구소득이 낮다. 이러한 소득의 차이는 장애기간이 길고 장애와 함께 노인이 된 경우, 장애로 인해 오랜 기간 동안 경제활동 참여가 어려워 소득이 낮아질 위험이 큰 것으로 볼 수 있으며, 노인이 되어 장애가 발행한 경우에는 장애의 발생이 단기적으로 가구 소득의 위험요인으로 작용한 것으로 볼 수 있다(황주희 외, 2014).

2) 건강 및 일상생활수행능력

장애노인의 주관적 건강상태는 연령이 높아질수록 부정적으로 나타난다. 〈표 13-7〉에서 보이듯이, 2014년 장애인실태조사 결과에 의하면 65세 이상 장애노인의 48%가 자신의 건강을 '나쁨'으로, 21.5%가 '매우 나쁨'으로 평가하였다. 이러한 장애노인의 주관적 건강상태는 〈표 13-8〉에서 보는 것처럼 장애발생시기가 늦을수록 부정적으로, 장애기간이 길수록 양호하게 나타나는 경향이 있다.

〈표 13-9〉에서는 장애노인과 전체 노인의 일상생활에서의 기능상태를 비교하였다. 일상생활수행능력(Activities of Daily Living: ADL)과 수단적 일상생활수행능력(Instrumental Activities of Daily Living: IADL)의 수행가능정도를 살펴보았을 때, 전체 노인과 비교하여 장애노인은 일상생활수행능력의 모든 항목에서 타인의 도움 없이 완전히 자립적으로 수행할 수 있다는 응답의 비율이 낮았다. 특히, 수단적 일상생활수행능력에서 장애노인과 전체 노인의 차이가 더욱 두드러지는 것으로 나타났다.

표 13-7 **장애인구의 주관적 건강상태** (단위: %)

구분	연령대			
	17세 이하	18~44세	45~64세	65세 이상
매우 좋음	5.1	4.5	0.6	0.4
좋음	43.7	29.0	15.2	6.8
보통	32.4	37.6	36.2	23.3
나쁨	15.4	21.9	37.7	48.0
매우 나쁨	3.4	7.0	10.4	21.5
계	100.0	100.0	100.0	100.0

출처: 김성희 외(2014), 〈부표 3-1-6〉을 재구성하였다.

| 표 13-8 | 장애노인 장애발생시기 및 장애기간에 따른 주관적 건강상태 | | | | | (단위: %) |

	장애발생시기			장애기간		
	발달기	청장년기	노년기	20년 미만	20~39년	40년 이상
매우 나쁨	8.0	13.7	20.2	18.4	17.8	8.5
나쁨	57.2	61.9	59.7	60.9	57.7	59.6
좋음	33.8	24.2	19.8	20.4	24.3	30.9
매우 좋음	1.0	0.2	0.3	0.3	0.3	0.9
계	100.0	100.0	100.0	100.0	100.0	100.0
평균	2.28	2.11	2.00	2.03	2.07	2.24

자료: 김성희 외(2011).
출처: 김성희 외(2014).

| 표 13-9 | 장애노인과 전체 노인의 일상생활수행능력(ADL)과 수단적 일상생활수행능력(IADL) 비교 | | | | | | (단위: %) |

특성		고령장애인			전체 노인		
		완전 자립	부분 도움	완전 도움	완전 자립	부분 도움	완전 도움
ADL	옷 벗고 입기	85.0	10.4	4.7	97.5	2.1	0.4
	목욕하기	80.3	11.8	7.9	94.6	4.0	1.3
	식사하기	89.6	8.2	2.2	98.6	1.0	0.4
	방 밖으로 나가기	85.7	8.7	5.6	98.3	1.2	0.4
	화장실 이용하기	88.6	7.0	4.4	98.1	1.4	0.6
			적은 부분 도움	많은 부분 도움		적은 부분 도움	많은 부분 도움	
IADL	전화 사용	76.5	9.1	6.9	7.5	94.5	3.9	1.2	0.3
	물건 사기	75.4	10.8	3.9	9.8	95.6	2.6	1.3	0.6
	식사 준비	70.1	15.3		13.3	92.1	5.4		2.5
	빨래하기	71.1	6.8		13.6	92.3	5.2		2.6
	교통수단 이용	66.3	15.4	11.1	7.3	91.2	5.2	3.2	0.4

출처: 김찬우(2015), p. 180의 〈표 5-3〉을 재구성하였다.

3) 외출 및 여가활동 참여

2014년 장애인실태조사(김성희 외, 2014) 결과에 의하면 65세 이상 장애노인의 17.8%는 혼자 외출할 수 없다고 응답하였으며 6.8%는 지난 1개월 동안 전혀 외출한 적이 없는 것으로 나타났다. 이러한 결과는 다른 45~64세 집단과 18~44세 집단에서 전혀 외출한 적이 없다고 응답한 비율인 각 4.9%와 3.8%에 비해 높은 수준이다. 장애발생시기별로 살펴보면 장애가 노년기에 발생한 장애노인의 7.1%, 청장년기에 발생한 장애노인의 3.6% 그리고 발달기에 발생한 장애노인의 2.5%가 전혀 외출하지 않는 것으로 나타나 장애가 고령기에 발생한 노인의 경우 장애로 인한 외출의 어려움이 더욱 크다고 할 수 있다(황주희, 2015).

외출이 어려운 상황은 집 밖에서 이루어지는 다양한 여가활동 참여의 제약으로 이어질 수 있다. 〈표 13-10〉에서는 장애노인의 빛 여가활동 참여율을 살펴보았다. 장애노인이 여가시간에 가장 많이 하는 활동은 TV 시청(95.6%)이며, 그다음은 사교(53.8%), 가사(58.2%), 휴식(25.1%), 가족 관련 일(26.1%) 등의 순이었다.

표 13-10 장애노인의 지난 1주일 동안 여가활동 참여율   (단위: %)

활동	참여율
감상 · 관람(영화, 연극)	2.2
TV 시청	95.6
컴퓨터 또는 인터넷 활용	6.9
승부놀이(바둑, 당구, 경마 등)	3.3
창작적 취미(미술, 서예, 글쓰기, 악기 연주 등)	2.4
독서, 신문이나 잡지 보기	16.5
스포츠	5.5
학습활동(영어, 한문, 교양강좌 등)	1.7
사회(자원)봉사	2.5
여행	4.6
사교일(친구나 친척 만남, 모임 등)	53.8
해외여행(지난 1년 동안)	2.1
가족 관련 일(외식, 쇼핑 등)	26.1
가사 잡일(장보기 등)	58.2
휴식(사우나 등)	25.1
기타	1.8

출처: 김성희 외(2014).

4) 장애인의 복지욕구

〈표 13-11〉은 장애노인들과 다른 연령집단의 장애인이 가지고 있는 복지욕구를 비교하여 보여 준다. 전반적으로 소득보장에 대한 욕구가 가장 높은 반면, 장애노인들은 의료보장의 필요성을 보다 강하게 인식하는 것으로 나타났다. 노화와 장애로 인한 장애노인들의 이중적 어려움이 국가에 대한 의료서비스 요구로 드러났다고 볼 수 있다. 의료 보장(41.9%), 소득보장(36.8%), 주거 보장(5.8%), 고용보장(3.8)의 순으로 높게 나타났으나 소득보장 외에는 우선순위 응답 비율에 차이가 매우 커서 장애노인들은 의료와 소득보장에 대한 욕구가 가장 우선적으로 해결되어야 하는 욕구로 볼 수 있을 것이다.

표 13-11 | **장애인의 국가에 대한 요구사항(1순위)** (단위: %)

구분	성별		연령별			
	남자	여자	17세 이하	18~44세 이하	45~64세 이하	64세 이상
소득보장	39.7	36.8	21.0	35.9	42.9	36.8
의료 보장	29.8	36.9	20.9	22.2	27.8	41.9
고용보장	10.3	6.0	10.8	17.1	9.9	3.8
주거 보장	6.5	6.3	7.6	6.4	7.1	5.8
이동권 보장	1.4	2.4	0.7	1.4	1.2	2.6
보육교육 보장	1.9	1.4	22.9	3.1	1.1	0.3
문화여가생활 및 체육활동 보장	1.3	2.0	2.4	1.5	1.7	1.6
장애인 인권 보장	3.1	2.2	8.5	5.6	2.8	1.2
장애인 인식개선	2.2	2.2	3.0	3.8	1.9	1.7
장애예방	1.1	1.3	0.1	0.9	1.2	1.3
의사소통과 정보접근 참여 보장	0.6	0.5	1.4	0.6	0.6	0.5
재난안전관리	0.5	0.4	0.0	0.6	0.4	0.5
기타	0.3	0.3	0.5	0.3	0.2	0.4
없음	1.3	1.3	0.0	0.6	1.2	1.8
계	100.0	100.0	100.0	100.0	100.0	100.0

출처: 김성희 외(2014), 〈부표 3-10-83〉을 재구성하였다.

4. 장애노인 개입에 대한 과제

1) 장애인복지제도와 노인복지제도의 연계 및 통합

장애인구 중 장애노인이 차지하는 비율이 증가하고 있고, 전체 인구의 고령화와 함께 장애노인의 출현율도 증가할 것으로 예측된다. 장애노인인구가 증가하고 있지만 노인복지 쪽에서는 장애가 없는 노인에게, 장애인복지 쪽에서는 장애아동에게 정책이나 서비스가 집중되어 있어 65세 이상 장애노인은 노인복지와 장애인복지의 중복대상임에도 불구하고 두 영역 모두에서 소외되고 있다(황주희 외, 2014). 즉, 오랜 기간 동안 장애를 경험하면서 노인이 된 경우, 만 65세가 넘으면 장애인활동지원제도의 대상자가 될 수 없기 때문에 노인복지서비스의 대상으로 편입되지만, 노인복지서비스 내에 고령화된 장애노인을 위한 지원방안은 미비한 것이다. 그러나 장애인과 노인은 공통적으로 노동시장 참여와 소득보장, 건강보장과 요양서비스, 가족지원, 사회참여 등과 관련된 지원이 필요하며 따라서 각 정책 영역 간 연계가 중요하다(Putnam, 2002). 예를 들어, 장애인활동지원제도와 노인장기요양보험의 연계를 강화하여 장애인활동지원제도 대상자가 만 65세가 되면 별도의 등급판정 없이 노인장기요양보험으로 편입될 수 있는 등 제도의 개편이 필요하다(김세진, 2017). 뿐만 아니라, 노인장기요양보험 자격인 '65세'라는 연령은 기본 신청 자격이기는 하지만 제도의 목표가 '일상생활에 도움이 필요한 자'에 대한 지원이라고 할 때 연령조건을 삭제하는 것도 고려되어야 한다(김찬우, 2015).

2) 건강서비스와 재활 및 돌봄 서비스 확대

앞서 살펴본 대로 장애노인은 의료와 관련하여 가장 높은 복지욕구를 가지고 있으므로 건강 보장과 요양에 대한 서비스는 장애노인에 대한 개입으로 매우 중요하다. 기본적으로는 만성질환으로 인한 장애를 사전에 예방할 수 있는 노년기 이전을 포함하는 전체 인구를 대상으로 하는 지역사회 건강증진 사업이 활성화되어야 한다. 예방과 더불어 육체적 · 감각적 · 정신적 능력을 회복 · 개발시키는 재활도 장애노인에게 필요한 서비스다(유성호 외, 2015). 뿐만 아니라 고령화된 장애인과 노인성 장애인에 대한 차별화된 건강서비스가 필요하다. 고령화된 장애인의 경우 조기 노화나 이차적 장애 및 합병증과 같은 문제에 개입할 수 있는 의료 및 재활서비스가 개발되어야 할 것이다. 반면, 노인이 되어 장애를 경험하기 시작한 노인성 장애인의 경우, 장애를 겪은 시간이 비교적 짧아 외출과 돌봄에 대한 요구가 강하므로 이와 관련한 대책이 필요하다.

3) 소득보장의 강화

경제활동이 어려운 장애노인에게 소득보장을 통한 생계유지를 지원하는 것이 필요하다. 기본적으로 근로능력이 손실된 장애인의 경우에는 장애급여의 적정화를 통해 기초생계를 보장해야 한다. 특히 생애 초기부터 장애를 경험하여 오랜 기간 동안 경제활동 참여에 제약을 겪은 고령화된 장애인이나 장애의 발생으로 단시간에 경제적 상황이 어려워진 노인성 장애인에 대한 정책적 개입이 필요하다. 그리고 일이 단순히 소득의 수단일 뿐만 아니라 성취감과 사회 통합을 촉진할 수 있다는 점에서 장애노인에 대해서도 기능수준에 맞는 취업기회가 주어지는 것이 바람직할 것이다. 이를 위해 우선적으로 장애노인의 취업희망, 취업욕구, 취업실태 등에 대한 조사와 연구가 이루어져야 한다. 동시에 일정 직종을 지정해서 그 직종에 대해서는 장애인을 우선적으로 고용하는 유보고용과 같은 정부 차원의 대책이 필요하다.

 참고문헌

김성희(2011). 장애노인의 실태와 과제. 보건 · 복지 Issue & Focus, 208. 세종: 한국보건사회연구원.

김성희, 변용찬, 손창균, 이연희, 이민경, 이송희, 강동욱, 권선진, 오혜경, 윤상용, 이선우(2011). 2011년 장애인실태조사. 서울: 보건복지부, 한국보건사회연구원.

김성희, 이연희, 황주희, 오미애, 이민경, 이난희, 강동욱, 권선진, 오혜경, 윤상용, 이선우(2014). 2014 장애인실태조사. 서울: 보건복지부, 한국보건사회연구원.

김세진(2017). 장애노인 돌봄의 정책 도출: 노인장기요양보험제도와 장애인활동 지원제도의 관계를 중심으로. 보건복지포럼, 250, 67-77.

김찬우(2015). 고령장애인의 개념 정립과 복지욕구 비교를 통한 돌봄 서비스 정책방향 설정에 대한 고찰. 비판사회정책, (46), 164-200.

노승현, 백은령(2012). 장애노인 가구의 빈곤결정요인에 대한 종단연구. 장애와 고용, 22(4), 267-293.

신유리, 김정석, 김경미(2016). 장애인에서 노인으로: 장애와 노령의 접점에서 살펴본 장애인의 나이 들어감에 관한 연구. 한국사회복지학, 68(4), 143-167.

유성호, 김형수, 모선희, 윤경아(2015). 현대 노인복지론(5판). 서울: 학지사.

한국장애인공단, 고용개발원(2017). 2017년 장애인경제활동실태조사.

황수경(2003). 장애인-비장애인의 취업확률 격차와 장애효과. 노동정책연구, 3(1), 141-169.

황주희(2015). 장애인구의 고령화: 실태 및 시사점. 보건복지 Issue & Focus, 278. 세종: 한국보건사회연구원.

황주희, 김성희, 노승현, 강민희, 정희경, 이주연, 이민경(2014). 장애노인 대상의 통합적 복지서비스 제공을 위한 정책 제안. 세종: 한국보건사회연구원.

McNalley, T. E., Yorkston, K. M., Jensen, M. P., Truitt, A. R., Schomer, K. G., Baylor, C., & Molton, I. R. (2015). A review of secondary health conditions in post-polio syndrome: Prevalence and effects of aging. *American Journal of Physical Medicine & Rehabilitation/Association of Academic Physiatrists*, *94*(2), 139.

Putnam, M. (2002). Linking aging theory and disability models: Increasing the potential to explore aging with physical impairment. *The Gerontologist*, *42*(6), 799-806.

Verbrugge, L. M., & Yang, L. S. (2002). Aging with disability and disability with aging. *Journal of Disability Policy Studies*, *12*(4), 253-267.

독거노인

제14장

김형수

최근 사회문화적 구조가 변화함에 따라 핵가족화 경향이 가속화되어 자발적 요인이나 상황적 요인 또는 비자발적 요인 등으로 독거노인이 증가하고 있다. 독거노인가구는 빈곤, 질병, 소외와 고립 그리고 학대, 고독사, 자살 등 생활 안전을 위협하는 문제를 경험하는 비율이 상대적으로 높다. 독거노인의 생존과 기초생활보장의 책임은 노인 개인이나 가족의 노력만으로는 해결이 불가능한 경우가 많으므로 공공부문과 민간부문 모두가 공히 개입하여 해결하기 위한 노력을 기울이는 것이 타당하다. 제14장에서는 독거노인의 생활실태를 기초로 공공부문에서의 기초생활보장과 돌봄시스템의 추진방향과 지역공동체, 종교단체, 기업 등의 민간 차원에서의 독거노인의 복지 향상 방안을 검토하고자 한다.

1. 독거노인의 현황 및 전망

우리 사회의 고령화 속도가 세계에서 유례가 없을 정도로 빠르게 진행되고 있다는 것이 거의 상식적인 수준이 된 지 오래다. 2021년 현재 우리나라 인구는 약 5,164만 명이고, 이 중 65세 이상의 노인인구는 약 857만 명으로 전체 인구의 약 16.6% 이상을 차지하여 이미 고령사회에 진입하였다(행정안전부, 2021). 고령화가 가장 많이 진전된 국가는 일본이지만 한국은 고령화 속도가 가장 빠른 국가다(OECD, 2017). 이 같은 압축적 고령화로 인하여 우리 사회는 인구학적·경제학적·사회문화적 차원에서 다양한 변화를 경험하고 있다.

무엇보다도 노인인구의 절대수와 전체 인구에서 차지하는 비율이 꾸준히 증가하고 있으며, 그중 노인 1인 가구(독거노인)의 수가 점차 증가하고 있다는 사실에 주목할 필요가 있다. 최근 사회문화적 구조가 변화함에 따라 자발적 요인이나 상황적 요인 또는 비자발적 요인 등으로 독거노인으로 이루어진 가구형태가 발생하고 있다. 자녀들의 부모 부양의식이 과거에 비해 약화된 데다 비혼 및 이혼 가구의 증가가 주요 원인으로 작용하고 있으며, 특히 노인들도 자녀들에게 의지하기보다는 독립적인 삶을 희망하는 인식이 확연해지고 있는 것도 독거노인가구 형성에 한몫을 담당하고 있다. 베이비부머 세대를 포함하여 예비노인층의 다수가 부부끼리 혹은 혼자 살기를 희망하고 있는 시점에서, 노년기를 부부끼리 생활하다가 배우자의 사망에 따라 독거형태로 전환되는 유형이 점차 노년기의 주요 거주 형태로 자리 잡을 것으로 예상된다.

2020년 노인실태조사(보건복지부, 한국보건사회연구원, 2021)에 포함된 내용을 중심으로 분석해 본 결과, 독거노인은 경제, 건강, 소외와 관련된 문제를 모두 경험하는 위기집단으로 밝혀졌다. 노인 1인 가구는 노인부부가구나 자녀동거가구에 비해 소득수준이 낮으며(2020년 현재 65세 이상 노인에서 빈곤율은 38.9%로 이 가운데 독거노인의 절반 이상은 최저 생계비 미만으로 조사), 현재 노인 1인 가구의 대다수는 기능제한 정도가 낮아 독립된 생활이 가능한 상태이나 겪고 있는 만성질환의 수가 많고 건강수준이 낮다. 경제적으로 취약하고 건강상태가 좋지 않으나 가족이나 보호자의 지원을 받지 못하고 있으며, 이러한 상황에서 이웃과의 교류접촉 등 사회적 관계빈도도 낮은 편이다. 노인 1인 가구는 노인부부가구나 자녀동거가구에 비해 노년층 자살률과도 관련이 깊은 우울증 유병률이 높고, 우울 정도도 심한 것으로 나타났다 (보건복지부, 한국보건사회연구원, 2021).

독거노인가구 수는 2000년에 54만 가구 정도였으나 2016년 기준 144만 가구를 돌파하여 우리나라 노인가구의 21%가 독거노인가구였다. 급속한 고령화 속도에 맞춰 독거노인의 수는 꾸준히 증가하여 2035년에 이르면 343만 명으로 증가할 것으로 전망된다. 독거노인의 계속적인 증가는 이들의 사회적 소외의 가능성 및 동거가족 으로부터의 비공식적 지원 감소에 대비한 사회적 보호의 확대를 필요로 할 것이다 (통계청, 2016).

표 14-1 독거노인인구의 증가 추이 (단위: 천 명, %)

구분	2000	2010	2012	2016	2025	2035
65세 이상 노인인구 수 (총인구 중 비율)	3,395 (7.2)	5,452 (11.4)	5,890 (11.8)	6,864 (13.5)	10,331 (19.9)	14,751 (28.4)
65세 이상 독거노인 수 (전체 노인 중 비율)	544 (16.0)	1,058 (19.4)	1,187 (19.9)	1,442 (21.0)	2,248 (21.8)	3,430 (23.3)

출처: 통계청(2016).

2. 독거노인 생활실태와 문제점

1) 단독생활 이유와 애로

독거노인의 단독생활 이유는 상황적 요인인 자녀의 결혼(28.3%) 및 자녀 타지역 거주(3.2%), 자발적 요인인 노인 자신의 개인생활 향유(19.8%), 기존 거주지 거주 희망(18.2%), 경제능력(12.7%), 건강함(11.2%), 비자발적 요인인 자녀의 별거 희망(5.9%) 등이 혼재되어 있었다. 독거노인의 단독생활상의 애로점은 아플 때 간호(23.7%), 경제적 불안감(13.3%), 일상생활문제 처리(9.9%), 외로움(8.3%), 안전에 대한 불안감(3.8%) 등의 순으로 나타났다.

| 표 14-2 | 독거노인 단독 거주 이유 |

(단위: %)

기타	경제적 능력	건강	개인 생활 향유	기존 거주지 거주 희망	자녀의 결혼	자녀의 별거 희망	자녀가 타지역에 있어서	자녀의 경제적 형편이 어려움	계
0.6	12.7	11.2	19.9	18.2	28.3	5.9	3.2	0.0	100

출처: 보건복지부, 한국보건사회연구원(2021).

| 표 14-3 | 독거노인 단독가구 생활상의 어려움 |

(단위: %)

없음	아플 때 간호	일상생활 문제 처리	경제적 불안감	안전에 대한 불안감	심리적 불안감, 외로움	기타	계
40.9	23.7	9.9	13.3	3.8	8.3	0.1	100

출처: 보건복지부, 한국보건사회연구원(2021).

2) 경제상태(빈곤)

가구형태에 따른 경제상태 만족도는 노인부부와 자녀동거의 경우에는 '만족한다' (매우 만족과 만족)라고 응답한 비율이 높았던 반면, 독거노인의 경우에는 '만족하지 않는다'(만족하지 않음과 전혀 만족하지 않음)라고 응답한 비율이 상대적으로 높았다.

| 표 14-4 | 가구형태별 경제상태 만족도 |

(단위: %)

가구형태	매우 만족	만족	그저 그렇다	만족하지 않음	전혀 만족 안 함	계
노인독거	5.3	24.7	42.0	23.3	4.7	100
노인부부	8.0	34.1	41.4	15.1	1.4	100
자녀동거	5.5	25.9	43.8	20.7	4.1	100

출처: 보건복지부, 한국보건사회연구원(2021).

가구형태별 국민기초생활수급자의 비율을 보더라도 노인독거가구가 10.9%로 가장 높게 나타났으며, 독거노인의 연간 가구소득도 제1오분위가 50.7%, 제2오분위가 26.4%, 제3오분위가 14.1%, 제4오분위가 6.1%, 제5오분위가 2.7%로 나타났다. 이러한 수치는 독거노인이 경제적으로 매우 취약한 집단임을 증명하고 있다.

표 14-5	가구형태별 국민기초생활보장수급 여부			(단위: %)
가구형태	국민기초생활 보장수급자	의료급여만	그 외	계
노인독거	10.9	4.1	85.0	100
노인부부	3.1	1.8	95.1	100
자녀동거	2.9	2.4	94.7	100

출처: 보건복지부, 한국보건사회연구원(2021).

OECD 국가의 노인 빈곤율은 전체 인구의 빈곤율과 밀접하게 연계되어 있지만 그중에서 한국이 노인 빈곤율(거의 50%에 육박)이 가장 높은 국가다. 특히 한국은 만 75세 이상 노인층 빈곤율이 OECD 평균보다 무려 4배에 달하고 있다(OECD, 2017). 우리나라 독거노인의 열악한 경제적 상태가 낮은 전체 노인 빈곤율을 어느 정도 반영하고 있다고 볼 수 있다.

표 14-6	가구형태별 연가구 소득분위			(단위: %)
연가구소득	노인독거	노인부부	자녀동거	기타
제1오분위	50.7	13.9	8.5	8.0
제2오분위	26.4	21.3	9.8	21.8
제3오분위	14.1	25.4	9.6	23.6
제4오분위	6.1	22.6	25.3	31.0
제5오분위	2.7	16.8	46.8	15.6
계	100	100	100	100

출처: 보건복지부, 한국보건사회연구원(2021).

3) 건강상태(질병)

노인의 가구형태별 건강만족도를 보면 노인독거가구의 경우 '전혀 만족하지 않는다'라는 응답비율이 3.7%로 드러나, 다른 가구형태인 노인부부가구(2.0%)와 자녀동거가구(3.1%)에 비해 높은 편이었고, '만족한다'(매우 만족과 만족)라고 응답한 비율이 노인독거가구(43.8%)가 노인부부가구(54.8%)와 자녀동거가구(45.1%)에 비해 낮았다. 또한 건강상태에 대한 주관적인 인식에 있어서도 독거노인은 23.3%가 '건강이 나쁜 편이다'라고 응답하였으며, 이는 노인부부가구(13.7%)나 자녀동거가구

(22.8%)보다 높은 비율로 나타났다.

표 14-7　가구형태별 건강상태 만족도　　(단위: %)

가구형태	매우 만족	만족	그저 그렇다	만족하지 않음	전혀 만족 안 함	계
노인독거	2.5	41.3	32.3	20.2	3.7	100
노인부부	5.7	49.1	31.2	12.0	2.0	100
자녀동거	3.2	41.9	30.6	21.2	3.1	100

출처: 보건복지부, 한국보건사회연구원(2021).

표 14-8　가구형태별 평소 건강상태　　(단위: %)

가구형태	매우 건강하다	건강한 편이다	그저 그렇다	건강이 나쁜 편이다	건강이 매우 나쁘다	계
노인독거	2.0	36.6	34.5	23.3	3.6	100
노인부부	5.7	49.5	29.6	13.7	1.5	100
자녀동거	3.6	39.9	30.8	22.8	2.9	100

출처: 보건복지부, 한국보건사회연구원(2021).

　노인의 기능상태 제한 현황을 살펴보면, 노인독거가구가 노인부부가구보다 일상생활수행능력(ADL) 및 수단적 일상생활수행능력(IADL)에서 제한 정도가 높게 나타났다.

표 14-9　가구형태별 기능상태 제한 현황　　(단위: %)

가구형태	기능제한 없음	IADL만 제한	ADL도 제한	계
노인독거	86.2	8.0	5.8	100
노인부부	90.5	5.2	4.3	100
자녀동거	81.9	9.3	8.8	100

출처: 보건복지부, 한국보건사회연구원(2021).

4) 소외와 고립

　공식돌봄서비스 대상에서 제외된 100만여 명(전수조사)의 혼자 사는 노인의 사회활동 참여 여부, 이웃·가족과의 관계 등에 대한 조사 결과는 다음과 같다. 경로당·복지관·종교시설 등의 사회활동에 참여하는 경우가 63%, 정기적으로 다니는 곳이 없는 노인은 37%에 이르며, 전체의 16%와 13%는 각각 가족 및 이웃과 만나지 않거나 연간 1~2회 정도만 만나고 있어, 일부 독거노인의 사회적 관계가 단절된 모습이 발견되었다(보건복지부, 2015). 특히 가구형태별 자녀관계 만족도(매우 만족과 만족)를 보면, 노인부부가구가 77.3%로 가장 높고, 다음이 자녀동거가구(69.4%)이며, 노인독거가구의 만족도는 66.0%에 불과하여 자녀와의 관계에서 소외되어 있음을 알 수 있다.

표 14-10	가구형태별 자녀와의 관계 만족도					(단위: %)
가구형태	매우 만족	만족	그저 그렇다	만족하지 않음	전혀 만족 안 함	계
노인독거	12.7	53.3	26.7	6.0	1.3	100
노인부부	15.2	62.1	20.0	2.5	0.2	100
자녀동거	13.7	55.7	25.7	4.6	0.3	100

출처: 보건복지부, 한국보건사회연구원(2021).

5) 우울과 학대 및 자살

우울 정도를 살펴보면 노인독거가구의 경우 다른 가구에 비해 우울증상률이 30.2%로 가장 높으며, 우울 정도 평균점수도 5.2점으로 가장 높았다. 이를 통해 독거노인의 경우 다른 가구형태에 비해 특히 우울 정도가 높음을 알 수 있다. 노인학대 경험은 노인독거가구의 경우 14.5%로 가장 높게 나타났으며, 노인부부가구의 경우 8.0%로 가장 낮게 나타났다. 또한 학대 유형별 경험률을 살펴보면 노인독거가구의 경우 다른 가구형태에 비해 '가족이나 보호자가 돌보아 주지 않음'과 '가족이나 보호자가 찾아오지 않거나 생활비를 주지 않음'의 응답비율이 상대적으로 높아 가족이나 보호자로부터 적절한 부양이나 돌봄을 받지 못하고 있는 방임상태에 있음을 확인할 수 있다.

표 14-11   **가구형태별 우울증상**   (단위: %, 점수)

가구형태	정상	우울증상	계	평균
노인독거	69.8	30.2	100	5.2
노인부부	83.6	16.4	100	3.5
자녀동거	78.3	21.7	100	4.3

출처: 보건복지부, 한국보건사회연구원(2018).

표 14-12   **가구형태별 학대 경험**

특성	학대 경험률	학대 유형별 경험					
		타인으로 부터의 신체적 고통	성폭력 또는 성추행	타인의 말과 행동	타인으로 부터 금전적 피해	가족이나 보호자가 돌보아 주지 않음	가족이나 보호자가 찾아오지 않거나 생활비를 주지 않음
노인독거	14.5	0.4	0.2	9.1	0.4	4.5	5.4
노인부부	8.0	0.3	0.0	6.5	0.4	0.7	1.2
자녀동거	8.9	0.4	0.0	7.9	0.3	0.6	1.1

출처: 보건복지부, 한국보건사회연구원(2018).

표 14-13   **가구형태별 자살생각과 시도율 및 자살 이유**   (단위: %)

가구형태	자살 생각률	자살 시도율	건강	경제적 어려움	외로움	사망 (배우자 가족, 친구)	부부 자녀 친구 갈등 및 단절	배우자 가족 건강	기타	%
노인독거	10.6	15.4	26.8	32.2	20.0	9.9	9.3	1.5	0.4	100.0
노인부부	5.0	13.9	32.2	22.8	5.1	5.4	25.3	8.8	0.4	100.0
자녀동거	5.9	8.5	20.7	29.0	11.6	11.6	20.9	5.0	1.2	100.0

출처: 보건복지부, 한국보건사회연구원(2018).

노인 우울증과 학대 경험은 노인자살과 밀접한 관련이 있다. 노인자살 생각과 시도 경험 여부를 조사한 결과, 독거노인이 노인부부나 자녀동거노인보다 60세 이후에 자살을 생각해 본 적이 있다고 응답한 비율(10.6%)이 높았으며, 그중에서 15.4%는 실제로 자살을 시도한 경험이 있는 것으로 나타났다. 독거노인이 자살을 생각한 이유로는 일반 노인처럼 경제적 어려움과 건강문제가 높게 나타났지만, 타 가구형태의 노인과는 달리 외로움으로 인한 응답의 비율이 상대적으로 높았다.

OECD 국가 중에서 우리나라는 노인 빈곤율과 더불어 노인자살률도 가장 높다. 2000년 35.5명이었던 65세 이상 노인자살률이 그 이후 계속 높은 비율을 차지하고 있으며, 2020년에도 41.7명으로 여전히 전체 인구의 자살률보다 훨씬 높게 나타났다. 빈곤·질병 고독으로 이어지는 위기상황에서 우울과 학대(방임)를 경험할 가능성이 높은 독거노인의 자살률이 우리나라 전체 노인자살률에 반영되었다고 볼 수 있다.

표 14-14 노인자살사망률 변화 추이											(단위: 인구 10만 명당 자살자 수, %)
연도	2010	2011	2012	2013	2014	2015	2016	2017	2018	2019	2020
노인자살 사망률	81.9	79.7	69.8	64.2	55.5	58.6	53.3	47.7	48.6	46.6	41.7
노인 자살자 수	4,378	4,406	4,023	3,871	3,497	3,837	3,615	3,372	3,593	3,600	3,392
전체 자살 사망률	31.2	31.7	28.1	28.5	27.3	26.5	25.6	24.3	26.6	26.9	25.7
전체 자살자 수	15,566	15,906	14,160	14,427	13,836	13,513	13,092	12,463	13,670	13,799	13,195

출처: 통계청(2021).

한마디로 독거가구를 대표하는 삶의 유형은 빈곤, 질병, 소외와 단절이라는 네 가지 고통과 그로 인한 부정적 결과에 직면하고 있음을 알 수 있다.

3. 현행 독거노인 복지대책

정부는 소득, 건강, 사회적 관계 등 모든 분야에서 다른 노인가구보다 특히 취약한 홀로 사는 노인을 위해 '독거노인 종합지원대책'을 두 차례 발표한 바 있다(보건복지부, 2012, 2018). 2012년 1차 지원대책에서 정부는 가족 간 지원체계가 미약한 독거노인에 대해 안전관리체계를 구축하는 것을 최우선 과제로 하여 노인돌보미를 통해 독거노인 전체에 대한 현황조사를 실시하고, 사회적 보호가 절실한 독거노인을 위기·취약가구(요보호 독거노인)로 분류해 정부가 지원하는 독거노인 안부 확인 서비스 등을 포함하는 노인돌봄서비스를 확대하여 왔다. 다소 형편이 나은 독거노인은 사회적 관심 필요 가구로서 민간단체와의 1:1결연(독거노인 사랑잇기 사업)을 추진하고 있다. 홀로 사는 노인들끼리 사회적 가족으로서 서로 의지하며 살 수 있도록 농어촌의 경우는 리모델링한 경로당 또는 마을회관 등에서 함께 생활하는 독거노인 공동생활가정의 전국적 확산을 유도하였으며, 도시의 경우는 공동생활보다는 홀로 사는 어르신 간 자조모임이나 친구모임(친구 만들기 시범사업)을 지원하고 있다. 그리고 독거노인의 소득과 일상생활지원 차원에서 기초생활수급자가 못 되는 빈곤 독거노인에 대해 노인 일자리 등을 우선 제공하고, 만성질환 노인의 건강관리와 골절 등으로 일정 기간 와상상태의 독거노인에게 취사, 청소 등을 지원하기 위해 노노케어를 실시하였다. 아울러 우울증 및 정신건강상의 어려움(고독사 위험군과 자살 위험군)을 겪는 독거노인을 조기 발굴하여 정서지원 프로그램을 시행하는 노력을 하고 있다.

　정부의 2018년 '제2차 독거노인 종합지원대책'은 안전하고 행복한 노후, 함께 돌보는 포용 사회라는 비전하에 민관 협력 강화로 사각지대 없는 돌봄서비스 제공, 독거 유형별 맞춤 서비스 강화 및 예방적 돌봄체계 구축, 지역공동체 활성화를 통한 독거노인 사회참여 확대를 정책 목표로 하여 4대 분야, 10개 정책과제를 선정하였다(보건복지부, 2018). 4대 분야는 ① 독거 유형별 맞춤형 서비스 제공, ② 지역사회 거주 지원 환경 개선, ③ 독거노인 자립 역량 강화, ④ 정책 지원 인프라 구축 등이며, 각 분야별로 2~3개의 정책과제가 선택되어 총 10개의 정책과제가 발표되었다. 10대 정책과제의 경우 독거유형별 맞춤형 서비스 부문에서는 민관 협력 강화를 통한 지원대상 및 서비스 확대, 잠재·초기 독거노인 예방적 서비스 제공, 위기 취약 독거노인 안전 서비스 강화 등을 정책과제로 하였고, 지역사회 거주지원 환경개선 부문에서는 주거 및 돌봄 기능의 융합 등 정주 여건 개선, 지역 돌봄 활성화를 위한 재가 서비스 강화 등을 정책과제로 하였다. 독거노인 자립역량 강화 부문에서는 사회참여 활성화를 통한 임파워먼트, 독거노인 일자리 참여 확대 등을 정책과제로 하였고, 정책지원 인프라 부문에서는 지역사회 돌봄 인프라 개선, 정책 지원 기반 강화 및 사회적 인식개선, 종사자 처우 개선 및 전문성 제고 등을 정책과제로 하였다.

정부는 이러한 정책을 통해 돌봄 사각지대를 해소하고, 독거노인의 다양한 욕구와 여건에 맞는 맞춤형 서비스를 제공하며, 취약 독거노인 진입의 사전적 지연·예방과 돌봄 인프라를 강화하고자 하였다.

1) 노인돌봄체계

현재 노인을 대상으로 제공되는 공적영역의 돌봄체계는 보건복지부를 중심으로 수행되고 있다. 대표적으로는 재가지원서비스, 노인맞춤돌봄서비스, 장기요양보험 등이 보호의 필요도 및 욕구에 따라 차등적으로 제공되고 있다. 노인돌봄은 과거 가족에 의해 돌보는 가족 돌봄에서 빠른 사회적 변화(여성의 경제활동 참여 증가, 핵가족화, 고령화, 독거노인세대 급증)로 인해 사회적 노인돌봄시스템 구축의 필요성이 강조되고 있다. 2020년 이전까지 노인을 대상으로 제공되었던 돌봄서비스는 장기요양보험, 노인돌봄기본서비스, 노인돌봄종합서비스, 재가지원서비스 등 공적부문의 서비스와 독거노인 사랑 잇기, 지역 커뮤니티 연계 등 민간부문의 서비스가 있었다. 그러나 각 노인돌봄사업 간 중복 지원의 금지로 이용자별로 하나의 서비스만 이용 가능하여 다양한 서비스를 동시에 이용할 수 없다는 한계점과 개인별 필요에 따른 맞춤형 서비스가 불가능한 단점이 있었다. 이러한 문제점을 개선하고자 2020년 정부는 노인돌봄서비스의 개편작업을 통해 기존에 분절되어 있던 노인돌봄 기본 서비스, 노인돌봄 종합서비스, 단기가사 서비스, 지역사회 연계, 독거노인 사회관계 활성화 사업, 독거노인 자립지원사업 등 여섯 가지 사업을 통합하여 '노인맞춤돌봄서비스'로 재편하였다. 이에 따라 2022년 현재 우리나라의 사회적 노인돌봄체계는 크게 경증 노인을 대상으로 한 재가노인지원서비스와 노인맞춤돌봄서비스, 중증노인을 대상으로 하는 장기요양보험체계로 구분할 수 있다.

재가노인지원서비스는 「노인복지법」상 재가노인(고령이나 노인성 질환으로 일상생활을 하기 어려워 집에 머물며 살아가는 노인)을 대상으로 노인 생활 및 신상 조례에 관한 상담을 제공하고, 재가노인 및 가족 등 보호자를 교육하며, 각종 편의를 제공하여 지역사회 안에서 건전하고 안정된 노후생활을 영위하도록 하는 서비스다. 재가노인지원서비스는 기존의 재가노인복지사업을 토대로 2010년 「노인복지법 시행규칙」이 개정되면서 신설되었는데, 경제적·신체적·정신적 이유로 독립적인 일상생활을 영위하기 어려운 노인과 복지 사각지대 노인들에게 일상생활지원을 비롯한 각종 필요서비스를 제공함으로써 지역사회 내에서 건강한 생활을 영위하는 데에 어려움이 없도록 예방적 복지실현 및 사회안전망 구축을 목적으로 한다. 노인맞춤돌봄서비스는 ① 당초 독거노인을 위한 노인돌봄기본서비스, ② 등급(A, B) 외를 받은 노인을 위한 노인돌봄종합서비스, ③ 단기가사 서비스, ④ 지역사회 연계, ⑤ 독거노인 사회관계 활성화 사업, ⑥ 독거노인 자립지원사업 등 총 여섯 가지 돌봄서비스를 통합하여 노인이 집과 지역사회에서 생활하면서 다양한 서비스를 이용하여 노후를 보낼 수 있도록 개선한 것이다. 이는 기존 노인돌봄서비스 전달체계의 파편성과 분절성, 노인돌봄종합서비스의 중복성, 노인장기요양보험의 치매특별등급과 인지지원등급의 신규 도입과 같은 정책 환경 변화로 제도 개편의 필요성이 지속적으로 제기됨에 따라 개선되었다.

노인장기요양보험은 고령 및 노인성 질병 등의 사유로 혼자서 일상생활을 영위하기 어려운 노인에게 장기요양급여를 제공하여 본인 및 가족의 부담을 경감시키기 위한 목적으로 2008년에 도입되었다. 중증 등급을 대상으로 하는 시설서비스(요양원)와 별도로, 재가 영역에서는 크게 방문요양, 방문목욕, 방문간호, 주·야간보호, 단기보호 및 복지용구 제공서비스가 제공되고 있다. 서비스는 공통적으로 국민건강보험공단으로 장기요양 인정 신청을 하여 해당자(1~5등급)로 판정받은 후, 장기요양기관의 확인절차를 거쳐 이용이 가능하다. 그러나 노인장기요양보험제도는 아직 대상범위가 제한되어 있을 뿐만 아니라, 서비스 대상자에게 공식적으로 제공되는 서비스의 양도 충분하지 않다(선우덕 외, 2015; 이선희, 2014). 또한 현행 노인장기요양제도 및 노인돌봄서비스의 한계는 기능제한이 없는 독거노인들이 실제적으로 필요로 하는 일상적 돌봄 수요나 정서적 돌봄 수요를 충족해 주지 못하고 있다(김영란 외, 2013). 앞으로 노인장기요양보험제도로 운영되는 돌봄서비스의 대상범위가 점차 확대되어야 함은 물론, 대상자 수요별로 다양한 돌봄서비스가 차별적으로 운영될 필요가 있겠다.

2) 기초보장(기초연금)

노인의 안정된 노후생활을 지원하기 위해 1988년부터 국민연금제도가 시행되었지만, 제도가 시행된 지 오래되지 않아 국민연금에 가입하지 못한 사람들이 많았고, 가입을 했더라도 그 기간이 짧아 충분한 연금을 받지 못하는 경우가 많다. 그리하여 노인(특히 현 세대 노인)의 안정된 노후생활에 일조하는 차원에서 기초연금을 시행하고 있다. 노인층의 빈곤율이 타 연령층에 비하여 매우 높은 상황에서, 저소득 독거노인을 대상으로 조세를 재원으로 하는 보편적 급여인 기초연금제도는 실로 중요한 소득 지원제도임에는 분명하다.

기초연금은 소득인정액이 선정기준액 이하인 65세 이상의 노인에게 연금을 지급하는 제도로, 기초노령연금을 승계하여 2014년 7월부터 시행하고 있는 공적연금제도다. 소득인정액은 월소득 평가액과 재산의 월소득 환산액을 합산하여 계산되는데, 소득평가액은 근로소득과 기타 소득(사업소득, 재산소득, 공적이전, 무료임차소득), 재산소득 환산액은 일반 재산, 기본재산액(지역별로 상이), 부채 등에 의해 평가된다. 선정기준액은 2022년 기준으로 단독가구는 1,800,000원, 부부가구는 2,880,000원이다. 기초연금액은 소득수준, 기타 연금 수급상태별로 상이하게 산정되는데, 무연금자 및 국민연금 월 급여액이 기준연금액의 150% 이하인 대상자의 경우, 2022년 기준으로 307,500원이다(보건복지부 기초연금 http://basicpension.mohw.go.kr).

그러나 현행 기초연금은 준보편적 급여설계로 전체 노인인구 중 70% 정도를 포괄하고 있지만 그 급여수준이 낮아 국민연금의 보완성에 있어 여전히 충분치 못하고 노인 소득불평등이나 양극화의 해소 효과가 별로 없다는 논의가 제기되고 있다. 또한 해당 노인이 기초연금을 수급한다 하더라도 기초연금 수급액이 기초생활보장 가구의 소득인정액에 포함되기 때문에 기초생활대상자의 생계급여액이 감소하여, 실질적 소득 증가의 혜택이 사라지게 된다는 점 역시 문제가 된다(김유빈 외, 2015). 기초연금이 경제적 상황이 열악한 독거노인의 실질적인 소득보장을 담보하기 위해서는 기초연금의 급여대상과 급여수준에 대한 개선이 필요하다고 판단된다.

4. 향후 과제

1) 공공부문의 역할

독거가구를 대표하는 삶의 유형은 빈곤, 질병, 소외와 단절이다. 이러한 네 가지 고통을 모두 경험하고 있는 유형으로 공적 개입이 꼭 이루어져야 하는 위기집단이 독거가구 중 25.2%에 달하고 있으며, 이외에도 공적 보호를 우선시해야 하는 취약 집단이 35.7%로 추정되었다(정경희 외, 2014). 이처럼 독거가구는 빈곤, 질병, 소외 와 고립 그리고 학대, 고독사, 자살 등 생활안전을 위협하는 문제를 경험하는 비율 이 상대적으로 높다. 이러한 생존과 기초생활보장의 책임은 노인 개인이나 가족의 노력만으로는 해결이 불가능한 경우가 많으므로 국가가 우선적으로 개입하여 해결 하기 위한 노력을 먼저 기울이는 것이 타당하다.

(1) 기초보장(기초연금)

독거가구는 빈곤계층의 비율이 타 가구형태에 비하여 상대적으로 높다. 독거노 인가구의 빈곤 문제는 생존과 생활 안전을 위협할 뿐 아니라 다른 모든 생활 영역에 서의 문제 발생의 근본 원인으로 작용할 가능성이 매우 높다. 그러므로 전 인구층을 대상으로 하는 국민기초생활보장제도와는 별도로 저소득 노인층의 소득 지원을 목 표로 하는 기초연금제도를 면밀히 검토하여 독거노인의 실질적인 소득 보완 효과 가 나타날 수 있도록 하여야 할 것이다. 2014년 7월부터 기초연금이 도입되어 현 세 대 노인의 부족한 노후 소득을 보충해 주고 있다. 현행 기초연금제도는 노인층의 빈 곤율을 낮추는 효과는 분명 있으나 투입한 비용 대비 효과가 제한적이라는 비판도 적지 않으며, 특히 저소득 독거노인의 실질적 경제 지원에는 한계가 있다고 판단된 다. 투입 비용 대비 노후빈곤 완화 효과가 제한된 기초연금의 경우 점진적으로 대 상자는 줄이되, 취약노인 중심으로 기초연금액을 증가시키는 방향으로 제도를 개 편할 필요가 있어 보인다. OECD 회원국들과 비교 시 우리나라의 기초연금 수급 대 상자의 폭은 넓은 반면, 급여액이 적어 노후빈곤으로부터 벗어날 가능성이 낮기 때 문이다(윤석명, 2016). 현재 우리나라 노인 빈곤율(절대빈곤 및 상대빈곤)과 낮은 공적연금 수급률을 감안할 때 기초연금 수급범위를 65세 이상 노인 중 50% 정도로 하되(단계적 급여 반납) 기 수령자 중 제외되는 20% 상당의 예산만큼 급여액을 증액하는 방안을 고려해 볼 만하다. 현재 시점에서 공적연금 혜택에서 상당수 누락된 후기 고령층(75세 이상)과 저소득 독거노인을 대상으로 노인 빈곤과 소득양극화를 해소하는 데 정책적 역량을 기울여야 하므로 연령대별·가구형태별 기초연금 급여액의 조정도 검토할 필요가 있다고 판단된다.

또한 독거노인의 경우 절대빈곤계층의 비율이 상대적으로 높아 경제활동 참여 자체가 목적이라기보다는 생계 유지의 목적이 더욱 크다고 할 수 있다. 그러므로 임금수준이 낮은 공익형 노인 일자리보다는 적정 수준 이상의 급여를 보장받을 수 있는 인력파견형이나 사회적 기업의 일자리를 개발하고 제공할 필요가 있다. 아울러 독거노인의 주거불안정과 건강불안정에 대응할 수 있도록, 맞춤형 국민기초보장제도의 취지에 따라 생계급여는 받지 못하더라도 주거급여와 의료급여를 받을 수 있는 서비스 대상을 점차 확대하여야 할 것이다.

(2) 노인돌봄체계

독거가구의 경우 소득이 낮고 질병을 앓는 비율이 높음에도 불구하고 의료비 부담 등으로 인하여 적절한 치료를 받지 못하는 비율이 높고, 질병 시 부양인력이 부족하여 적절한 돌봄을 받지 못하는 경우가 많다. 독거노인가구의 질병 치료와 중증환자를 위한 노인장기요양급여가 확대되어야 하지만 그와 아울러 가정 내에서 기본적인 돌봄서비스를 받으면서 생활할 수 있도록 독거가구를 위한 노인돌봄서비스의 대상기준 완화와 서비스 내용의 확대가 필요하다. 그리고 공식적 돌봄서비스의 부족한 제공량의 확대와 더불어 부양가족 돌봄자 지원대책이 필요하고, 그 내용의 하나로 돌봄 관련 수당제도와 휴가제도를 검토할 필요가 있다(선우덕 외, 2015). 노인돌봄체계는 해당 노인의 기능상태의 경중에 따라 재가노인지원, 노인맞춤돌봄, 장기요양재가, 장기요양시설로 나누어 제공되고 있다. 하지만 장기요양재가서비스와 재가노인지원서비스 대상자의 기능의 경중이 다름에도 불구하고 제공되는 서비스는 별반 차이가 없으므로 전자에게는 방문요양 중심으로, 후자에게는 주간보호 등의 예방서비스를 강화해야 할 필요가 있다. 또한 이용자의 혼란과 서비스 제공의 효율성을 위하여 대상자의 기능 정도가 유사한 재가노인지원서비스와 노인맞춤돌봄서비스를 통합하는 방안을 강구할 필요가 있다.

　독거노인돌봄의 욕구는 식사, 간병, 가사 등 일상 유지를 넘어서 다양한 정보, 교육과 여가, 상담, 체육활동 등 다양하다. 현재 돌봄서비스의 안부 확인과 식사 제공 그리고 후원금품 연계에서 벗어나, 다양한 욕구에 대한 적극적 대응이 요구된다(송인주, 2014). 기능제한이 별로 없는 독거노인의 경우는 전문적인 요양돌봄은 필요하지 않지만 노인 홀로 생활하고 있는 데서 오는 일상생활 돌봄이나 정서적 돌봄이 절실히 요구된다. 이를 위하여 관내에 있는 노인복지 관련 기관(복지관, 노인취업지원센터, 보건의료기관, 주민센터)과의 연계를 통하여 사회활동 지원, 간병과 보건, 상담과 교육, 여가와 생활체육, 일자리 알선, 동아리활동 지원 등의 다양하고 차별화된 전문 프로그램의 개발과 시행이 이루어져야 할 것이다. 독거노인가구는 경제적으로 취약하고 가족이나 보호자로부터 적절한 지지를 받고 있지 못하는 상황에서 학대나 자기방임을 경험할 수 있으며, 사회적 고립의 지속으로 우울증상을 보이는 비율이 높다. 그리하여 독거노인가구에서 극단적인 사례로 고독사와 자살이 왕왕 발생하기도 한다. 따라서 이들에 대하여 사회적 고립과 사회적 위험에서 벗어나게 할 수 있는 기제 마련이 요구되고, 독거노인에 대한 학대와 우울증 그리고 고독사 위험군과 자살 위험군의 적극적인 아웃리치(out-reach)를 통한 조기 발굴과 전문상담 및 위기개입 그리고 사후 사례관리가 병행되어야 한다.

2) 민간부문의 역할

　공공부문의 개입을 통한 기초생활보장과 돌봄시스템이 이루어진 바탕 위에 소외와 고립 그리고 일상 지원 문제와 같은 부가적 욕구나 생활문제의 해결에 대해서는 지역공동체, 종교단체, 기업(영리 및 비영리) 등의 민간 차원에서 독거노인의 복지 향상을 위해 다양한 노력을 기울여야 한다.

(1) 지역공동체

　독거노인에 대한 일상 돌봄과 정서적 돌봄은 국가중심의 공식 돌봄지원체계와는 달리 지역에 기반한 돌봄공동체 방식으로 운영하는 방안을 모색해 볼 수 있다. 즉, 노인이 생활하는 지역을 기반으로 돌봄이 제공되도록 조직하고, 돌봄자는 지역주민을 비롯한 다양한 주체의 참여를 기초로 하는 것이다. 이러한 공동체 방식의 돌봄은 노인들로 하여금 살던 지역에서, 친숙한 사람들과, 친근한 이웃에 의한 돌봄을 받으며 생활하는 것을 가능하게 해 준다(예: 여민동락 노인복지공동체, 한국헬프에이지 노인참여나눔터, 영국의 circle 모델, 일본의 복지생활협동조합; 김영란 외, 2013). 나아가 지역사회를 기반으로 지역자원을 활용한 일상 돌봄이 가능하다면, 노인들은 스스로 할 수 있는 일을 하면서 자립적인 노후생활이 가능할 수 있다.

서비스 제공 주체는 지역공동체 내 지역주민, 복지기관, 사회봉사단체들로 구성될 수 있으며, 서비스의 대상은 기초수급자와 차상위(공공부문에서 중점 관리하도록 함)를 제외한 저소득 노인 중 건강이 양호하거나 다소 허약한 노인을 위주로 한다. 서비스의 내용은 식사와 영양 관리 그리고 집 관리 등 포괄적 가사지원과 간단한 건강관리 그리고 안부 · 방문 및 말벗 서비스를 제공한다. 서비스 운영장소는 주민자치센터, 경로당, 공동생활가정, 복지관 등을 활용할 수 있다. 운영 지원에 소요되는 재원은 지방자치단체 일부 보조금, 기부 후원금품, 때로 협동조합이나 마을기업 등을 중심조직으로 활용할 경우에는 공동회비로도 충당할 수 있다.

(2) 종교단체

독거노인과 관련하여 공공기관에서 정책이 수립되고 집행된다 하더라도 불충분하기 때문에 지역사회 내에 존재하는 많은 종교단체들이 협력하여 감당하는 것이 바람직하다. 교회와 성당 그리고 사찰이나 불교 관련 단체들은 전국에 고루 산재되어 있으며, 독거노인을 위한 복지 자원(인적 · 물적 자원)을 가지고 있다. 사랑과 자비는 종교의 본질적인 이념이다. 이제 우리나라 종교단체들이 다양한 복지 프로그램을 운영하여 독거노인에게 정신적 · 물질적 도움을 주는 것은 물론 독거노인이 우리 사회의 구성원으로서 인간답게 살면서 소외나 고립되지 않고 통합의 삶을 누릴 수 있도록 기여해야 할 것이다.

서비스 제공 주체는 기독교, 불교, 천주교 등의 신도나 신도회 조직(기관별, 지역별)으로 구성할 수 있다. 서비스 대상은 지역공동체의 경우와 같이 저소득층 노인을 중심으로 건강하거나 허약한 독거노인(요양보호를 필요로 하는 자는 제외)을 대상으로 서비스를 제공한다. 서비스 내용은 일상생활과 신앙을 포괄하는 상담과 사교모임 활동, 외출 도움과 병원 동행 및 쇼핑 등을 포함하는 일상생활지원 서비스 등으로 구성한다. 특히 노인 고독사·자살 등의 원인 중 하나가 관계 단절임에 착안하여 주변 사람들과의 관계를 형성하거나 회복시켜 불행한 일들이 일어나지 않는 데 일 차적인 역할을 수행하도록 한다. 서비스 운영장소는 교회, 사찰, 성당 등 예배시간 과 중복되지 않게 공간을 활용한다. 운영의 재원 출처는 일정 규모(예: 1년 예산 30억 정도)의 종교단체인 경우 예산의 10% 내외로 복지기금(종교단체 법인세의 복지기금 화)을 조성하여 그 일부로 저소득 독거노인 지원서비스 제공에 활용할 수 있도록 한 다. 아울러 종교단체가 독거노인에게 효율적으로 서비스를 제공할 수 있도록, 자체 적으로 전문 및 자원봉사 인력 확보, 거점공간의 확보, 예산 확보의 다양화, 프로그 램의 지속적인 모니터링과 평가를 수행할 필요가 있으며, 지역 내 행정기관, 복지기 관, 기업 등과 긴밀한 협조체계를 구축할 필요가 있다.

(3) 비영리단체(사회적 기업)

지역사회의 독거노인 중 건강하고 여전히 경제활동을 원하는 노인들을 위하여 공공기관과는 별도로 비영리단체에서도 노인 일자리 창출을 위한 노력이 요망된 다. 사회적 기업은 비영리단체의 일 유형으로서 '노인을 위한' 취업기회 제공과 '노 인에 의한' 시니어창업의 기회를 제공할 수 있다. 사회적 기업은 저소득 독거노인과 같은 취약계층에게 일자리를 제공하여 지역주민의 삶의 질을 높이는 등의 사회적 목적을 추구하면서 재화 및 서비스의 생산, 판매 등 영업활동을 수행하는 기업이라 할 수 있다. 이처럼 사회적 기업은 영리기업과는 달리 이윤 추구가 주된 목적이 아 니라 취약계층의 일자리 창출을 주된 목적으로 하고 있다.

현재 정부에서 시행하고 있는 '노인 일자리사업'의 대부분은 취업근로기간이 짧 고 월 보수도 27만 원 정도다. 생활형편이 어렵지만 여전히 건강한 독거노인을 대 상으로 지역사회의 사회적 기업에서 다양한 일자리를 제공하는 것이 바람직하다. 또한 경제적 사정은 그리 나쁘지는 않지만 여전히 일을 통해 소득 보완과 노후의 삶 을 보람 있게 보내려는 독거노인을 대상으로 사회적 기업 창업을 할 수 있는 기반을 확충할 필요가 있다. 사회적 기업의 운영 재원은 정부보조금과 사업수익금을 활용 하는 것을 원칙으로 한다.

(4) 영리단체(실버기업)

독거노인은 모두가 동일한 특성을 지닌 집단은 아니다. 독거노인을 위한 정책을 빈곤노인으로 제한해서는 안 된다. 중류층 이상의 독거노인을 위한 맞춤형 대응전략도 고려해야 할 것이다. 민간 차원에서 이들을 위한 서비스를 제공할 수 있는 대표적인 조직이 실버기업 또는 고령친화기업이다. 실버기업은 고령자를 대상으로 정신적·육체적 건강, 편익과 안전을 도모하기 위한 상품 및 서비스를 제공하는 기업을 지칭한다. 이러한 실버기업은 노인들의 제반 생활 영역(주택, 건강, 요양, 금융, 여가, 교육, 생활용품 등)에 걸쳐서 '수익자 부담원칙'에 의거하여 그들의 다양한 욕구를 충족시킬 것으로 전망된다.

실버기업의 주요 서비스 대상은 일반 소득을 포함하여 그 이상의 소득수준에 있는 독거노인들이다. 또한 건강노인·허약노인·요양노인 모두를 포괄하며, 제공되는 서비스도 요양에서 사교모임에 이르기까지 광범위하다. 실버기업의 자본금과 사업수익금이 주된 운영 재원으로 활용될 수 있다.

이처럼 민간 차원에서 독거노인의 지원서비스가 효율적으로 그리고 효과적으로 운영되기 위해서는 광역 및 기초자치단체의 행정적·재정적 지원이 선행되어야 한다. 서비스 운영과 관련하여 지방자치단체에서 전문상담 제공은 물론이고, 필요시 민간 차원에서 기반조직(주민자치조직, 협동조합, 마을기업, 사회적 기업 등)이 재정적으로 지원하면서 지방자치단체의 공식적 보호체계와 민간 차원의 지원체계가 상호 협력하는 것이 무엇보다 중요하다고 하겠다.

참고문헌

김영란 외(2013). 지역연대에 기초한 노인 1인가구 돌봄지원방안. 서울: 한국여성정책연구원.
김유빈 외(2015). 고령화 대응 노후소득보장 정책과제. 세종: 한국노동연구원.
김준환, 김수정, 오정아, 이명희, 이민표, 이원지, 장우심, 허윤정(2022). 노인복지론. 경기: 어가.
보건복지부(2012). 독거노인 종합지원대책발표 보도자료.
보건복지부(2015). 독거노인 생활실태 조사 실시 보도자료.

보건복지부(2018). 제2차 독거노인 종합지원대책.

보건복지부(2020). 오늘부터 노인맞춤돌봄서비스를 시작합니다. 세종시 보도자료.

보건복지부(2022). 2022년 노인맞춤돌봄서비스 사업안내.

보건복지부, 한국보건사회연구원(2015). 2014년도 노인실태조사.

보건복지부, 한국보건사회연구원(2018). 2017년도 노인실태조사.

보건복지부, 한국보건사회연구원(2021). 2020년도 노인실태조사.

석재은 외(2018). 노인돌봄종합서비스 사업의 개편방안 연구. 강원: 한림대학교 산학협력단.

선우덕 외(2015). 노인돌봄(케어)서비스의 제공주체 간 역할정립과 연계체계 구축. 세종: 한국보건사회연구원.

송인주(2014). 독거노인 돌봄 유형별 지원체계 연구. 서울: 서울시복지재단.

윤석명(2016). 뉴노멀시대의 노후소득보장 양극화 완화방안. 한국복지경영학회 추계 학술대회 자료집.

이선희(2014). 노인돌봄서비스관련현행제도의 실태와 개선방안. 보건복지포럼. 세종: 한국보건사회연구원.

전용호(2015). 노인돌봄서비스의 전달체계에 관한 연구: 공공부문 인력과 공급자의 관점을 중심으로. 보건사회연구, 35(2), 347-379.

전용호(2020). 노인맞춤돌봄서비스의 도입의미와 과제. 한국노년학, 40(4), 599-616.

정경희 외(2014). 노인단독가구의 생활 현황과 정책과제. 세종: 한국보건사회연구원.

통계청(2016). 장래추계 인구 · 가구자료.

통계청(2021). 사망원인통계.

행정안전부(2021). 주민등록인구통계자료.

OECD (2017). Preventing Aging Unequally.

보건복지부 기초연금 http://basicpension.mohw.go.kr

노인과 기술

제**15**장

김동선

고령층의 인구가 증가함에 따라 이들의 욕구와 필요에 대응하기 위한 새로운 형태의 상품과 서비스가 요구되고 있다. 경제력을 갖춘 액티브시니어의 등장으로 새로운 시장이 형성되는 한편, 정부 역시 고령화로 인한 복지재정 압박을 해소하기 위해 고령친화산업의 육성을 촉진해 왔다. 1980년대 이후 고령선발국가를 중심으로 실버산업 또는 장수경제(longevirty market)라는 이름으로 선을 보인 새로운 산업은 최근 로봇, 사물인터넷(IoT), 빅데이터와 인공지능 등 4차 산업기술과 결합해 새로운 차원으로의 발전을 이루고 있다. 과학·기술 혁신은 치료에서 예방으로, 의존에서 자립으로 고령자들의 삶을 획기적으로 바꾸어 놓고 있으며, 사회적으로도 돌봄인력의 부족을 해소하고, 새로운 성장동력으로 작용하는 등 고령사회의 솔루션을 찾는 데 크게 기여하고 있다. 특히 2020년 발발한 코로나 팬데믹은 돌봄과 복지서비스 제공에 있어서 기술 도입에 박차를 가하는 사건이 되었다.

고령친화산업에 4차 산업혁명 기술을 접목해서 새로운 경제적 가치를 창출하고자 하는 이러한 움직임은 미래 노인들의 삶을 크게 바꾸어 놓을 것으로 기대된다. 노인을 위한 기술 도입은 단순히 새로운 상품이나 서비스의 등장뿐 아니라 기술상품의 구매와 소비라는 과정을 통해 노인이 적극적 참여자로 나서는 변화를 예고하기도 한다. 또한 노인을 위한 기술 발전은 기존의 정부 주도 복지공급에서 시장을 포함한 서비스의 다원화라는 변화를 주도하며, 이를 통해 복지패러다임의 전환을 예고하기도 한다.

기술은 노인들의 삶에 많은 긍정적 변화를 가져오고 있지만 한편으로는 노인들의 기술 수용성 차이로 인한 격차, 알고리즘에 의한 차별, 자율성 및 선택권의 박탈 등 기술로 인한 부정적 측면 역시 우려된다. 이에 이 장에서는 노인들의 삶에 영향을 미치는 기술의 발전 배경 및 동향, 기술로 인한 이점과 부작용에 대해 살펴보기로 한다.

1. 고령친화산업

1) 새로운 고령층의 등장

인구고령화는 전 세계적인 추세다. UN의 추산에 따르면 향후 30년간 65세 이상 고령자의 인구는 2배로 증가하며 2050년에는 전 세계적으로 고령인구가 15억 명에 달할 것이라고 한다(UN, 2019).

인구고령화는 전 세계적으로 생산과 소비, 교육, 여가활동 등 사회·경제 구조와 복지패러다임을 크게 흔들어 놓고 있다. 과거 병약하고 의존적이고 수동적이었던 노인의 이미지도 역시 바뀌고 있다. 미래의 노인은 과거와 달리 나이가 들어서도 여전히 현역으로 활동하거나 제2의 삶에 도전하며 교육과 소비, 여가의 주체가 될 것으로 기대된다. 건강하고 활동적이며 경제력을 갖춘 새로운 노인층에 대해 액티브 시니어, OPAL세대(Old People with Active Lives), Yold(Young Old) 등의 명칭이 등장했다.

특히 교육 및 소득수준이 높고 개인주의적 가치관을 가지고 있는 베이비부머 세대가 고령층에 진입하면서 이들을 위한 새로운 시장이 창출되고 있다. 은퇴 이후의 삶을 스스로 준비하며 자신을 위한 소비에도 적극적인 이들은 기존의 고령자와는 다른 욕구를 가지며 건강, 라이프스타일에 따라 상품이나 서비스에 대한 욕구도 다양하다. 이에 이들이 요구하는 새로운 수요에 대응하기 위해 '시니어비즈니스' '실버산업' 등의 이름으로 새로운 산업이 등장하게 된 것이다.

시니어 또는 중·장년층은 전체 연령층 가운데 경제적으로 가장 안정된 것으로 나타나고 있다. 2016년 기준 50대는 월 평균 소득(514만 원)이 다른 연령층에 비해 가장 높으며 2006~2016년 소득증감율도 4.4%로 가장 높은 것으로 나타났다(김광석 외, 2017). 또한 베이비부머의 노인층 진입에 따라 2028년까지 소비력을 갖춘 노인계층(Yold)이 전체 1,200만 명인 노인인구의 56%를 차지할 것으로 예상된다(김영선, 2020).

고령자들을 위한 시장 발전은 기존의 기업이나 산업이 수요자의 변화에 대응하기 위한 노력에 의해 이루어지기도 한다. 의료, 식품, 화장품 등 기반 산업들은 소

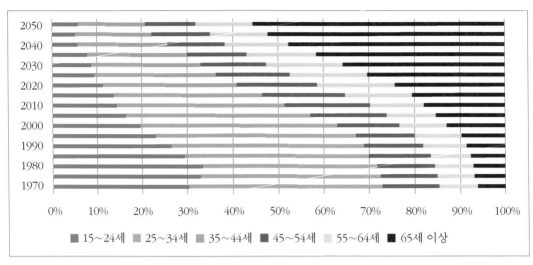

[그림 15-1] **연령대별 여성인구의 비율 변화**

출처: 통계청(2021)을 재구성하였다.

비자의 연령 구성이 변화함에 따라 그동안 등한시했던 노인계층을 소비자로 발굴할 필요성에 직면한 것이다. 예를 들면, 화장품 산업의 트렌드를 이끄는 여성인구의 연령대별 구성을 살펴보면 화장품 수요가 높은 25~34세가 전체 여성인구 가운데 차지하는 비중이 1970년 24.0%에서 2050년에는 6.1%로 급감하게 된다. 반면, 화장품 산업이 그다지 주목하지 않았던 65세 이상 여성인구의 비율은 1970년에 5.6%에서 2050년 55.9%로 증가하게 된다. 이에 따라 화장품 업체들은 젊은 층의 욕구에서 점차 중·고령층 여성의 미용 욕구에 부응하는 제품의 개발에 관심을 가질 수밖에 없다.

모태산업에서 고령친화산업으로의 진화가 이루어지는 기업으로 글로벌 대기업인 코카콜라를 들 수 있다. 1886년 설립된 코카콜라는 현존하는 가장 오래된 거대기업 중 하나다. 이들은 콜라만 만들다가 1980년대 들어 커피, 차, 와인, 오렌지주스 시장에 진출했다. 나아가 2009년에는 스무디와 채소 주스로 유명한 이노센트를 인수했다. 이는 글로벌 고령화에 대비한 행보로 해석되고 있다(이동우 외, 2022).

2) 복지재정 압박 및 복지패러다임의 변화

노인인구의 증가로 인해 의료·보건·복지에 대한 수요 역시 빠르게 늘어나고 있다. 핵가족화와 독거노인의 증가는 예전에는 가족의 몫이었던 돌봄에서의 공백을 의미하며, 이로 인한 정부의 복지서비스 지출 증대를 부추기고 있다. 또한 노인인구의 증가는 의료와 장기요양 비용의 증가로 이어지고 있다. 고령화율이 높은 서유럽국가들의 경우 국민 전체의 의료비가 1970년대 GDP의 5%에서 2000년대 10%대까지 증가했다(OECD, 2009). 고령화율이 20%를 넘어선 스웨덴의 경우 의료, 돌봄의 수요가 큰 80세 이상 인구가 전체의 5.2%를 차지하며, 이에 따라 장기요양서비스 비용이 전체 GDP의 2.9%를 차지하고 있다. 이처럼 고령화가 진행되면서 정부의 보건・의료・복지서비스 지출 및 관련 예산이 계속 증가하고 있다. 하지만 1990년대 이후 선진국을 중심으로 전 세계가 경제 저성장 기조에 접어들면서 이러한 비용 증가를 억제할 필요성이 커졌다. 이에 각국은 사회서비스 수급 조건을 강화하고 민간보험을 활성화하는 등 국민의 필요와 수요를 시장에서 충당하는 정책을 추진하고 있다.

세계 최고령국가인 일본 역시 고령화로 인한 복지재정의 압박이 복지서비스의 시장화를 촉진하는 계기로 작용했다. 돌봄(개호)서비스가 필요한 노인들이 급증하는 가운데 정부가 운영하는 의료・요양시설(특별양호노인홈, 개호노인보건시설)만으로 고령자들의 요양서비스 수요를 충족하기에 턱없이 부족해지자 집에서 혼자 지내기 어려운 노인들이 병원에 장기 입원하는 현상이 일어나게 된다. 사회적 입원으로 인한 의료비 급증 현상을 해소하기 위해 일본 정부는 2001년 건강보험과 별개로 개호서비스를 충당하기 위한 사회보험을 도입했다. 공적개호보험은 세금과 보험료로 재원을 마련하여 개호서비스가 필요한 노인들이 적은 자기부담으로 요양시설에 입소하거나, 재가방문서비스를 이용할 수 있게 한 공적 돌봄시스템이다. 일본의 공적개호보험에서 중요한 점은 요양서비스 제공 주체를 민간에게 전격 허용했다는 것이다. 이전에는 특별양호노인홈, 개호노인보건시설 등 보건의료시설의 운영은 정부의 위탁을 받은 복지법인이나 의료법인만이 할 수 있었다. 이렇게 공적개호보험은 노인의 필요를 충족시키는 시장을 형성하는 데 중요한 계기가 됐다.

한편, 일본 정부는 공적개호보험을 통해 일본 고령자층이 보유하고 있던 막대한 자금을 관련 산업으로 유도하는 효과도 노렸다. 실제로 개호보험의 실시 이후 많은 민간기업이 요양산업에 진출했으며, 요양용품산업이 개호보험 시행 이후 급성장했다.

고령자의 증가는 돌봄 수요의 증가를 야기한다. 게다가 가족기능의 변화에 따라 장기요양서비스의 시장화 역시 빠르게 이루어지고 있다. 하지만 돌봄서비스는 노동집약적 형태로 이루어지며 많은 인력을 필요로 한다. 반면, 저출산으로 인한 경제활동인구의 감소, 돌봄노동 기피 등으로 돌봄노동을 제공할 수 있는 인력 확보는 갈수록 어려운 상황이다.

한국의 경우, 2019년 기준 돌봄이 필요한 장기요양 인정 노인은 75만 명인데 돌봄을 제공하고 있는 요양보호사는 64만 명으로 추산된다. 장기요양 인정자 규모가 2010년 31만 5천 명에서 2018년 67만 명으로 2.12배 증가하는 동안 요양보호사는 같은 기간 오히려 줄어든 것으로 나타났다. 이러한 인력 부족은 시간이 갈수록 심각해질 것으로 예상된다. 향후 요양보호사의 필요 인력을 추산했을 때 2030년까지 11만 명 이상의 인력이 추가로 필요한 것으로 추산되며 2050년에는 2018년 기준 57만 8천 명의 3배에 해당하는 169만 명이 필요할 것으로 추산되고 있다(임정미 외, 2019).

개호(돌봄)인력 부족(2016~2025년)

- 2025년까지 신규로 확보되어야 할 개호인력 약 55만 명
- 2025년 필요인력 약 245만 명
- 2016년 개호종사자 약 190만 명

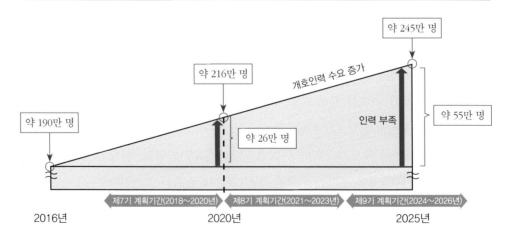

[그림 15-2] 일본의 개호(돌봄)인력 부족

주: 일본의 경우 2025년까지 현재 기준 55만 명 이상의 개호(돌봄)인력이 추가로 필요한 것으로 추산된다.
출처: 厚生勞動省(2019).

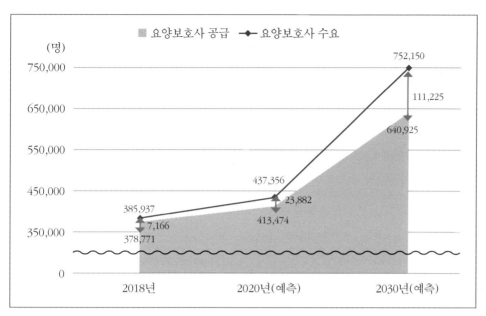

[그림 15-3] 요양보호사 수요-공급 격차로 인한 한국의 헬스케어인력 부족

출처: 임정미 외(2019).

돌봄인력의 부족 문제는 일본, 독일, 미국 등 고령 국가들이 공통적으로 겪고 있는 어려움이다. 일본에서는 단카이세대가 전원 75세 이상에 편입되는 2025년에는 약 245만 명의 돌봄인력이 필요할 것으로 예측되는데, 이를 위해서는 2015년 기준 55만 명의 인력이 추가되어야 한다(厚生勞動性, 2015).

또한 요양종사자들은 높은 강도의 노동으로 인해 신체적 부담이 큰 것으로 나타나고 있다. 이상윤 등(2012)의 조사에 따르면 조사대상 98%가 근골격계질환 증상을 호소하며 신체 부위 중에서 허리 통증이 88.02%로 가장 많은 것으로 나타났다. 이에 이들의 노동을 경감할 수 있는 기술이 필요하다.

새로운 노인층의 등장, 복지재정 압박, 돌봄인력 부족으로 인해 인구고령화에 대처하는 새로운 접근이 요구되고 있다.

3) 고령친화산업 등장

예비노인을 포함한 고령층을 새로운 소비자로 겨냥한 산업은 일본, 미·영 등지에서 실버산업, 시니어비즈니스, 성숙한 시장(mature market), 장수경제(longevity enocomy) 등의 이름으로 모습을 드러내기 시작했다. 한국 역시 1980년대 중반부터 고령자를 대상으로 시장원리에 입각하여 상품이나 서비스를 제공하는 산업에 대해 실버산업이라는 용어가 사용되기 시작했다. 1993년 「노인복지법」 개정으로 노인 주거시설과 요양시설 운영에 영리를 추구하는 민간기업이나 개인의 참여가 가능해지면서 관련 산업에 대한 관심이 부쩍 늘어나기 시작했다.

새로운 산업에 대한 법적 · 제도적 기반이 마련된 것은 2005년에 이르러서다. 같은 해 1월에 대통령자문기구였던 '고령화 및 미래사회위원회'가 '고령친화산업 활성화 전략'을 보고하면서 고령친화산업의 중요성이 강조됐다. 향후 예상되는 급속한 고령화에 선제적으로 대응하기 위해서는 공적 서비스만으로 부족하고 민간기업을 중심으로 한 시장의 필요성이 논의되기 시작한 것이다. 이후 정부는 고령친화산업 활성화를 위해 「고령친화산업 진흥법」을 공포하였으며, 저출산고령사회위원회 산하 저출산고령사회정책본부와 고령친화산업팀을 설치하였다(저출산고령사회위원회, 2007). 2006년 제정된 「고령친화산업 진흥법」에 따라 2008년 고령친화산업지원센터가 지정되었으며, 고령친화종합체험관을 대구, 성남, 광주시에 각각 설치 · 운영하기 시작했다. 이와 함께 매년 고령친화우수제품과 고령친화우수사업자를 지정하고 있다.

2008년에 도입된 장기요양보험제도 역시 고령자 대상의 산업을 활성화하는 데 중요한 계기가 됐다. 요보호노인에게 시설 및 재가요양서비스를 제공하는 공적 돌봄시스템을 도입하면서 재원은 보험료로 조달하지만 요양서비스 공급은 민간에 전격 개방한 것이었다. 이로써 많은 민간사업자들이 요양시설을 설립하고 재가서비스센터를 만드는 등 장기요양서비스 시장에 참여하게 됐다. 또한 휠체어, 요양침대 등 복지용구 구매 및 렌탈에 대해 급여를 지급함으로써 복지 · 요양용품의 제조, 판매, 렌탈 시장이 활성화되기 시작했다.

「고령친화산업 진흥법」에 따르면 고령친화산업은 '고령자를 주요 소비자로 하는 제품(용구용품, 의료기기, 정보기기, 주택 또는 그 밖의 시설) 및 서비스(요양, 금융자산, 여가 · 관광 · 문화, 건강지원, 영농지원 등)를 연구, 개발, 제조, 건축, 제공, 유통 또는 판매하는 산업'을 말한다. 또 고령친화용품산업은 고령자를 대상으로 건강관리, 수발, 일상생활의 편의를 도모하기 위하여 고령자의 정신적 · 신체적 특성을 배려한 재화를 생산하는 산업을 의미한다.

한국보건사회연구원에서는 고령친화산업에 대해 '중산층 이상의 노인을 대상으로 수익자 부담에 의하여 노후생활에 적합한 상품과 서비스를 공급하는 산업'이라 규정하고 있다. 즉, 노인 혹은 예비노인을 대상으로 고령에 따른 생물학적 변화 및 사회·경제적 능력 저하로 발생한 수요를 충족시키기 위해 편리성과 안전성 위주로 상품과 서비스를 제공하는 산업을 의미한다. 이와 같이 다양한 정의를 통해 드러나는 고령친화산업의 특징을 종합하면 다음과 같다. ① 수요자는 노인 또는 노후를 대비하는 고령자가 되며, ② 공급자는 민간기업이 중심이 됨으로써 시장경제 원리에 따라 움직이는 한편, ③ 노인의 특수성을 고려하여 공익 증진의 기능이 포함된다. ④ 고령자의 수요는 보건의료와 복지, 주거, 여가, 금융 등 다양한 영역이 상호 연계돼 있기 때문에 고령친화산업은 융합산업적 특성을 지니고 있으며, ⑤ 따라서 융복합 기반의 연구 개발이 필요한 분야다.

2014년 한국보건산업진흥원이 발표한 보고서 '고령친화산업 실태조사 및 산업 분석'에 따르면 우리나라 고령친화산업은 의약품, 의료기기, 식품, 화장품, 용품, 요양, 주거, 여가, 금융 등 9개로 나뉜다. 이러한 분류는 고령층보다 더 넓은 범위의 시니어를 대상으로 하는 시니어비즈니스와 비교할 때 시니어 대상 교육이 포함되지 않았으며(고경환 외, 2019) 새로운 형태의 수요와 상품이 시장에 계속 등장하는 점에 비추어 볼 때 포괄성이 부족한 점이 지적된다.

일본의 닛세이기초연구소(2011)가 고령친화산업의 종류를 고령자의 연령에 따른 필요 및 수요와 목적을 매트릭스로 하여 살펴본 바에 따르면 헬스케어, 항노화(미용), 문화·여가·교류를 주로 하는 오락시장, 은퇴 후 지역사회 참여를 지원하는 서비스, 외출·이동·쇼핑 지원, 안부 확인·응급대응, 원거리 부모 부양서비스, 재가서비스, 임종 관련 서비스, 장례서비스 등 다양한 형태가 존재함을 알 수 있다.

한편, 노인들을 위한 시장, 산업은 정부가 주도하는 고령친화산업이라는 용어 이외에도 민간이 주도하는 형태로 실버산업, 시니어비즈니스, 웰니스비즈니스, 항산화비즈니스 등의 다양한 용어들이 병행해 사용되고 있다. 시니어의 라이프스타일과 필요가 계속 세분화되는 만큼 그 범위는 계속 확대될 것으로 예상된다.

국내 고령친화산업의 시장 규모를 살펴보면, 2012년 기준으로 27조 3,809억 원에서, 2015년 39조 2,839억 원, 2020년 72조 8,305억 원으로 성장하여, 연평균 13.01%의 성장률을 보이고 있다(이중근 외, 2014).

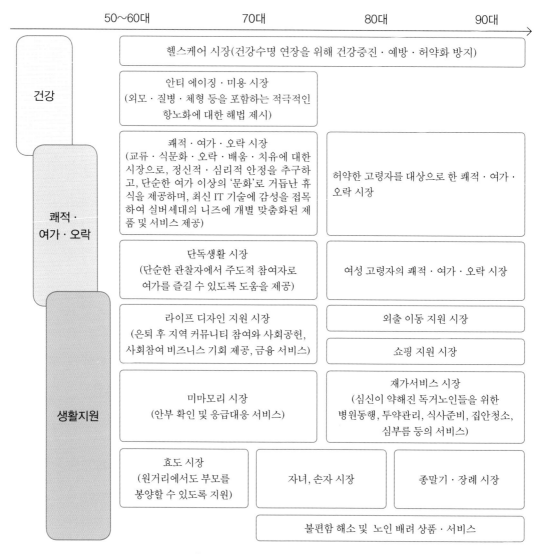

[그림 15-4] **고령친화상품의 분류**

출처: 닛세이기초연구소(2011).

하지만 고령친화산업은 그동안 정부의 지원 동력이 약하며, 기업에서도 큰 관심을 갖지 않는 등 발전이 지지부진한 상황이었다. 고령친화산업의 실태조사(2019)에 따르면 조사대상업체 1,400여 개 가운데 제조업이 차지하는 비율이 77.9%로 가장 많으며, 종사자 10명 미만이 65.0%, 자본금 총액 5억 미만인 영세 기업이 59.2%를 차지하는 등 고령친화기업들이 영세한 편이다(보건복지부, 한국보건산업진흥원, 2019).

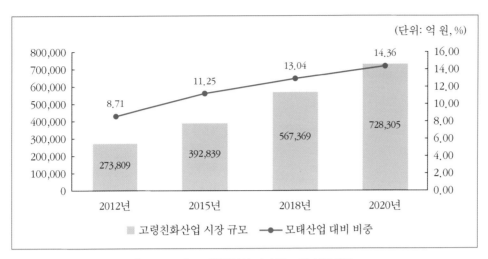

(단위: 억 원, %)

[그림 15-5] **고령친화산업 시장 규모 및 성장 전망**

출처: 이중근 외(2014), p. 13.

4) 고령친화산업과 4차 산업기술의 만남

21세기는 기술혁명의 시대다. 애플에 의한 개인용 PC의 보급, 익스플로러 등 검색엔진의 개발, 인터넷의 보급 등은 짧은 시간 내에 전 세계인들의 일과 소비, 여가, 소통방식을 바꾸어 놓았다. 모바일디지털기기를 매개로 이루어지는 전자상거래를 비롯하여 GPS지도, 메신저, 인터넷 전화 등은 우리에게 속도, 지리적 한계를 뛰어넘는 연결망을 가져왔다. 특히 2014년 Klaus Schwab이 소개한 4차 산업혁명은 말 그대로 과학기술 혁신을 통해 사회를 혁명적으로 바꾸어 놓고 있다. 4차 산업혁명이란 기존의 3차 산업혁명을 주도한 정보통신기술을 기반으로 물리학, 생물학 분야의 기술이 상호 교류하거나 융합하면서 사회경제적 측면에서 혁명적 변화를 가져올 것으로 예상되는 변화를 의미한다. 사물인터넷(IoT)을 통한 초연결과 클라우드, 빅데이터 및 인공지능 등을 기반으로 실시간 대량 정보의 산출, 소통 및 융합, 나아가 이를 기반으로 한 지능화를 통하여 연결된 모든 것의 자율화를 추진하는 것이 핵심이다.

한편, 이러한 기술 혁명은 인구고령화라는 거대 트렌드와 만나면서 사회에 새로운 변화를 가져오고 있다. 정보통신기술(ICT), 인공지능, 로봇 등 4차 산업기술이 융합된 새로운 제품과 서비스는 건강하고 독립적인 노년의 삶을 가능하게 하면서 기존의 의존적이고 수동적인 노인의 이미지를 바꾸어 놓고 있다. 또한 세계 각국은 새로운 형태의 기술상품과 서비스 시장을 선점하기 위한 노력을 경주하고 있다. 관련 산업의 성장은 단순히 고령자들의 필요를 해결할 뿐 아니라 국가 경제의 활력 추구 및 경쟁력 제고라는 측면에서도 큰 기대를 모으고 있다. 한국 역시 4차 산업기술을 적극 수용함으로써 기존의 소규모, 제조업 중심의 고령친화산업에 새로운 전기를 마련하고 있다.

2. 노인을 위한 기술의 등장과 전개

1) 노인을 위한 기술: 용어와 흐름

노인을 위한 기술은 등장 배경과 사용 목적 등에 따라 지칭하는 용어가 다양하다. 대표적으로 복지기술(welfare technology), 제론테크놀로지(gerontechnology), 고령화기술(age-tech), 스마트 헬스케어 기술 등이 사용되며 이 밖에도 보조기술(assistive technology), AAL(Ambient Assitive living)기술, 재택기술(Aging In Place technology) 등이 혼용되고 있다.

복지기술이라는 용어는 용어가 시사하는 것처럼 덴마크, 스웨덴, 핀란드 등 북유럽복지체제를 배경으로 등장했다. 복지기술이란 말은 2007년 덴마크 기술위원회에서 처음 사용되었는데 '복지서비스를 개발하고 전달하는 데 필요한 기술'을 의미한다. 전 국민을 대상으로 수준 높은 의료·돌봄서비스를 제공하는 데 IT기술을 적극 도입하고자 한 것이다.

복지기술의 등장 배경으로는 인구고령화와 노동력 감소, 이에 따른 복지서비스의 효율적 전달 필요성 등이 꼽힌다. 당시 추계에 따르면 덴마크의 노인인구는 2006년에서 2045년까지 81% 증가하는 반면, 같은 기간에 노동인구는 14% 감소할 것으로 전망됐다(Danmarks statistik, 2006). 복지기술의 개념이 소개되면서 덴마크공과대학교와 덴마크남부대학교 등을 중심으로 체계적인 연구와 교육이 이루어졌으며, 덴마크기술연구소, 노인 및 장애인을 위한 가상기술연구센터, 시민이 참여하는 리빙랩 등을 중심으로 구체적인 기술상품 개발이 이루어지게 됐다(김태은, 2017). 복지기술은 덴마크에 국한되지 않고 스웨덴, 핀란드 등 다른 북유럽 복지국가들로 전파되어 공공서비스의 디지털전환, 원격의료 실시 등 다양한 변화를 이끌고 있다.

의료·건강, 사회서비스를 디지털화하는 복지기술이 반드시 노인만을 대상으로 하는 것은 아니며 장애인, 사회적 약자 등도 포괄하고 있다. 복지기술과는 별개로 장애인의 재활을 돕기 위한 차원에서 만들어진 도구, 기구 등을 지칭하는 데 보조기술(assitive technology)이라는 용어가 쓰이고 있다. 보조기술과 복지기술은 경계선이 분명하지 않지만 차이점을 꼽자면 복지기술이 고령자들에게 초점이 맞추어져 있으며 기술의 활용에 있어서 공공기관(public authority)의 역할이 더 강조된다는 점에 있다(Søndergård, 2014).

한편, 북유럽 이외의 국가들에서는 노년학과 기술의 합성어로 이루어진 제론테크놀로지(gerontechnology, 노년을 위한 기술)라는 용어가 주로 사용되고 있다. 제론테크놀로지의 정의는 모든 사람이 나이가 들어서도 건강하고 안전하게 생활하며, 사회활동에 참여하면서 독립적인 삶을 영위할 수 있도록 지원하는 기술과 환경 디자인을 의미한다(ISG, 국제제론테크놀로지학회). 제론테크놀로지의 범위로는 고령자의 건강, 사회참여, 독립을 진작시키는 것을 목적으로 한 기술 연구, 개발, 환경 디자인 등을 들 수 있다(Harrington & Harrington, 2000).

제론테크놀로지라는 용어는 미국의 노년학자 James Forzad가 1988년 네덜란드 아인트호벤공과대학의 초빙교수로 있는 동안 노화 관련 연구자들과 기술공학자들과 교류하면서 사용되기 시작했다. 관련 학자들은 다양한 학문의 융합을 통한 기술개발을 목표로 1991년에 아인트호벤에서 국제콘퍼런스를 개최하였으며 이후 ISG(International Society of Gerontechnology)가 결성됐다. 이용자중심을 강조하는 제론테크놀로지는 노인에 초점을 둔, 정교한 인간−기술−환경의 상호작용 모델로 발전되었다(Graafmans et al, 1998).

한편, 노년을 위한 기술개발과 관련해서 국제사회의 관심도 높아지고 있다. UN은 1982년 오스트리아 빈에서 고령화 국제행동계획(International Plan of Action on Ageing)을 발표하였는데, 여기에서 노인들의 주택을 개조함으로써 그들이 가능한 한 오랫동안 자신의 집에서 살 수 있도록 도와야 함을 선언했다. 노인의 주거와 관련한 스마트홈 기술에 대해서는 재택기술(AIP technology)이라는 용어가 사용되기도 한다.

2002년 마드리드에서 열린 제2차 세계고령화회의에서는 보조기술과 환경지원이 노년기 장애를 예방하고 비용을 절감할 수 있음을 제시했다. 여기에서는 건강(원격의료)과 교육(원격학습)에 대한 노인들의 접근 장벽을 줄이고 기술을 통한 재활 지원을 강조하였다.

최근 ICT기술 발전과 맞물려 스마트 헬스케어 또는 디지털 헬스케어라는 용어도 자주 쓰이고 있다. 스마트 헬스케어는 ICT를 활용하여 개인의 건강과 질환을 관리하는 기술이다. 최근에는 데이터기반의 헬스케어 혁신이 강조되고 있는데 이는 심박, 체온, 혈압 등 건강데이터를 측정, 통합, 분석하여 활용함으로써 의료와 건강관리 등 헬스케어 전반에 변화를 가져오는 것(이다은, 김석관, 2018)을 의미한다.

스마트 헬스케어는 단순히 AI, 로봇 등 하이테크기술을 활용한 상품이나 서비스만을 의미하는 것은 아니다. 전기사용량, 걸음 수, 활동패턴 등 고령자의 평소 라이프스타일을 통해 건강상태를 파악하여 평소처럼 생활하도록 돕거나 간병인의 업무를 지원하는 활용시스템까지 포함한다. 스마트 헬스케어는 기술, 상품제조업체뿐 아니라 케어서비스 제공자(지방정부, 민간기업, 영리·비영리법인), 주택서비스 공급자, 시설·재가케어의 소비자가 함께 참여하는 통합적 케어 생태계를 지칭하기도 한다(김영선, 2020). 스마트 헬스케어 역시 4차 산업기술을 적극 수용하면서 빠르게 성장하고 있다. 산업자원통상부가 「산업 디지털 전환 촉진법」(2022)에 따라 디지털 헬스케어 국내업체를 대상으로 실시한 실태조사에 따르면 국내 디지털 헬스케어 산업의 2020년 매출 규모는 1조 3,539억 원으로 파악됐으며, 그중 지능형 건강관리 서비스가 7,526억 원(55.6%)으로 가장 큰 비중을 차지했다(산업자원통상부, 2022. 2. 24.).

이 밖에도 노인을 위한 기술을 지칭하는 데 PC, 모바일디바이스를 매개로 이루어지는 e-health, mobile health 등의 용어가 사용되기도 한다.

노인을 위한 상품 개발에서의 R&D 중요성

그동안 고령시장의 성장을 예측하며 많은 기업이 비즈니스 기회를 노려 왔지만 성공한 기업을 찾기는 쉽지 않다. 노인에 대한 이해가 부족한 상태에서 시장에 나온 제품들은 노인들의 외면을 사기 일쑤였다. 대표적인 예로 유아식 생산업체인 하인즈의 실패를 들 수 있다. 하인즈는 1940년대 후반부터 노인식 개발에 착수, 긴 연구 개발 끝에 1955년에 드디어 영양소를 골고루 갖춘 노인식을 시장에 선보였다. 하지만 선반에 진열된 하인즈의 노인식 통조림에 관심을 갖는 사람은 거의 없었다. 유아식 브랜드 거버 역시 1974년 노인식을 선보였다. 하인즈의 전철을 밟지 않기 위해 '노인식'이라는 명칭을 뺐지만 이 제품 역시 노인들의 관심을 얻는 데 실패했다(고려대학교 고령사회연구센터, 2022). 라이프얼럿이라는 회사는 1974년에 펜던트형 응급호출기를 출시했다. 노인들이 목에 걸고 다니다가 응급 상황에 버튼을 누르면 구조대를 호출할 수 있는 제품이지만 판매가 신통치 않았다.

보청기 역시 최근까지 노인들이 거부하는 노인용품의 대표적인 사례다. 노인들은 청력이 떨어져도 보청기를 사용하려 하지 않는다. 이러한 예들은 노인을 위한 기술상품과 서비스가 노인의 신체적·심리적·사회적 특성을 제대로 이해하지 못한 채 만들어졌을 때 실패할 수밖에 없음을 알려 준다. 노인을 위한 기술은 단순히 도구, 기계, 기구를 의미하는 데에 그치는 것이 아니라 기술의 적용, 기술을 사용하는 데 필요한 능력 향상, 기술 수용 태도, 주변 시스템 등을 포괄하는 개념으로 정의될 필요가 있다.

노년을 위한 기술은 원천기술, 엔지니어링, 노년학, 복지 등 다양한 영역이 상호 연계되어 새로운 상품과 서비스를 설계해야 한다는 점에서 융합 연구 개발이 필요한 분야다. 이런 점에서 노년을 위한 기술은 정부 주도의 R&D가 발전의 동력이 되어 주었다. 미국의 경우, 1999년에 설립된 다학제간 협력적 연구센터 CREATE(Center for Research and Education on Aging and Technology Enhancement)가 중요한 역할을 담당하였다. 코넬 의과대학, 일리노이 대학교 어바나 샴페인, 조지아 공과대학, 플로리다 주립대학교, 마이애미 대학교 등 5개 대학을 중심으로 한 연구컨소시엄인 CREATE는 기술을 활용해서 노인의 독립, 생산성, 건강, 안전, 사회적 연결, 삶의 질을 지지하고 보장하는 것에 연구의 목적을 두었다. CREATE에서의 연구는 이후 노인을 위한 기술개발 및 활용에 큰 기여를 한 것으로 평가되고 있다.

EU의 경우는 2014년 EU Horizon 2020을 발족시키고 기술을 통한 사회문제 해결에 통 큰 투자를 실시해 왔다. EU Horizon 2020은 2008년 금융위기 이후 촉발된 유럽의 경기침체를 극복하고 글로벌 경쟁력 확보 및 고령화, 기후변화 등 현대사회가 직면한 문제를 해결하기 위해 만들어진 연구기금프로그램이다. 2014~2020년까지 800억 유로의 예산을 쏟아부음으로써 EU 최대 규모의 연구를 이끌어 왔다. 이러한 과감한 연구 투자는 고령화가 심각한 유럽에서 노인을 위한 기술 혁신이 이루어지는 데 큰 기여를 한 것으로 평가받고 있다.

2) 노인을 위한 기술개발을 향한 글로벌 경쟁

기술의 시대에 세계 각국은 헬스케어 기술 혁명을 통해 국가 경쟁력을 유지하기 위해 각고의 노력을 기울이고 있다. 대규모 테크기업들이 기술 이노베이션을 주도하는 미국에서는 아마존, 애플, 구글 등이 헬스케어시장에 뛰어들고 있다. 아마존은 2021년에 헬스케어업체를 인수하는 등 원격 진료의 대표주자로 등장하고 있으며 애플은 애플워치를 통해 사람들의 생체정보를 수집하고 이를 새로운 가치 창출에 활용하는 접근을 취하고 있다. 구글 역시 지식플랫폼과 인공지능에서의 독점적지위를 활용하여 독자적인 글로벌바이오기업을 탄생시키고 있다.

기술혁신 수준이 높은 북유럽 초고령국가들의 움직임도 주목할 만하다. 특히 기술혁신 수준이 높은 핀란드는 유럽의 ICT허브로 주목을 받고 있다.[1] 수도 헬싱키를 포함해 인구의 20%를 연결하는 사회복지 · 의료 · 복지서비스통합시스템 Apotti 프로젝트, 국민들의 의료정보를 수집해서 새로운 진단, 치료법, 약품을 개발하는 것을 목표로 하는 FinnGen 사업 등이 주목을 끌고 있다. Apotti 프로젝트(2012~2021)는 시민이 온라인으로 접속하여 사회 및 건강관리 전문가와 실시간 소통하면서 의료 · 보건 · 복지서비스를 받을 수 있는 시스템이다. 시민들과의 온라인 상담을 위해 임상의 사회복지전문가들은 대상자의 개인별 전자건강기록(EMR), 사회보장서비스 등의 데이터에 접근할 수 있다. 또한 대상자의 건강과 생활지원을 위해서 필요한 다양한 서비스가 통합적으로 제공된다. 예를 들면, 의사는 환자의 질병 증상뿐 아니라 임대료, 식료품 구입, 교통수단 등 건강에 영향을 미치는 다양한 영향 요인들을 듣고 종합적으로 고려하여 치료 방법 및 처방을 내린다. 사회복지사와 연계해 외출, 식사, 주거환경에 대한 개선안을 내놓을 수 있다. Apotti 프로그램은 고객 중심을 최고의 가치로 내세우며 관료적이고 복잡한 행정절차를 제거함으로써 비용효율적이면서 고품질의 해결책을 제시하고 있다. 이 밖에 지식기반, 사용자 만족 극대화, 새롭고 혁신적인 운영 등을 운영 원리로 내세우고 있다.

FinnGen 사업 역시 핀란드의 대표적 헬스케어 혁신사업이다. 정부, 병원, 대학, 기업이 협업을 통해 의료 빅데이터를 구축하고 이를 활용해서 새로운 가치를 창출하는 것을 목표로 하고 있다. 핀란드 정부는 의료 빅데이터 구축을 위해 2017~2023년 50만 명의 혈액 수집을 목표로 하였는데, 2021년에 이미 44만 명이 넘는 사람들의 혈액을 수집하는 성과를 거두었다. 2019년에는 국민의료 및 사회보장데이터의 활용을 위한 법안을 제정하고, 민간기업과 연구소가 이를 연구목적에

---

1) 디지털경제와 사회지표(European Commission, 2020)는 연결, 인적자본, 인터넷 사용, 디지털기술 통합과 응용, 디지털공공서비스 등으로 이루어지며, 1위는 핀란드다.

사용하도록 데이터를 전체 공개하였다. 이러한 의료 빅데이터는 화이자, 아스트라제네카, 노바티스 등 글로벌 제약회사가 핀란드에 투자를 결정하는 데 결정적인 역할을 했다. 최종적으로 12개의 글로벌 제약회사들이 핀란드 정부와 컨소시엄을 구성하면서 800억 유로를 투자하기로 약속했다. 본 사업을 통해 핀란드 정부는 글로벌 제약사들의 첨단기술을 자국 내로 끌어들였다는 평가를 받고 있다(강충경, 2021).

2022년 기준 고령화율 28%를 넘어선 세계 최고의 고령국가인 일본 역시 기술을 통해 초고령사회의 위기를 극복하기 위해 최선을 다하고 있다. 일본은 2000년대 초반부터 병원, 공공기관, 가정을 연결한 유비쿼터스(ubiquitous) 네트워크를 구축하여 일본 전체를 안심시스템으로 탈바꿈하겠다는 목표를 수립하였다(野村總合研究所, 2002). 또한 기술개발을 통해 잃어버린 국가경쟁력을 회복하고 초고령사회의 위기를 극복하기 위한 노력을 경주해 왔다.[2] 특히 고령화의 위기를 새로운 경제성장의 계기로 삼기 위해 성장형 장수사회 실현을 국가 재생의 주요 전략으로 내세웠다.

일본 경제산업성은 실버이노베이션이라는 개념을 제시하며 노인을 위한 산업 발달을 적극적으로 추진하고 있다. 실버이노베이션은 '고령자대상의 신상품·신서비스의 개발, 보급과 함께 고령자가 생활하기 좋은 커뮤니티를 구축해 산업의 발전을 촉진하고 그 혜택을 국민 생활에 환원하고자 하는 전략'을 의미한다. 실버이노베이션의 구체적인 내용을 보면 고령자 대상의 상품 개발뿐만 아니라 이러한 상품이 사용될 수 있는 도시환경의 개선, 고령자들이 자신의 자산을 쉽게 현금화할 수 있는 금융제도의 변화를 포함한다. 예를 들어, 고령자의 이동을 돕기 위한 핸들형 전동휠체어, 전동어시스트자전거, 초소형전기자동차 등을 개발하는 한편, 새로운 형태의 차량들이 자유롭게 주행할 수 있도록 도로 등 공공인프라의 정비에도 힘을 쓰는 식이다. 또한 ICT 활용을 통한 의료·개호서비스 제공, 주거환경 개선, 구매난민[3] 현상 해소, 지역사회와의 교류, 보람 창출 등 다양한 측면에 걸쳐 궁리와 창조가 이루어지고 있다.

---

2) 2011년 동일본대지진 이후 일본 내각부는 위기를 타개하고 자국의 경제성장을 위해 '일본 재생을 위한 전략'을 발표하였다. 이 내용은 ① 혁신적 에너지, 환경전략, ② 공동화 방지, 해외시장 개척, ③ 국가 간의 연계강화, ④ 농림어업 재생, ⑤ 성장형 장수사회·지역재생의 다섯 가지 기둥으로 이루어졌다.

3) 일본의 인구감소 및 대규모 소매상들의 진출로 인해 동네상점들이 점차 문을 닫으면서 이동이 힘든 노인세대가 생활필수품을 구입하는 데 어려움을 겪는 현상을 말한다.

또한 일본은 2015년 약 1,000억 엔 규모의 로봇신전략을 발표하였다. 자국의 산업경쟁력이 있는 로봇에 집중 투자하기로 결정한 것이다. 특히 개호인력 부족에 대응하기 위해 개발에 힘을 기울이고 있는 것이 개호로봇이다. 개호로봇이란 정보를 감지하고 판단하고(지능, 제어) 동작(구동)하는 3개의 요소기술을 보유한 지능화한 기계 시스템으로 로봇 기술을 응용하여 이용자의 자립지원이나 개호 종사자의 부담 경감에 도움이 되는 개호기기를 말한다(経済産業省, 2006). 2012년 경제산업성과 후생노동성이 개호로봇 개발 계획을 수립하였으며 2019년 기준으로 이승지원, 이동지원, 배설지원, 간호 및 커뮤니케이션, 목욕지원, 개호업무지원 등 6개 분야에 대해 개발, 실용화 및 보급을 진행하고 있다. 현재 일본에서 개호로봇을 제조 및 판매하기 위해서는 인·허가가 필요하지 않다. 요양시설에서 개호로봇을 도입하고자 하는 경우, 개호보험에 포함되어 있는 기기라면 정부로부터 일정 금액의 개호보수(1기기당 보조금 30만 엔)를 보조받을 수 있다. 또한 요양시설에서 로봇을 도입해 요양서비스를 제공하는 경우 야간 직원의 배치 요건을 완화해 주고 있다. 일반 가정에서 생활하는 요보호노인 역시 개호보험의 복지용구 대여(구입)서비스를 통해 로봇을 이용할 수 있다(渡邊愼一, 2019: 정일영, 김가은, 2020에서 재인용).

3) 노인을 위한 기술개발: 국내 동향과 특징

한국은 세계에서 가장 빠른 속도로 고령화가 이루어지고 있어 2060년에는 전체 인구의 43.9%가 65세 이상이 될 것으로 예상된다(대통령직속 경제사회노동위원회 '사회적 대화' 브리프). 노인인구의 급속한 증가가 예상되면서 2000년대 초반부터 고령친화산업의 성장이 점쳐져 왔으나 연금제도의 미성숙, 투자 부족 등으로 기대한 만큼의 성장이 이루어지지는 못했다. 하지만 4차 산업기술을 건강·의료·보건 영역에 접목해 새로운 경제적 가치를 창출하고자 하는 정부의 R&D 지원에 힘입어 고령자를 위한 기술이 최근 새롭게 주목받고 있다.

우리나라에서 사회문제 해결에 과학기술을 활용하려는 노력은 2007년 정부가 발표한 '기술기반 삶의 질 향상 종합대책'에서부터 찾아볼 수 있다. 2011년 국가과학기술 핵심 어젠다로 건강한 삶, 안전한 사회, 함께하는 자연이 제시되었고 '국민의 행복을 창조하는 과학기술'(한국공학한림원, 2012), '국민행복을 위한 디지털 창조한국 실현계획'[제5차 국가정보화 기본계획, 미래창조과학부(2013~2017)] 등 다양한 문건을 통해 국민 삶의 질을 향상시키는 데 있어 과학기술의 역할이 강조되어 왔다.

우리나라 과학기술정책의 청사진을 제시하는 과학기술기본계획에서는 계속해서 건강 장수와 국민 삶의 질 향상, 저출산 고령화 대응을 강조해 왔다. 제4차 과학기술기본계획(2018~2022)에서는 2040년을 향한 국가과학기술혁신과 도전 과제로 건강수명을 현재 73.2세에서 2040년까지 83.9세로 늘리고 전체 노인 중 건강노인 비율을 현재 21.1%에서 40.0%로 끌어올리는 것을 목표로 제시했다. 또한 모든 국민이 디지털정보를 동등하게 활용할 수 있도록 디지털정보화 수준을 현재의 58.6%에서 79.6%로 끌어올리는 것을 과제에 포함시켰다.

한편, 2020년에 발발한 코로나 팬데믹은 기술을 통한 사회문제 해결 움직임에 박차를 가하는 계기가 됐다. 정부는 코로나19 위기를 극복하고 경제·사회 전반의 디지털 대전환을 이루기 위해 범부처 국가 혁신 프로젝트로 '한국판 디지털뉴딜정책'을 도입했다. 여기에는 비대면 신산업 육성을 통해 국민 편익을 높이는 다양한 사업이 소개되었는데, 특히 보건, 의료, 복지 등 노인의 삶과 관련된 사업들이 다수 포함됐다. 구체적으로 스마트 의료 및 돌봄 인프라 구축을 위해 '스마트병원 선도모형 지원사업' '보건의료 빅데이터 활용' '스마트경로당사업' 등이 선정되었다.

'스마트병원 선도모형 지원사업'은 ICT를 의료에 활용하여 환자 안전을 강화하고 의료 질을 높이는 것을 목적으로 하며, 원격으로 중환자실을 관리하고 스마트기술을 통해 병원 내 감염을 관리하는 내용을 담고 있다. 지리적으로 흩어져 있는 1, 2차 의료기관의 환자 정보를 클라우드로 관리하는 시범사업 역시 이루어지고 있다.

미래창조과학부는 2016년 바이오헬스 미래신산업 육성전략을 수립하고 의료기기, 헬스케어기기 개발을 추진하는가 하면 산업통상자원부는 디지털 헬스케어 신시장 창출 전략을 발표, ICT를 활용한 U−헬스기술의 개발에 주력하고 있다.

보건복지부는 보건의료 데이터 인공지능 혁신전략(2021~2025)을 세워 국민들의 보건·의료데이터를 빅데이터화하여 관련 산업에서의 국가경쟁력을 확보하는 데 초점을 맞추고 있다. 건강보험 등 공공데이터와 병원 임상데이터 등을 포괄하는 보건·의료데이터는 의료기술 혁신이나 바이오헬스 산업 측면에서 가치가 매우 높다.

해외 주요 국가들은 보건·의료데이터 활용을 위해 빅데이터 플랫폼 구축에 적극 나서고 있다. 우리나라 역시 국가 보건·의료 빅데이터 플랫폼을 구축함으로써 디지털치료제 개발 및 새로운 형태의 헬스케어모델을 창출하는 것을 국가전략으로 삼고 있다. 하지만 현재로서는 낮은 데이터표준화, 데이터 품질관리, 개인정보침해 우려 등으로 빅데이터의 구축 및 활용에 어려움을 겪고 있다.

보건 · 의료 빅데이터 활용을 위해서는 데이터의 표준화뿐 아니라 개인정보보호에 대한 규제를 풀어야 할 필요가 있다. 정부는 지속적인 홍보를 통해 개인정보 활용에 대한 국민들의 인식을 바꾸는 데 힘써 왔다. 2020년 대통령 직속 4차 산업혁명위원회 조사에 따르면 국민들은 공익의 목적(82%) 또는 의료기술개발 활용(87%)을 위해 개인정보제공 의향이 있다고 응답했다(보건복지부 보도자료, 2021. 6. 2.). 이러한 인식 변화를 토대로 국회는 데이터 3법(「개인정보 보호법」「정보통신망 이용촉진 및 정보보호 등에 관한 법률」「신용정보의 이용 및 보호에 관한 법률」) 개정(2020. 8.)을 이룸으로써 개인정보 활용을 위한 길을 마련했다.

3. 노인을 위한 기술상품

1) 노인을 위한 기술의 분류체계

2020년 코로나로 인한 사회적 거리두기, 공공시설 폐쇄 등은 사회의 디지털 대전환을 촉진하는 계기로 작용했다. 고령자들도 코로나 이후 자의 반 타의 반으로 디지털사회에 적응해 가고 있다. 미국 은퇴자협회(AARP)에 따르면 코로나 이전에는 비디오채팅을 하는 노인이 전체 노인의 절반 이하였지만 코로나 이후에는 조사대상의 70% 이상이 매주 비디오채팅을 하는 것으로 밝혀졌다. 과거에는 전화를 통해 타인과 연결되어 있었다면 현재는 비디오채팅(45%), 문자(37%), 이메일(26%), 전화(29%)의 순으로 타인과 연락을 취하고 있다. 기술상품 구매도 급증했다. 50세 이상을 대상으로 조사한 결과에 따르면 연간 기술상품 구매액이 코로나 이전 394달러에서 1,144달러로 증가했다. 50세 이상 조사대상자 가운데 웨어러블 디바이스를 착용하는 비율도 17%에서 27%로 증가한 것으로 나타났다.[4]

---

4) https://press.aarp.org/2021-4-21-Tech-Usage-Among-Older-Adults-Skyrockets-During-Pandemic

　노인들을 대상으로 한 기술의 경우 하루가 멀다 하고 새로운 상품과 서비스가 등장하고 있어 이를 분류하기는 쉽지 않다. 김영선(2020)은 Age-tech의 종류로 ① 노인들의 독립적 삶을 지원하는 기술, ② 돌봄노동을 경감하는 기술, ③ 노인들의 정서적·사회적 지지를 위한 기술 등으로 나누어 살펴보았다.

　이 책에서는 기술 수준(하이테크-로테크)과 연령에 따른 욕구(필요) 종류를 기준으로 다양한 기술상품을 분류하고자 한다. 낮은 단계의 기술 활용으로는 인터넷 기반의 정보제공·검색, 온라인커뮤니티, SNS 등이 있으며, 보다 높은 단계로는 GPS를 활용한 기술, IoT, 증강·가상현실기술, 자율주행기술, AI와 빅데이터, 클라우드

표 15-1 ▏기술 수준과 고령자의 신체적·인지적 필요에 따른 분류

		여가·교육	예방·건강관리	정서·사회적 지지	돌봄노동
↑ 하 이 테 크 ↑	클라우드, 빅데이터 기술 활용	–	지역의료네트워크 시스템, 독거노인 응급안전 돌봄시스템, 디지털 헬스케어시스템	–	스마트홈
	로봇, AI 기반의 융합기술	–	AI 기반의 암, 치매진단 기술	안면인식안경, 거동이 불편한 고령자를 위한 자율운전기구, AI 스피커	돌봄로봇
	센서와 IoT, GPS 기술 활용	웨어러블 디바이스를 통한 건강관리	웨어러블 디바이스, 컨택트렌즈, 패치형태의 기기를 활용한 당뇨, 암진단기술	안경에 부착하는 음성 인식장치	낙상감지기, 위치추적신발, GPS 시스템을 이용해 고령자의 건강상태 체크, 스마트기저귀, 자동체위변경기기
	증강·가상 현실을 이용 한 메타버스	VR을 활용한 가상체험 프로그램(여행, 미술관 방문 등)	VR을 이용한 재택운동 프로그램	몸이 불편한 시니어를 위한 가상현실 체험 및 활동 제공서비스	VR을 이용한 치매환자 인지 개선 및 재활 프로그램/VR를 활용한 간병인 교육 프로그램
	인터넷 기반 서비스	오디오북, 브레인게임 (Wii 시리즈)	Wii Sports, Wii Fit 등 인터넷 기반 실내운동 프로그램, 인지기능강화 프로그램	시니어전용 플랫폼: 검색, 전자상거래, 지도, 메신저 등 시니어 친화적 플랫폼/주택공유플랫폼	요양플랫폼: 간병인 구인구직, 요양시설 검색 및 추천기능/요양시설 통합관리시스템/요양시설과 보호자 간 정보교류 애플리케이션 등

기반의 기술 등으로 기술 수준의 위계에 따라 정리하였다. 이용자의 욕구 측면에서는 여가와 교육, 예방·건강관리, 정서·사회적 지지, 돌봄노동 경감 등 연령대별, 신체·정신적 기능 정도에 따라 구분하였다.

다만, 여기에 소개되는 상품들은 이미 시장에 나와 활용되는 것들도 있지만 아직 연구개발단계에 있어 실제 사용까지 시간이 걸릴 것으로 예상되는 상품들도 있다. 또한 노인을 위한 기술상품에 대한 평가·검증 시스템이 아직까지 확립되지 않아 제품의 성능이 확인되지 않은 것들도 있다.

2) 다양한 기술상품 및 서비스

(1) 여가, 교육, 참여 등 활동적 시니어를 위한 기술

비교적 건강하며 활동적인 시니어들을 위해서는 여가, 교육, 사회활동을 지원하는 기술상품이 주로 개발되고 있다. 시니어들은 나이가 들어갈수록 감각, 신체·인지 능력의 저하로 활동이 제한된다. 또한 나이가 들어가면서 대면 사회 연결망의 숫자가 줄어든다(Cornwell, Laumann, & Schumm, 2008). 하지만 사회적 연결고리를 유지하는 것은 건강한 노화에 중요한 요소이기 때문에 대면 사회활동을 대신하여 비대면 활동을 촉진하는 기술이 등장하고 있다. 대표적인 것이 페이스북 등 온라인커뮤니티, SNS 등이다. 애리조나 대학교의 연구에 따르면 65세 이상 시니어들이 페이스북을 사용하는 경우 인지기능이 향상되는 것을 확인할 수 있었다. 페이스북을 사용하는 그룹은 주어진 글의 내용을 모니터하고 이를 삭제하거나 추가하는 과제에서 비교그룹에 비해 작업 능력이 25% 높은 것으로 나타났다(Blue, 2013: Hooyman & Kiyak, 2008에서 재인용). 또한 페이스북에 사진을 포스팅하는 사람들은 포스팅에 대한 긍정적 피드백을 통해 자존감이 향상되는 것을 경험했다. 이 밖에도 온라인기반의 교육, 여가 프로그램은 이용자 간의 상호작용을 촉진함으로써 삶의 질을 높여 줄 것으로 기대되고 있다.

건강관리, 치매 예방 등을 목적으로 한 기능성 게임(serious game) 역시 이 범주에 속한다. 기능성 게임이란 게임의 재미적 요소를 결합하여 교육, 훈련 등 사회적 기여가 큰 활동을 하도록 유도하는 목적성 게임을 말한다. 게임을 통해 행동장애, 정신건강문제 등을 치료하는 것에 대해 게임화(gamification)[5]라는 단어가 사용되기도 한다. 한국문화콘텐츠진흥원에서는 기능성게임종합포털[6]을 만들어 관련 게임산업으로 육성하고 있다.

(2) 센서와 IoT를 활용한 건강관리

웨어러블 디바이스를 이용해 체온, 혈압, 맥박, 호흡, 산소포화도 등을 측정하여 건강을 스스로 관리(self-monitoring)할 수 있는 헬스케어 기술상품이 여기에 해당한다. 웨어러블 디바이스는 시계 또는 반지 등의 형태로도 나오고 있으며 다양한 바이탈사인을 측정하고 저장하며 필요한 경우에는 병원으로 전송할 수 있도록 시스템화되어 있다.

침대에 설치된 센서가 노인의 몸무게를 감지해 체중 감소를 모니터링하거나 콘택트렌즈를 통해 포도당 수치를 측정하여 당뇨병 정도를 모니터링하는 기술도 여기에 해당한다. 초음파, 심전도 등 병원에서만 사용되는 고도의 진단기구를 휴대가 가능하도록 소형화하기도 한다. 위장의 산성도를 측정하는 센서를 약물 형태로 삼킨 뒤, 위장의 움직임을 측정하고 그 데이터를 피부에 붙인 패치수신기(patch receiver)에 보낸다. 이 데이터는 다시 의료진에게 전달되어 원격 진료에 활용될 수 있다.

미국의 신생벤처기업 24eight에서는 AT&T와 협력하여 노인의 발 움직임을 감지하도록 압력센서가 부착된 스마트 슬리퍼를 개발하였다. 바닥의 센서가 압력과 보폭 데이터를 수집하여 평소의 걸음과 비교해 이상이 감지되면 이를 가족과 의사에게 알려 낙상 사고를 방지하는 것을 목적으로 개발되었다. 이 밖에도 다양한 방식으로 센서를 이용해 만성질환을 관리하거나 낙상 위험 경고를 보내는 등 관련 기술은 계속해서 진화하고 있다(김근령, 2017).

개인별 건강관리의 디지털화와 함께 병원의 디지털화도 급속도로 진행되고 있다. 환자기록을 디지털화한 전자차트는 전공의 간의 협진을 용이하게 한다. 또 센서와 IoT 기술로 수집한 환자의 건강정보를 토대로 의사는 원격으로 진단과 치료를

---

5) 웹이나 모바일 애플리케이션에 게임을 탑재하여 이용자들이 게임을 하면서 바람직한 행동을 하도록 유도하는 것을 말한다. 이와 같은 게임을 펀웨어(funware)라고 부르기도 한다. 게임화는 게임을 즐기는 인간의 심리적 경향을 이용해 기술에 대한 거부감을 줄이거나 사람들이 평소에 재미없게 느끼는 잡무, 예를 들어 설문 조사, 쇼핑, 웹사이트 읽기 등을 하도록 유도하기도 한다.

6) https://www.kocca.kr/seriousgame/main.do

[그림 15-6] 노인 사고 방지 슬리퍼

주: 노인의 발 움직임을 감지하는 압력센서가 부착된 스마트 슬리퍼로, 바닥의 센서가 압력과 보폭 데이터를
　　수집하고 평소의 걸음과 비교하여 이상이 감지되면 가족과 의사에게 알려 사고를 방지한다.
출처: 24eight.

할 수 있다. 환자의 혈당, 혈압, 심박 등의 데이터를 모니터링하여 복약지도를 하거
나 위기 징후를 예측해 적절한 조치를 취하는 등 IoT 기술은 향후 병원의 모습을 크
게 바꾸어 놓을 것으로 기대된다. 이러한 기술은 또한 의료시설에 쉽게 접근할 수
없는 고령자, 격소지 주민들이 병원에 가지 않고도 같은 수준의 의료서비스를 받을
수 있도록 하는 등 혜택이 크다고 할 수 있다.

　의료 분야에서의 기술 도입은 많은 환자의 데이터가 축적되고 인공지능이 활용
되면서 또 다른 차원으로의 발달을 이루어 가고 있다. 환자의 증상, 치료 방법, 약물
복용과 경과 등이 데이터로 축적되고 이것이 클라우드로 공유되면서, 이제는 환자
의 상태를 확인하고 적절한 치료법과 약물을 처방하는 것이 의사의 역할이 아니라
인공지능의 영역으로 넘어가고 있는 것이다. CT, MRI 영상이미지를 기계학습하여
치매, 암 등을 자동 진단하는 기술 역시 현재 빠르게 개발되고 있다.

(3) 고령자의 자립생활을 돕고 돌봄노동을 대체하는 로봇기술

　물개 모양의 털인형 파로가 전 세계 노인들에게 마스코트 역할을 하고 있다. 치매
로 인해 인지가 떨어진 노인들이 파로를 쓰다듬으며 인형에 집중하는 것이다. 일본
AIST 사에 의해 개발해 2003년 시장에 선보인 파로는 단순한 인형은 아니다. 사람
의 움직임을 감지해 고개를 끄덕이거나 물개 소리를 내는 등 사람들과 상호작용하
는 반려로봇(companion robot)이다. 파로의 경우 단순한 기능에도 불구하고 전 세계
노인들에게 적극적 반응을 이끌어 낼 수 있었던 것은 요양원에서 무료한 시간을 보
내는 노인들에게 자극을 주기 때문이다. 파로는 노인환자와 돌봄제공자의 스트레

스를 경감해 주며 양쪽의 상호작용을 촉진하는 등 치료 효과가 큰 것으로 보고되고 있다. 국내 반려로봇으로는 인공지능으로 대화가 가능하며 프로그래밍된 대로 노래를 들려주고 성경낭독을 해 주는 효돌, 인지치료 기능을 겸하는 실봇, 보미 등이 대표적이다.

인지적 · 심리적 효과뿐 아니라 실제 돌봄노동에 도움을 주는 로봇도 등장하고 있다. 와상상태의 노인을 옮기거나 배변 처리를 하는 등 로봇의 역할은 다양하다. 로봇산업의 경쟁우위를 토대로 돌봄로봇 개발에 박차를 가하고 있는 일본에서는 의인화된 형태뿐 아니라 이송, 배설, 목욕, 간호 · 커뮤니케이션, 생활지원, 개호업무 지원 등 돌봄노동에 활용되는 기기 전체를 로봇이라고 지칭하고 있다.

돌봄로봇은 몸이 불편한 노인들의 자립지원을 돕는 한편, 간병인들의 노동을 자동화함으로써 간병인들의 업무 부담을 덜어 주고, 업무의 재구조화를 통해 돌봄의 질을 높이는 데 기여할 수 있다. 환자에게 식사와 약을 챙겨 주는 것과 같은 단순하고 일상적인 일을 로봇에게 맡김으로써 인력난을 해소하고 간병인들이 정서지원이나 말벗 등 상호작용에 더 주력하게 할 수 있다. 이 밖에도 돌봄로봇은 간병인에 의한 노인학대를 감시하고 보호하는 역할을 할 수 있다. 하지만 로봇에 지나치게 의존하는 경우 사람에 의한 상호작용의 빈도와 질 감소, 이로 인한 노인 방치로 이어질 우려도 배제할 수 없다.

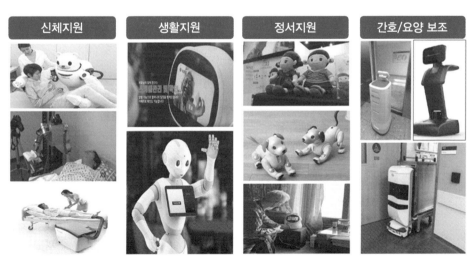

[그림 15-7] 다양한 목적의 로봇

(4) 스마트홈

활동성이 줄어드는 노인에게 집은 가장 오랜 시간을 보내는 장소가 된다. 집은 모든 활동이 이루어지는 공간이자 평생 살아온 역사와 추억이 담긴 장소다. 집은 신체적 측면에서뿐 아니라 인지적·심리적 기능과도 밀접한 관계가 있다. 이 때문에 노인들은 자신이 오랫동안 살았던 집에서 노후를 보내기를 희망한다. 따라서 많은 복지국가가 노인들이 살고 있는 주택의 수리, 리노베이션을 지원하는 등 AIP(Aging in Place)를 실현할 수 있도록 노력하고 있다.

최근에는 다양한 센서와 컴퓨터 네트워크를 결합해 몸이 불편한 노인들이 집에서 생활하는 것을 가능하게 하는 스마트홈이 등장하고 있다. 거주자들은 목소리, 리모트콘트롤, 스마트폰 등을 사용해서 문을 잠그거나 열고 불을 켜며 방 안의 온도를 제어하며 음악을 틀 수 있다. 또한 모션센서를 통해 노인 거주자의 움직임을 감지하고 생활데이터를 분석함으로써 원거리 간병인들의 부담을 줄이고 있다.

국내의 경우 독거노인·장애인을 대상으로 한 응급안전안심서비스가 스마트홈의 초보적인 사례에 해당한다. 이는 전국 약 10만여 명의 독거노인 및 중증 장애인이 거주하는 주택에 센서를 설치하고 화재, 낙상, 응급상황이 발생했을 때 실시간으로 대응할 수 있는 시스템을 구축하였다.

한국형 뉴딜정책의 일환으로 2021년 국토교통부가 실시하는 24시간 고령자 스마트 돌봄 시범사업 역시 스마트홈 기술에 해당한다. 고령자, 장애인이 주로 거주하는 영구임대주택을 대상으로 AI, IoT 등 첨단기술을 도입 홈네트워크를 구축한다는 계획이다. 홈네트워크를 통해 화재, 낙상 등 응급 시 대응하는 한편, AI 스피커를 통해 돌봄대상자와 관리사 간의 쌍방향 소통을 지원하게 된다. 입주민의 건강상태 및 기저질환을 기준으로 복약시간, 돌봄제공자의 방문일정을 알려 주는 등 개인별 건강 맞춤서비스도 제공할 예정이다(국토교통부, 2021. 11. 4.).

한편, 해외에서는 모션센서를 통해 수집한 거주자의 움직임 정보를 분석하여 치매 진행을 파악한 사례도 보고되고 있다. 치매환자 주택에 센서를 설치하고 수집한 활동데이터를 매핑한 결과, 치매환자들은 일과시간에 상관없이 매우 불규칙적으로 움직이는 것으로 나타났다(Urwyler et al., 2017). 이처럼 스마트홈은 치매의 발병, 진행 정도를 파악하는 데에도 활용될 수 있다.

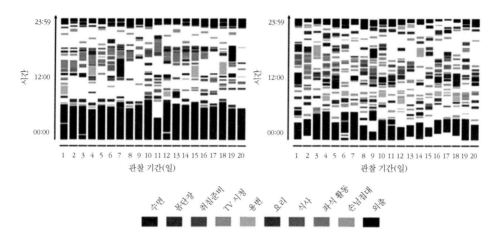

[그림 15-8] 집안에 설치된 센서를 통해 거주자의 행동패턴을 분석하여
치매의 진행 정도를 파악한 연구 사례

주: 왼쪽 정상군에서는 시간대에 따라 활동 패턴이 일정하게 나타나지만, 오른쪽 치매인의 경우 시간과 상관
없이 다양한 활동이 불규칙적으로 이루어지는 것을 알 수 있다.

출처: Urwyler et al. (2017).

"작은 것이 큰 차이를 만든다." 네덜란드 알크마르 스마트홈 사례

네덜란드 북서쪽에 위치한 오래된 상업도시 알크마르는 기후변화와 에너지 위기에 대응하기 위해 2050년까지 도시 전체의 난방을 친환경 에너지원으로 바꾸는 등 도시 전체를 혁신하는 프로젝트를 실시하고 있다. 혁신기술을 통한 문제 해결 접근은 인구고령화 대응에도 적용되고 있다. 고령자가 생활하기에 편리한 스마트하우스를 보급하는 데에도 힘을 쏟고 있는데 이를 위해 시내 중심지에 모델하우스를 설치하여 사람들에게 관련 기술을 소개하고 있다. 모델하우스는 전 세계에서 관람객이 찾아올 정도로 인기 있는 장소인데, 필자가 2019년 방문했을 당시, 한 달 전에 방문 예약을 하지 않으면 안 될 정도였다.

배리어프리와 유니버설디자인을 기본으로 한 모델하우스에는 휠체어를 탄 사람이 혼자서 생활을 하는 데 불편함이 없도록 꾸며져 있다. 커튼은 정해진 시간에 자동으로 열리고 닫힌다. 리모컨, 목소리 등으로 집안의 조명과 커튼, 전화기, 오디오기기 등을 제어할 수 있는 홈네트워크 시스템도 갖추어져 있다. 보통보다 사이즈가 큰 태블릿에는 고령자들이 사용하기 쉽게 꼭 필요한 애플리케이션만 설치했다. 의사와 상담을 원할 때 사용할 수 있는 원격진료 애플리케이션, 이웃사람들과 연결될 수 있는 온라인이웃, 자신의 기분 상태를 표시하여 사회복지사가 연락을 하도록 하는 온라인지원시스템 등이 갖춰져 있다. 또 다른 태블릿은 거주자가 착용한 팔찌를 통해 활동량을 수집해 이를 표시해 준다. 요리, 배변, 외출 등의 활동량을 표시하며, 평소 패턴과 다른 경우에 사회복지사가 연락을 취하게 된다. 스파게티 면을 삶은 뒤 뜨거운 물을 쉽게 따라 버릴 수 있는 안심냄비, 안심주전자 등 새로운 기술상품 등이 계속 업데이트되고 있다. 노인들이 수분 섭취를 잘하도록 수분 섭취량을 알려 주는 알람 물병도 유용한 기술이다.

스마트하우스에서 본 물건 가운데 가장 기억에 남는 물건은 전동칫솔이었다. 혼자서 양치를 하기 힘든 노인들에게 전동칫솔은 편리한 물건이다. 전동칫솔은 사실 노인용품이 아니라 누구나 사용하는 물건이다. 하지만 이곳의 '전동칫솔'은 일반 전동칫솔과 비교해 자세히 보지 않으면 모를 차이를 지니고 있다. 컵에 꽂혀 있는 방식이다. 전동칫솔은 충전을 위해 충전기에 똑바로 꽂아 두어야 한다. 노인들에게는 이것이 어려운데 이곳의 칫솔은 그냥 컵에 꽂아 두기만 하면 저절로 충전이 되는 방식이다. 작은 것이 큰 차이를 만든다는 것을 잘 알려 주는 사례다.

자동커튼슬라이드 시스템으로 애플리케이션이나 목소리를 통해 커튼을 자동으로 열고 닫을 수 있다. 정해진 시간에 자동적으로 커튼을 열거나 닫을 수 있도록 세팅해 놓을 수도 있다.

수분 섭취를 돕는 알람 물병

활동량을 체크해서 요리 및 외출 등을 권유하는 시스템

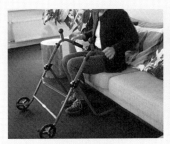

기립 보조장치　　　　　　　계단 단차 감소장치

유니버설디자인을 활용한 욕실

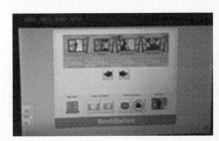

사이즈가 큰 태블릿을 통해 의사와 원격진료를 하거나,
이웃사람들과 소통할 수 있도록 만든 시스템

뜨거운 물을 쉽게 따라 부을 수 있도록 만든 안전냄비

[그림 15-9] 네덜란드 알크마르에 위치한 스마트하우스

출처: https://alkmaarprachtstad.nl/het-slimste-huis-in-alkmaar

4. 노인을 위한 기술의 문제점과 과제

과학기술의 발전은 우리에게 많은 편리함과 유익을 가져오지만 한편으로는 새로운 기술이 등장할 때마다 과거에는 없었던 윤리적 딜레마를 가져온다. 생명공학의 발전은 유전자 조작, 인간 복제 등 생명 윤리를, 정보통신기술의 발전은 개인의 사생활 침해, 감시, 표현의 자유 문제를 제기하고 있다.

객관성과 합리성의 영역에 속하는 과학기술은 가치중립적일 것으로 기대되지만 현실에 적용될 때에는 그렇지 않다. 과학기술은 정치·사회·문화의 맥락에 따라 특정 사람들에게는 기회를 주지만, 그렇지 않은 사람들을 차별하고 배제하기도 한다.

노인을 위한 기술 역시 건강, 이동, 주거 등 삶의 구석구석에 스며들면서 노년의 독립적 삶을 가능하게 하지만, 한편으로는 기술이 노인의 권리를 침해할 수 있다는 우려 역시 무시하기 힘들다. 노인들을 위한 기술의 문제점으로 거론되는 디지털 기술격차와 노인 배제 등의 쟁점을 살펴보고 기술개발에 있어서 지켜져야 할 윤리 기준에 대해 소개한다.

1) 디지털 격차

코로나로 인한 디지털 대전환의 시기에 디지털기기 활용에 더딘 노인들은 더욱 소외되고 배제되는 것을 경험하였다. 열차 예매 애플리케이션을 사용할 줄 모르는 노인들이 명절 귀성열차표를 제때 구입하지 못해 입석표로 여행해야 했던 일은 디지털사회의 그늘을 잘 보여 주는 사례였다. 은행 창구가 축소되면서 저축과 인출을 자유롭게 하지 못하거나 키오스크 사용법을 몰라서 식당이나 카페 출입을 꺼리게 되는 등 디지털사회에서 노년층은 더욱 움츠러들 수밖에 없다.

2019 디지털 정보격차 실태조사 결과를 보면, 일반 국민의 디지털 정보화 수준이 100일 때 고령층의 디지털 정보화 수준은 64.3에 불과했다(과학기술정보통신부, 2021). 젊은 소비자가 모바일, 태블릿 등을 통해 다양한 정보통신기술을 접하고 더욱 편리함을 누리는 반면, 노인들은 기술을 접할 기회가 부족하거나 기술 수용이 느려 디지털 사회에서 점점 뒤처지고 있다(Barnard et al., 2013; Charness & Boot, 2009;

Czaja et al., 2006).

　노인들의 디지털 소외를 설명하는 요인은 여러 가지다. Rogers, Stronge와 Fisk(2005)는 노인의 운동, 감각 및 인지 능력 저하가 디지털기기 이용을 제한한다고 본다. 작은 화면과 글자, 불편한 웹디자인, 애플리케이션의 잦은 오류 등은 고령자들이 정보통신기술에 익숙해지는 것을 방해한다.

　다른 연구들에서는 정보통신기술에 대한 흥미부족, 동기부족, 나아가 공포 등 부정적 태도가 기술 채택에 장애가 되는 것으로 지적되었다(Heinz, 2013; Marquié et al., 2002). 한편, 기술을 사용하지 않는 것이 자기효능감을 떨어뜨리고 이것이 기술에서 더욱 멀어지게 하는 등 악순환을 일으키기도 한다(Turner et al., 2007). 이에 AARP(미국은퇴자그룹) 등 많은 커뮤니티, 도서관, NGO그룹들이 노인들을 대상으로 디지털교육에 나서고 있다.

　이러한 노력의 결과, 최근에는 더 많은 노인들이 디지털기기를 소유하고 활용하는 등 디지털 격차가 점차 해소되는 것을 알 수 있다. 활기찬 고령지표(Active Aging Index)에 따르면 60대 인터넷 이용율은 2013년 41.8%에서 2015년 59.6%, 2017년 82.5%로 꾸준히 증가하고 있다(통계청, 2018).

　2020년 노인실태조사에 따르면 조사대상 노인의 56.4%가 스마트폰, 태블릿 등을 보유하고 있으며 일일 사용 시간은 1.3시간으로 나타났다. 정보화기기 사용역량을 살펴보면 문자 받기 80.6%, 문자 보내기 69.7%, 사진·동영상 촬영 50.6%, 정보 검색 48.3%, 동영상 보기 34.5%, 음악 듣기 26.2%, SNS 서비스 23.7%, 게임 16.1%,

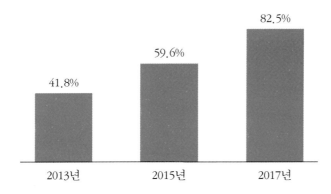

[그림 15-10] 60대의 인터넷 이용률

출처: 통계청(2018).

표 15-2	60대의 인터넷 이용률					(단위: %)
	인터넷 이용률	소계	하루에 1회 이상	일주일에 1회 이상	한 달에 1회 이상	한 달에 1회 미만
2015	59.6	100.0	76.8	17.9	5.0	0.3
2016	74.5	100.0	73.2	23.0	3.6	0.1
2017	82.5	100.0	93.1	1.2	5.6	0.0

주: 인터넷 이용률은 최근 1개월 이내 1회 이상 인터넷 이용자의 비율로, 모바일 인터넷(이동전화 무선인터넷 등)도 포함한다.
출처: 과학기술정보통신부, 한국인터넷진흥원(2015, 2016, 2017).

금융거래 12.6%, 온라인쇼핑 7.9%, 애플리케이션 검색 및 설치 9.9% 등으로 나타 났다.

해외 리서치기관인 Pew Research 조사에 따르면 2021년 조사에서 18~29세의 96%가 스마트폰을 소유하고 있는 반면, 65세 이상 인구의 경우 61%가 스마트폰을 소유하고 있어 35%p의 차이가 있었다. 하지만 이는 2012년의 53%p 차이에 비해 크 게 줄어든 것이다. 연령별 인터넷 사용 격차도 줄어들고 있다. 2000년에는 나이 많 은 사람들과 젊은 사람의 인터넷 사용 격차가 56%p였지만 2021년에는 24%p로 줄 어들었다(Pew Research Institute, 2021).

소셜미디어 활용에서도 고령인구의 참여가 활발하다. 18~29세의 84%가 SNS를 활용하는 반면, 65세 이상 인구의 45%가 소셜미디어를 이용한다고 보고됐다. 젊은 층에서의 소셜미디어 가입은 제자리걸음인 반면, 고령자의 SNS 활용 정도는 2010년 조사 이래로 4배 증가한 것이다(Pew Research Institute, 2021).

고령자와 젊은 인구 간의 디지털 격차가 반드시 고령자가 문제여서만은 아니다. 기술상품이나 서비스가 노인의 특성을 반영하지 못하며 그들의 필요와 동떨어져 있는 점도 이용자들이 이를 수용하지 못하는 요인이 되고 있다(Giaccardi, Kuijer, & Never, 2016). 고령자들을 위해 만들어진 상품이나 서비스가 실제로 이들에게 별다 른 효과가 없는 것으로 나타나기도 하는데, 이는 개발자와 이용자의 관점이나 욕구 가 다른 점, 기술개발자들이 노인들의 실제 생활이나 필요에 접할 기회가 많지 않은 점 때문으로 설명되고 있다.

한편, 서비스의 당사자인 노인이 기술상품, 서비스의 구매 혹은 대여와 관련한 의

사결정에서 배제된 점도 이들이 기술 사용에 소극적인 이유로 꼽히고 있다. 기술상품이나 서비스를 도입하더라도 시간이 흐르면서 흥미를 잃고 더 이상 사용하지 않는 경향도 나타난다(Hennala, Pekkarinen, & Melkas, 2020; Nilsen et al., 2016).

　기술에 대한 과장된 선전, 장밋빛 낙관에 비해 이들 상품들의 효과성이 확인되지 않은 경우도 있다. 2014년 스탠퍼드장수센터와 막스플랑크 인간개발연구소는 효과성이 검증되지 않은 기술상품에 대해 경계하는 서간(public letter)을 발표했다. 많은 학자가 서명을 한 이 서간에서 인지 향상을 선전하는 인지게임이 과장되었으며 때로는 더 큰 혼란을 야기할 수도 있음을 지적했다. 인지게임 가운데에는 작업수행 능력을 개선한 것도 있지만 이런 효과가 일시적이며 시간이 흐르면서 사라진다는 연구 결과도 있기 때문에 인지게임 광고를 신중하게 바라볼 것을 권고했다. 인지게임이 이용자들에게 보편적이고 지속적인 효과를 가져올 수 있는지는 더 많은 연구를 통해서 밝혀져야 함을 강조했다.[7]

2) 노인을 위한 기술개발과 윤리

　기술상품에 대한 낮은 수용도, 효과성 등은 눈에 드러나는 문제이기 때문에 오히려 해결 가능한 과제다. 하지만 노인에 대해 차별적인 발언을 하는 소셜로봇이나 MCI(경도인지장애) 환자의 집에서 자유롭게 이동하는 돌봄로봇의 존재는 쉽게 눈에 드러나지 않으면서 노인의 존엄과 안전, 편안함을 위협할 수 있기에 더 큰 문제가 된다. 노인환자의 만성질환 관리를 이유로 웨어러블 디바이스와 센서로 노인의 일상생활을 관찰하는 IoT 기술의 경우 사생활을 심각하게 침해할 수 있다. 내비게이션의 길 안내, 영화 추천, SNS에 뜨는 광고 등 인공지능의 알고리즘은 사회에 내면화된 연령차별적인 인식을 강화하여 노인들의 선택을 제한하고 이들을 무력화하는 도구가 될 수 있다.

　보조기술과 로봇은 노인의 자립생활을 도움으로써 이들의 존엄성을 향상할 수도 있지만 반대로 로봇이 상의 없이 사람을 이리저리 옮기거나 음식을 먹인다면 이

---

7) https://longevity.stanford.edu/a-consensus-on-the-brain-training-industry-from-the-scientific-community/

는 이용자를 속박하고 이들의 존엄성을 떨어뜨리는 기술이 될 수도 있다. 실제로 미국에서는 낙상이나 부상을 우려해서 센서가 경고음을 울리는 침대와 의자에 대해 노인의 움직이고자 하는 의지를 억제한다는 측면에서 학대의 일종으로 간주하고 있다.

이에 최근에는 '책임 있는 연구와 혁신(Responsible Research and Innovation: RRI)'이라는 개념이 주목받고 있다. EU의 Rome Declaration(2014)에서는 기술개발에 있어서 RRI 원칙을 정립했으며 모든 연구와 혁신은 가치, 수요와 사회의 기대에 부합해야 하며 인간존엄, 자유, 민주주의, 평등, 법의 지배, 인권, 소수자 인권 등을 고려해야 함을 분명히 했다.

네덜란드, 영국, 독일, 덴마크, 노르웨이 등 EU 소속 국가들과 북미 지역의 연구자들을 중심으로 '책임 있는 연구와 혁신' 개념이 확산되고 있으며, 연구자들과 정책 입안자들은 RRI를 추상적 개념에서 그치지 않고 실제 세계에 적용하는 것을 중요한 목표로 삼고 있다. 유럽 최대의 연구개발지원 프로그램인 Horizon 2020에서는 RRI가 필수적인 원칙으로 작용하였다.

2017년 UN 인권이사회에 채택된 '노인의 모든 인권 향유에 관한 독립전문가 보고서'에서는 보조 및 로봇기술, 인공지능 및 자동화가 노인인권에 미치는 영향에 대한 고찰이 시급한 사안임을 밝혔다. 본 보고서는 새로운 보조장치, 애플리케이션과 로봇공학 등이 노인을 위한 맞춤형 서비스를 제공하는 데 있어서 비용 대비 효과가 높지만 업무의 권한이 알고리즘으로 바뀌면서 노인의 인권(권리와 존엄성)이 훼손될 위험이 있다는 점을 지적했다. 특히 '자율성과 자동화' '존엄성과 인권 침해' '포용과 비차별' '자기 선택권' '정보제공과 프라이버시' 등과 같이 기술이 가져오는 편익이 기존의 가치와 대립할 수 있음을 언급하였다.

WHO 역시 '가이드라인: 보건의료시스템 강화를 위한 디지털개입 권고사항'(2019)을 통해 노인을 위한 기술개발에 있어서 디지털화의 편익, 폐해, 수용성, 실현가능성, 활용, 형평성 등을 평가할 것을 제안하였다.

앞의 자료들을 토대로 노인을 위한 기술이 지켜야 할 윤리지침으로 자율성, 차별금지, 기술 사용에 대한 선택권 및 통제권, 프라이버시 보호 등을 꼽을 수 있다.

자율성이란 노인이 주거 장소, 매일의 스케줄 등 자신의 생활방식에 있어 통제권을 가져야 함을 의미한다. 하지만 인공지능이 노인의 선택에 개입하면서 알고리즘에 의해 스케줄이 조정된다거나 치료의 결정이 이루어지는 경우가 늘어나고 있다. 심지어는 이러한 기술상품과 보조기술이 노인을 존엄성을 지닌 인간으로 보기보다는 비주체적이며 사회의 짐과 같은 존재로 취급할 수도 있다. 따라서 기술 사용에 있어서 노인의 자율성, 통제권, 선택권을 보장하는 것이 필요하다. 이용자에게 로봇 등 특정 기술을 거부할 수 있는 권리가 주어져야 하며 법적 효력이 있는 결정은 로봇이나 인공지능이 대신 할 수 없음을 명확히 해야 한다.

평등과 비차별은 인권을 구성하는 데 본질적인 가치에 해당한다. 하지만 현실에 있어서는 연령을 이유로 차별, 편견, 구별이 행해지며 심지어는 노인보호라는 명분을 내세워 이러한 배제와 구분을 정당화하기까지 한다. 알고리즘은 현실에 퍼져 있는 편견을 반영하며 노인에 대한 차별을 재생산할 수 있다. 휠체어나 돌봄로봇의 도입은 허약하고 도움이 필요한 노인의 이미지를 심화시키며 연령주의적 편견을 강화할 수도 있다.

한편, 기술상품은 대체로 고가의 제품이기 때문에 이를 이용할 수 있는 사람들은 부유한 노인으로 제한된다. 게다가 농촌지역 노인, 여성노인 등은 기술의 도움이 더욱 필요함에도 불구하고 기술의 혜택에서 배제될 수밖에 없다. 따라서 기술의 성과가 모든 노인에게 돌아갈 수 있도록 적정한 가격 설정이 필요하며, 소수 노인을 위한 기술개발이 요구된다.

개인정보 및 프라이버시 보호 역시 노인을 위한 기술개발에서 중요하게 고려되어야 할 윤리다. 돌봄로봇과 센서 등은 전례 없는 양의 데이터를 수집하고 처리, 저장할 것이다. 이를 토대로 로봇은 점점 더 똑똑해지고 인간을 대신해서 자율적인 기능을 수행하는 것이 기대된다. 하지만 노인의 신체, 생활정보가 수집되는 과정에서 개인의 위치, 성향, 질병 등의 정보가 노출돼 당사자를 위험에 빠뜨릴 수도 있다.

기술의 사용은 사생활을 침해할 수도 있지만 거꾸로 사생활을 보호해 줄 수도 있다. GPS를 장착한 신발 덕분에 치매를 가진 노인은 제약을 덜 받으며 자신이 원하는 장소에 갈 수 있으며 또한 목욕이나 옷 갈아입기와 같이 신체가 노출되는 케어는 기계가 수행하도록 함으로써 프라이버시를 보호할 수도 있다.

현재 개인정보보호와 관련해서는 개인정보보호와 4차 산업기술의 수혜라는 두 가지 가치가 팽팽하게 대립하는 가운데 더 큰 실익을 향해 저울추가 움직이고 있다. 앞서 살펴본 것처럼 국민들은 공익의 목적(82%) 또는 의료기술개발 활용(87%)을 위해 개인정보제공 의향이 있다고 응답했으며 2020년 '데이터 3법'이 국회를 통과하면서 개인정보 활용의 길이 열리고 있다. 공익을 위한 개인정보 활용에 있어서도 자기결정권, 개인정보의 수집과 활용에 있어서의 인지와 동의 등이 보호장치로 논의되고 있다. 개인은 자기결정권을 통해 자신의 생활정보를 언제 그리고 어느 정도의 범위로 공개할지를 스스로 결정할 권리를 갖는다. 또한 자신들의 안전을 위해 이루어지는 모니터링의 범위와 수집된 데이터가 어떻게 사용되는지, 누구와 공유되는지 등에 대한 정보가 주어져야 한다.

이 밖에 기술 사용에 있어서 고려해야 할 부분으로는 돌봄담당자들의 동의 여부다. 돌봄·이송로봇이 요양시설에 도입될 때 돌봄종사자들은 이 기술의 사용자이자 돌봄로봇과 협력해야 할 파트너이기도 하다. 돌봄종사자들은 기술의 지원으로 신체 케어의 부담을 덜고 보다 많은 시간을 노인들과의 대화나 정서 지원에 쏟을 수 있다. 기술의 도움으로 돌봄노동이 보다 수용 가능한 것으로 받아들여질 때 젊은 층의 진입도 기대할 수 있다.

하지만 단기적으로는 복지기술은 현장에서의 거부 반응을 불러오기도 한다. 로봇, 인공지능 등이 궁극적으로 인간의 노동을 불필요한 것으로 만들 것이라는 불안감도 없지 않다. 이에 복지기술 선진국인 덴마크의 경우 FOA(덴마크 최대 노조로 사회, 헬스케어 부문을 대변)는 기술 도입 시 근로자들의 동의를 얻을 것을 요구하고 있다. 이러한 점은 기술 도입의 의사결정에서 돌봄종사자들이 포함되어야 함을 얘기한다.

3) 사람중심 기술의 필요성

돌봄은 단순하게 서비스를 제공하는 행위가 아니라 돌봄을 받는 사람의 안위를 걱정하고 관심을 보이는 태도이자 실제로 그 사람에게 편안함을 제공하는 행동이다. 돌봄에서는 그 대상자를 존중하는 마음과 따뜻한 손길이 무엇보다 중요하다. 따라서 기술에만 전적으로 의존하는 돌봄 패러다임은 돌봄의 원래 의미를 상실하는 결과를 가져올 수 있다.

또한 기술상품이나 서비스가 노인들의 자립지원과 사회참여를 지지하고자 하는 목적은 달성하지 못한 채 노인들을 배제하고 소외시키는 측면 역시 존재한다. 이로 인해 기술에 대한 노인들의 수용성이 낮으며, 고가의 기술상품을 사용했을 때의 효과성 역시 검증되지 못한 상태다. 한편, 자율주행 휠체어나 돌봄로봇 등의 사용은 노인을 연약하고 도움이 필요한 존재로 규정하는 낙인효과를 유발하기도 한다. 이에 최근에는 기술개발에 있어서 사람중심 접근이 강조되고 있다.

사람중심 접근은 장애인복지, 치매케어에서 먼저 사용된 용어인데 이용자의 전인성, 주체성과 개별성을 중요시하는 실천모델이다. WHO는 '노인의 건강에 대한 욕구는 복합적이며 만성적인 데 반해 현재의 건강시스템은 분절화되었으며 협력이 부족한 점'을 지적하였다. 그러면서 ICOPE(노인을 위한 통합케어) 권고에서 '건강과 사회서비스 제공에 있어 주요 참여자들이 사람중심, 통합모델을 이해하고 서비스를 설계하고 실행하는 것'을 강조한 바 있다.

기술에 있어서의 사람중심 접근은 이용자중심, 소비자주의 등 다양한 용어와 병행해 사용되며, 이러한 개념들의 상위 범주(umbrella word)로 이해되고 있다. 기술 개발에 있어서 사람중심 접근이란 과도한 개입으로 이용자의 선택권과 자율을 침해하지 않으며 사생활보호 등 윤리적 책무를 이행하는 것을 포함하기도 한다.

서비스중심, 시스템중심 기술과 달리 사람중심 기술은 이용자의 역량과 기술(technique)에 집중하며, 커뮤니티 기반, 함께하기(문제를 발견하기, 계획하기, 솔루션 찾기) 등을 강조한다(National Disability Practitioners, 2016).

사람중심 기술의 핵심적 요소에 해당하는 '함께하기'는 문제를 발견하고 솔루션 찾기에 이르는 전 과정에 적용된다. 제품 개발 초기 단계에서부터 사용자들과 함께 작업을 하며 상품이 개발된 이후에도 상품에 대한 윤리적 분석을 통해 이용자의 목소리가 반영되도록 한다(Vandemeulebrouchke et al., 2018). '함께하기'는 북유럽의 시민생활문제를 해결하는 '리빙랩'의 철학과도 일맥상통한다.

사람중심의 기술을 위해서는 노인의 건강, 생활, 사회적 네트워크 등을 잘 이해하는 것이 필요하다(Faisal et al., 2014). 노화의 과정은 개인에 따라 매우 다르게 진행되기 때문에 기술에서의 개별화 역시 중요하다. 인지기능은 떨어져도 신체적으로 건강한 노인과, 반대로 인지는 좋아도 신체활동이 어려운 노인은 각각 다른 욕구와 필요를 갖기 때문에 이용자의 관점, 동기, 선호 등이 개별적으로 평가되고 반영되어야 한다(Panico et al., 2020). 나아가 노인이 가지고 있는 역량을 폄하할 것이 아니라 기술을 통해 이들의 역량을 강화하는 접근이 필요하다. 이러한 점에서 사람중심 접근은 기술이 갖는 윤리적·도덕적 위험을 완화하는 데에도 기여할 것으로 기대된다.

2007년 덴마크 정부에 의해 처음 사용된 복지기술이나 영미의 연구자 중심으로 이루어진 이용자중심 기술운동(제론테크놀로지) 등 노인을 위한 기술은 미래 노인들의 삶을 크게 바꾸어 놓을 것으로 기대된다. 치매나 장애를 가진 노인들도 기술의 도움을 받아 더 건강하고 자립적인 생활을 유지하며 가상커뮤니티, 전자투표 등을 통해 사회에 참여할 수 있다. 반면, 기술이 가지고 있는 사생활 침해, 배제와 차별의 위험도 간과해서는 안 될 것이다. 현재 사용되는 기술은 미리 프로그램된 대본에 따라 행동하는 자동화시스템을 의미하지만 가까운 미래에 사용될 기술은 훨씬 더 큰 자율성을 가지고 운영될 것이기 때문에 노인의 자율성, 주체성, 선택권을 보장하기 위해 기술이 언제, 어떻게 활용될 것인지에 대한 면밀한 검토가 필요하다.

세계에서 가장 빠른 속도로 고령화되고 있는 한국의 경우, ICT에서 국가경쟁력을 지니고 있다. ICT를 기반으로 융복합연구에 집중 투자함으로써 고령자들을 위한 주거·복지환경 개선 및 생활시스템을 마련하고 이를 고령친화산업의 성장동력으로 삼을 수도 있을 것이다. 노인을 위한 기술의 향후 과제로는 보다 많은 노인이 혜택을 받을 수 있도록 보다 기능적이며 적정 가격의 상품으로 시장을 창출함과 동시에 고령자의 디지털전환, 사람중심 기술의 실현 등을 이루어 나갈 필요가 있다.

참고문헌

강창욱, 강현우, 김수완, 김은하, 김호연, 김혜성, 박소영, 박화옥, 배성근, 안정호, 임정원, 이영석, 이재욱, 최권택, 최승숙, 최희철(2017). 복지와 테크놀로지. 서울: 양서원.

강충경(2021). 디지털 대전환 시대, 포용적 복지 구현과 ICT의 역할. 한국사회복지협의회 국제사회서비스프로젝트 SDGs1차 포럼 기조강연. 한국사회복지협의회 나눔채널 공감.

고경환, 김형수, 김정근, 김우선, 김상효, 신지영, 진재현(2019). 시니어 비즈니스 산업 활성화를 위한 근거 기반 통계의 문제점과 과제. 세종: 한국보건사회연구원.

고려대학교 고령사회연구센터(2022). 2020 대한민국이 열광할 시니어트렌드. 서울: 비즈니스북스.

고령화 및 미래사회위원회(2005). 고령친화산업 활성화 전략.

과학기술정보통신부(2018. 2.). 제4차 과학기술기본계획(2018~2023): 2040년을 향한 국가 과학기술 혁신과 도전.

과학기술정보통신부(2021). 디지털 격차 등 실태조사 결과.

과학기술정보통신부, 한국인터넷진흥원(2015). 인터넷이용실태조사.

과학기술정보통신부, 한국인터넷진흥원(2016). 인터넷이용실태조사.

과학기술정보통신부, 한국인터넷진흥원(2017). 인터넷이용실태조사.

국가과학기술자문회의(2021. 8.). 제5차 과학기술기본계획(2018~2023) 수립방향안.

국토교통부 보도자료(2021. 11. 4.). 인공지능, 빅데이터 등 첨단기술로 맞춤형 주거복지 시작, 24시간 고령자 스마트돌봄 시범사업 착수.

기획재정부(2022). 국가채무비율(GDP 대비) 2022-04-14갱신. https://www.index.go.kr/unify/idx-info.do?idxCd=4209

김광석, 김수경, 차윤지(2017). 고령사회 진입과 시니어 비즈니스의 기회. 서울: 삼정KPMG 경제연구원.

김근령(2017). 4차산업 혁명에 따른 고령친화산업 대응 방안(고령친화산업 REPORT). 충북: 한국보건산업진흥원.

김수완, 최종혁, 박동진(2017). 노인장기요양서비스 제공과정에서의 복지기술 활용에 관한 연구. 노인복지연구, 72(4), 29-60.

김영선(2020). '장수경제시대의 고령친화산업 혁신플랫폼 구축방안' AI시대 나이듦과 장수 경제의 과학 기술동향과 전망: 과총-학회 공동포럼 발표자료. https://www.youtube.com/watch?v=JNqurcSRNmE&t=8437s

김태은(2017). 북유럽국가의 복지기술 활용과 시사점. 보건복지포럼, 246, 77-87.

닛세이기초연구소(2011). 성장형 장수사회와 노인기술이노베이션. *Gerontology Journal*, 11-004. (2011. 11. 4.).

박수천(2005). 일본개호보험을 통해 본 지속가능한 한국형 노인요양제도의 전제. 한국노인복지학회, 27, 49-83.

보건복지부(2014). 2014년도 노인실태조사.

보건복지부(2017). 2017년도 노인실태조사.

보건복지부(2020). 2020년도 노인실태조사.

보건복지부 보도자료(2021. 6. 2.). 보건의료 데이터·인공지능 혁신 생태계 만든다: 보건의료 데이터·인공지능 혁신전략(2021~2025년) 수립 보도자료.

보건복지부, 고령친화산업진흥원(2022). MEDICAL KOREA 2022: The 12th Global Healthcare & Medical Tourism Conference(2022. 5. 10.~2022. 5. 15.) 발표자료. www.medicalkorea2022.kr

보건복지부, 한국보건산업진흥원(2019). 고령친화산업 실태조사.

산업자원통상부(2019). 로봇산업 발전방안.

산업자원통상부(2022. 2. 24.). 디지털헬스케어서비스 산업 육성 전략. 관계부처 합동 보도

자료.

서지영(2014). 복지-기술연계의 조건. 보건복지포럼(2014. 3.).

서지영(2019). 노인돌봄분야 과학기술 불평등:돌봄기술을 대하는 관점의 전환. 한국노인복지
학회 학술발표논문집, 2019(11), 179-189.

송위진, 성지은(2019). 시스템 전환론에 입각한 지역혁신의 탐색: 개념화와 적용. 기술혁신학
회지, 22(6), 1004-1029.

아셈노인인권정책센터(2021). 연령주의 국제보고서(2021).

이다은, 김석관(2018). 디지털헬스케어혁신동향과 정책 시사점. Science & Technology Policy
동향과 이슈, 48. (2018. 6. 20). 세종: 과학기술정책연구원.

이동우, 송완범, 박창동, 하방용, 송지원, 오오쿠사 미노루, 도현규, 신근영(2022). 2022 대한
민국이 열광할 시니어 트렌드. 서울: 비즈니스북스.

이상윤, 이윤근, 주영수, 김명희, 최경숙(2012). 요양보호사 근골격계 질환 실태조사 및 예방
매뉴얼 개발. 울산: 한국산업안전보건공단 산업안전보건연구원.

이중근, 김기향, 민경민, 서건석, 박종숙, 윤주영, 홍은정(2014). 고령친화산업 실태조사 및 산
업분석. 충북: 한국보건산업진흥원.

임정미, 이윤경, 강은나, 임지영, 김주행, 박영숙, 윤태형, 양찬미, 김혜수(2019). 인구구조 변
화에 대응한 노인장기요양인력 중장기 확보 방안. 세종: 한국보건사회연구원.

저출산고령사회위원회(2007). 고령친화산업 현황 및 정책과제.

정순돌, 김혜경, 박화옥, 김범중, 곽민영, 양옥남(2020). 노인복지학. 경기: 공동체.

정일영, 김가은(2020). 초고령사회 대비를 위한 일본 개호로봇 확산전략 분석-사회·기술시
스템 전환론 관점에서. 한국혁신학회지, 15(3), 131-157.

조황희, 서지영, 이윤준, 강희종, 한웅규(2007). 고령자의 삶의 질 증대를 위한 과학기술 활용
방안. 세종: 과학기술정책연구원.

통계청(2016). 장래인구추계.

통계청(2018). 고령자통계.

통계청(2021). 성별·연령별 인구동향. (Accessed on 2022. 7. 8.).

한국공학한림원(2012). 한국공학한림원 정책총서IV요약집. ‘국민의 행복을 창조하는 과학
기술’.

한국보건산업진흥원(2012). 고령친화산업 현황 및 전망.

한국보건산업진흥원 의료서비스혁신단(2021). ‘의료와 ICT의 융합, 스마트병원, 우리 곁에 반
가운 변화가 시작됩니다!: 2020년 스마트병원 성과 공유 및 확산을 위한 성과보고회 보
도자료(2021. 7. 2).

経済産業省(2006). ロボット政策研究会報告書.

野村總合研究所(2002). ユビキタス・ネットワークと市場創造. 東京: 野村総合研究所広報部.

渡邉愼一(2019). "介護サービスの改革のための政策," 横浜国立リハビリテーション病院 内部資料.

厚生勞動性(2015). 2025 年に向けた介護人材にかかる需給推計(確定値)について. https://www.mhlw.go.jp/stf/houdou/0000088998.html

厚生勞動省(2019). 第 8 期介護保険事業計画に基づく介護職員の必要数について. https://www.mhlw.go.jp/content/12004000/000804129.pdf (Accessed on 2022. 8. 10.).

Barnard, Y., Bradley, M., Hodgson, F., & Lloyd, A. D. (2013). Learning to use new technologies by older adults: Perceived difficulties, experimentation behaviour and usability. *Computers in Human Behavior, 29*(4), 1715-1724, https://doi.org/10.1016/j.chb.2013.02.006

Blue, A. (2013. 2. 18.). Should grandma join facebook? It may give her a cognitive boost, study finds, University of Arizona News. http://uanews.org/story/should-grandma-join-facebook-it-may-give-her-a-cognitive-boost-study-finds

Bradwell, H. L., Edwards, K. J., Winnington, R., Thill, S., & Jones, R. B. (2019). Companion robots for older people: Importance of user-centred design demonstrated through observations and focus groups comparing preferences of older people and roboticists in South West England. *BMJ Open, 9*(9), e032468.

Charness, N., & Boot, W. R. (2009). Aging and information technology use: Potential and barriers. *Current Directions in Psychological Science, 18*(5), 253-258.

Cornwell, B., Laumann, E. O., & Schumm, L. P. (2008). The social connectedness of older adults: A national profile. *American Sociological Review, 73*(2), 185-203.

Czaja, S. J., Charness, N., Fisk, A. D., Hertzog, C., Nair, S. N., Rogers, W. A., & Sharit, J. (2006). Factors predicting the use of technology: Findings from the center for research and education on aging and technology enhancement (create). *Psychology and Aging, 21*(2), 333-352.

Danish Government (2013). Digital Welfare 2013-2020.

Danmarks statistik (2006). dst.dk/en/statistik/emner/borgere/befolkning

Empirica, W. R. C. (2010). ICT & Ageing: European Study on Users, Markets and Technologies. http://ec.europa.eu/information_society/activities/einclusion/library/studies/docs/ict_ageing_final_report.pdf

European Commission (2020). Digital economy and society index 2021: Overall progress in digital transition but need for new EU-wide efforts. https://ec.europa.eu/commission/presscorner/detail/en/ip_21_5481 (Accessed on 2020. 9. 10.).

Faisal, M., Yusof, M., Romli, N., & Yusof, M. F. M. (2014). Design for elderly friendly: Mobile phone application and design that suitable for elderly. *International Journal of Computer Applications, 95*(3), 28-31. doi: 10.5120/16576-6261

Giaccardi, E., Kuijer, L., & Never, L. (2016). Design for resourceful ageing: Intervening in the ethics of gerontechnology. Project: Resourceful ageing. Design Research Society 50th Anniversary Conference at Brighton, UK. doi:10.21606/drs.2016.258

Graafmans, J. A., Taipale, V., & Charness, N. (Eds.). (1998). Gerontechnology: A sustainable investment in the future (Vol. 48). IOS press.

Harrington, T. L., & Harrington, M. K. (2000). *Gerontechnology: Why and How.* Maastricht, Netherlands: Shaker Publishing.

Heinz, M., (2013). Exploring predictors of technology adoption among older adults. Iowa State University. Dissertation of degree of Doctor of Philosophy.

Hennala, L., Pekkarinen, S., & Melkas, H. (2020). Experiences from implementation and long-term use of Zora robot in elderly care services. *Gerontechnology, 19*(supp). http://doi.org/10.4017/gt.2020.19.s.69663

Hooyman, N. R., & Kiyak, H. A. (2008). *Social gerontology: A multidisciplinary perspective.* London, UK: Pearson Education.

JASPA (2006). 일본의 복지용구산업 시장동향 조사 보고서. 일본복지욕구 · 생활지원용구협회.

Marquié, J. C., Jourdan-Boddaert, L., & Huet, N. (2002). Do older adults underestimate their actual computer knowledge? *Behaviour & Information Technology, 21*(4), 273-280.

National Disability Practitioners (2016). What is a person centred approach? https://www.ndp.org.au/images/factsheets/346/2016-10-person-centred-approach.pdf

Natioanl Science and Technology Committee (2019). The Task Force on Research and Development for Technology to Support Aging Adults. White House. U.S.A.

Neven L., & Peine, A. (2019). From intervention to co-constitution: New directions in theorizing about aging and technology. *The Gerontologist, 59*(1), 15-21. doi.org/10.1093/geront/gny050

Nilsen, E. R., Dugstad, J., Eide, H., Gullslett, N. K., & Eide, T. (2016). Exploring resistance to implementation of welfare technology in municipal healthcare services—a longitudinal case study. *BMC Health Services Research, 16*(1), 657. doi.org/10/1186/s12913-016-1913-5

OECD (2009). Health at a glance health indicators. https://www.oecd.org/health/health-systems/44117530.pdf (Accessed on 2020. 10. 1.).

Panico, F., Cordasco, G., Vogel, C., Trojano, L., & Esposito, A. (2020). Ethical issues in assistive ambient living technologies for ageing well. *Multimedia Tools and Applications, 79*, 36077-36089. doi.org/10.1007/s11042-020-09313-7

Pew Research Institute (2021). Mobile technology and home broadband 2021. https://www.pewresearch.org/internet/2021/06/03/mobile-technology-and-home-broadband-2021/ (Accessed on 2022. 8. 10.).

Rogers, W. A., Stronge, A. J., & Fisk, A. D. (2005). Technology and aging. *Reviews of Human Factors and Ergonomics, 1*(1), 130-171. https://doi.org/10.1518/155723405783703028

Søndergård, D. C. (2014). Future Challenges and the Role of Welfare Technology, International Conference on Welfare Technology, Nordic Center for Welfare and Social Issues.

Statista Research Department (2022. 4. 14.). South Korea's national health expenditure as a percent of GDP from 2000 to 2020. https://www.statista.com/statistics/647320/health-spending-south-korea/

Turner, P., Turner, S., & Van de Walle, G. (2007). How older people account for their experiences with interactive technology. *Behaviour and Information Technology, 26*(4), 287-296.

UN (2019). World population prospects 2019. UN department of economic and social affairs. https://population.un.org/wpp/publications/files/wpp2019_highlights.pdf

Urwyler, P., Stucki, R., Rampa, L., Müri, R., Mosimann, U. P., & Nef, T. (2017). Cognitive impairment categorized in community-dwelling older adults with and without dementia using in-home sensors that recognise activities of daily living. *Scientific Reports, 7*, 42084. https://doi.org/10.1038/srep42084

Vandemeulebroucke, T., de Casterlé, B. D., & Gastmans, C. (2018). How do older adults experience and perceive socially assistive robots in aged care: A systematic review of qualitative evidence. *Aging and Mental Health, 22*(2), 149-167.

van Hoof, J., Vrijhoef, H. J. M., & Wouters, E. J. M. (2016). Older adults' reasons for using technology while aging in place. *Gerontology, 62*, 226-237. doi.

org/10.1159/000430949

Venkatesh, V., Morris, M. G., Davis, G. B., & Davis, F. D. (2003). User acceptance of information technology: Toward a unified view. *MIS Quarterly, 27*(3), 425-478. doi:10.2307/30036540. JSTOR 30036540

Wangmo, T., Lipps, M., Kressig, R. W., & Ienca, M. (2019). Ethical concerns with the use of intelligent assistive technology: Findings from a qualitative study with professional stakeholders. *BMC Medical Ethics. 20*, 98. doi.org/10.1186/s12910-019-0437-z

WHO (2019). Guidance on person-centred assessment and pathways in primary care. ICOPE handbook.

찾아보기

내용

저자 소개

| 김형수(金亨洙, Kim Hyoung Soo)
미국 University of Missouri-Columbia, Ph. D. (노인복지 및 시니어비즈니스 전공)
현 호서대학교 일반대학원 및 벤처대학원 교수

〈저서 및 논문〉
『지역 주민의 복지 향상을 위한 복지지출 연구』(공저, 한국보건사회연구원, 2018)
『시니어비즈니스 이해와 전략』(공저, 학지사, 2019)
「시니어 요양산업 발전 방안에 대한 탐색적 연구: Driving Miss Daisy®의 비즈니스 사례분석을
　　중심으로」(디지털융복합연구, 2020)

| 모선희(牟宣憙, Mo Seon Hee)
미국 Iowa State University, Ph. D. (노년사회학 전공)
현 공주대학교 사회복지학과 교수

〈저서 및 논문〉
『사회복지조사론』(개정판, 공저, 어가, 2020)
「한국과 중국 대학생의 노인에 대한 지식 및 태도 비교연구」(인문사회21, 2020)

| 윤경아(尹景兒, Yoon Kyeong A)
연세대학교 박사(사회복지학 전공)
현 대전대학교 사회복지학과 교수

〈저서 및 논문〉
『사회복지학개론』(5판, 공저, 학지사, 2022)
「치매노인 가족부양자의 부양부담이 부양자의 성장과 가족의 삶의 질에 미치는 영향: 대처전략
　　의 조절효과를 중심으로」(노인복지연구, 2017)

┃ 정윤경(鄭允景, Jung Yun Kyung)

미국 University of California, Los Angeles, Ph. D. (사회복지학 전공)

현 한남대학교 사회복지학과 교수

〈논문〉

「고령근로자의 고용불안정 상태, 고용불안과 우울증상의 관계」(한국사회복지교육, 2021)

「노인들의 사회적 관계망과 외래진료 이용의 종단적 관계에 대한 연구」(보건교육건강증진학회

　　지, 2021)

┃ 김동선(金東宣, Dongseon Kim)

공주대학교 사회복지학과 박사(사회복지학 전공)

현 우송대학교 사회복지학과 교수

〈저서 및 논문〉

『야마토마치에서 만난 노인들』(5판, 도서출판궁리, 2004)

「사람중심 치매커뮤니케이션 가이드라인 개발 연구: 델파이조사를 중심으로」(한국노인학회,

　　2022)

현대 노인복지론(7판)

Social Services for the Elderly (7th ed.)

2005년 8월 30일 1판 1쇄
2006년 4월 20일 1판 2쇄
2006년 9월 5일 2판 1쇄
2007년 9월 20일 2판 3쇄
2009년 2월 25일 3판 1쇄
2011년 2월 20일 3판 3쇄
2012년 3월 10일 4판 1쇄
2013년 8월 20일 4판 3쇄
2015년 9월 10일 5판 1쇄
2016년 4월 25일 5판 2쇄
2018년 9월 10일 6판 1쇄
2020년 9월 10일 6판 3쇄
2023년 3월 20일 7판 1쇄

지은이 • 김형수 · 모선희 · 윤경아 · 정윤경 · 김동선

펴낸이 • 김진환

펴낸곳 • ㈜ **학지사**

04031 서울특별시 마포구 양화로 15길 20 마인드월드빌딩

대표전화 • 02-330-5114   팩스 • 02-324-2345

등록번호 • 제313-2006-000265호

홈페이지 • http://www.hakjisa.co.kr

페이스북 • https://www.facebook.com/hakjisabook

ISBN 978-89-997-2878-5 93330

정가 23,000원

출판미디어기업 **학지사**

간호보건의학출판 **학지사메디컬** www.hakjisamd.co.kr
심리검사연구소 **인싸이트** www.inpsyt.co.kr
학술논문서비스 **뉴논문** www.newnonmun.com
교육연수원 **카운피아** www.counpia.com